ESCRITOS POLÍTICOS

ESCRITOS POLÍTICOS

Weber

Editado por
PETER LASSMAN
Universidade de Birmingham

e

RONALD SPEIRS
Universidade de Birmingham

Tradução
REGIS BARBOSA
KAREN ELSABE BARBOSA

Esta obra foi publicada originalmente em inglês com o título
WEBER: POLITICAL WRITINGS
por The Press Syndicate of the University of Cambridge –
Cambridge University Press, UK
Copyright © Cambridge University Press 1994, para a tradução inglesa e editoração
Todos os direitos reservados. Nenhuma parte deste livro pode ser reproduzida, armazenada em sistemas eletrônicos recuperáveis, nem transmitida por nenhuma forma ou meio, eletrônico, mecânico, incluindo fotocópia, gravação, ou outros, sem a prévia autorização por escrito da Cambridge University Press.
Copyright © 2014, Editora WMF Martins Fontes Ltda.,
São Paulo, para a presente edição.

1ª edição 2013

Tradução dos originais em alemão
REGIS BARBOSA
KAREN ELSABE BARBOSA

Tradução dos originais em inglês
RITA DE CÁSSIA MACHADO

Revisão da tradução
Karina Jannini
Rita de Cássia Machado
Acompanhamento editorial
Luzia Aparecida dos Santos
Revisões gráficas
Maria Luiza Favret
Maria Regina Ribeiro Machado
Edição de arte
Katia Harumi Terasaka
Produção gráfica
Geraldo Alves
Paginação
Studio 3 Desenvolvimento Editorial

Dados Internacionais de Catalogação na Publicação (CIP)
(Câmara Brasileira do Livro, SP, Brasil)

Weber, Max, 1864-1920.
 Escritos políticos / Max Weber ; editado por Peter Lassman, Ronald Speirs ; tradução Regis Barbosa, Karen Elsabe Barbosa. – 1ª. ed. – São Paulo : Editora WMF Martins Fontes, 2014. – (Clássicos Cambridge)

 Título original: Weber: political writings
 ISBN 978-85-7827-814-4

 1. Direito divino dos reis 2. Filosofia política 3. Milton, John, 1608-1674 – Crítica e interpretação 4. Política – Obras anteriores a 1800 I. Lassman, Peter. II. Speirs, Ronald. III. Título. IV. Série.

14-01126   CDD-321.6

Índices para catálogo sistemático:
 1. Direito divino dos reis : Ciência política   321.6
 2. Monarquia absoluta : Ciência política   321.6

Todos os direitos desta edição reservados à
Editora WMF Martins Fontes Ltda.
Rua Prof. Laerte Ramos de Carvalho, 133   01325.030 São Paulo SP Brasil
Tel. (11) 3293.8150 Fax (11) 3101.1042
e-mail: info@wmfmartinsfontes.com.br http://www.wmfmartinsfontes.com.br

Sumário

Agradecimentos VII
Introdução IX
Nota bibliográfica XXXIII
Cronologia XXXVII
Nota sobre a tradução XXXIX

O Estado-nação e a política econômica 3
Sobre a situação da democracia constitucional na Rússia. 37
Entre duas leis 97
Sufrágio e democracia na Alemanha 103
Parlamento e governo na Alemanha reorganizada 167
O socialismo 343
O presidente do *Reich* 383
A política como profissão e vocação 389

Glossário 465
Índice remissivo 483

Agradecimentos

Lidar com os escritos de uma pessoa de erudição tão abrangente como é o caso de Max Weber rapidamente nos faz lembrar de nossos próprios limites de conhecimento e pedir assistência aos colegas mais instruídos. É com prazer que agradecemos a ajuda minuciosa de Harro Höpfl, do Departamento de Política da Universidade de Lancaster, de Maureen Perrie, do Centro de Estudos para a Rússia e a Europa Oriental, Jens Röhrkasten, da Escola de História, e Bernard Standring, do Departamento de Alemão, e do apoio, aconselhamento e críticas dos colegas dos departamentos de Alemão, Ciência Política e Estudos Internacionais da Universidade de Birmingham. Agradecemos também os conselhos de Irving Velody, da Universidade de Durham, presentes no estágio inicial deste projeto.

Introdução

Karl Emil Maximilian Weber nasceu em Erfurt, em 1864. Seu pai, Max Weber Sr., era jurista e deputado do Partido Nacional Liberal na Câmara Prussiana, entre 1868 e 1882 e, mais tarde, de 1884 a 1897. Foi também membro do *Reichstag* no período entre 1872 e 1884. A mãe de Weber, Helene Fallenstein Weber, interessava-se por questões relacionadas à religião e a reformas sociais, mas não compartilhava suas opiniões com o marido.

A casa dos Weber, em Berlim, atraía um grande número de acadêmicos e políticos, incluindo Dilthey, Von Bennigsen, Theodor Mommsen e Treitschke, e as discussões que por lá aconteciam devem ter fortemente impressionado o jovem Weber. Em 1882, ele iniciou seus estudos na Universidade de Heidelberg. Embora sua principal disciplina fosse Direito, Weber assistia, também, às aulas de Economia Política, História, Filosofia e Teologia. Em 1883, mudou-se para Estrasburgo, onde conciliou seu ano de serviço militar e as aulas na universidade. No ano seguinte, deu continuidade a seus estudos em Berlim, onde frequentou as disciplinas de Direito, incluindo o curso de Gierke sobre história do direito alemão. Weber não se impressionou com os seminários de Treitschke, os quais, por seu extremo nacionalismo, foram considerados um pouco mais do que demagogia e propaganda. Depois de formado, Weber não se viu suficientemente estimulado pelo exercício da advocacia e continuou seus estudos na área de Ciência Política (*Staatwissenschaf*), bem como em História Econômica e do Direito.

Em 1889, Weber apresentou uma tese de doutorado com um título um tanto extenso: "Desenvolvimento do princípio de responsabilidade conjunta e fundo independente na companhia comercial pública e companhias comerciais nas cidades italianas". Esse ensaio tornou-se, então, um capítulo de um trabalho mais extenso, chamado "História das companhias comerciais na Idade Média, baseada em Fontes do Sul da Europa", publicado no mesmo ano. Posteriormente, em 1891, Weber publicou seu *Habilitationschrift* (trabalho necessário para obter a posição de professor titular em uma universidade alemã) com o título "História agrária romana e sua significação para o direito público e privado". Nesse período, Weber envolveu-se com atividades do Congresso Social Evangélico, tornando-se amigo de Friedrich Naumann, um dos líderes do Movimento Social-Cristão e fundador da Associação Nacional Social (*Nationalsozialer Verein*).

Em 1892, Weber publicou os resultados de uma pesquisa patrocinada pela *Verein für Sozialpolitik** sobre "As condições dos trabalhadores rurais nas áreas ao leste do Elba na Alemanha", e esse volumoso estudo teve considerável importância política. Ele discutia a questão controversa da defesa da cultura alemã da "infiltração" eslava, sobretudo polonesa. No mesmo ano, Weber tornou-se professor assistente nas áreas de Direito romano e comercial, e, no ano seguinte, Althoff, ministro prussiano da Cultura, o indicou para lecionar Direito Alemão e Comercial na Universidade de Berlim. No entanto, em 1894 ele se transfere para a Universidade de Freiburg, onde assumiu a cadeira de Economia Política (*Nationalökonomie*). O ensaio que publicamos neste livro, "O Estado-nação e a política econômica", foi seu discurso inaugural acadêmico e gerou con-

---

* "Sociedade para Política Social", em alemão no original. (N. da T.)

trovérsias, exatamente como ele havia planejado, já que nele Weber se referia, com prazer, ao horror provocado pela "brutalidade" de suas opiniões.

Weber deixou Freiburg em 1896 para se tornar professor de Ciência Política em Heidelberg, onde sucedeu ao eminente economista político Karl Knies. Embora Weber tenha sido um grande crítico de Knies, seu trabalho seguiu a mesma tradição representada pela "escola historicista" da economia política alemã. Entre os colegas de Weber em Heidelberg, estavam Georg Jellinek, professor de Direito Constitucional, cuja obra *Allgemeine Staatslehre* [*Teoria geral do Estado*] foi publicada em 1900, e Ernst Troeltsch, filósofo e teólogo. Ambos exerceram grande influência sobre o direcionamento que Weber deu ao próprio pensamento. (A propósito, deve ser registrado que Weber, enquanto professor em Heidelberg, apoiou o ingresso das primeiras estudantes mulheres, uma delas sendo Else von Richthofen, cuja irmã, Frieda, casou-se com D. H. Lawrence em 1912.)

Após a morte de seu pai, em 1897, Weber entrou em um período de distúrbios mentais, marcado por momentos de depressão profunda. O antídoto para esse estado foi uma longa viagem, especialmente pela Itália, o que lhe permitiu, por fim, recuperar sua capacidade de leituras constantes e abrangentes. Em 1903, sentindo-se incapaz de cumprir com suas obrigações profissionais, Weber pediu demissão da Universidade de Heidelberg. No entanto, teve início para ele, nesse momento, um período de grande criatividade, quando foram escritos os primeiros trabalhos sobre temas metodológicos, assim como os ensaios que, mais tarde, foram selecionados e publicados sob o título de *A ética protestante e o espírito do capitalismo*.

Em 1904, Weber, ao lado de Edgar Jaffé e Werner Sombart, tornou-se editor do *Archiv für Sozialwissenschaft und Sozialpolitik* [*Arquivo para Ciência Social e Política Social*], periódico que declarou ter como um de seus objetivos investigar "a importância cultural do desenvolvimento capitalista". Weber adquiriu conhecimento das consequências políticas e culturais de um rápido desenvolvimento industrial quando visitou os Estados Unidos, nesse mesmo ano. Ele havia aceitado o convite para palestrar na Exposição Universal de Saint Louis, mas aproveitou a oportunidade para viajar pela América.

A deflagração da revolução em 1905 atraiu a atenção de Weber para a Rússia. Em apenas três meses ele aprendeu a ler em russo e foi capaz de seguir o desenrolar dos fatos relatados nos jornais e revistas do país. No longo ensaio "Sobre a situação da democracia constitucional na Rússia" (grande parte dele está aqui reproduzida) e em um ensaio posterior, "A transição da Rússia para o constitucionalismo de fachada", Weber discutiu as prováveis consequências políticas do desenvolvimento tardio da indústria capitalista no contexto social, político e cultural russo.

Em 1909, Weber tornou-se editor do projeto de uma enciclopédia de "economia social" (*Grundriß der Sozialökonomik*), em que sua contribuição, "A economia e as ordens e os poderes sociais", seria um dos volumes. No entanto, a obra foi chamada de *Economia e sociedade* (*Wirtschaft und Gesellschaft*), mantendo o título original como subtítulo, quando publicada em 1921, após sua morte. Durante a Primeira Guerra Mundial e nos anos que a antecederam, Weber trabalhou tanto nesse projeto quanto nos estudos comparativos que tinham como foco a ética econômica das principais religiões do mundo. Ao longo desses anos, Weber permaneceu em Heidelberg, e sua residência se tornou um centro para o debate intelectual. Entre seus visitantes assíduos, estavam Karl Jaspers, Werner Sombart, Ernst Troeltsch, Georg Jellinek, Georg Simmel e Georg Lukacs.

Em 1914, apesar de suas reservas quanto ao direcionamento da política externa alemã, Weber foi inicialmente contaminado pelo entusiasmo geral. Quando a guerra avançou, ele recuperou a objetividade que lhe era característica. Criticou

Introdução

publicamente os supostos objetivos de guerra do governo alemão e se opôs a todas as formas possíveis de política de anexação territorial na Europa. Em sua opinião, a natureza irresponsável da política alemã era exemplificada pela decisão de intensificar o combate submarino. O efeito mais provável dessa decisão seria atrair os Estados Unidos para a guerra e, como consequência, garantir a derrota da Alemanha. Nesse período, Weber deu continuidade a seu trabalho acadêmico. Finalizou e publicou seus ensaios sobre as religiões universais, além de aceitar a cadeira de Economia Política na Universidade de Viena, em 1918.

Ao retornar a Munique no final desse mesmo ano, Weber observou a revolução na Alemanha com desalento. O "carnaval sangrento", como ele a chamou, simplesmente enfraqueceu a Alemanha no momento de sua derrota. Em 1919, Weber tentou, sem sucesso, participar da arena política: sua indicação como candidato do Partido Democrático à Assembleia Nacional foi rejeitada por dirigentes do partido. Entretanto, Weber contribuiu, em caráter não oficial, para as deliberações sobre a natureza da futura Constituição e participou, por curto tempo, da delegação alemã enviada a Versailles para discutir a paz. Os planos de torná-lo secretário do Interior não foram adiante. Weber tinha reservas quanto à nova república, mas, como os ensaios aqui publicados demonstram, ele estava convencido de que seria necessário fazê-la funcionar, em benefício do futuro da nação.

Convidado por alunos da Universidade de Munique, Weber proferiu suas duas famosas conferências: "Wissenschaft als Beruf" (geralmente traduzida por "A ciência como vocação"), em novembro de 1917, e "Politik als Beruf" (traduzida, aqui, por "A política como vocação"), em janeiro de 1919. Ambas foram objeto de manifestações contrárias de organizações estudantis de direita. No verão de 1920, Weber morre de pneumonia.

Max Weber escreveu, certa vez, que seu "amor secreto" era o "político". Preocupou-se com questões políticas durante toda a sua vida e, frequentemente, sentia-se dividido pelas exigências conflitantes de seus estudos e seu envolvimento político. Pode-se afirmar que seu interesse por política esteve presente em todo o seu trabalho acadêmico, o qual foi, então, dotado do fio condutor buscado em vão por tantos pesquisadores. A importância e a originalidade do pensamento político de Weber têm sido, por vezes, obscurecidas por comentários que apresentam sua obra como uma contribuição relativamente óbvia para uma versão da ciência social moderna que evita controvérsias políticas.

Os ensaios e conferências aqui reunidos possuem um caráter duplo. Embora tenham sido ocasionados por problemas e acontecimentos do momento, eles também apontam para considerações muito mais amplas e que estão além do contexto em que foram produzidos. Os escritos políticos constituem uma leitura fundamental para quem deseja compreender a visão weberiana do mundo moderno. A preocupação com o destino político da Alemanha é um ponto de referência para todos esses ensaios. Até mesmo a discussão acerca da situação na Rússia é moldada por uma comparação implícita com a conjuntura alemã. De modo inverso, a discussão de Weber sobre o destino da política na Alemanha, por mais intenso que seja seu compromisso imediato, sempre ocorrem implicações em nossa compreensão básica da política do Estado moderno ocidental.

Como os escritos políticos de Weber atravessam um período de aproximadamente 25 anos, é de esperar que apresentem alguns desdobramentos e mudança de ideias. As referências às diferenças raciais feitas em seu discurso inaugural, por exemplo, foram abandonadas em seus trabalhos posteriores, em que ele deixou claro que o conceito de "raça" não possuía valor explicativo. Por outro lado, o ponto central daquele discurso, a inevitabilidade da política como conflito (*Kampf*), permanece um tema constante em toda a sua obra.

A questão importante para Weber não é o bem-estar material das pessoas, mas o caráter do ser humano presente em qualquer ordem econômica e social. Todo trabalho em economia política, ele argumenta, tem o objetivo de produzir "aquelas características que, a nosso ver, constituem a grandeza humana e a nobreza de nossa natureza" (p. 20). Não podemos perder de vista que a questão central da economia política está relacionada aos *seres humanos* e à forma como vivem. O modo vigoroso com que Weber se expressa demonstra que a disciplina da economia política é, em sua opinião, uma ciência política no sentido clássico: "É uma servidora da política, não daquela cotidiana dos detentores do poder ou das classes dominantes em determinado momento, mas sim dos permanentes interesses da nação, próprios de uma política de força" (p. 22). O pensamento e a expressão de Weber combinam, de forma distintiva, elementos característicos de Darwin, Nietzsche e Marx para enfatizar a inevitabilidade e a necessidade de conflito e seleção entre Estados, povos e classes. Embora Weber demonstre aqui que pode ser tão "materialista" em sua análise quanto qualquer marxista, a diferença fundamental entre Weber e Marx é que, para ele, não há a utopia futura, em que a batalha possa chegar ao fim. Luta infinita é nosso destino, e nossa força de caráter é mensurada em termos de nossa habilidade para enfrentar esse fato, sem ilusões consoladoras.

Weber é profundamente pessimista em relação à vida política. "Não são a paz nem a felicidade humana que temos de transmitir a nossos descendentes, e sim a *eterna luta* pela conservação e pelo crescimento de nosso caráter nacional" (p. 22). Weber havia mergulhado no estudo da economia política para cumprir com as obrigações acadêmicas de sua cadeira na Universidade de Freiburg, que era em uma disciplina da qual possuía apenas um conhecimento limitado em 1895. Ele aceitou a visão predominante da esfera econômica como uma batalha interminável contra a escassez. Segundo Weber, no entanto, a competição econômica é também "luta pelo *poder*". O Estado é a "organização mundana do poder da nação" (p. 22), e a manutenção desse poder estabelece os critérios básicos para a política econômica.

Dizem que Weber teria afirmado (a exatidão de suas palavras, no entanto, não se pode comprovar) que Marx e Nietzsche foram os intelectuais mais importantes da idade moderna. Embora Weber não tenha sido discípulo de nenhum dos dois, ambos o impressionaram. A originalidade do pensamento weberiano surge a partir do diálogo com essas vozes discordantes, da combinação de um intenso engajamento e um distanciamento crítico que estabelece com elas. Embora Nietzsche e Marx não tenham sido, certamente, as únicas influências sobre seu pensamento (a obra filosófica de Dilthey, Rickert e Simmel sobre a natureza do conhecimento histórico e cultural é de central importância, enquanto a presença da Bíblia, de Lutero, é evidente), diversos de seus temas centrais teriam sido inimagináveis sem eles. O problema da industrialização tardia e extraordinariamente rápida de uma Alemanha recentemente unida coloca questões sobre a natureza da economia capitalista no centro das discussões mantidas pela geração de Weber. O surgimento do socialismo como um movimento político forçou a sociedade, como um todo, e o mundo acadêmico, em particular, a fazer um balanço não apenas do "problema social", mas também dos argumentos intelectuais do marxismo. Simultaneamente, o elitismo radical de Nietzsche foi sentido como o "terremoto da época" por muitos contemporâneos de Weber. Nietzsche foi o pensador mais importante entre aqueles que perceberam a transformação da sociedade e da cultura europeias em termos de declínio e decadência. Visto sob essa perspectiva, o socialismo era um sintoma e não a cura do mal-estar moderno, e seu comprometimento com uma ideia de progresso não era mais do que uma ilusão por parte de uma civilização debilitada.

"O Estado-nação e a política econômica" contém diversos temas que serão recorrentes nos trabalhos posteriores de

Weber. Aqui, como ocorre com frequência, Weber começa com uma consideração sobre os "fatos secos" e, em seguida, amplia o alcance de sua discussão, de forma que o tema revele implicações que vão muito além do motivo imediato de suas reflexões. A conferência tem início com um resumo das descobertas de pesquisas que haviam sido recentemente realizadas sobre a situação do trabalho agrícola em províncias orientais da Prússia entre os anos de 1892 e 1895. O problema agrário carregava um custo político muito alto, mas Weber não hesitou em se lançar ao debate. O resultado foi uma polêmica imediata e intensa. Weber descreve a Alemanha como um Estado-Nação enfrentado por outros Estados-nação em uma "luta econômica pela existência", na qual "não há paz alguma" (p. 19). As condições e a migração de trabalhadores rurais alemães e poloneses nas províncias do Leste é o problema imediato. Weber argumenta que problemas econômicos desse tipo devem ser averiguados em termos políticos. Se, como é a análise de Weber, há uma contradição evidente entre os interesses econômicos da aristocracia prussiana proprietária de terras (os *Junker*) e os interesses políticos da nação nas províncias do Leste, estas últimas devem, de forma categórica, ter prioridade.

Para compreender o argumento de Weber é necessário considerá-lo em relação aos debates contemporâneos sobre o futuro da Alemanha enquanto Estado industrial. Weber admite não existir caminho alternativo para o futuro desenvolvimento da Alemanha, a não ser o da industrialização. Esse caminho, no entanto, tem certos custos. Isso significa que haverá uma transformação no caráter das relações sociais, especialmente, no início, no interior do país. Elas deixarão de ser pessoais e patriarcais para assumir a característica de relações impessoais de produção, fundamentadas em princípios capitalistas. Weber não faz parte do grupo que se opõe à industrialização nem abraça sem reservas o desenvolvimento de uma economia capitalista. Para ele, o futuro da Alemanha como "potência mundial" requer que ela adote a industrialização sem nostalgia de um passado "comunal" perdido. Além disso, e ainda mais fundamental, esse futuro depende da habilidade da nação em alimentar uma população que cresce rapidamente.

Nem a política agrícola nem os detalhes da situação econômica são, no entanto, as principais preocupações de Weber. Ele concentra sua atenção nos efeitos desse desenvolvimento para a nação. Seria incorreto, porém, vê-lo como alguém que simplesmente apresenta as convencionais ideias nacionalistas do período. Sua preocupação não é com o poder do Estado como um fim em si mesmo, mas com o destino da nação. A questão central para Weber é a da liderança política. Qual classe ou estrato (*Schicht*) poderia proporcionar uma liderança nacional? Ele estava pessimista. Naquele momento, parecia-lhe que nenhuma classe na Alemanha possuía a maturidade política para assumir esse papel.

Em seu discurso inaugural, Weber descreve um implacável processo de seleção em funcionamento entre nações. Mais inquietante, no entanto, é que não há a garantia de que nações economicamente mais desenvolvidas ou que uma "forma de ser humano" altamente desenvolvido devam surgir como vitoriosos desse processo. Ao apresentar esse argumento, Weber, que havia sido nomeado para a cátedra de Economia Política, participava, também, de um debate sobre a natureza e os limites do pensamento econômico, que havia dividido a escola historicista alemã de economia política. A questão da natureza e do valor da explicação econômica para as relações humanas havia se tornado a preocupação central da historiografia alemã contemporânea. Weber ataca aquilo por ele chamado de "concepção vulgar da economia política", que cria "receitas para uma felicidade universal". Embora reconheça o valor dos conceitos econômicos para explicar a conduta humana, Weber também insiste em seus limites. Em sua opinião, a política não deve ser reduzida à economia: sua esfera é autônoma.

A descrição de Weber da natureza da política está vinculada à visão que possui do lugar que a Alemanha ocupa em um mundo de *Machtstaaten*. Em seus primeiros textos, Weber compartilhava da opinião, comum na época entre os economistas políticos, de que o mundo de Estados industriais entrava em uma fase de disputa brutal por recursos e mercados. Embora, nos anos seguintes, Weber tenha assumido um nacionalismo moderado, ele continuou a argumentar que o Estado moderno não pode ser definido em termos do "conteúdo de suas atividades", mas, "em última análise", a partir dos meios específicos que emprega. O recurso próprio ao Estado e a todas as outras formas de associação política é, no fim, a violência física. Este é o caráter específico do Estado moderno, e ele, sozinho, "reclama para si o *monopólio da violência física legítima* no interior de um determinado território" (pp. 391). A política, dessa forma, deve ser definida em termos da luta para "participar do poder ou de influenciar a distribuição do poder, seja entre Estados, seja dentro de um único Estado, entre os grupos de pessoas que ele abrange" (p. 391).

Se a Alemanha estava prestes a se tornar um Estado-nação poderoso, um *Machtstaat*, então ela iria experimentar, inevitavelmente, o que Burckhardt havia chamado de "caráter diabólico do poder". A posse e o uso de tal poder envolviam decisões e atos que seriam nefastos ou imorais. No entanto, um componente essencial da visão trágica de Weber da política e da história é a ideia de que tais ações não podem ser evitadas, a menos que nos retiremos completamente do mundo para, por exemplo, o pacifismo. Como resultado da história e da geografia europeias, era o destino alemão não ter alternativa a não ser aceitar sua *"responsabilidade diante da história"*. Na opinião de Weber, a situação da Alemanha era completamente diferente daquela de Estados pequenos, como a Suíça e a Dinamarca. Weber, todavia, não solucionou a questão nietzchiana da relação entre Estado-nação e cultura nacional. Diferentemente dos nacionalistas "comuns", Weber não concordava com a ideia de que grandiosidade política e avanços na cultura necessariamente caminhavam de mãos dadas. Ele rejeita a concepção de que, de alguma maneira, Estados menores devam ser "menos valiosos", do ponto de vista cultural. Na verdade, ele agradece o fato de existirem comunidades alemãs fora do *Reich*. Nesses Estados menores (a Suíça é um exemplo), "outras virtudes podem florescer: não apenas as simples virtudes do cidadão (*Bürgertugenden*) e a autêntica democracia", mas também "valores muito mais íntimos e, não obstante, eternos" (p. 98). Parece inevitável que a Alemanha, enquanto um *Machtstaat*, não possa oferecer a melhor base para o florescimento de uma cultura dentro de suas próprias fronteiras, embora o prestígio dessa cultura possa depender de tal poder nacional. A Alemanha tem uma responsabilidade nacional de defender a cultura da Europa central contra a dupla ameaça das futuras hegemonias russa e anglo-americana. Escrevendo durante a Primeira Guerra Mundial, parece óbvio a Weber que um Estado alemão impotente seria inútil na defesa não somente da cultura alemã, tanto no interior quanto fora do *Reich*, mas também da autonomia cultural da Europa central.

A revolução de 1905 na Rússia proporcionou a Weber a oportunidade de observar outro Estado, além da Alemanha, onde a tradição liberal estava fragilizada. Embora aceitasse a importante contribuição de Marx para o entendimento de questões sociais e políticas, Weber não estava inclinado a endossar suas teses como científicas. As ideias marxistas, no que dizia respeito a Weber, eram sugestivos "tipos ideais", nem mais nem menos. Portanto, ele faz uso de ideias derivadas, em parte, do pensamento marxista, tanto no ensaio sobre a situação da Rússia quanto em trabalhos futuros. Weber discute a base classista de vários partidos e movimentos e tenta avaliar o balanço geral dos interesses conflitantes (materiais e ideais). Além disso, inclui uma análise do papel das ideias de Marx e dos partidos marxistas. Mas os limites da filosofia da história proposta por Marx são claros para Weber. Não se pode contar com as "leis do desenvolvimento econômico" para estabelecer as condições favoráveis tanto para a democracia como para os valores individuais. A política não pode ser um mero reflexo "superestrutural" da base material subjacente. Desenvolvimento econômico ou material pode, da mesma forma, claramente indicar a direção oposta. É mais provável que o futuro seja um período de estagnação cultural em que a humanidade se encontre aprisionada na "*moradia para a nova servidão*" (p. 87). A imagem de Weber do futuro sombrio de "uma noite polar de gélida escuridão e dureza" (p. 462) não é simplesmente uma visão em que um "benevolent feudalism" (p. 87) limita a esfera da liberdade humana e mina o desejo de persegui-la. Esta visão é também amparada pela teoria da economia política contemporânea, que afirmava existir uma clara propensão do capitalismo industrial para perder seu dinamismo empreendedor e deteriorar-se em um Estado rentista, quando mercados e solo estivessem esgotados: a "vitória da 'renda' (*Rente*) sobre o 'lucro' (*Gewinn*)" (p. 87). A "anarquia da produção" descrita por Marx e Engels estava sendo suplantada por um regime burocraticamente administrado, comparável aos impérios estáveis do Mediterrâneo antigo. O socialismo completaria esse desenvolvimento com o fortalecimento do aparato burocrático, que passaria a governar todas as esferas da vida. A alienação de qualquer tipo de agente produtor na economia moderna seria completa. O projeto socialista era, inerentemente, autodestrutivo.

Em sua conferência sobre socialismo, Weber considera diversas versões dessa doutrina, mas utiliza o *Manifesto Comunista*, de Marx e Engels, como seu texto paradigmático. E ele o faz porque o *Manifesto* demonstra claramente uma contradição central na teoria marxista, que afirma ser uma ciência reveladora das leis determinantes do desenvolvimento histórico, enquanto, simultaneamente, profetiza a emancipação e a renovação da humanidade. Escrevendo em 1918, Weber observou que o regime revolucionário na Rússia era dependente dos serviços dos oficiais e funcionários czaristas e que, na verdade, a produção ainda era fundamentada em princípios capitalistas. Realmente, o regime revolucionário importava do ocidente as ideias mais recentes sobre organização administrativa. Weber estava ciente do argumento de que a revolução russa acontecia em circunstâncias excepcionais, de modo que pode ser um equívoco tirar conclusões gerais a partir dessa "experiência". Ele ressalta, todavia, que os movimentos sindicalistas da Europa ocidental, que podiam ser considerados a forma de "ação direta" mais revolucionária do socialismo, também eram obrigados a confiar no apoio de não trabalhadores, os intelectuais. Estes eram frequentemente inclinados a apoiar o sindicalismo porque eram atraídos pelo romantismo inerente à ideia de greve geral. Eles vislumbravam a esperança de uma revolução como fonte de "encantamento" em um mundo cujo "desencanto" eles sentiam plenamente. Essa é uma extensão da observação que Weber havia feito pela primeira vez em 1905, quando discutia, à primeira vista, o estranho fato de existir uma "afinidade" entre intelectuais revolucionários e a burocracia autoritária na Rússia pré-revolucionária.

No discurso inaugural, Weber havia sido incapaz de identificar a classe ou estamento (*Stand*) apto a representar o interesse da nação. Sua crítica a Bismarck foi direcionada ao fracasso de seu governo em criar uma liderança política responsável e proporcionar à nação alemã a educação política que lhe era extremamente necessária. Weber impressionou-se com a obra de escritores contemporâneos, particularmente Moisie Ostrogorski e James Bryce, os quais haviam descrito a ascensão da forma moderna da máquina político-partidária burocrática, o *caucus*, inicialmente nos Estados Unidos e, mais tarde, na Inglaterra, e a forma com que esse desenvolvimento havia transformado o caráter da política democrática. A primeira metade da palestra "A política como vocação" baseia-se profundamente, como o próprio Weber reconhece, na obra *Democracia e a organização de partidos políticos*, de Ostrogorski, publicada em 1902. A transformação de partidos políticos, cuja existência "não conhece constituição nem lei" (p. 191), de associações de notáveis em máquinas burocráticas organizadas dentro e fora do parlamento é um "processo irreversível". Os relatos de Ostrogorski e Bryce da evolução da democracia de massas enquanto uma disputa pelo poder entre partidos altamente organizados complementaram a visão de Weber sobre a "racionalização universal" e sua percepção de que o liberalismo tradicional estava agora obsoleto. Admitidas tais circunstâncias, a questão que se coloca imediatamente é: como a liberdade individual pode sobreviver? Esses desdobramentos produzem um novo tipo de político profissional que vive "da política" e não "para a política". A expansão da burocracia facilmente dá origem ao governo dos funcionários, o que é visto por Weber como desfavorável à genuína liderança política, essencial à sobrevivência da Alemanha como potência mundial, bem como a um governo responsável e à educação política da população. Há, aqui, uma tensão entre o "liberalismo" de Weber e seu "nacionalismo". Ele não indica claramente qual considera o mais importante. Na verdade, é consistente com seu modo de pensar dizer que a tensão entre os dois princípios é desejável e deve, de fato, ser mantida porque tais tensões entre valores rivais são essenciais para evitar a estagnação cultural.

Nos últimos anos da Primeira Guerra Mundial, a principal preocupação de Weber era a sobrevivência do Estado e da nação alemã. Repetindo um tema central da palestra inaugural, ele ressalta que a Alemanha é uma nação desprovida de educação política e de "vontade política", e que as medidas governamentais tomadas durante a guerra apenas haviam tornado mais evidente esse fato. O problema fundamental era como evitar a eliminação burocrática da genuína atividade política, o que, no moderno Estado de massas, coloca a natureza e o papel do parlamento no topo da ordem do dia: *"Como tornar o parlamento capaz de assumir o poder?* Qualquer outra coisa é secundária" (p. 242). Isso levanta uma difícil questão de interpretação: Weber valoriza o trabalho político do parlamento por si só ou simplesmente porque dele dependem a sobrevivência da nação e de seu poder? Como último recurso, ele argumenta que "(...) as tarefas históricas da nação alemã (...) se encontram, por princípio, *acima* de todas as questões de *forma* do Estado" (p. 167), mas também é essencial para a nação assumir a responsabilidade por seu próprio destino e, considerando as condições modernas de grandes Estados, onde a democracia direta é tecnicamente impossível, isso só pode ocorrer por meio de representantes do povo.

A discussão de Weber acerca do destino da Alemanha como um Estado-nação deve ser inserida no contexto de seu diagnóstico do emergente caráter único da sociedade moderna ocidental. A principal característica identificada por Weber foi a crescente racionalização em todas as esferas da vida social, que tinha como sintomas a secularização, o crescimento da administração burocrática, o avanço generalizado do formalismo e da calculabilidade como bases das instituições econômicas e legais, além da fragmentação dos valores. Em outras palavras, tratava-se do "desencantamento do mundo". Em termos políticos, o problema era o futuro do constitucionalismo liberal dentro dos Estados que se transformavam em democracias de massas. A natureza de tais Estados era radicalmente diferente da natureza daqueles em que a justificativa filosófica para o liberalismo havia pela primeira vez sido proposta. Além disso, o "desencantamento" descrito por Weber não se encerra no liberalismo. Os fundamentos filosóficos tradicionais de todas as ideologias e doutrinas políticas estavam ameaçados por um solapamento contínuo de suas próprias pressuposições, o que criou para Weber um problema que ele não foi capaz de solucionar de forma satisfatória. Weber estava engajado na existência das instituições do Estado constitucional ocidental que serviam como estrutura necessária em que liberdade individual e individualismo tinham mais chances de florescer, ainda que somente para uma minoria. Não obstante seu ceticismo em relação às justificativas tradicionais do Estado constitucional, em termos, por exemplo, de direito natural, significava que ele estava, na prática, defendendo instituições liberais sem a filosofia liberal totalmente elaborada, a qual, no passado, havia dado sustentação a essas instituições.

Nos anos de guerra, Weber defendeu para a Alemanha um parlamento forte, enquanto arena apropriada para a política nacional. Em oposição a um governo meramente burocrático, a política parlamentar seria importante por duas razões. A atividade política realizada para o parlamento e dentro dele, que para Weber significa "conflito, recrutamento de aliados e seguidores voluntários", é essencial porque, apesar do poder das máquinas partidárias, pode atuar como uma barreira contra todas as pressões que conduzem à estagnação social. O parlamento também é importante porque oferece o espaço em que líderes genuínos podem ser selecionados. Esses aspectos são particularmente importantes para Weber porque, em sua opinião, há uma estreita afinidade entre a democracia moderna e a burocracia. As demandas por ações tipicamente geradas em Estados democráticos podem ser apenas atendidas por uma administração burocrática em larga escala. Isso, por sua vez, tenderá a roubar o papel da liderança política se a burocracia não for controlada e examinada. Liderança política e governo de funcionários são antagônicos. A diferença entre eles é especialmente importante para a conduta da política externa. Weber afirma que a combinação de um parlamento fraco, um monarca intrometido e um governo de funcionários na era pós-Bismarck havia produzido uma política externa bastante ineficiente, se é que poderia ser chamada de "política". Por outro lado, Weber observou o exemplo da Grã-Bretanha, onde um parlamento forte, com líderes políticos hábeis na condução da máquina eleitoral, havia sido bem-sucedido, contando com apoio popular, na criação e manutenção de um império.

O político moderno e, especialmente, o líder partidário é superior ao funcionário em um aspecto fundamental: "estão preparadas para a liderança política apenas as pessoas que foram selecionadas pela *luta* política" (p. 278). Um componente essencial na disputa entre partidos nas democracias de massa é a demagogia. Tão logo "as massas não possam mais ser tratadas como objeto puramente passivo da administração", então "democratização e demagogia tornam-se inseparáveis" (p. 279). Democracia moderna significa que o líder político "conquista a confiança e a fé das massas na sua pessoa e, portanto, em seu poder, por meio da demagogia de *massa*" (p. 280). Em outras palavras, há um inevitável elemento de "cesarismo" na moderna democracia de massa. Na verdade, Weber percebe essa característica em todos os regimes democráticos: "as grandes decisões da política são tomadas por *indivíduos*, particularmente nas democracias, e essa circunstância inevitável traz consigo o fato de que a democracia de massa, desde os tempos de Péricles, tenha tido sempre de pagar por seus sucessos com amplas concessões ao princípio cesarista de seleção de líderes" (p. 282). Aqui é introduzido outro problema para interpretar a explicação que Weber dá à democracia no Estado moderno. Embora afirme a necessidade de um parlamento forte como espaço onde se dê a seleção de líderes políticos, ele também defende o elemento cesarista, pelo qual é, ao mesmo tempo, inevitável e desejável que os líderes políticos apelem diretamente às massas e, nesse sentido, evitem o parlamento. Na conhecida terminologia weberiana, o líder político nacional é um líder carismático, que confia na fé e na devoção ao seu caráter pessoal para a manutenção de seu governo. Em "Parlamento e governo na Alemanha reorganizada", Weber argumenta que a oposição entre seleção plebiscitária e parlamentar de líderes não significa, como muitos de seus contemporâneos afirmavam, que os parlamentos não fossem úteis. Sua existência garante estabilidade, controla a natureza dos cargos de poder, preserva a salvaguarda civil e legal contra o poder da liderança nacional, fornece um "campo de testes" para líderes em potencial e, muito importante, propicia um método pacífico de eliminar um "ditador cesarista" que tenha perdido o apoio das massas.

Uma das ameaças à estabilidade da vida política surge com a possibilidade de que "elementos emocionais" e "a política das ruas" se tornem predominantes. Em 1918, Weber acreditava que "nem o caráter cesarista e a demagogia de massa nem a burocratização e a estereotipização dos partidos são, em si, um obstáculo rígido que impeça o surgimento de líderes" (p. 291). A organização do partido moderno e o "campo de treino" do trabalho do *committee* parlamentar asseguram que "representantes cesaristas das massas" aceitarão "as formas jurídicas estabelecidas da vida política". Os líderes que Weber tem em mente aqui não são selecionados em virtude de suas qualidades demagógicas, "no sentido negativo da palavra" (p. 292). Uma das principais funções da existência de partidos racionalmente organizados e de um parlamento com reais poderes é restringir a influência da irracional "democracia de rua" (p. 292). A análise weberiana virou os trabalhos de Ostrogorski e de outros críticos da democracia de ponta-cabeça: Weber interpreta o avanço do partido disciplinado e de líderes demagogos como uma vantagem do Estado moderno, enquanto os demais haviam considerado essas características como sinais de crise da democracia e do liberalismo.

A tensão entre o parlamento e o líder plebiscitário se torna mais pronunciada nos trabalhos de Weber do pós-guerra. A situação na Alemanha é, agora, pouco promissora em termos de criação de um parlamento forte. As opções são extremas: "há apenas a escolha entre, de um lado, a democracia com um líder e com a 'máquina' e, de outro, a democracia sem um líder" (p. 441). A Alemanha possuía uma democracia sem líderes, o que significava dizer "governo dos políticos profissionais sem vocação" e desprovidos "daquelas qualidades internas, carismáticas que fazem de uma pessoa um líder". Além disso, o sistema de representação proporcional que havia sido adotado para a nova República terá o efeito de "criar um parlamento apolítico, no qual não há lugar para lideranças genuínas" (p. 442). O único possível contrapeso a um "parlamento apolítico" seria um presidente do *Reich* diretamente eleito, que forneceria o elemento essencial da liderança, que não pode ser oferecido pelo "parlamento apolítico". Weber sustentava energicamente que o presidente, como chefe de Estado, deveria ser eleito diretamente pelo povo e que esta posição deveria se apoiar "de modo inquestionável na vontade de todo o povo" (p. 383). É importante notar que o argumento de Weber é uma resposta às circunstâncias particulares e extremas em que a Alemanha se encontrava em 1918-19. É concebível dizer que, se a tradição de partidos políticos fosse mais forte, Weber não teria apresentado essa proposta polêmica. O poder do presidente plebiscitário deve ser limitado de forma rigorosa. Ele deve ter "a forca perante os olhos como recompensa para qualquer tentativa de interferir nas leis ou de governar autocraticamente" (p. 385). Ao presidente também caberá introduzir uma forma mais apropriada de organização partidária e, com isso, o parlamento será fortalecido. E uma vez que é diretamente eleito, ele representa a possibilidade de um líder político transcender divisões particularistas e político-partidárias e representar a *"unidade do Reich"*. No entanto, Weber queria dar ao presidente um poder considerável: ele deve ser capaz de intervir, por meio da dissolução do parlamento, e de convocar um referendo (medida que Weber havia anteriormente condenado) para solucionar uma crise política.

Em "A política como profissão e vocação", Weber volta-se para as qualidades "interiores" necessárias àqueles que vivem "para a política" e não meramente "da política". Ele identifica três qualidades: paixão, responsabilidade e senso de proporção, sendo esta a determinante. Em uma linguagem que recorda o *"páthos* da distância" de Nietzsche, mas sem a conotação de uma atitude de complacência, Weber se refere à "capacidade de deixar atuar sobre si as realidades, mantendo a concentração e a calma, isto é, a *distância* em relação às coisas e às pessoas" (p. 444). Mas também deve existir um engajamento apaixonado a uma causa. Somente ele dá significado à conduta do político em um mundo que se torna cada vez mais "desencantado". Para Weber, o líder político genuíno está, em última análise, coagido, não pelas instituições governamentais, mas por aquele poderoso compromisso interno que direciona sua vocação. Apesar do uso de Weber da agora familiar terminologia nietzschiana, o leitor alemão instruído teria notado que ele se referia a uma ética de respeito à vocação que transcendia "a vontade de poder", em seu sentido mais cru. Na opinião de Weber, o "poder político" por si só, sem compromisso com uma causa, era vazio e absurdo. Ele manteve os valores éticos tradicionais dos aristocratas: *Vornehmheit* [distinção], *Anstand* [decência] e aversão à *Gemeinheit* [baixeza]. Uma consequência prática disso foi a insistência de Weber para que fosse garantido imediatamente aos soldados que retornavam à Prússia igual direito de sufrágio.

Para Weber, a característica distintiva da política é que, "dentro do conjunto da economia ética da conduta de nossa vida" (p. 446), ela somente opera por meio do poder "por trás do qual está o uso da *violência*" (p. 449). Isso dá à política seu fardo ético particular. O líder político confronta-se com a escolha entre dois princípios éticos distintos: "a ética da convicção" e a "ética da responsabilidade". Weber dá como exemplo o sindicalista que age de acordo com a ética da convicção, apesar de sabedor das prováveis consequências negativas de suas ações para a classe cuja causa ele busca promover. Um político orientado pela ética da responsabilidade reconhece que, para agir, deve considerar as consequências de sua conduta. Além disso, ele tem plena consciência da "irracionalidade ética do mundo" (p. 454). Com isso, Weber deseja afirmar que o político é tipicamente confrontado com o problema de empregar meios "moralmente suspeitos" para atingir um fim que ele acredita ser bom. Para Weber, não há uma autoridade ética que possa ser consultada pelo político, então ele deve confiar em seu próprio discernimento e, em última análise, tentar conciliar, da melhor forma possível, o que seus princípios lhe exigem e as prováveis consequências de seus atos.

Um elemento central na visão weberiana do mundo moderno é sua convicção na inexistência de qualquer possibilidade de categorização objetiva dos valores fundamentais ou princípios morais. Somos confrontados por um pluralismo de valores essenciais conflitantes. Weber também argumenta que, no mundo organizado, burocrático e desencantado por ele descrito, o canal mais importante para a expressão da individualidade é justamente o comprometimento consciente com um valor ou uma causa. Suas próprias pesquisas acadêmicas e seus ensaios políticos têm a finalidade de esclarecer, da forma mais objetiva possível, as realidades e possibilidades apresentadas em determinada situação. A intenção é empenhar-se por uma prática política lúcida e sem ilusões. Weber está provavelmente aludindo à descrição nietzschiana de "honestidade" e "firmeza" enquanto virtudes intelectuais. Muitos leitores de Weber encontraram aqui um problema fundamental. Weber argumenta que, apesar da natureza trágica da política (ou por causa dela), em que "o resultado final da ação política encontra-se muitas vezes, ou melhor, regularmente, em uma relação totalmente inadequada, até mesmo paradoxal, com seu sentido original (*Sinn*)" (p. 446), o político deve estar comprometido com uma causa. O problema é que, segundo Weber, não se pode "provar" simplesmente por recursos intelectuais que uma causa seja superior a qualquer outra. O que parece ser realmente importante é a existência de uma causa que possa oferecer o significado interior essencial para a conduta genuinamente política. "A questão de *como* é a causa, em cujo nome o político ambiciona e usa poder, é uma questão de fé" (p. 446). Ao mesmo tempo, os ensaios políticos e as ações de Weber procuravam demonstrar a importância dos valores aos quais ele era atrelado. Aqui ele se posicionou, e não poderia ser diferente. Em outras palavras, embora Weber acreditasse que nenhum fundamento "supremo" poderia ser dado a valores, era possível, e até mesmo necessário, defendê-los. Mais do que isso: a vida e o trabalho de cada um poderiam servir como exemplo de sua importância.

Weber respeitava aqueles que eram genuinamente guiados pela ética da convicção. Na verdade, ele reconhecia que a ética da responsabilidade propriamente dita baseava-se em uma convicção que não se podia demonstrar: "Nesse aspecto, a ética da convicção e a da responsabilidade não são antagonismos absolutos. Elas se complementam e, somente em conjunto, constituem o verdadeiro homem, aquele que *pode* ter a 'vocação para a política'" (p. 461).

É difícil classificar Max Weber como um pensador político. Alguns o chamam de "liberal", enquanto para outros não há nenhuma ligação entre seus trabalhos e o liberalismo. É certo que o pensamento político de Weber transcende as fronteiras da tradição liberal nacional alemã, onde estão suas raízes. Além disso, sua visão de política como um conflito interminável se opõe diretamente a qualquer sonho de "paz perpétua". O compromisso fundamental de Weber era com o ideal da liberdade individual, que torna possível o desenvolvimento total da personalidade humana. O problema político surge porque no Estado democrático moderno há forças que ameaçam a liberdade, em vez de intensificá-la. A democracia é aceita como um fato, não se constituindo em um valor absoluto para ele. A democracia moderna, embora possa levar à "proletarização espiritual" das massas, também cria as condições necessárias para o surgimento de personalidades criativas, os líderes plebiscitários, que se dirigem diretamente às pessoas, a maioria delas com tendência à passividade política. Um modelo de democracia que trata dessa questão como uma disputa entre partidos por votos e ignora o componente carismático presente na concepção de Weber tem tido grande influência na ciência política no pós-guerra. Weber não teria concordado com essa visão. Enquanto suas conclusões são marcadas por seu tempo, sua obra permanece importante porque revela os problemas de difícil resolução que cercam qualquer tentativa de entender a natureza e as possibilidades da moderna democracia liberal. Para Weber, o *Herrenvolk* evocado por Nietzsche se concretizaria não em uma sociedade em que uma elite governa massas "escravizadas", mas em uma "nação de senhores", em que cada indivíduo tem a "chance" e a formação para determinar seu próprio destino e o de seu país. Ao mesmo tempo, ele temia a realidade da máquina partidária, que vê o cidadão comum apenas como uma forma de alimentar as eleições. Ele queria defender as instituições do Estado constitucional liberal, mas seus próprios princípios intelectuais o impediram de justificá-las em termos de uma filosofia política completamente elaborada. Essas são as tensões não solucionadas em sua obra.

Nota bibliográfica

O registro mais abrangente do pensamento político de Weber, que também o posiciona em seu contexto histórico, é W. J. Mommsen, *Max Weber and German Politics 1890-1920* (Chicago, 1984). Essa obra provocou grande controvérsia quando surgiu na Alemanha, em 1959, porque desafiava a maioria das interpretações de Weber predominantes na época. Alguns ensaios posteriores de Mommsen, nos quais ele altera algumas de suas primeiras análises, podem ser encontrados em seu *The Age of Bureaucracy. Perspectives on the Political Sociology of Max Weber* (Oxford, 1974). Também de Mommsen, *The Political and Social Theory of Max Weber. Collected Essays* (Oxford, 1989) discute uma grande variedade de temas e inclui o importante artigo "The Antinomian Structure of Max Weber's Political Thought".

D. Beetham, *Max Weber and the Theory of Modern Politics* (Londres, 1974), apresenta uma abordagem menos histórica e trata dos ensaios de Weber sobre a Rússia, bem como de seus escritos sobre a Alemanha, em uma obra crítica à interpretação de Mommsen. Um registro muito mais conciso está em A. Giddens, *Politics and Sociology in the Thought of Max Weber* (London, 1972). De S. S. Wolin, o ensaio "Max Weber. Legitimation, Method, and the Politics of Theory", publicado em *Political Theory,* 9 (1981), pp. 401-24, é uma crítica fabulosa ao lugar de Weber na tradição política. D. Beetham, "Max

Weber and the Liberal Political Tradition" em *Archives Européennes de Sociologie,* 30 (1989), pp. 311-23, considera Weber um problema "do" e "para" o liberalismo. Surpreendentemente, pouco tem sido escrito acerca da visão de Weber sobre a Rússia. R. Pipes, "Max Weber and Russia" em *World Politics,* 7 (1955), pp. 371-401, é crítico e muito proveitoso. L. Scaff e T. C. Arnold, "Class and the Theory of History: Marx on France and Weber on Russia" em R. J. Antonio e R. M. Glassman (eds.), *A Marx – Dialogue* (Lawrence, 1985) é uma comparação interessante entre os dois teóricos.

A polêmica no período pós-guerra acerca das ideias políticas de Weber e da influência destas sobre a recepção de seu autor como um "pai fundador" da sociologia moderna irrompeu em uma confrontação pública, durante uma conferência realizada em 1964 para marcar o centenário de seu nascimento. Os trabalhos estão reunidos em *Max Weber and Sociology Today,* ed. por O. Stammer (Oxford, 1971). Foram incluídas as conferências de Raymond Aron, "Max Weber and Power Politics", e de Herbert Marcuse, "Industrialisation and Capitalism", bem como a contribuição de Jürgen Habermas ao debate, "Value-freedom and Objectivity", em que aparece sua famigerada declaração (posteriormente modificada) de que Carl Schmitt, que havia apoiado o regime nazista, era um "legítimo discípulo" de Weber. K. Loewenstein, *Max Weber's Political Ideas in the Perspective of Our Time* (Massachusetts, 1966) é uma defesa de Weber contra tais acusações e inclui recordações pessoais do "círculo de Weber". H. H. Bruun, *Science, Values and Politics in Max Weber's Methodology* (Copenhagen, 1972) é uma detalhada análise textual que investiga a difícil relação entre as ideias de Weber sobre a natureza dos valores tanto no âmbito acadêmico quanto na política. Duas tentativas importantes de reinterpretação do lugar de Weber na história das ideias são W. Hennis, *Max Weber. Essays in Reconstruction* (London, 1988) e L. A. Scaff, *Fleeing the Iron Cage. Culture, Politics, and Modernity in the Thought of Max Weber* (Berkeley, 1989).

Hennis argumenta que Weber é mais bem compreendido como um representante tardio de uma tradição de teoria política que inclui Rousseau, Maquiavel e Tocqueville entre seus membros. Scaff coloca o pensamento de Weber no contexto da crítica cultural de seu tempo. Hennis e Scaff retornam, ambos, a temas que eram mais comuns na literatura pré-1933 sobre Weber. Um exemplo importante desses trabalhos iniciais é K. Löwith, *Max Weber and Karl Marx* (London, 1982), publicado pela primeira vez na Alemanha, em 1932.

Max Weber and Contemporaries, editado por W. J. Mommsen e J. Osterhammel (London, 1987), contém 37 ensaios sobre esse tema. C. Antoni, *From History to Sociology* (London, 1959) posiciona Weber na tradição do historicismo alemão. F. Ringer, *The Decline of the German Mandarins. The German Academic Community 1890-1933* (Cambridge, Mass., 1969) aborda a tradição e o destino da "camada média educada" à qual Weber pertenceu. *Max Weber. A Biography*, de Marianne Weber (New York, 1975), oferece informações úteis, embora nem sempre totalmente precisas. K. D. Barkin, "Conflict and Concord in Wilhelmian Social Thought", em *Central European History*, vol. V (1972), pp. 55-71, é uma proveitosa discussão do contexto político e intelectual.

A natureza da relação entre Weber e Nietzsche tem ressurgido como objeto de debate. R. Eden, *Political Leadership and Nihilism. A Study of Weber and Nietzsche* (Tampa, 1983) é uma interpretação escrita sob a influência da filosofia política de Leo Strauss, cuja crítica polêmica, porém influente, de Weber foi publicada em sua obra *Natural Right and History* (Chicago, 1950). O ensaio "Max Weber and Modern Social Science", de R. Aron, publicado em *History, Truth, Liberty. Selected Writings of Raymond Aron* (Chicago, 1985), apresenta uma crítica à interpretação de Strauss. A relação entre Weber e Carl Schmitt é explorada em R. Slagstad, "Liberal Constitutionalism and its Critics: Carl Schmitt and Max Weber", em J. Elster e R. Slagstad (eds.), *Constitutionalism and Democracy*

(Cambridge, 1988). D. Käsker, *Max Weber. An Introduction to his Life and Work* (Oxford, 1988) é um estudo de sua obra, a partir de um ponto de vista sociológico, que ignora seus escritos políticos. R. Bendix, *Max Weber. An Intellectual Portrait* (London, 1960) é um trabalho descritivo. De maior utilidade para a introdução à leitura dos próprios textos weberianos é H. H. Gerth e C. W. Mills (eds.), *From Max Weber. Essays in Sociology* (London, 1948), que contém "Science as a Vocation". Uma tradução alternativa está em P. Lassman e I. Velody (eds.), *Max Weber. "Science as a Vocation"* (London, 1989). *Economy and Society* (New York, 1968), de Weber, contém suas definições de conceitos sociais e políticos.

Cronologia

1864. Nasce em Erfurt.
1867. Publicação do volume I de *O capital*, de Karl Marx.
1871. Fundação do Segundo Império Germânico.
1872. Início da *Kulturkampf*.
1872. Publicação de *O nascimendo da tragédia*, de Nietzsche.
1887. É publicado "Genealogia da moral", de Nietzsche.
1889. Dissertação sobre a "História das companhias de Comércio na Idade Média".
1890. Destituição de Bismarck.
1894. Cátedra em Economia Política na Universidade de Freiburg.
1895. Discurso inaugural acadêmico: "O Estado-nação e a política econômica".
1896. Cátedra em Ciência Política na Universidade de Heidelberg.
1897-1903. Período de distúrbios mentais.
1904. Visita aos Estados Unidos da América. Palestras na Exposição Universal de Saint Louis.
1904. Ensaio sobre "'Objetividade' em ciência social e política social".
1905. Revolução na Rússia.
1905. Publicação dos ensaios sobre "A ética protestante e o 'espírito' do capitalismo".
1906. "Sobre a situação da democracia constitucional na Rússia" é publicado.

1906. Publicação de "Vontade de poder" de Nietzsche.
1906. Participa do congresso anual do Partido Social-Democrata.
1908. Participa do congresso do Partido Nacional Liberal.
1909. Cargo de editor do "Grundriß der Sozialökonomik".
1909. Participação ativa na fundação da Sociedade Alemã de Sociologia.
1913. Deixa a Sociedade Alemã de Sociologia após grande discordância acerca de questões sobre "valores" e "objetividade".
1914. Início da Primeira Guerra Mundial.
1914-15. Organiza nove hospitais militares.
1916-18. Jornalismo de guerra. Coloca-se em oposição à extensão da guerra submarina e à política de anexação.
1917. Participação em duas conferências (maio e outubro) em Burg Lauenstein, com público formado principalmente por jovens socialistas e pacifistas.
1917. Revolução Russa.
1917. Conferência "Ciência como vocação" ("Wissenschaft als Beruf") em Munique (novembro).
1918. Cátedra em Economia Política na Universidade de Viena. Palestras sobre "Uma crítica positiva da concepção materialista da história".
1918. Alemanha pede cessar-fogo (outubro).
1918. Filia-se ao recém-constituído Partido Democrático Alemão.
1918. Levantes revolucionários na Alemanha (novembro).
1919. Palestra "Política como vocação" ("Politik als Beruf").
1919. Participa das negociações de paz em Versailles.
1919. Cátedra na Universidade de Munique.
1920. Morre, vítima de pneumonia.
1921. Publicação de *Economy and Society*.

*Nota sobre a tradução**

A tradução baseou-se nas edições originais (em brochura) dos ensaios em questão, mas levou em consideração, onde possível, as alterações posteriores (como as da segunda edição de *Wahlrecht und Demokratie*) e comentários de valor inestimável da nova edição histórico-crítica.

Para os textos em que há traduções anteriores, estas foram consultadas como forma de avaliar a exatidão das minhas próprias versões e adotei algumas das soluções nelas apresentadas. Nos trechos em que esta tradução difere das versões anteriores, particularmente das norte-americanas, trata-se de uma tentativa de seguir os padrões da língua alemã o mais perto possível, mas mantendo a coerência com um inglês legível. Por conseguinte, optei por não "domesticar" Weber, utilizando construções linguísticas familiares em inglês que pudessem ocultar traços particulares de seu estilo ou do contexto cultural alemão. Ao final desta edição, o leitor encontrará um glossário explicativo que fornece detalhes sobre a tradução de alguns termos-chave ou de difícil compreensão. Outros comentários são apresentados nas notas dos editores.

RONALD SPEIRS

* A tradução brasileira foi realizada a partir dos originais em alemão e confrontada com a tradução inglesa, seguindo as orientações e critérios estabelecidos pelos tradutores ingleses. (N. do E. bras.)

ESCRITOS POLÍTICOS

O Estado-nação e a política econômica

(Discurso inaugural acadêmico)[1]

Prefácio

O que me levou a publicar as exposições seguintes foi não o consenso, mas a oposição que elas encontraram em grande parte da audiência. Tanto para colegas da mesma área quanto para os de outras disciplinas, haverá informações novas apenas nos detalhes, e a ocasião que lhes deu origem explica o sentido especial no qual apenas elas reclamam o atributo de "ciência". Pois um discurso inaugural oferece a oportunidade de expor e justificar abertamente o ponto de vista pessoal e, nesse sentido, "subjetivo", a partir do qual são *avaliados* fenômenos econômicos. As exposições das páginas 17 a 20 foram omitidas devido ao tempo disponível e à audiência, e outras podem ter assumido uma forma diferente na versão oral. Em relação às informações iniciais, cabe observar que elas expõem os acontecimentos de uma forma naturalmente muito mais simples do que aquela como se deram na realidade. Entre 1871 e 1885, os movimentos populacionais nos distritos e municípios isolados da Prússia Ocidental não são uniformes, mas mudam suas características e de modo algum são tão transparentes quanto os exemplos escolhidos aqui. Em

---
1. Tradução de *Der National und die Volkswirtschaftspolitik. Akademische Antrittsrede* (Freiburg e Leipzig, 1985). O discurso inaugural foi proferido em maio de 1895 e publicado em julho do mesmo ano.

outros casos, certos fatores contrariam a tendência que tentei ilustrar por meio desses exemplos. Ainda voltarei a esse assunto de forma mais detalhada em outra ocasião[2]. É evidente que os resultados que esses números podem oferecer são muito menos fundamentados do que os fornecidos pelas admiráveis publicações de alguns discípulos de Neumann[3], referentes à situação das nacionalidades na Posnânia e na Prússia Ocidental. No entanto, na falta de dados corretos, por ora temos de nos contentar com esses, posto que, graças às enquetes rurais dos últimos anos[4], já conhecemos os principais traços dos fenômenos que ilustram.

O título de minhas observações promete muito mais do que posso e quero cumprir neste momento. O que pretendo é, primeiramente, o seguinte: ilustrar em um *único exemplo*, do ponto de vista físico e psíquico, o papel desempenhado pelas diferenças raciais entre as nacionalidades na luta econômica pela existência[5]. A isso eu gostaria de acrescentar algumas con-

....
2. Na realidade, Weber não produziu nenhum outro trabalho nessa área que fosse comparável às pesquisas sobre as condições rurais (ver Max Weber, *Gesamtausgabe, I, 3*), que o levaram à cátedra em Freiburg, possivelmente por ter sofrido uma série de perturbações nervosas entre 1897 e 1904. Ele escreveu, no entanto, inúmeros ensaios sobre temas relacionados, reunidos no volume 4 do *Gesamtausgabe*, assim como o texto de 1904, "Agrarstatistische und sozialpolitische Betrachtungen zur Fideikomißfrage in Preußen",*Gesammelte Aufsätze zur Soziologie und Sozialpolitik* (Tübingen, 1924), pp. 323-93.
3. Friedrich Julius von Neumann (1835-1910), economista, antigo catedrático da disciplina de Economia Política nas universidades de Freiburg e Tübingen. A obra de Neumann, *Grundlagen der Volkswirtschaftslehre* (Tübingen, 1889), foi incluída na relação de leituras de Weber para seus cursos introdutórios em Economia, *Grundriß zu den Verlesungen über Allgemeine ("theoretische") Nationalökonomie* (1898), reeditados por Tübingen, 1990.
4. As *Enqueten* às quais Weber se refere eram investigações de problemas sociais específicos, desenvolvidas pela *Verein für Sozialpolitik*, com o objetivo de influenciar políticas governamentais. O estudo do próprio Weber sobre as províncias ao leste do Elba era parte de uma investigação maior do trabalho agrícola.
5. A frase usada por Weber, *Kampf ums Dasein* (luta pela existência), pertence, como *Ausleseprozeß* (processo de seleção), ao vocabulário de argumen-

siderações sobre a situação de Estados fundamentados em uma base nacional – como o nosso –, no contexto da reflexão político-econômica. Escolhi como exemplo uma série de acontecimentos que se deram longe de nós, mas que há uma década têm chamado a atenção pública, e peço-lhes que me sigam até as regiões fronteiriças no Leste do *Reich*, na planície da província da *Prússia Ocidental*. Esse cenário combina a qualidade de região fronteiriça nacional com diferenças extraordinariamente bruscas nas condições econômicas e sociais de existência, o que o torna recomendável a nosso propósito. Infelizmente, antes precisarei contar com sua paciência para expor uma série de dados técnicos.

A província abrange três tipos de contraste em seus distritos rurais.

Primeiramente, há diferenças extraordinárias na *qualidade dos solos da lavoura*: do solo onde se cultiva a beterraba, na planície do rio Vístula, até as colinas arenosas da Cassúbia, estima-se que o rendimento líquido tributável chegue a múltiplos de dez e vinte. Mesmo as médias distritais variam entre 4,75 e 33,66 marcos por hectare.

Além disso, há contrastes na estratificação social da população que cultiva esse solo. Como em todo o Leste da Alemanha, além do "município rural" (*Landgemeinde*), os registros oficiais conhecem uma segunda forma de unidade comunal, desconhecida no Sul: o "domínio latifundiário" (*Gutsbezirk*). De modo correspondente, entre os vilarejos dos camponeses destacam-se na paisagem os latifúndios senhoriais (*Rittergüte*), que são as sedes dos *Junker*, classe que caracteriza a

....
tos darwinianos a respeito da "sobrevivência dos mais aptos" na inevitável disputa pelos recursos do meio ambiente. Weber aproxima-se de tal vocabulário (como *Verdrängung:* suplantação) em diversos momentos desse trabalho, embora ressalte, em sua nota de rodapé "D", que não aprova a aplicação acrítica das descobertas das ciências naturais nas ciências humanas. "Seleção" (*Auslese*) permanece um conceito importante para Weber. Ver, por exemplo, seu *Economia e sociedade,* capítulo I, seção 8.

estrutura social do Leste. Essas quintas são circundadas por casebres baixos que, junto com lotes de terra e pasto, o senhor (*Gutsherr*)[6] destina aos jornaleiros*, obrigados a trabalhar durante o ano todo na propriedade senhorial. A área da província divide-se aproximadamente por igual entre os camponeses e os *Junker*, mas em algumas regiões a cota dos domínios latifundiários varia de baixas porcentagens a dois terços da área.

Por fim, dentro dessa população, com sua dupla estratificação social, há uma terceira oposição: a das *nacionalidades*. E, por sua vez, a composição nacional da população em unidades comunais também varia regionalmente. *Essa* variação é o que nos interessa. Em primeiro lugar, obviamente a densidade da população polonesa (*Polentum*)[7] aumenta à medida que se aproxima da fronteira. Mas ela também *aumenta* com a *deterioração* da qualidade do solo, como mostra qualquer mapa linguístico. A primeira reação que se tem – não totalmente sem razão – é tentar explicar esse fato do ponto de vista histórico, partindo do modo como os alemães ocuparam o vale fértil do rio Vístula. No entanto, quando se pergunta quais são as *camadas sociais* que no campo representam as nacionalidades alemã e polonesa (*Deutschtum* e *Polentum*), os dados do censo mais recentemente publicado[A] (1885) fornecem uma imagem estranha. Apesar de não podermos nos informar

....
6. "Senhor" corresponde apenas aproximadamente ao termo alemão, *Gutsherr*, portanto não se deve dar por certo que cada um ocupe exatamente a mesma posição na hierarquia das relações feudais.

* Trabalhador que recebe por dia de trabalho. [N. da R.]

7. A palavra *Polentum* é tanto um substantivo coletivo, que se refere ao conjunto do povo polonês, quanto um termo de caracterização, correspondendo, grosso modo, ao termo em inglês *Polishness* [em português, "polonismo"]. Weber passa, repetidamente, de um sentido a outro, assim como faz com o termo, nesse contexto, antitético *Deutschtum*, indicando, desse modo, que a competição entre esses dois grupos populacionais é, também, uma competição entre diferentes conjuntos de características nacionais e valores culturais.

A. *Gemeindelexikon*. Berlim, 1887.

diretamente a partir desses dados sobre a composição nacional dos municípios, podemos fazê-lo de maneira indireta – desde que nos contentemos com números apenas aproximadamente corretos – por intermédio da confissão religiosa, que, dentro da área nacionalmente mista que nos interessa, quase coincide, com baixa porcentagem de diferença, com a nacionalidade. Se separarmos em cada região as categorias econômicas dos vilarejos de camponeses e dos latifúndios senhoriais, identificando-as, igualmente de modo impreciso, com as unidades comunais[B] dos municípios rurais ou dos domínios latifundiários, veremos que, dependendo da qualidade do solo, sua composição nacional varia de maneira *oposta*: nos distritos férteis, os católicos, isto é, os *poloneses*, são relativamente mais numerosos nos *latifúndios*, enquanto os *protestantes*, isto é, os *alemães*, são maioria nos vilarejos. Em distritos de solo pouco fértil, a situação é oposta. Se considerarmos, por exemplo, o conjunto dos distritos com uma média de rendimento líquido tributável abaixo de 5 marcos por hectare, encontraremos nos vilarejos apenas 35,5% de protestantes, mas nos latifúndios, 50,2%. Ao contrário, no conjunto dos distritos cujo rendimento líquido tributável apresenta uma média entre 10 e 15 marcos, a participação dos protestantes nos vilarejos é de 60,7% e, nos latifúndios, de apenas 42,1%. Como isso se explica? Por que na planície os poloneses se concentram nos latifúndios e, nas colinas, residem nos vilarejos? Logo se percebe uma coisa: *os poloneses tendem a concentrar-se na camada social e economicamente mais baixa da população*. Nos bons solos, particularmente na planície do rio Vístula, o camponês contava com um padrão de vida sempre superior ao do jornaleiro dos latifúndios; em contrapartida, nos solos ruins,

....
B. No entanto, essa divisão administrativa caracteriza melhor a estratificação social do que se tomarmos por base a distribuição dos empreendimentos agrícolas. Na planície, não são raros os empreendimentos latifundiários com menos de 100 hectares, enquanto nas colinas há muitos empreendimentos de camponeses com mais de 200 hectares.

que só podiam ser cultivados apropriadamente em grande escala, o latifúndio senhorial era o detentor da cultura[8] e, portanto, da população alemã (*Deutschtum*). Nele os pequenos camponeses miseráveis têm ainda hoje um nível de vida *inferior* ao dos jornaleiros dos latifúndios. E mesmo que não soubéssemos disso, a estrutura etária da população nos levaria a supô-lo. Se deixarmos a planície rumo às colinas, visitando somente os *vilarejos*, veremos que a participação das crianças menores de 14 anos sobe de 35-36% para 40-41%, à medida que a qualidade do solo piora. Comparando-se a isso os *latifúndios*, na planície a participação das crianças é maior do que nos vilarejos, aumentando à medida que nos afastamos do nível do mar, porém de modo mais lento do que nos vilarejos, enquanto nos lugares mais altos fica atrás destes últimos. Como em toda parte, também aqui o grande número de crianças está vinculado ao baixo nível de vida, que sufoca qualquer pretensão de prover o futuro. Alto índice de sofisticação econômica (*Kultur*), nível de vida relativamente alto e *nacionalidade alemã* (*Deutschtum*) são idênticos na Prússia Ocidental.

No entanto, ambas as nacionalidades competem há séculos no mesmo solo, com chances essencialmente iguais. Como essa divisão se explica? De imediato, é-se tentado a acreditar que, do ponto de vista físico e psíquico, características raciais fazem com que as duas nacionalidades sejam distintas quanto à sua *capacidade de se adaptar* a diferentes condições econômicas e sociais de existência. E, de fato, a razão é essa. Prova disso é a tendência que se manifesta no *deslocamento* da população e das nacionalidades e que, ao mesmo tempo, permite que se reconheça o efeito nefasto dessa diferente capacidade de adaptação para os alemães do Leste.

....
8. Aqui e em outras passagens do texto, Weber emprega *Kultur*, termo bastante amplo, especificamente para a questão do desenvolvimento *agrícola*. A implicação é que sofisticação em uma área em particular, até mesmo técnica e prática, é sintomático da cultural geral ou do caráter do povo a que se refere.

No entanto, para observar e comparar os deslocamentos entre cada município, dispomos somente de números que vão de 1871 a 1885 e que revelam com pouca nitidez o início de um desenvolvimento que, conforme sabemos, prosseguiu com extraordinária intensidade. Além disso, a nitidez das estatísticas evidentemente sofre, por um lado, com a equiparação inevitável, mas não de todo exata, entre confissão religiosa e nacionalidade e, por outro, com a divisão administrativa e a estruturação social. Todavia, mesmo assim podemos ver com bastante clareza aquilo que importa. A população rural da província, bem como a de grandes partes do Leste em geral, apresentou uma tendência à *diminuição* no período de 1880 a 1885: na Prússia Ocidental ela foi de 12.700 pessoas, isto é, a população diminuiu em 1,25%, enquanto a do *Reich* aumentou em 3,5%. No entanto, como os fenômenos já tratados, este também apresenta uma distribuição desigual, pois em alguns distritos houve um aumento da população rural. E especialmente o *modo* como ambos se distribuem é bastante peculiar. Se considerarmos a princípio as diferentes qualidades de solo, qualquer um poderia supor que a diminuição atingiu com maior intensidade os *piores* solos, onde a margem de subsistência se estreita antes de tudo devido à queda dos preços. Mas os números mostram o *contrário*: justamente os distritos mais afortunados, como Stuhm e Marienwerder, com um rendimento líquido médio de 15 a 17 marcos, tiveram o maior *êxodo*, de 7 a 8%, enquanto os distritos mais elevados de Konitz e Tuchel, com um rendimento líquido de 5 a 6 marcos, experimentaram *crescimento* mais acentuado, constante desde 1871. Ao se procurar uma explicação, depara-se com a primeira pergunta: quais são as camadas sociais que, por um lado, dão origem ao êxodo e, por outro, são beneficiadas com o aumento? Considerando-se os distritos com elevados índices de diminuição (Stuhm, Marienwerder e Rosenberg), percebe-se que neles predominam os *latifúndios*. Examinando-se em seguida os *domínios latifundiários* da província inteira, descobre-se que, apesar de apresentarem em 1880, numa mesma extensão de solo, uma população dois terços menor que os vilarejos, sozinhos são responsáveis por quase três quartos da diminuição da população rural, ou seja, mais de 9.000 pessoas. Sua população diminuiu em 3,75%. Mas essa diminuição também se distribui irregularmente *dentro* dos latifúndios, pois em alguns lugares houve aumento; e quando se separam as regiões em que a população latifundiária diminuiu de modo considerável, percebe-se que justamente os latifúndios situados em *bons* solos experimentaram um êxodo particularmente acentuado.

Por outro lado, o *aumento* da população, que ocorreu nos solos ruins das colinas, beneficiou sobretudo os *vilarejos*, e justamente aqueles situados em solos *ruins*, ao contrário dos vilarejos da planície. Portanto, a tendência é a *diminuição dos jornaleiros* nos latifúndios situados nos *melhores* solos, e o *aumento dos camponeses* nos solos *ruins*. O que isso implica e como esse fenômeno pode ser explicado são questões que se esclarecem quando se faz uma última pergunta: como as *nacionalidades* se comportam em relação a esses deslocamentos?

Na primeira metade do século, os poloneses no Leste alemão pareciam recuar de maneira paulatina e constante. No entanto, como sabemos, desde 1860 eles têm avançado nesse mesmo ritmo. É o que mostram de modo extremamente claro os levantamentos linguísticos feitos pela Prússia Ocidental, apesar de suas bases incompletas. Esse tipo de deslocamento na fronteira entre as duas nacionalidades pode ocorrer de duas maneiras fundamentalmente distintas. Primeiro, quando, em regiões nacionalmente mistas, a língua e os costumes da maioria impõem-se gradualmente às minorias nacionais e por elas são "absorvidos". Esse fenômeno também ocorre no Leste e, segundo as estatísticas, atinge os alemães de confissão católica. Nesse caso, o laço religioso é mais forte que o nacional; as reminiscências da disputa cultural (*Kul-*

*turkampf)*⁹ também desempenham seu papel, e a falta de um clero instruído em alemão faz com que esses alemães abandonem a comunidade cultural de sua nação. Porém, mais importante e mais interessante para nosso propósito é a segunda forma de mudança do deslocamento das nacionalidades: a *suplantação econômica*. É do que se trata aqui. Quando se examinam os deslocamentos na participação das confissões religiosas nos municípios rurais entre 1871 e 1885, nota-se o seguinte: o êxodo dos jornaleiros que trabalham nos latifúndios costuma estar ligado a uma diminuição relativa do protestantismo na planície, enquanto o aumento da população dos vilarejos nas colinas geralmente se vincula a um aumento relativo do catolicismo[c]. *São principalmente jornaleiros alemães que saem de regiões de alto nível cultural; são principalmente camponeses poloneses que se multiplicam em regiões com baixo nível cultural (Kulturstand).*

No entanto, em última instância, ambos os processos – o êxodo numa área e a multiplicação em outra – remontam a uma única razão: as *baixas exigências de padrão de vida*, tanto em sentido material quanto em sentido ideal, que são naturais da raça eslava ou que lhe foram impostas ao longo de seu passado, ajudando-a a alcançar a vitória.

Por que os jornaleiros alemães mudam-se para outros lugares? Seus motivos não são materiais: os emigrantes não vêm recrutados de regiões de baixo nível salarial nem das categorias operárias mal remuneradas. Dificilmente há uma situação materialmente mais segura do que a de um colono nos lati-

....
9. O termo *Kulturkampf* refere-se à política hostil de Bismarck em relação à Igreja Católica e sua voz política, o Partido Central, entre 1872 e 1878. Essa foi uma tentativa equivocada de impor lealdade ao novo *Reich*.

C. Por exemplo, entre 1871 e 1885, os domínios latifundiários do distrito de Stuhm viram sua população diminuir em 6,7%, e a participação dos protestantes na população cristã caiu de 33,4% para 31,3%. Os vilarejos dos distritos Konitz e Tuchel tiveram um aumento de 8%, e a participação dos católicos subiu de 84,7% para 86%.

fúndios do Leste. Tampouco a tão falada nostalgia das diversões da cidade grande constitui um motivo. Essa provoca o êxodo pouco sistemático da juventude, mas não o de antigas famílias de jornaleiros fixos. E por que esse desejo surge justamente entre as pessoas de áreas onde predominam os latifúndios? Por que podemos provar que o êxodo dos jornaleiros diminui à medida que o *vilarejo de camponeses* impõe-se à fisionomia da paisagem? *Este* é o motivo: nos complexos latifundiários de sua pátria, existem para o jornaleiro somente senhores e servos (*Herren und Knechte*)[10], e para seus descendentes mais distantes, apenas a perspectiva de trabalhar duro no solo alheio ao som do sino do latifúndio. No impulso[11] indistinto e semiconsciente de migrar para longe esconde-se um elemento de idealismo primitivo. Quem não consegue decifrá-lo desconhece o encanto da *liberdade*. De fato, hoje raramente o espírito da liberdade nos toca no silêncio da livraria. Desvaneceram-se os ingênuos ideais de liberdade de nossa adolescência, e alguns de nós envelheceram e adquiriram sabedoria demais antes do tempo, acreditando que um dos impulsos mais primitivos do peito humano foi enterrado junto aos lemas de uma ideologia política e econômica decadente.

Trata-se de um processo psicológico de massa: os trabalhadores agrícolas alemães já não conseguem se adaptar às

......
10. Os termos usados por Weber são *Herr* e *Knecht*, os mesmos usados por Hegel para esse tipo de relacionamento. Nesse contexto, *Knecht* também tem o sentido particular de "servo rural" ou "trabalhador rural". Além da designação do papel social, esses termos, no entanto, podem conotar diferenças de caráter ou qualidade pessoal: uma capacidade para dominação ou subserviência.

11. A formulação de Weber "*in dem dumpfen, halbbewußten Drang in die Ferne*" recorda os versos 328-9 de *Fausto* de Goethe: "*ein guter Mensch in seinem dunklen Drange/Ist sich des rechten Weges wohl bewußt*". A característica faustiana da "aspiração" inquieta foi considerada pelos alemães, durante um longo período, a característica central da "germanidade". A menção feita por Weber à livraria e à passagem da juventude nas linhas seguintes reforça a presença de *Fausto* em seu texto.

condições *sociais* de vida de sua pátria. Relatos de latifundiários da Prússia Ocidental reclamam de sua "autoconfiança". Está desaparecendo a antiga relação patriarcal entre colonos, que unia diretamente o jornaleiro, como pequeno produtor que tinha direito à sua parte do produto, aos interesses da produção agrícola. O trabalho sazonal nos domínios de cultivo da beterraba exige trabalhadores sazonais e salários em dinheiro. Sua perspectiva é uma existência puramente proletária, mas sem a possibilidade de uma ascensão vigorosa à autonomia econômica, que nutre a autoconfiança do proletariado industrial reunido nas cidades. Submeter-se a essas condições de existência é mais fácil para aqueles que ocupam o lugar dos alemães: os trabalhadores migrantes poloneses, multidões de nômades, milhares e milhares que, contratados por agentes na Rússia, atravessam a fronteira na primavera e voltam no outono. A princípio surgiram nos rastos da beterraba, que transformou o empreendimento agrícola em atividade sazonal; depois se espalharam, porque empregá-los significa ter despesas com moradia para os trabalhadores, assistência aos pobres e outras obrigações sociais, bem como porque sua condição de estrangeiros é precária e os coloca nas mãos dos proprietários da terra. Entre esses fenômenos concomitantes se dá a agonia econômica da antiga classe dos *Junker* prussianos. Nos latifúndios de cultivo da beterraba aparece no lugar do latifundiário, com sua administração patriarcal, um estrato de industriais. Nas colinas, sob a pressão da crise agrícola, a área dos latifúndios está se fragmentando de fora para dentro, uma vez que lotes de arrendatários e colônias de pequenos camponeses estão surgindo em sua periferia. Estão desaparecendo os fundamentos econômicos do poder da antiga aristocracia latifundiária, enquanto ela própria está se transformando em algo diferente do que era no passado.

E por que são os camponeses *poloneses* a ganhar terreno? Seria por causa de sua inteligência econômica superior ou de seus recursos financeiros? Trata-se, antes, do contrário dessas duas coisas. Vivendo em um clima e em um solo que, além da pecuária extensiva, permitem essencialmente a produção de cereais e batatas, um mercado desfavorável ameaça menos aquele que leva seus produtos a um lugar no qual a queda dos preços os desvaloriza menos: seu próprio estômago. Portanto, é menos ameaçado aquele que produz para suas *próprias necessidades*. E, por sua vez, é mais favorecido aquele cujas necessidades são mais *modestas*, cujas exigências são menores em relação ao padrão de vida, tanto no sentido físico quanto naquele ideal. O pequeno camponês polonês do Leste constitui um tipo muito diferente do minúsculo campesinato ativo que se vê na planície fértil do Reno, cujos estabelecimentos de horticultura e comercialização de vegetais estão incorporados às cidades. O pequeno camponês polonês ganha terreno porque, de certo modo, come o capim diretamente do solo, ou seja, não *apesar de*, mas *por causa do* baixo padrão de seus hábitos físicos e intelectuais.

Portanto, o que vemos em ação parece ser um *processo de seleção*. Há muito tempo, ambas as nacionalidades encontram-se nas mesmas condições de existência. A consequência disso *não* foi, como imagina o materialismo vulgar, o fato de ambas terem adquirido as mesmas qualidades físicas e psíquicas, e sim o de uma ter dado lugar à outra, de a nacionalidade vitoriosa ter sido a que apresentou maior capacidade de adaptação às condições de vida econômicas e sociais.

Essa diferente capacidade de adaptação parece ser uma grandeza fixa que lhes é própria. Talvez ela possa ser novamente deslocada ao longo de processos de cultivo que duram gerações, tal como devem ter surgido em milênios. No entanto, para as considerações atuais, tal capacidade constitui um elemento com o qual temos de contar como dado[D].

....
D. Creio que seja desnecessário observar que, para as observações mencionadas acima, são irrelevantes as controvérsias existentes nas ciências naturais sobre a extensão do princípio da seleção natural, bem como, de modo geral, o emprego do conceito de "cultivo" (*Züchtung*) pelas *ciências naturais*

Vemos que nem sempre, no jogo livre das forças, a seleção favorece a nacionalidade economicamente mais desenvolvida ou capacitada, como acreditam os otimistas entre nós. A história da humanidade conhece a vitória de tipos menos desenvolvidos de existência humana e o fim da prosperidade da vida intelectual e emocional, quando a comunidade humana que era sua portadora perde a capacidade de se adaptar a suas condições de vida, seja devido à sua organização social, seja devido a suas qualidades raciais. Em nosso caso, o que contribui para a vitória da nacionalidade economicamente menos desenvolvida é a transformação das formas de empreendimento agrícola e a enorme crise na agricultura. O crescimento forçado do cultivo da beterraba e a falta de rentabilidade na produção de cereais para o mercado atuam em conjunto e paralelamente no mesmo sentido: o primeiro cria os trabalhadores sazonais poloneses; o segundo, os pequenos camponeses poloneses.

....
e todas as discussões que se relacionam a essa área, com a qual não estou familiarizado. Atualmente, o *conceito* de "seleção" é de domínio público, assim como a hipótese heliocêntrica e a ideia de "cultivar" seres humanos já faziam parte do Estado platônico. Ambos os conceitos já foram utilizados, por exemplo, por F. A. Lange em *Arbeiterfrage*[12] e já nos são tão familiares que é impossível para quem conhece nossa literatura não compreender seu significado. Mais difícil é dizer até que ponto se pode atribuir um valor duradouro às tentativas mais recentes dos antropólogos de estender a perspectiva da seleção, tal como entendida por Darwin e Weismann, também ao campo da pesquisa econômica. Essas tentativas são engenhosas, porém levantam incertezas consideráveis quanto ao método e aos resultados pragmáticos. Além disso, não há dúvida de que falharam em muitas afirmações exageradas. Não obstante, os textos de Otto Ammon (*Die natürliche Auslese beim Menschen* e *Die Gesellschaftsordnung und ihre natürlichen Grundlagen*)[13], por exemplo, merecem mais atenção do que estão recebendo, apesar de todas as reservas que possa haver. Um erro da maioria das contribuições dadas pelas ciências naturais e que pretendem esclarecer as questões de nossa ciência está na ambição inadequada de, antes de mais nada, querer "refutar" o socialismo. No afã de alcançar esse objetivo, elas involuntariamente transformam a suposta "teoria" da ordem social, elaborada pelas ciências naturais, em uma apologia dessa ordem.

Ao fazer uma retrospectiva dos fatos até aqui expostos, confesso que me sinto completamente incapaz de desenvolver na teoria a extensão dos aspectos gerais que deles podem ser deduzidos. Nem ouso tocar na questão infinitamente difícil, e por certo sem solução neste momento, sobre *onde* se encontra o limite da variabilidade das qualidades físicas e psíquicas de uma população que se vê sob a influência de suas condições de vida.

Por outro lado, não se pode deixar de propor a seguinte pergunta: o que pode e deve acontecer nessa situação?

Permitam-me, porém, abster-me de discutir por ora esse assunto com mais detalhes. Limitar-me-ei a delinear brevemente as duas reivindicações que, em minha opinião, devem ser feitas do ponto de vista da população alemã, o que de fato ocorre com unanimidade crescente. A primeira é fechar a fronteira oriental, o que já foi posto em prática sob o príncipe Bismarck e revogado após sua renúncia em 1890. Ficou vedado aos forasteiros o assentamento permanente, mas eles foram tolerados como trabalhadores migrantes. Um latifundiário com "consciência de classe" à frente do governo da Prússia excluiu-os no interesse da conservação de nossa nacionalidade, e o adversário dos proprietários de terra (*Agrarier*)[14] tolerou-os no

....
12. F. A. Lange (1828-75), *Die Arbeiterfrage in ihrer Bedeutung für Gegenwart und Zukunft* (Duisburg, 1865).

13. Otto Ammon (1842-1916) foi um antropólogo que desenvolveu estudos recrutas na região de Baden, estudos que incluíam, por exemplo, a medição do tamanho e do formato da cabeça de cada um. Opositor ao socialismo, argumentava que diferenças sociais eram baseadas em diferenças naturais. Weber incluiu esses trabalhos em sua relação de leituras para suas palestras em 1898 (ver acima, nota 3). Em estudos posteriores, Weber se distancia dessas opiniões, observando, de forma contundente, o poder do dinheiro para gerar diferenças sociais, independentemente do talento natural de um indivíduo. Ver abaixo, p. 103.

14. Esta é uma referência ao sucessor de Bismarck, general Leo Count von Caprivi (1831-99), quando chanceler do *Reich* (1890-94) e primeiro-ministro da Prússia (1890-92).

interesse dos latifundiários, que são os *únicos* a ganhar com sua imigração. Como vemos, nem sempre o "ponto de vista da classe econômica" é decisivo nas questões da política econômica. *Nesse caso* foi decisiva a circunstância de que o leme do Estado passou de uma mão forte para outra mais fraca[15]. A segunda reivindicação refere-se, por um lado, à compra sistemática de terras por parte do Estado e, portanto, à ampliação da propriedade estatal (*Domänenbesitz*), e, por outro, à colonização sistemática por camponeses alemães em solos apropriados, especialmente em propriedades estatais adequadas. Do ponto de vista da nação, grandes empreendimentos que só se mantêm à custa dos alemães merecem a ruína[16], e abandoná-los à própria sorte significa permitir que surjam colônias de escravos famintos mediante o loteamento gradativo de terras incapazes de prover sua subsistência. O interesse em impedir a invasão eslava não é o único a reclamar a transferência de partes significativas das terras do Leste às mãos do Estado. Essa reivindicação também está contida na crítica devastadora que os próprios latifundiários fazem da perpetuação de sua propriedade particular, ao exigirem que o Estado os liberte do risco e da responsabilidade por suas terras – únicas razões que justificam sua posse –, concedendo-lhes o monopólio de cultivar cereais e pagando-lhes uma contribuição anual de meio bilhão de marcos[E].

....

15. Quando Bismarck foi forçado a renunciar à chancelaria em 1890, *Punch* publicou uma charge em que ele, trajando o uniforme de comandante, abandonava um imenso navio. A tradução alemã da legenda, "*Der Lotse verläßt das Schiff*", generalizou-se, como indica a alusão de Weber.

16. Outra alusão ao *Fausto*, de Goethe, desta vez aos versos 1339-40, ditos por Mefistófeles: "*denn alles, was entsteht/Ist wert, daß es zugrunde geht*".

E. [*Moção de Kanitz* no parlamento do *Reich*.] Dentro do mesmo contexto, essa reivindicação [da compra das terras pelo Estado] é feita sobretudo pelo professor Schmoller[17] em seu anuário [*Schmollers Jahrbuch*, 19, 1895, pp. 625 ss.]. De fato, muitas vezes aquela parte do estamento dos latifundiários, cuja preservação como administradores de empreendimentos agrícolas tem algum valor para o Estado, pode ser mantida apenas como estamento de

No entanto, como já dito, não pretendo discutir hoje essa questão prática da política agrária prussiana. Prefiro retomar o fato de que, de modo geral, qualquer um de nós pode levantar uma questão desse tipo. Além disso, consideramos que a .... arrendatários de terras estatais, e não como estamento de proprietários. No entanto, em minha opinião, a compra de terras só tem sentido a longo prazo quando está organicamente vinculada à colonização de propriedades estatais adequadas, de modo que uma parte das terras do Leste passe pelas mãos do Estado e, enquanto nelas se encontrar, seja submetida a uma série de melhorias enérgicas, financiadas por créditos estatais. Uma das dificuldades com as quais a comissão de assentamento tem de lutar consiste no fato de que grande parte das propriedades compradas estaria em melhores condições se ficasse apenas uma década nas mãos de arrendatários estatais. Outra dificuldade é o fardo do "período de recuperação" dos colonos assentados, que, junto com seus pedidos para adiar o pagamento de suas dívidas, após certo tempo deveriam ser entregues ao fisco, que costuma ser um pouco mais impiedoso. Atualmente, as melhorias têm de ser realizadas às pressas por meios administrativos e com grandes prejuízos, embora haja muitos latifúndios estatais apropriados para uma colonização imediata. Todavia, a lentidão do processo, causada por essas dificuldades, não justifica de modo algum o parecer de Hans Delbrück[18], publicado em seus diversos e conhecidos artigos nos *Preußische Jahrbücher*, sobre o efeito desse processo do ponto de vista da política nacional. Para quem observou o efeito civilizador da colonização com os próprios olhos, o cálculo puramente mecânico que compara o número de propriedades rurais fundadas com o número de poloneses não constitui uma prova conclusiva. Poucos vilarejos, cada qual com uma dúzia de propriedades alemãs, podem eventualmente *germanizar* várias milhas quadradas, obviamente desde que se impeça a entrada de reforços proletários vindos do Leste e que não se rompa o fundo do barril que se tenta encher, entregando os latifúndios ao livre jogo das forças que conduzem a seu desmoronamento e a sua ruína, forças essas que estão agindo de modo ainda mais livre devido às leis que garantem a aquisição de um terreno mediante o pagamento de uma renda anual em dinheiro (*Rentengutsgesetze*).

17. Gustav von Schmoller (1838-1917), professor de Economia, presidente da Sociedade para Política Social (1890-1917) e fundador da "jovem" Escola Histórica Alemã de Economia. Diversos de seus trabalhos estão em *Grundriße* (ver nota 3, acima).

18. Hans von Delbrück (1848-1929), professor de História, editor do *Preußische Jahrbücher*, 1883-1919.

nacionalidade alemã no Leste deve ser protegida e que por sua proteção também *deve* lutar a política econômica do Estado. O que nos leva a sentir essa reivindicação como justa é a circunstância de que nosso Estado é um *Estado-nação*.
Mas qual é a posição do pensamento político-econômico a respeito dessa questão? Será que esses juízos de valor nacionalistas constituem, para a política econômica, preconceitos dos quais ela tem de se desvencilhar com todo o cuidado para poder aplicar aos fatos econômicos seu próprio critério de valor, livre da influência de reflexos emocionais? *E qual é* esse critério de valor "próprio" da política econômica? Pretendo abordar essa questão nas próximas reflexões.

Conforme vimos, mesmo numa situação de "paz" aparente, a luta econômica (*Kampf*) entre as nacionalidades prossegue seu curso. Não é no conflito aberto que os camponeses e jornaleiros alemães do Leste são expulsos de sua gleba por inimigos politicamente superiores: é na luta silenciosa e monótona da vida econômica cotidiana que são vencidos por uma raça inferior e abandonam sua pátria para submergir num futuro incerto. Mesmo na *luta* econômica pela existência não há *paz* alguma. Somente quem toma por verdade essa paz aparente pode acreditar que do seio do futuro nascerão para nossos descendentes a paz e o prazer de viver. Sabemos que para a opinião vulgar a política econômica ocupa-se de inventar receitas para a felicidade universal; para ela, o aperfeiçoamento do "balanço de prazer"[19] da existência humana é o único ob-

---

19. O termo *Lustbilanze* (balanço de prazer) refere-se, aparentemente, à doutrina utilitarista de Jeremy Bentham, segundo a qual as ações deveriam ser julgadas à luz da dor ou do prazer que elas produziriam em diferentes pessoas. "Fazer exame do balanço – se cair no lado do prazer, a tendência geral do ato será boa, para o número total ou comunidade dos indivíduos contabilizados; se pender para o lado da dor, a tendência será má, no geral para a mesma comunidade." *An Introduction to the Principles of Morals and Legislation,* cap. 5, parág. 6.

jetivo compreensível de nosso trabalho. No entanto, a gravidade sombria do problema da população[20] já basta para nos impedir de sermos eudemonistas, de pensarmos que a paz e a felicidade humana estão escondidas no seio do futuro e de acreditarmos que o espaço numa existência terrena pode ser conquistado de outra maneira que não pela dura luta do homem contra o homem.

Certamente, não há nenhum trabalho da política econômica que não tenha um fundamento de altruísmo. A maioria dos frutos de todo o afã da política econômica e social beneficiará não a geração atual, e sim a futura. Nosso trabalho só terá sentido se for e puder ser apenas o de cuidar do *futuro* e de nossos *descendentes*. Mas também não há nenhum trabalho de política econômica que se baseie em esperanças otimistas de felicidade. No que se refere ao sonho de paz e de felicidade humana, encontram-se escritas as seguintes palavras sobre o portal do futuro desconhecido da história humana: *Lasciate ogni speranza*[21].

A questão que nos move ao pensarmos além do túmulo de nossa própria geração, e que na verdade também é o fundamento de todo trabalho da política econômica, não é o modo como se *sentirão* os homens do futuro, mas como *serão*. Queremos criar não o bem-estar dos homens, e sim aquelas características que, a nosso ver, constituem a grandeza humana e a nobreza de nossa natureza.

Alternadamente, a política econômica tem ressaltado, ou ingenuamente identificado como critério de valor, ora o problema econômico da produção de bens, ora o de sua distribuição, da "justiça social". E constantemente ambos têm sido

....
20. O interesse nos ensinamentos de Malthus sobre o crescimento populacional foi renovado pelos debates sobre o darwinismo. Malthus foi incluído na relação de leituras de Weber para suas palestras, "*Grundriß zu den Vorlesungen*", seção 5 II (ver nota 3, acima).

21. "*Deixai toda a esperança*" (*...ó vós que entrais, Inferno,* de Dante Alighieri, Canto III, 9).

eclipsados – em parte inconscientemente, porém dominando tudo – pela percepção de que uma ciência que trata dos *seres humanos*, como é o caso da ciência econômica, preocupa-se sobretudo com as *qualidades dos seres humanos*, criadas pelas já mencionadas condições econômicas e sociais de existência. E aqui deveríamos nos resguardar de uma ilusão particular.

Como ciência explicativa e analítica, a política econômica é *internacional*, porém, tão logo emite *juízos de valor*, vincula-se àquele tipo de humanidade que encontramos em nossa própria essência. E isso ocorre com mais frequência justamente quando mais acreditamos que escapamos de nossas limitações pessoais. E, para usar uma imagem um tanto fantástica, se pudéssemos nos levantar de nosso túmulo após milhares de anos, procuraríamos no rosto da geração futura os traços remotos de nossa própria essência. Mesmo nossos supremos e máximos ideais terrenos podem mudar e desaparecer. Não podemos querer impô-los ao futuro, mas podemos querer que este reconheça o caráter *de seus próprios antepassados* em nosso caráter. Com nosso trabalho e nossa essência, queremos ser os precursores da geração futura.

Por essa razão, tanto a política econômica de um Estado alemão quanto o critério de valor usado por um teórico alemão da política econômica só podem ser alemães.

Será que isso mudou desde que o desenvolvimento econômico começou a estabelecer, para além das fronteiras nacionais, uma comunidade econômica que abrange as nações? Será que, a partir de então, temos de nos desfazer desse critério "nacionalista" de avaliação, bem como do "egoísmo nacional" na política econômica? Será verdade que a luta para se autoafirmar econonomicamente e constituir a própria família está ultrapassada desde que a família se despiu de suas antigas funções de comunidade produtiva e se integrou ao círculo da comunidade político-econômica? Sabemos que *não* é esse o caso: esta luta assumiu *outras formas*, que ainda nos permitem questionar se devem ser vistas como uma atenuação ou, antes, como uma interiorização e uma exacerbação dessa luta. Da mesma maneira, também a comunidade político-econômica é apenas outra forma de as nações se enfrentarem, forma esta que, em vez de atenuar a luta pela afirmação da própria cultura, acaba por *dificultá-la*, pois convoca como aliados interesses materiais no seio da própria nação para a batalha *contra* seu futuro.

Não são a paz nem a felicidade humana que temos de transmitir a nossos descendentes, e sim a *eterna luta* pela conservação e pelo crescimento de nosso caráter nacional[22]. E não devemos nos entregar à esperança otimista de que nosso trabalho estará cumprido quando fizermos nossa cultura econômica atingir o máximo de seu desenvolvimento, nem à de que a seleção na luta econômica livre e "pacífica" dará a vitória automaticamente ao tipo mais desenvolvido.

Sobretudo, *não* será pela forma da organização econômica que lhes transmitimos que nossos descendentes nos responsabilizarão perante a história, e sim pela extensão do espaço que conquistamos à força no mundo e lhes legamos. Em última instância, os processos de desenvolvimento econômico também são lutas pelo *poder*, e os interesses da nação pelo *poder*, quando questionados, são decisivos, derradeiros e devem ter a política econômica da nação a seu serviço. A ciência da política econômica é *política*. É uma servidora da política, não daquela cotidiana dos detentores do poder ou das classes dominantes em determinado momento, e sim dos permanentes interesses da nação, próprios de uma política de força. E, para nós, o *Estado-nação* não é algo indefinido, que se torna mais sublime à medida que sua essência é encoberta por um manto de obscuridade mística, e sim a organização mundana do poder da nação. Nesse *Estado-nação*, a "*razão de Estado*" é para nós o último critério de valor para consi-

....
22. Mais uma vez, a influência do darwinismo surge na escolha que Weber faz das palavras: "*die Erhaltung und Emporzüchtung der nationalen Art*". A tradução alemã para "Origem das Espécies" é "*Entstehung der Arten*".

derar também a política econômica. Tal razão não significa, como crê um estranho equívoco, "ajuda do Estado" em vez de "autoajuda", regulamentação da vida econômica pelo Estado em vez de livre jogo das forças econômicas. Ao usarmos o chavão "razão de Estado", queremos ressaltar a reivindicação de que, em casos particulares, os interesses políticos e econômicos de nossa nação pelo poder, bem como aqueles de seu detentor, o Estado-nação alemão, devem ter o voto final e decisivo nas questões relativas à política econômica alemã, incluídas aquelas que indagam se e até que ponto o Estado deve interferir na vida econômica ou se e em que momento deve permitir o livre desenvolvimento das forças econômicas da nação, derrubando suas barreiras.

Teria sido desnecessário mencionar essas circunstâncias aparentemente evidentes? Ou teria sido inútil que justamente um representante mais jovem das ciências econômicas as tenha lembrado? Acredito que não, pois parece que precisamente a nossa geração costuma perder de vista, com maior frequência e facilidade, esses fundamentos mais simples de julgamento. Somos testemunhas de que seu interesse pelas questões que movem nossa ciência cresce numa medida nunca imaginada. Em todas as áreas descobrimos que o modo de refletir a respeito da economia está avançando. Política social em vez de política, relações de poder econômico em vez de relações jurídicas, história cultural e econômica em vez de história política surgem no primeiro plano das reflexões. Nas excelentes obras dos nossos colegas historiadores, descobrimos que onde antes nos falavam de ações bélicas de nossos antepassados hoje vemos expandir-se o monstro chamado "matriarcado"[23] e ser relegada a uma observação secundária a ba-

---

23. Weber se refere às teorias de *Mutterrecht* (matriarcado), que eram comuns na época. Em outra parte, ele se refere a J. Bachofen, *Das Mutterrecht* (Stuttgart, 1861), uma obra que ele incluiu em sua relação de leituras para suas palestras (p. 7/II, ver nota 3, acima). A discussão de Weber sobre o tema encontra-se na obra póstuma *General Economic History* (New York, 1961).

talha dos hunos nos campos catalaúnicos[24]. A presunção de um de nossos teóricos mais engenhosos levou-o a chamar a jurisprudência de "servente da economia nacional". Certamente, uma coisa é verdade: também na jurisprudência penetrou a forma econômica de reflexão; mesmo em seu amigo íntimo, que são os manuais dos pandectistas[25], está começando, aqui e ali, a aparecer o espírito da economia. E não é raro encontrarmos nas sentenças dos tribunais, logo após os conceitos jurídicos, os chamados "aspectos econômicos". Em resumo, para utilizar as palavras um tanto recriminatórias de um colega jurista: "Viramos moda." Quando um modo de considerar as coisas abre caminho com tanta autoconfiança, acaba correndo o risco de nutrir certas ilusões e de sobrestimar o alcance de seus próprios pontos de vista, sobretudo em determinada direção. Muitas vezes, a ampliação da matéria da reflexão *filosófica* – que já se evidencia no fato de que hoje vemos muitas das antigas cátedras de filosofia sendo confiadas, por exemplo, a excelentes fisiologistas – levou à opinião, entre nós que somos leigos, de que as antigas questões sobre a natureza do entendimento humano deixaram de ser os últimos problemas centrais da filosofia. De modo semelhante, nas mentes da geração em crescimento também se formou a ideia de que, graças ao trabalho da ciência econômica nacional, não apenas se ampliou enormemente o *entendimento (Erkenntnis)* da essência das comunidades humanas, mas também mudou completamente o critério pelo qual, em última instância, *avaliamos* os fenômenos, como se a economia política estivesse em condições de derivar de sua própria matéria ideais particulares. Todavia, a ilusão ótica de que há ideais econô-

---

24. Na batalha de Châlons, ou batalha nos Campos Catalúnicos (451 d.C.), Átila, o rei dos Hunos, foi vencido pelo general romano Aécio.

25. Weber refere-se a argumentos jurídicos contemporâneos, baseados nas Pandectas ou Digesto do Direito Romano, publicado pelo imperador Justiniano em 533 d.C. Ele discute a codificação do direito romano e o debate contemporâneo entre romanistas e germanistas em seu *Economy and Society*, vol. 2, cap. 8.

micos ou "político-sociais" independentes se esclarece tão logo se tenta descobrir essas bases "próprias" da avaliação com o auxílio da literatura produzida por nossa ciência. Deparamos com um *caos* de critérios de valor, em parte de natureza eudemonística, em parte de natureza ética, e muitas vezes com ambas as características, porém não claramente identificadas. Juízos de valor são feitos por toda parte com desenvoltura. Com efeito, renunciar à *avaliação* dos fenômenos econômicos significaria renunciar àquilo que se exige de nós. Mas não constitui a regra, e sim quase uma exceção, o fato de o avaliador esclarecer para os outros *e para si mesmo* o último núcleo subjetivo de seus julgamentos, isto é, os *ideais* a partir dos quais ele procede à avaliação dos eventos observados. Há uma falta de autocontrole consciente. O autor não se conscientiza das contradições internas e, quando tenta formular em termos gerais seu princípio especificamente "econômico" da avaliação, acaba caindo em indeterminações vagas. Na verdade, o que trazemos também para a matéria de nossa ciência *não* são ideais particulares e adquiridos por nós, mas os *antigos tipos gerais de ideais humanos*. Somente quem se baseia exclusivamente no interesse platônico do tecnólogo ou, ao contrário, nos interesses atuais de determinada classe, dominante ou dominada, pode querer derivar da própria matéria um critério para sua avaliação.

Seria isso tão desnecessário que justamente nós, discípulos da Escola Histórica Alemã[26], dizemos a nós mesmos essas verdades tão simples? Nós, em particular, sucumbimos facilmente a uma ilusão especial: a de podermos *nos abster totalmente* de nosso próprio e consciente juízo de valor. Por certo, a consequência disso não é, como qualquer um pode assegu-

---

26. A Escola Histórica Alemã de economia política (que possuía uma ramificação "mais antiga" e outra "mais jovem") estava comprometida com a concepção de que uma análise econômica é mais bem desenvolvida a partir de um ponto de vista nacional e histórico, em vez de tentar construir leis e abstrações transnacionais e transistóricas.

rar-se por si mesmo, o fato de nos mantermos fiéis a determinada intenção, e sim o de nos tornarmos vítimas de instintos, simpatias e antipatias descontrolados. E, com mais facilidade ainda, ocorre-nos de nosso ponto de partida na análise e na *explicação* dos acontecimentos político-econômicos também passar a determinar de maneira inconsciente nossa *avaliação* a respeito. Talvez nós, mais do que quaisquer outros, tenhamos de evitar que aquelas grandes qualidades dos mestres vivos e mortos de nossa escola, às quais eles e sua ciência devem seu sucesso, transformem-se em falhas em nossas mãos. Na prática, isso se refere principalmente a dois diferentes pontos de partida da reflexão.

Uma das alternativas que temos é olhar o desenvolvimento econômico principalmente de cima para baixo, do alto da história administrativa de grandes Estados alemães, observando a gênese de sua administração e de seu comportamento em assuntos econômicos e sociais. Nesse caso, involuntariamente nos tornaríamos seus apologistas. Para permanecermos em nosso exemplo, se a administração resolver fechar a fronteira oriental, estaremos inclinados e aptos a entender essa resolução como o encerramento de uma evolução histórica que, devido a grandes reminiscências do passado, apresenta ao Estado atual importantes tarefas a serem cumpridas para salvaguardar a cultura nacional. Se essa resolução não for tomada, tenderemos a concluir que intervenções radicais desse tipo são em parte desnecessárias e em parte já não correspondem às ideias atuais.

Outra alternativa é preferirmos considerar o desenvolvimento econômico de baixo para cima, assistindo ao grande espetáculo oferecido pelas classes em ascensão, que lutam por sua emancipação emergindo do caos de conflitos de interesses econômicos. Também podemos observar como a situação do poder econômico muda a seu favor, fazendo com que inconscientemente tomemos partido daqueles que estão ascendendo, porque são ou começam a ser os mais fortes. Justamente pelo fato de vencerem, eles parecem provar que representam um tipo "economicamente" *mais desenvolvido* da humanidade. Facilmente o historiador deixa-se dominar pela ideia de que na luta é natural a vitória dos elementos *mais desenvolvidos* e de que a derrota na batalha pela existência é um sintoma do "atraso". Cada novo sintoma entre os muitos desse deslocamento de poder faz com que o historiador tenha não apenas a satisfação de ver confirmadas suas observações, mas também a sensação um tanto inconsciente de um triunfo pessoal; afinal, a história está honrando as letras de câmbio que ele sacou em seu nome. Sem saber, ele observa com certa animosidade as resistências que esse desenvolvimento encontra. De maneira involuntária, ele as vê não simplesmente como consequências naturais de interesses que, por certo, precisam ser defendidos, mas, de certo modo, como uma insurreição contra a "sentença da história", conforme o formulou um historiador. A crítica, que também temos de fazer a acontecimentos que nos parecem ser resultados não refletidos de tendências da evolução histórica, nos abandona justamente quando mais precisamos dela. Seja como for, sentimo-nos fortemente tentados a nos juntar aos sequazes do vencedor na luta econômica pelo poder, *esquecendo que o poder econômico e a vocação para a liderança política da nação nem sempre coincidem.*

Com isso, somos levados a uma série final de reflexões de cunho mais prático e político. Pois por aquele *critério de valor político*, que para nós, nacionalistas econômicos, é o único a parecer soberano, também medimos as classes que têm ou pretendem ter em suas mãos a liderança da nação. O que nos importa é sua *maturidade política*, ou seja, sua compreensão e sua capacidade de colocar, acima de quaisquer outras considerações, os interesses econômicos e políticos que a nação sempre demonstra em relação ao *poder*. A nação é favorecida pelo destino quando a identificação ingênua dos interesses de uma classe particular com os da generalidade também corresponde aos interesses permanentes da nação pelo poder. Por outro lado, uma das ilusões baseadas na sobrestimação moderna do "econômico", no sentido usual da palavra, é achar que os sentimentos de comunhão política não suportariam uma prova de resistência aplicada por interesses econômicos efêmeros e divergentes, e que possivelmente seriam *apenas* um reflexo do fundamento econômico dessa constelação variável de interesses. Somente em épocas em que a sociedade reestrutura suas bases é que isso ocorre de maneira aproximada. Uma coisa é certa: em lugares onde as nações não são diariamente lembradas de que seu florescimento econômico depende de sua situação de poder político, como ocorre na Inglaterra, os instintos para esses interesses especificamente políticos *não* residem, ou pelo menos não costumam residir, nas amplas *massas* da nação, que têm de lutar com necessidades diárias. Seria injusto exigir isso delas. Porém, em grandes momentos, como no caso de uma guerra, suas almas também sentem a importância do poder nacional. Desse modo, nessas ocasiões se mostra que o Estado nacional repousa em fundamentos psicológicos primevos, mesmo no que se refere às amplas camadas economicamente dominadas da nação, e que está longe de ser apenas uma "superestrutura", ou seja, a organização das classes economicamente dominantes[27]. No entanto, em tempos normais, esse instinto político submerge nas massas para aquém do limiar da consciência. Nesses momentos, as camadas política e economicamente dirigentes têm por função específica representar o sentido político, e esta é a *única* razão que pode justificar politicamente sua existência.

Em todas as épocas, a *obtenção do poder econômico* fez determinada classe acreditar que poderia *aspirar à liderança*

---

27. Esta é uma referência crítica à noção marxista de que o "modo de produção" é constituído por uma "base material" e uma "superestrutura ideológica". Quando menciona ideias marxistas, Weber refere-se principalmente ao *Capital* (os três volumes) e ao *Manifesto Comunista*.

política. É perigoso e, a longo prazo, incompatível com o interesse da nação quando uma classe em declínio econômico mantém em suas mãos o domínio político. Porém, mais perigoso ainda é quando classes *em direção às quais* se move o poder econômico e, com ele, o direito à liderança política, ainda não têm maturidade política para assumir a direção do Estado. Neste momento, ambas as coisas estão ameaçando a Alemanha, e, na verdade, esta é a chave para entender os atuais perigos de nossa situação. As mudanças na estrutura social do Leste, às quais estão relacionados os fenômenos inicialmente mencionados, fazem parte desse contexto mais amplo.

Até o presente, a dinastia no Estado prussiano apoiou-se politicamente no estamento dos *Junker* prussianos. Embora essa dinastia tenha criado o Estado prussiano contra o interesse dos *Junker*, só o conseguiu com sua ajuda. Sei muito bem que o termo *Junker* soa mal aos alemães do Sul. Talvez achem que uso uma linguagem "prussiana" quando digo algo em seu favor. Não vejo o porquê. Ainda hoje na Prússia, muitos caminhos que levam à influência e ao poder, bem como aos ouvidos do monarca, estão abertos a esse estamento, mas não a qualquer cidadão. Nem sempre os *Junker* usaram esse poder de maneira que pudessem justificá-lo perante a história, por isso não vejo por que um intelectual burguês deveria amá-lo. No entanto, apesar de tudo isso, a força de seus instintos políticos foi um dos capitais mais poderosos que puderam ser empregados a serviço dos interesses de poder do Estado. Fizeram seu trabalho e hoje se encontram em agonia econômica, da qual nenhuma política econômica do Estado poderia resgatá-los para reconduzi-los a seu caráter social anterior. Além disso, as tarefas do presente são diferentes daquelas que eles poderiam resolver. Durante um quarto de século, o último e mais importante dos *Junker*[28] esteve à frente da Alemanha. Na tragicidade inerente à sua carreira de estadista – tra-

---

28. Weber refere-se, é claro, a Bismarck.

gicidade esta ainda hoje desconhecida de muitos –, bem como em sua incomparável grandeza, o futuro ainda descobrirá que, sob seu governo, a obra realizada por suas mãos, a saber, a nação à qual ele deu unidade, alterou lenta e irresistivelmente sua estrutura econômica a ponto de tornar-se outra, ou seja, um povo que tinha de exigir ordens diferentes daquelas que ele pôde dar-lhe e às quais sua natureza cesarista podia adaptar-se. Em última instância, foi exatamente esse processo que levou ao fracasso parcial da obra de sua vida. Pois essa obra deveria conduzir não apenas à unificação externa da nação, mas também àquela interna, e cada um de nós sabe que ela não foi alcançada. Não podia ser alcançada com seus meios. E quando, no inverno do ano passado, envolvido pela benevolência de seu monarca, ele adentrou a capital enfeitada do *Reich*, houve, como bem sei, muitos que tiveram a impressão de que a Sachsenwald estivesse abrindo seus abismos à maneira de um Kyffhäuser moderno[29]. No entanto, nem todos compartilhavam essa sensação, pois no ar desse dia de janeiro parecia possível sentir o sopro frio da transitoriedade da história. Fomos tomados por uma sensação particularmente sufocante, como se um fantasma tivesse descido de um grandioso passado e estivesse caminhando em meio a uma geração e por um mundo que deixou de lhe ser familiar[30].

Os latifúndios do Leste eram os pontos de apoio da classe dominante da Prússia que se deslocara pelo território, bem como o ponto de contato dos funcionários públicos. No entanto, com sua decadência e com o desaparecimento do caráter social da antiga aristocracia proprietária de terras, o cen-

---
29. A *Sachsenwald* é (ou era) uma ampla área florestal ao nordeste de Hamburgo, doada a Bismarck pelo *Kaiser* Guilherme I, em 1871. *Kyffhäuser* é um morro arborizado nas Montanhas Harz onde, conforme a lenda, vive Frederico I, o Barbarossa, pronto para regressar e auxiliar os alemães em caso de grande perigo nacional.

30. Refere-se à tentativa de reconciliação do *Kaiser* com Bismarck naquele ano.

tro de gravidade da *intelligentsia* política está se deslocando irresistivelmente para as cidades. *Esse* deslocamento é o fator *político* decisivo no desenvolvimento agrário do Leste.

Mas por que mãos a função política dos *Junker* está passando, e o que podemos dizer a respeito de sua vocação política?

Sou membro das classes burguesas, sinto-me como tal e fui educado segundo suas convicções e seus ideais. No entanto, nossa ciência tem justamente por vocação dizer o que ninguém gosta de ouvir – nem aqueles que estão acima de nós, nem aqueles que estão abaixo, tampouco os que estão dentro de nossa própria classe. E quando me pergunto se hoje a burguesia da Alemanha tem maturidade suficiente para ser a classe que lidera politicamente a nação, não consigo, *hoje*, responder que sim. A burguesia não criou o Estado alemão com sua própria força, e, depois de criado, quem esteve à frente da nação foi aquela figura cesarista feita de outra substância, nada burguesa. Grandes tarefas na área da política de força não foram reapresentadas à nação; só muito mais tarde, de maneira tímida e quase relutante, iniciou-se uma "política de força" ultramarina, que nem chega a merecer esse nome.

Depois que a unidade da nação foi conquistada dessa maneira e que sua "saciedade" política foi estabelecida, a geração em crescimento da burguesia alemã, embriagada pelo êxito e sedenta de paz, foi tomada por um espírito peculiarmente "anistórico" e apolítico. A história alemã parecia ter chegado a seu fim. O presente era a plena realização dos últimos milênios. Quem ia querer saber se o futuro julgaria de outro modo? Com efeito, era como se a modéstia impedisse a história universal de ultrapassar esses êxitos da nação alemã para voltar à ordem do dia de seus acontecimentos cotidianos. Hoje que estamos sóbrios, convém-nos tentar levantar o véu das ilusões que nos oculta a posição de nossa geração no desenvolvimento histórico da pátria. E me parece que então julgaremos de modo diferente. Em nosso berço recebemos a pior maldição que a história pode dar de presente a uma geração: o duro destino de sermos *epígonos* políticos[31].

Não é seu rosto miserável a nos encarar justamente agora, para onde quer que dirijamos nosso olhar na pátria? Aqueles dentre nós que não perderam a capacidade de odiar a pequenez reconheceram, com apaixonada e colérica tristeza, a manobra mesquinha dos epígonos políticos nos acontecimentos dos últimos meses – pelos quais os políticos burgueses são os primeiros responsáveis –, em muito do que foi proferido nos últimos dias *no* parlamento alemão e em algumas coisas que *a ele* foram ditas. O imponente sol que se encontrava no zênite da Alemanha e fazia com que o nome de nosso país brilhasse no canto mais remoto do globo quase parecia ser grande demais para nós, e ter queimado a capacidade política de julgamento que se desenvolvera lentamente na burguesia. Pois o que a vemos fazer?

É bastante manifesto que uma parte da alta burguesia anseia o surgimento de um novo César que a proteja tanto das massas do povo, vindas de baixo, quanto dos caprichos político-sociais vindos de cima, que elas suspeitam poder sofrer por parte das dinastias alemãs.

Outra parte submergiu há muito tempo naquele caráter filisteu da política, do qual amplas camadas da pequena burguesia nem chegaram a despertar. Depois das guerras pela unificação, quando a nação entrou em contato com as primeiras etapas de tarefas políticas positivas, a saber, a ideia de uma expansão ultramarina, essa burguesia carecia até mesmo daquele entendimento *econômico* mais rudimentar, que lhe diria o que significa para o comércio alemão em mares distantes ver suas bandeiras tremular nos litorais.

....
31. O uso do termo "epígono" é muito menos raro em alemão do que em inglês. Talvez mais conhecido pelo título de um romance de Karl Immermann, *Die Epigonen* (1836), ele expressa o temor entre os intelectuais da classe média alemã do século XIX de serem condenados a mera imitação e debilidade com o fim do período de grandiosidade cultural (a Era de Goethe).

A imaturidade política de amplas camadas da burguesia alemã não se deve a razões econômicas nem à tão citada "política de interesses", que outras nações conhecem não menos do que nós. A razão está em seu passado apolítico, no fato de que o trabalho de educação política de um século não pode ser recuperado em uma década e de que o domínio de um grande homem nem sempre é um recurso de educação política. Neste momento, a questão vital para o futuro político da burguesia alemã é saber se não é *tarde* demais para recuperar essa educação. Nenhum elemento *econômico* pode substituí-la.

Será que outras classes terão um futuro político mais promissor? Autoconfiante, o proletariado moderno apresenta-se como herdeiro dos ideais burgueses. Como fica sua aspiração à liderança política da nação?

Quem hoje disser que a classe operária alemã é politicamente madura ou está a caminho da maturidade só pode ser um adulador que almeja os questionáveis louros da popularidade.

Do ponto de vista econômico, as camadas mais altas da classe operária alemã estão muito mais maduras do que o egoísmo das classes proprietárias gostaria de admitir, e com razão ela exige a liberdade de defender seus interesses também na forma de uma luta aberta e organizada pelo poder econômico. Todavia, *do ponto de vista político*, ela está infinitamente menos madura do que pretende fazer crer uma panelinha de jornalistas que deseja monopolizar sua liderança. Nos círculos desses burgueses desclassificados, é com deleite que se brinca com as reminiscências de cem anos atrás. De fato, conseguiu-se aqui e ali que algumas almas temerosas considerassem-nos os sucessores espirituais dos homens da Convenção[32]. No entanto, eles são infinitamente mais inofensivos do que pensam que são, pois neles não vive nenhuma faísca daquela

---

32. Weber refere-se à Convenção Nacional Francesa (1792-95), que proclamou a República e aprovou uma série de medidas revolucionárias.

energia de catilinária que leva à *ação* nem o menor sopro da poderosa paixão *nacional* que se fazia sentir nos salões da Convenção. São miseráveis pequenos mestres-artesãos políticos, que carecem dos grandes instintos de *poder*, próprios de uma classe com vocação para a liderança política. Ao contrário do que tem sido dito aos operários, atualmente os interessados que fazem parte do capitalismo não são os únicos a se opor politicamente à sua participação no governo do Estado. Se investigassem as salas em que se reúnem os intelectuais alemães, os operários encontrariam poucos vestígios de uma comunidade de interessados com capital. Porém, *também* queremos saber se *têm maturidade política*, e somos seus adversários políticos porque, para uma grande nação, não há nada mais devastador do que a liderança nas mãos de uma *pequena burguesia politicamente* despreparada e porque o proletariado alemão ainda não perdeu esse caráter. E por que o proletariado da Inglaterra e o da França são em parte diferentes nesse aspecto? O fato de terem recebido há mais tempo uma educação em *economia* por parte dos operários ingleses, que se organizaram para lutar por seus interesses, não é a única razão, mas é sobretudo um fator *político*, a saber, a ressonância da *posição de potência universal,* que sempre coloca o Estado diante de grandes tarefas na área da política de força e submete os indivíduos a uma educação política crônica, que em nosso país eles só recebem quando as fronteiras são ameaçadas. Igualmente decisivo para *nosso* desenvolvimento é saber se uma grande política é capaz de nos lembrar da importância das grandes questões de poder político. Temos de compreender que a unificação da Alemanha foi uma travessura que a nação fez na velhice e que, considerando seu custo elevado, melhor seria se tivesse deixado de fazê-la, já que era para ser o fim, e não o ponto de partida, de uma política alemã de potência mundial.

O aspecto *ameaçador* de nossa situação é o fato de que as classes burguesas, como portadoras dos interesses de poder da nação, parecem estar murchando, sem haver sinal algum de que os operários estejam suficientemente maduros para ocupar seu lugar.

Conforme acreditam aqueles que fitam hipnotizados as profundezas da sociedade, o perigo *não* está nas grandes *massas*. O sentido mais profundo do problema político-*social* não é a questão sobre a situação *econômica* dos *dominados*, mas, antes, aquela sobre a qualificação *política* das classes *dominantes* e *ascendentes*. A finalidade de nosso trabalho político--social não é fazer o mundo feliz, e sim *unificar socialmente* a nação, que foi fragmentada pelo desenvolvimento econômico moderno, a fim de prepará-la para as pesadas lutas do futuro. Se, de fato, conseguíssemos criar uma "aristocracia operária" que fosse a portadora do propósito político que sentimos faltar hoje ao movimento do proletariado, a lança que o braço da burguesia aparentemente ainda não consegue carregar por não ter força suficiente poderia ser sustentada pelos ombros mais largos dos operários. Mas, até lá, o caminho parece longo.

No entanto, por ora percebemos uma coisa: há um imenso trabalho de educação *política* a ser realizado, e não temos nenhum dever mais sério além daquele de nos conscientizarmos, cada um em seu círculo limitado, justamente dessa *tarefa* de contribuir para a educação *política* de nossa nação. Esse também deve continuar sendo o objetivo supremo de nossa ciência em particular. O desenvolvimento econômico dos períodos de transição ameaça decompor os instintos políticos naturais. Seria uma desgraça se a ciência econômica tomasse o mesmo rumo ao criar um eudemonismo brando, ainda que de forma espiritualizada, atrás da ilusão de ideais "político-sociais" independentes.

Por isso, certamente cabe a nós em particular lembrar que a tentativa de formular em artigos de lei um voto de desconfiança em relação ao futuro social pacífico da nação é o contrário da educação política. Pode-se dizer o mesmo quando o *brachium saeculare*[33] pega na mão da Igreja para buscar apoio para suas autoridades temporárias. Todavia, o contrário da educação política também se manifesta nos latidos rotineiros daquele coral sempre crescente de políticos sociais de meia-tigela – que me perdoem a expressão –, bem como naquele amolecimento do coração, até amável e respeitável do ponto de vista humano, porém indescritivelmente filisteu, que acredita poder substituir ideais políticos por outros "éticos", identificando-os ingenuamente com esperanças otimistas de felicidade.

Mesmo perante a enorme miséria das massas da nação, que tanto pesa na aguçada consciência social da nova geração, temos de confessar com honestidade que a consciência de nossa responsabilidade *perante a história* pesa ainda mais sobre nós. Não é dada à nossa geração a oportunidade de ver se a luta que travamos trará frutos, se a posteridade *nos* reconhecerá *como seus antepassados*. Não conseguiremos banir a maldição que paira sobre nós: a de sermos filhos póstumos de uma era politicamente grande, a não ser que saibamos assumir um papel diferente, a saber, o de precursores de uma era ainda maior. Será esse nosso lugar na história? Não sei, e limito-me a dizer: a juventude tem direito de reconhecer a si mesma e a seus ideais. Não são os anos vividos que fazem do homem um ancião. Ele continuará jovem enquanto conseguir sentir as *grandes* paixões que a natureza colocou dentro de nós. Sendo assim – e com isso permitam-me concluir –, não é o peso de milênios de uma história gloriosa que faz envelhecer uma grande nação[34]. Ela permanecerá jovem enquanto tiver a capacidade e a coragem de reconhecer a si mesma e os grandes instintos que lhe foram dados, e quando suas camadas dirigentes conseguirem elevar-se na atmosfera dura e clara na qual prospera o trabalho sóbrio da política alemã, mas na qual também sopra a grandiosidade séria do sentimento nacional.

....
33. "Braço secular".
34. Nietzsche havia creditado a fraqueza contemporânea ao "excesso de história" no segundo capítulo de seu *Meditações extemporâneas,* sob o título "Dos usos e desvantagens da História para a vida".

Sobre a situação da democracia constitucional na Rússia[1]

Tomo a liberdade de adicionar ao relato anterior, gentilmente colocado à nossa disposição[2], algumas observações sobre a corrente política que deu origem ao projeto. A questão

....

1. "Zur Lage der bürgerlichen Demokratie in Rußland" foi publicado no *Archiv für Sozialwissenschaft und Sozialpolitik,* 22; I (1906). Este é o único ensaio de Weber nesta coleção que foi substancialmente abreviado. Asteriscos marcarão as omissões. Quando estas forem longas, notas de rodapé indicarão os temas tratados nestas seções.

O título de Weber, "Zur Lage der bürgerlichen Demokratie in Rußland", cria dificuldades para a tradução, já que não há um equivalente em inglês para *bürgerlich* (ver Glossário) que transmita integralmente o sentido do termo em alemão. Ao longo de seu argumento, o próprio Weber ressalta, com veemência, que *bürgerlich* não deveria ser confundido com a palavra alemã *Bourgeois*, um termo recentemente importado do francês; era usado com referência àquele capitalista "que faz dinheiro" e carregava consigo conotações desagradáveis do prosaísmo materialista e da brutalidade do Segundo Império Francês. Uma segunda complicação surge da ambiguidade da expressão "*bürgerliche Demokratie*", que significa tanto uma *forma* de democracia (constitucional e liberal) quanto os partidos e grupos sociais que lutam para atingi-la. Aqui traduzimos "*bürgerlich*" livremente por "constitucional", primeiramente porque o grupo responsável por publicar o projeto sob discussão chamava a si próprio de "democrata constitucional" e também para destacar as aspirações de unificação do movimento em questão, em detrimento de uma definição muito limitada, caso feita em termos de classe.

2. Weber refere-se ao artigo de S. Zhivago, "Loi fundamentale de l'Empire Russe. Project d'une constitution russe elaboré par um groupe de la Ligue de d l'Affranchissement (constitutionalistes-démocrates russes)" (Paris, 1905),

sobre a importância prática que o projeto possa adquirir em futuras discussões políticas é algo que devemos deixar de lado. Para nossos objetivos, é suficiente perceber que o projeto é sintomático de um modo particular de pensamento político entre patriotas russos excepcionalmente capazes e idealistas, a quem somos completamente solidários, independentemente de qualquer sucesso, consideradas as enormes dificuldades em sua situação, que seu trabalho, por fim, venha a ter. O fato de que eles, em geral, não simpatizam com a cultura alemã – na verdade, eles são, com frequência, seus inimigos ferozes em solo russo – e que são predominantemente hostis à Alemanha em assuntos políticos, nada disso muda minha atitude.

O projeto foi elaborado por membros da "União de Libertação" (*Soyuz Osvobozhdeniya*) e é oficialmente um dos projetos debatidos nos congressos dos membros dos *zemstvos*[3] e da *Duma*[4]. Direi, agora, algumas palavras sobre ambas as organizações, que são os sustentáculos do movimento democrático e liberal. Embora sua constituição oficial não tenha acontecido até janeiro de 1904, em Petersburgo, a "União de Libertação" foi fundada no verão de 1903, durante férias de um grupo na Floresta Negra, sob a presidência do proprietário de terras Petrunkevich, que, ao lado do *zemstvo* de Tver, havia sido educado por Plehve[5]. Os participantes eram ligados a diferentes campos, dos *Zemstvo* Constitucionalistas aos "Revolucionários Sociais"; apenas o oficial "Democratas Sociais" se

....
que foi publicado no mesmo volume do *Archiv* em que se encontra o ensaio de Weber (pp. 81-5). Os dois trabalhos são apresentados sob o título "Zur Beurteilung der gegenwärtigen politischen Entwicklung Rußlands" ("Para uma avaliação do atual desenvolvimento político da Rússia").

3. Unidades de governo autônomo local, instituídas por estatuto em 1864.

4. Desde 1870, a *Duma* era o conselho consultivo em uma cidade, eleita com base em um "censo" ou na concessão de propriedade. A partir de 1906, o termo *Duma* passou a ser também aplicado ao parlamento russo.

5. W. K. von Plehve (1846-1904), diretor de Polícia (1881-84), ministro do Interior (1902-04).

autoexcluíram. Cerca de um terço do grupo era constituído de membros dos *zemstvos*. Os demais eram originários de diversos grupos da *intelligentsia*. O principal órgão do movimento, apoiado financeiramente pela Liga, era a revista quinzenal *Osvobozhdenie*, de Peter Struve[6], que surgiu inicialmente (1902) em Stuttgart, então em Paris, após a polícia alemã ter lamentavelmente servido como agentes czaristas. Durante os anos de perseguição, estimava-se a existência de aproximadamente quatro mil assinantes no exterior e, talvez, o dobro (?) na Rússia. Os custos devem ter sido consideráveis, particularmente os necessários para fazer a revista entrar no país. De forma consistente, ela exerceu influência em nome da "democracia burguesa" (no sentido mais amplo de "burguês") e deve ser reconhecido que o fez com eficiência, particularmente ao remover o romantismo "populista" da cabeça dos reformistas sociais. A luta contra essas ilusões românticas propiciou a Peter Struve sua principal tarefa em vida. Struve, que tem um conhecimento absoluto do capitalismo, tendo sido, no início, fortemente voltado para Marx, é famoso entre os leitores dessa revista, em seus anos iniciais. A União não possuía recursos para fundar seu próprio jornal diário. Por outro lado, deu apoio moral e, sem dúvida, também subsídios às instituições de comunicação já existentes. A heterogeneidade de seus elementos e sua organização necessariamente "conspiratória" indubitavelmente levaram ao desperdício de sua energia. No entanto, isto provavelmente teria sido até maior sem a coesão que propiciou. A partir do outono de 1904, a organização de *zemstvos* e *dumas*, em sua forma final, existiu lado a lado com a União. Como é geralmente sabido, o ingresso nesses dois tipos de organismo é, atualmente, realizado por eleições periódicas (trienais), baseadas em camadas sociais e avaliadas con-

---

6. P. Struve (1870-1944), economista, intelectual dedicado à política e ele próprio um político. Originalmente um "marxista legal", tornou-se membro do comitê central dos democratas constitucionais.

forme classes proprietárias. Esses organismos são assembleias representativas das classes proprietárias na cidade e no campo e são organizadas em duas bancadas: como distritais (*uezd*) e, acima destas, *zemstvos* regionais. Com exceção da *uprava*[7] (o equivalente aos escritórios de nossos magistrados) e do comitê permanente (um presidente e entre dois e cinco membros assalariados) eleito pela assembleia do *zemstvo*, todos os organismos são administrados por funcionários honorários. Apesar de legalmente proibido, eles começaram a organizar, a partir do outono de 1904, os "Congressos de toda a Rússia" de *zemstvos* regionais e das *dumas* das maiores cidades que, até agora, têm sido o suporte do movimento democrático-constitucional que, progressivamente, começou a dominar os congressos. Com a participação de apenas vinte regiões, o primeiro congresso do *zemstvo* aconteceu em novembro de 1904 em Petersburgo porque o governo vacilante de Svyatopolk--Mirskii[8] havia, inicialmente, dado permissão para a realização do evento, desde que ele ocorresse ali, sob o olhar do governo, e não em Moscou. No último momento, no entanto, o congresso foi proibido, porém em vão, já que nessa ocasião, como nos congressos subsequentes em Moscou, os participantes se reuniram, desafiando a proibição, recusando-se a se dispersar e exigindo da polícia que observasse e fizesse um relatório sobre a reunião. A insegurança que o movimento liberal ainda sentia naquele momento e como o congresso se desenvolveu enormemente desde então são demonstrados pelo fato de que, antes do primeiro congresso, eles não ousavam esperar mais de 14 votos em apoio à resolução exigindo uma Constituição. Na verdade, os "onze pontos"[A], inclusive a reivindica-

---
7. O órgão executivo do *zemstvo*, nos níveis distrital e regional.
8. Príncipe P. D. Svyatopolk-Mirskii (1857-1914), ministro do Interior em 1904-05.

A. Liberdade individual, de associação e reunião, a igualdade entre os cidadãos, particularmente para os caponeses (ponto 8). A abolição do elemento estatal da constituição *zemstvo*, dos limites das áreas sob sua responsabili-

ção por uma assembleia popular, foram aceitos, apenas com a oposição do conde Stenbok-Fermor (Kherson). A única exceção foi a exigência da minoria liderada por Shipov para que o congresso fosse designado meramente como um assembleia "participante da legislação". A resolução não foi enviada diretamente ao czar, mas ao ministro (Svyatopolk-Mirskii), e repassada dos *zemstvos* regionais, uma vez que o congresso fora ilegal, para aqueles aos quais o congresso havia transmitido para discussão. A resolução correspondente do *zemstvo* regional de Chernigov foi então, como sabemos, chamada de "impudente" pelo czar. O congresso seguinte de *zemstvos* ocorreu em fevereiro de 1905 e outro em abril (ao qual dois terços das regiões enviaram representantes). Os dois partidos – os Democratas Constitucionais e os Eslavófilos – haviam convocado congressos especiais de seus grupos para maio daquele ano. O impacto da batalha de Tsushima[9] acabaria por uni-los em um "congresso de coalizão" (24 e 25 de maio, segundo o calendário antigo), que enviou a conhecida comitiva a Peterhof em 6 de junho. O czar em pessoa chamou os participantes do congresso de julho de "faladores" e este foi, também, o último congresso a ser tratado, de alguma forma, como "ilegal" pela polícia. O congresso seguinte do *zemstvo*, convocado para discutir o projeto Duma de Bulygin[10] em setembro, ocorreu em clima de tranquilidade. O mesmo aconteceu, após a publicação do manifesto de outubro, com o congresso

....

dade, além da independência e criação de distritos *zemstvo* menores (ponto 9). A nomeação de representantes livremente eleitos (ponto 11) que, na visão da maioria, devem participar (ponto 10) do Poder Legislativo (60 votos contra 38), da definição do orçamento (91 votos contra 7) e do escrutínio da administração (95 votos contra 3). A versão minoritária – "participação na legislação" – recebeu 27 votos.

9. A destruição da armada russa na guerra contra o Japão, em maio de 1905.

10. A. G. Bulygin (1851-1919), ministro do Interior (de janeiro a outubro de 1905).

realizado entre 6 e 13 de novembro, que tornou sua "confiança" no conde Witte[11] dependente de certas "condições" gerais e que foi relatado detalhadamente pela imprensa alemã. Os primeiros congressos foram puramente assembleias dos *zemstvos*. Durante um período, os representantes das cidades haviam realizado separadamente seus congressos e foi somente após o de julho que sua representação se tornou geral (com a exceção de algumas *dumas* reacionárias). O grupo democrático-constitucional de representantes do *zemstvo* realizava regularmente seus encontros antes do congresso – e apenas em 1905, depois dele. A ligação com a organização dos *zemstvos* teve a grande vantagem para o movimento liberal de propiciar-lhe, inicialmente, uma base legal segura, que o governo (depois da experiência do *zemstvo* moscovita, que será mencionada abaixo) certamente não ousaria eliminar completamente, ao menos por enquanto. Em segundo lugar, colocou a sua disposição um órgão nos moldes do comitê permanente (*uprava*) do *zemstvo,* que estava preparando o congresso, para o qual havia provisão legal e que continuou a existir fora das assembleias (geralmente realizadas no outono), sua função sendo atuar como comitê para os congressos e, no intervalo entre eles, preparar e introduzir as resoluções das assembleias. Isto era ainda mais importante porque os presidentes legais das assembleias oficiais dos *zemstvos* regionais e distritais, os Marechais da Nobreza, eleitos por seu *status* social, eram geralmente reacionários. A liderança dos "Congressos de toda a Rússia" ficou sob responsabilidade da *uprava* moscovita, que, sob o comando de Shipov[12], já havia intermediado as discussões até então apolíticas entre os *zemstvos* no período 1902-1903. Involuntariamente, Plehve havia garantido que a

....
11. Conde S. J. Witte (1849-1915), ministro das Finanças (1892-1903), presidente do Conselho de Ministros (1905-06), proponente de uma política de industrialização.

12. A. N. Shipov (1851-1920). Presidente do *zemstvo* regional de Moscou (1893-1904), líder da ala direita do movimento *zemstvo*.

uprava de Moscou seria excepcionalmente bem equipada para assumir a liderança do movimento político, quando então descartou o "liberal moderado" Shipov por conta da resistência dos *zemstvos* a governos absolutistas. A popularidade temporária de Shipov baseou-se em seu afastamento. O homem eleito para substituí-lo, no entanto, foi o radical Golovin, e Plehve não ousou, naquele momento, intervir, uma vez que ele havia recentemente dissolvido o *zemstvo* de Tver por conta de atos de resistência semelhantes por parte de seus líderes (Petrunkevich, De Roberti e outros). Os participantes concluíram que, se Shipov tivesse liderado a *uprava*, os congressos *zemstvo*, bastante radicais, não teriam acontecido da forma como ocorreram com Golovin. No que se refere à composição social desse liberalismo *zemstvo*, os membros dos *zemstvos* e *dumas* que têm direito a voto são escolhidos parcialmente de acordo com suas propriedades e parcialmente conforme uma classificação de votantes, baseados em camadas sociais, e eles próprios devem ter a qualificação para votar. Contudo somente os Democratas Sociais em Berlim souberam criar artificialmente a qualificação de proprietário de terras ao garantir aos indivíduos a centésima parte de um imóvel, isto é, o direito de voto passivo[13] tem sido regularmente criado por membros da *intelligentsia* por meio de transferências fictícias de propriedades, por exemplo, quando é desejado o envolvimento ativo de um especialista acadêmico em determinadas reformas da administração urbana. Por isso encontramos a fina flor da *intelligentsia* acadêmica e escritores políticos russos (todos com inclinação para o liberalismo) representados nos congressos do *zemstvo,* ao lado de proprietários de terra liberais, e a composição dos congressos é rememorativa, na medida em que tal comparação seja possível, com o parlamento alemão em 1848 e a Assembleia Nacional de Frankfurt,

....
13. "*Das passive Wahlrecht*" significa o direito de ser eleito (ou de elegibilidade).

não de Berlim[14]. Além das 34 regiões em que existiam *zemstvos*, organismos eleitorais *ad hoc* foram criados com o propósito de representação nos congressos, por meio das associações de agricultores existentes. Como isto foi feito é algo que não consegui verificar em detalhes. De qualquer modo, áreas não organizadas em *zemstvos* foram também representadas nos congressos *zemstvo* mais recentes, e no congresso de novembro também os poloneses estavam representados. Reconhecidamente, ficaram algumas lacunas, pois, no último instante, alguns *zemstvos* e *dumas* ou se recusaram a participar (Kiev) ou foram representados separadamente (Petersburgo). (Na verdade, não são poucos os *uezd-zemstvos* abertamente reacionários.)

Os membros eleitos, honorários, dos *zemstvos* (*deyateli*, oficialmente citados como *glasnye*) representam principalmente, portanto, a *intelligentsia* "*bourgeois*", considerando que este epíteto não é tomado como referência à classe econômica, mas sim compreendido no sentido de sua visão geral de mundo e nível de educação. Por outro lado, a verdadeira "*bourgeoisie*"[15], particularmente os grandes industriais, não têm grande influência nos *zemstvos*. Esta é a razão pela qual, já em 11 de março de 1905, em uma audiência concedida pelo ministro Bulygin, representantes do Cinturão Central, guiados por Morozov, dos grandes capitalistas de Petersburgo, conduzidos por Nobel, e da indústria mineradora do sul da Rússia, sob a liderança de Avdakov[16], protestaram contra a competência dos representantes do *zemstvo* e da *duma* para representar a "opinião pública". De uma perspectiva econômica, os *zemstvos* liberais eram, geralmente, "partes não interessadas" e, portanto, portadores de uma espécie de idealismo político e sociopo-

---

14. A Assembleia de Frankfurt de 1848 foi dominada por acadêmicos e grupos profissionais (*Gelehrtenstand*).

15. Aqui Weber utiliza o termo *Bourgeoisie* e não *Bürgertum* porque se refere ao grupo de homens de negócios.

16. No original, o nome aparece erroneamente escrito como "Ardakow".

lítico que, no momento, não é simples de organizar aqui, na Alemanha, enquanto uma força na vida pública, como o destino da Associação Nacional-Social[17] havia demonstrado. Para usar a expressão russa, eles representam o "segundo elemento" dos *zemstvos*, em oposição aos funcionários por eles empregados, que são a *intelligentsia* proletaroide. De tempos em tempos, Plehve alertava, mal-humorado, que estes últimos eram o "terceiro elemento" (daí o outro termo); a maioria, se não todos, é organizada na "União das Uniões", junto com as outras camadas de características sociais semelhantes. Esse "terceiro elemento" constitui uma burocracia gigantesca (cerca de 50 mil pessoas, assim foi dito) e divide com o *uprava* a carga do trabalho habitual nos *zemstvos*. É comum ridicularizar a tendência à "sistematização" que inspira os ideólogos radicais desta camada, e o estrangeiro que suspira ao contemplar a imensidade de dados estatísticos dos *zemstvo* irá sentir, de vez em quando, que falta capacidade para distinguir entre aquilo que é importante e o que não importa. Todavia, o idealismo e a prontidão para o sacrifício presentes nesta categoria de funcionários, que verdadeiramente vivem "entre e com o povo", é um dos aspectos éticos mais admiráveis e satisfatórios da Rússia hoje.

O Partido Democrático Constitucional formou-se a partir da União de Libertação e dos *zemstvos* constitucionalistas. O congresso de *zemstvos* realizado em julho aceitou a sugestão de nomear 40 membros para negociar com delegados da União de Libertação e da União das Uniões. A União de Libertação tomou a decisão correspondente e, no período de 12 a 18 de outubro (segundo o calendário juliano) desse ano, o partido estava constituído em Moscou. Infelizmente, como greves interromperam o fluxo de comunicação entre a cidade e o mundo exterior naquele momento, não tenho detalhes mais precisos sobre o que aconteceu. É certo que a União das Uniões não

....
17. A *"Nationalsoziale Verein"* (Associação Nacional-Social) foi fundada em 1896 por Friedrich Naumann (1860-1919).

se filiou ao partido, pois seus membros o consideraram exageradamente moderado. Embora a União de Libertação tenha sido dissolvida, o grupo de Petersburgo rejeitou a proposta feita pelo professor Milyukov e por Struve de aderir ao Partido Democrático Constitucional e, acompanhando sua decisão, o atacou veementemente Struve, considerando-o um "estrangeiro aristocrata". O grupo, inicialmente, continuou a existir como um *rump**, transformando-se, em dezembro, em um clube sociopolítico. Em resposta, conforme artigos publicados na imprensa, Struve teria fundado uma sociedade nos moldes da Sociedade Fabiana. Assim, os elementos que até então estavam reunidos na "União de Libertação" agora se desintegram e a *"intelligentsia* proletaroide", representada na "União das Uniões", segue seu próprio caminho, distante da *intelligentsia* "burguesa" (*bürgerlich*), a qual, para a maioria, pertencia ao partido *zemstvo*.

O congresso dos *zemstvos* realizado em abril (acima mencionado) aceitou, como base para o debate, o projeto de um *osvobozhdensty*, que é discutido aqui; ao mesmo tempo, um comitê foi encarregado pelo escritório de revisar o projeto. O resultado desta revisão existe (em russo) sob o mesmo título do projeto aqui discutido. Com exceção de alguns detalhes, os desvios do original dizem respeito à retirada do "supremo tribunal" e à exclusão da questão finlandesa que, à semelhança da questão polonesa, não é sequer mencionada. Esta proposta reformada foi então aceita, em princípio, no congresso de julho, quando foi submetida à discussão nos organismos locais autônomos, com sete votos contrários. Até agora, nenhuma outra proposta constitucional foi apresentada pelos liberais. Uma, supostamente traçada pelo "Partido da Ordem Legal", que será mencionada adiante, não está disponível para mim no momento.

* Em uma de suas acepções, o termo inglês *rump* refere-se a um grupo remanescente de uma organização política maior. (N. da T.)

Em primeiro lugar, sobre o projeto tratado aqui, deve-se repetir que ele é completamente "anistórico", o que de fato é correto no caso de um extrato como este do moderno direito constitucional internacional, tal como ele o representa. Mas então o que é realmente "histórico" na Rússia atual? Com exceção da Igreja e do sistema de propriedade comunal do solo entre os camponeses, aos quais ainda voltaremos, absolutamente nada, a não ser o poder absoluto do czar, proveniente da época dos tártaros, que hoje, após o desmoronamento de todas as estruturas "orgânicas" que caracterizavam a Rússia dos séculos XVII e XVIII, está flutuando no ar numa "liberdade" totalmente anistórica. Com efeito, um país que há pouco mais de um século apresentava em suas instituições "mais nacionais" uma forte semelhança com a monarquia de Diocleciano não pode adotar uma "reforma" que seja, ao mesmo tempo, "historicamente" orientada e viável. O *zemstvo*, instituição mais importante da vida pública russa, mais firmemente arraigada na opinião pública e de competência comprovada, é, ao mesmo tempo, a mais alheia à antiga concepção moscovita de totalidade estamental para os deveres atribuídos a cada estamento: é um corpo moderno com autonomia administrativa e que, em seus quarenta anos de existência, já foi reestruturado uma vez, passando de uma corporação meramente representativa da propriedade de terra como tal (incluindo os camponeses) para outra com uma estrutura essencialmente estamental. Obviamente não me é possível julgar seus resultados. Por certo, medi-los pelo estado das pontes e das estradas, conforme costumam fazer viajantes da Europa Ocidental, é tão inadequado quanto seria na América, pelas mesmas razões econômicas. Como todos sabem, a crença na importância do "sistemático" e das teorias gerais é incomparavelmente mais forte na Rússia do que na América, cuja administração local pode muito bem ser comparada ao *zemstvo*. As administrações autônomas de ambos os países estão igualmente convencidas da importância fundamental da educação do povo, e o idealismo daqueles que pertencem aos círculos da maioria dos *zemstvos* e que aceitam sacrificar-se financeiramente em nome de objetivos "ideais" dessa espécie merece o maior respeito, igualando-se, sem dúvida, à atitude dos representantes de nossos estamentos na Prússia Oriental, em 1847[18]. Mesmo em sua atual forma atrofiada e apesar de sua situação difícil, o *zemstvo* apresentou resultados que devem calar o julgamento ainda frequente sobre a "imaturidade" dos russos para uma administração livre. Pelo menos é o que nos permite concluir o material acessível também no exterior, que revela uma variedade inaudita das áreas onde ele atua: da fundação de escolas populares de ensino elementar, passando pelo levantamento de estatísticas, pelos serviços médicos e veterinários, pela construção de estradas, pela distribuição de impostos e pela instrução agrícola, até a importante área da "organização do abastecimento" (em épocas de carestia). Como bem se entende, apesar de toda a superioridade da "técnica"[B] burocrática, em comparação com o *zemstvo* o "poder público" parece um parasita que serve apenas para preservar a distribuição existente do poder político, quase sem interesses concretos fora da área da política financeira e, por isso, cheio de desconfiança

....
18. O conflito em 1847 entre os estados da Prússia Oriental e Frederico Guilherme IV sobre um empréstimo para a construção de uma estrada de ferro demonstrou o choque entre interesses regionais e nacionais.

B. E isso – não se pode deixar de acrescentar expressamente – embora toda consideração imparcial evite imaginar homens como Plehve no papel de vilões do teatro ou obscurantistas. Não se trata da lógica férrea do *sistema* ao qual serviam nem do pragmatismo racionalista do governo referente a essa burocracia "esclarecida", que evidentemente via com raiva o "desleixo" e a "teimosia" nada prática, os "interesses especiais", a "falta de bom-senso" e o egoísmo, os "sonhos utópicos" da *intelligentsia* e das corporações com autonomia administrativa, bem como o "palavrório" da imprensa, considerando-os elementos que sempre impediam e contrariavam a união entre a satisfação utilitária do povo de cima e o respeito correspondente perante a autoridade, exigido pela "razão de Estado". Esse sistema transformava a vida "num inferno" e fazia com que teóricos taciturnos e alheios ao mundo caíssem num delírio de felicidade desenfreada ao receberem a notícia do assassinato de Plehve.

em relação ao concorrente. Por conseguinte, para obter seus êxitos, o *zemstvo* teve de lutar contra a constante obstrução da polícia estatal, de cujo poder coercivo ele dependia para executar suas decisões. Mas conseguiu obtê-los, ainda que um governo ciumento impedisse seu trabalho de maneira cada vez mais perceptível e, por fim, totalmente sistemática, proibindo-lhe o aumento dos impostos, especialmente para fins escolares, suprimindo, por exemplo, durante a última guerra, a organização de caridade criada pelo *zemstvo* em favor da "Cruz Vermelha" do Estado, irremediavelmente corrupta, e tentando estatizar a "organização do abastecimento". Depois de impor cada vez mais ao *zemstvo* o caráter de uma associação exclusivamente passiva com interesses em comum (*Zweckverband*), cuja missão era arranjar os encargos prescritos pelo governo para sua própria despesa, e depois de sabotar a extensão da constituição do *zemstvo* às províncias da Pequena-Rússia e da Bielo-Rússia, em seus últimos dias, Plehve pensou seriamente em aniquilar os *zemstvos* e substituí-los pela burocracia do Estado.

*

A realização incondicional do princípio do *sufrágio* "de quatro componentes", isto é, universal, igual, direto e secreto, distingue à direita o Partido Democrático-Constitucional, que vem após o projeto, de outros grupos constitucionais que defendem o sufrágio indireto ou censitário, e do grupo dos eslavófilos antiburocráticos de Shipov, com sua ideia de criar, a partir dos *zemstvos* existentes, uma assembleia popular consultiva que controle as finanças. Para os democratas, a demanda por essa forma de sufrágio, item mais controverso do projeto, é primeiramente uma consequência da falta de outros pontos de partida históricos, uma vez que o governo passou 25 anos trabalhando para desacreditar os *zemstvos*. A isso se acrescenta evidentemente aquela circunstância que hoje, em toda parte, torna impossível aos partidários de reformas fundamentais defender com plena sinceridade interna um sufrágio graduado, a saber, o efeito do capitalismo com o seu poder de criar classes. O conflito de interesses econômicos e o caráter de classe do proletariado atacam os reformistas[19] tipicamente burgueses (*bürgerlich*) pelas costas: este é o destino de seu trabalho tanto aqui quanto em qualquer outro lugar. Somente enquanto o predomínio da produção artesanal deu aos trabalhadores, pelo menos teoricamente, a oportunidade de se tornarem "autônomos" é que foi possível compreender, com sinceridade subjetiva, a representação do sufrágio censitário como uma representação também daqueles que ainda não alcançaram a autonomia. Na Rússia, por razões históricas, não apenas o desenvolvimento da "classe média" (*Mittelstand*) urbana, no sentido da Europa ocidental, é muito fraco em si, mas há um bom tempo também o capitalismo começou a espalhar-se pelo território, e qualquer tentativa de defender o sufrágio censitário significa para o propagandista reformista que ele pode contar com oficiais, mas não com soldados. Compreensivelmente, nunca ocorreria aos trabalhadores das cidades imiscuir-se nessas práticas. Além disso, no campo, um sufrágio censitário dificilmente poderia ser realizado sem a máxima arbitrariedade nas regiões onde há a *obchtchina* (propriedade comunal do solo): nelas, o voto *igual* de todos os chefes de família na comunidade da aldeia é o voto "histórico". Não obstante, um governo até então autocrático poderia ter imposto, desde que *no momento oportuno*, algum esquema de direito de voto (por exemplo, empregando o censo pautado na instrução ou o direito de voto plural). Dificilmente um partido reformista podia tirar outras conclusões dessa situação além daquelas apresentadas no projeto. Se o fizesse, na primeira insubordinação da Duma a autocracia teria em suas mãos – e essa é a última razão crucial – a possibilidade de jogar os tra-

....
19. A edição original traz *Reformen* onde deveria haver *Reformern*.

balhadores contra ela, da mesma maneira que o fez durante anos e com êxito ao menos aparente o regime anterior para intimidar as classes proprietárias, suspeitas de liberalismo. E assim que o Partido Democrático se contentasse com o sufrágio censitário, isto é, com a exclusão ou a preterição manifesta das massas de camponeses nas eleições, as forças de reação seriam seguidas em unanimidade por elas, pois é justamente contra os donos de propriedades privadas com direito ao voto censitário, os latifundiários, e sobretudo contra os cúlaques (*Kulaki*) (termo que significa "punhos", isto é, camponeses enriquecidos e pequenos capitalistas rurais) e o restante da "burguesia de aldeia" que se dirige o ódio das massas rurais. Para os camponeses, o czar não é de maneira alguma o culpado de sua miséria. Do mesmo modo como até agora responsabilizaram os funcionários públicos, futuramente os camponeses responsabilizariam a Duma, da qual grande parte deles não poderia participar, uma vez que no censo seriam colocados *atrás* de todos os proletários urbanos. Os representantes da nobreza reacionária e do funcionalismo estatal já estão divulgando assiduamente a notícia de que o objetivo dos liberais é não deixar nenhum camponês entrar na Duma. Essa política demagógica do governo mostrou-se de maneira flagrante sobretudo no projeto de Bulygin para a Duma[20]. De acordo com o regulamento eleitoral anexo, a assembleia proposta no Manifesto de 6 (19) de agosto, cujas funções são a deliberação de leis e o controle do orçamento, deve ser eleita por delegados[21] em 26 grandes cidades, por um lado, e em assembleias eleitorais dos distritos administrativos, por outro. Os delegados devem eleger pessoas de seu próprio meio, a fim de limitar ao máximo a candidatura de representantes da *intelligentsia*. Nos

---

20. Bulygin propôs a criação de uma Duma consultiva em 6 de agosto de 1905. As datas nos parênteses referem-se ao calendário juliano ("estilo antigo").

21. O termo usado por Weber é *Wahlmänner*. Em um primeiro nível, estes indivíduos eram eleitos em assembleias para, em seguida, em um nível superior, votar em nome de seu eleitorado.

distritos administrativos, a eleição desses delegados divide-se em três classes: 1) a dos maiores latifúndios privados; 2) a das cidades; e 3) a dos camponeses, tendo cada distrito administrativo uma distribuição diferente. Mas enquanto as duas primeiras classes têm um sufrágio censitário de natureza bastante plutocrática (os trabalhadores são sempre totalmente excluídos), os delegados dos camponeses elegem-se pelas assembleias do *volost*[22], que, por sua vez, se baseiam na igualdade de todos os chefes de família na aldeia. Em outras palavras, os únicos que não estariam sujeitos às restrições do censo seriam os camponeses, quase sempre analfabetos. Além disso, em oposição às outras classes, é previsto para os delegados dos camponeses assim eleitos o direito de nomear um deputado de seu meio antes da eleição dos demais deputados da Duma, para depois elegerem, junto aos outros, o restante dos deputados. Em outros termos, do ponto de vista estamental, os representantes dos camponeses têm um sufrágio privilegiado para pelo menos 51 deputados (número dos distritos administrativos na Rússia europeia) e, junto com os latifundiários abarcados pelo censo, formam mais de dois terços dos delegados para os deputados restantes. O Manifesto de 17 (30) de outubro, que estabelece a "regra inabalável" de que a partir de então nenhuma lei deve entrar em vigor sem o consentimento da Duma, acrescentou as promessas gerais de que, desde que possível no limitado tempo disponível, o sufrágio será dado às classes "até então dele privadas", e o "desenvolvimento ulterior" do "princípio" do sufrágio "comum" será transmitido à "ordem legislativa recém-criada". Como diz acertadamente Peter Struve em sua introdução ao projeto aqui discutido, tudo isso faz com que, na Rússia de hoje, seja "tarde demais" para qualquer outro programa liberal de sufrágio. A ideia dos "direitos humanos" e a reivindicação do "sufrágio em

....
22. Unidade administrativa camponesa que, geralmente, abrangia diversas comunidades rurais.

quatro fases" uniram na "União de Libertação" a *intelligentsia* radical burguesa àquela "proletaroide", que chega até a incluir uma parte da *intelligentsia* social-revolucionária. A fidelidade inabalável a esses conceitos parecia ser o único caminho para impedir a desintegração da *intelligentsia* na luta.

Se quiséssemos – e pudéssemos – desconsiderar essa situação, *então* é claro que até mesmo um democrata ou social-democrata convicto teria fortes dúvidas sobre a questão de introduzir, como primeiro neste país, justamente esse tipo de sufrágio *neste exato* momento.

Pois nem todos os democratas russos avaliam uniformemente a questão decisiva que constitui o efeito presumível desse sufrágio. Antes de mais nada, eles costumam admitir que hesitam colocar os *zemstvos* nas mãos de analfabetos completamente despreparados, por mais que se ressalte a necessidade de uma representação muito mais forte dos camponeses, atualmente condenados a ser uma minoria sem influência alguma. De fato, a consequência imediata seria a burocratização total da administração dos *zemstvos*, e mesmo em se reconhecendo os excelentes resultados de seu funcionalismo, conhecido como "terceiro elemento" (*tretii element*), este seria apenas o precursor de uma centralização segundo o modelo francês. A "independência econômica" dos membros honorários dos *zemstvos* era o que garantia a autonomia destes em relação aos que se encontravam "acima deles" e, em nossa ordem econômica, também poderia assegurá-la mais do que nunca em relação a um eventual governo central em poder de um partido parlamentar, enquanto os camponeses continuassem presos ao comunismo agrário de suas comunidades. Quanto ao presumível efeito do sufrágio universal e igual para a Duma, as opiniões variam. Conheço democratas russos cujo ponto de vista é, por exemplo: "*Fiat justitia, pereat mundus*"[23]. Mesmo que as massas rejeitem ou aniquilem todo progresso cul-

---
23. Lema do *Kaiser* Fernando I (1503-64).

tural, só podemos requerer o que é justo, e cumprimos o nosso dever quando lhes damos o sufrágio, atribuindo-lhes, assim, a responsabilidade por seus atos." Quando muito, ainda se pode acrescentar: "Mesmo a oclocracia[24] mais extrema não pode ser pior do que a 'Centena Negra'[25] contratada pelos funcionários ameaçados em sua posição de poder. Seja como for, é melhor viver durante gerações na escuridão cultural do que cometer uma injustiça política. Talvez, em algum momento do futuro, o poder educativo do sufrágio cumpra a sua parte." Provavelmente esse tipo de opinião contém um elemento inconsciente da crença de Soloviov[26] na peculiaridade ético-religiosa da missão política dos russos, tal como, de resto, também me fez notar um representante desse ponto de vista. Nesse caso, a rejeição absoluta da "ética do êxito" também na área da política significa que somente o imperativo ético incondicional pode valer como uma possível estrela-guia da ação positiva. Significa igualmente que as únicas possibilidades existentes são a luta pela justiça *ou* a autoabnegação "sagrada". Como *todos* os valores que não os éticos foram excluídos, quando se faz o que se reconhece como "dever" positivo, volta inconscientemente a ter força aquele ditado bíblico que mais profundamente penetrou não apenas na alma Tolstoi, mas também naquela do povo russo em geral: "Não resista ao mal."[27] A mudança brusca entre dinamismo tempestuoso e resignação com a situação é consequência do não reconhecimento do eticamente indiferente como algo existente ou, pelo menos, como "valor" possível, atitude compartilhada tanto pelo pan-moralismo da noção que Soloviov tem do "sa-

---

24. "Oclocracia" significa "poder ou governo exercido pela multidão".
25. Grupos terroristas oficialmente autorizados. Weber refere-se também a eles como "Bandos Negros".
26. V. S. Soloviov (1853-1900). Filósofo, pensador religioso, poeta e crítico literário.
27. Weber cita livremente Mateus 5:39.

grado" quanto pela democracia de orientação puramente ética. No entanto, ao lado desses ideólogos extremos, há outros – sem dúvida, a maioria – que veem as oportunidades com mais otimismo do que aqueles estrangeiros que tendem a inferir certo grau de sinceridade nas intenções constitucionais do regime atual, justamente pelo fato de ele não estar dando o direito de voto aritmeticamente igual às massas populares, despreparadas do ponto de vista político. Os russos se referem, em primeiro lugar, a certas razões *econômicas* pelas quais as massas, com o direito de voto nas mãos, *seriam obrigadas* a seguir ideias liberais tanto na política quanto na cultura. Discutiremos essas razões mais adiante, uma vez que são particularmente importantes na opinião de alguns líderes democráticos. Na verdade, mesmo na "fundamentação" do projeto encontram-se apenas dois argumentos puramente políticos. Um se refere à asserção geral de que o sufrágio tem uma função "educativa", que, no entanto, se fosse requerida para o direito de voto *igual*, teria de contar com certos pressupostos "evolutivos". O outro, às experiências feitas na Bulgária com a introdução do sufrágio universal e que se mostraram positivas na opinião dos autores. Sem levar em conta outros aspectos, neste último caso certamente se subestima a diferença entre um Estado pequeno e uma grande nação, que, mesmo na opinião de pessoas como Struve, é obrigada a participar da "política internacional". Subestima-se mais ainda a diferença entre a posição tradicional do czar, consagrado nacional e religiosamente, e a de um monarca insignificante, temporariamente contratado e importado[28].

Aliás, temos de ressaltar explicitamente que o projeto está muito longe de ter um caráter constitucionalmente radical. Embora os autores rejeitem, com razão, o palavrório atualmente em voga sobre a "obsolescência" do parlamentaris-

....
28. Weber usa o termo *Duodezmonarch*, referindo-se ao príncipe Fernando de Saxônia-Coburg-Gotha-Kohary, coroado rei da Bulgária em 1887.

moᶜ, seu projeto como um todo é cuidadoso ao poupar a posição do czar. Desconhece funcionários públicos eleitos, exceto os "juízes de paz". Desconhece igualmente a soberania do parlamento segundo o modelo inglês, bem como o domínio da maioria parlamentar de cunho francês. Essa consideração para com a posição do monarca distingue os partidários dos grupos democrático-constitucionais de esquerda dos grupos radicais que, desde que não sejam republicanos, querem ter certeza de que o princípio da soberania do povo será garantido pela convocação de uma assembleia constituinte e de que será expressamente estabelecido como dever do parlamento determinar o curso da política. Evidentemente, o que determinou a atitude dos constitucionais foram não apenas as considerações concludentes da *Realpolitik*, mas também a ideia de que somente o monarca pode representar de modo eficaz a unidade do império quando se pretende conferir ampla autonomia às diversas nacionalidades. Tendo presente a posição do czar, o projeto tampouco pôde realizar a separação total entre o Poder Executivo e o Legislativo, como o modelo americano. Por isso, tentou criar algo realmente novo em alguns aspectos, na forma de um "supremo tribunal", totalmente fora da estrutura das instâncias judiciais. Suas funções abrangeriam as seguintes áreas: 1) a cassação[29] de ações do governo e sen-

....
C. Esse palavrório tem sido inoportuno porque leva à comparação crítica entre as realizações atuais dos países com regime parlamentar-democrático e aquelas de países com regime "pessoal". Mesmo na área em que estes últimos são supostamente mais eficientes, a da política externa, eles estão em franca desvantagem. Só tem direito de julgar as realizações de nossa diplomacia alemã quem conhece os autos. Mas qualquer um pode ver que deve ser simplesmente impossível aos diplomatas a condução coerente e a obtenção de resultados permanentes quando seu trabalho é constantemente perturbado por ruidosos *intermezzi*, discursos, telegramas e decisões inesperadas do monarca, de modo que toda a sua energia acaba por se concentrar em reparar a confusão criada, ou então eles chegam até a querer usar por si próprios esses recursos teatrais.

29. "Cassação" significa a anulação de uma decisão com base em sua nulidade.

tenças anticonstitucionais, incluindo aquelas baseadas em leis formalmente corretas, porém materialmente inconstitucionais, em apelos por parte de interessados privados, de uma das duas câmaras ou de uma das autoridades constitucionais supremas do império. Curiosamente, nessa função os autores consideram o tribunal uma cópia da Suprema Corte americana, um equívoco surpreendente, dada a familiaridade dos russos com o conhecido livro de James Bryce[30]. 2) Outra tarefa do tribunal seria a fiscalização das eleições. 3) O tribunal, ampliado pelos juízes da Corte de Cassação, seria a instância que trataria das acusações políticas contra os ministros, feitas por parte de uma das câmaras. Segundo o projeto, essa acusação política, que existiria independentemente e além da perseguição permitida de todos os funcionários públicos nos tribunais ordinários e que só poderia levar à demissão ou à dispensa do cargo por cinco anos, pode apoiar-se nos seguintes elementos: a) na infração deliberada da Constituição, ou b) na "violação grave dos interesses do Estado" mediante abuso, transgressão da competência ou negligência. Evidentemente, esse procedimento também deveria transferir o "voto de desconfiança" parlamentar para a forma de um processo a ser decidido de acordo com critérios "objetivos". Só que o conteúdo real dos "interesses do Estado" não pode ser averiguado de maneira "objetiva", isto é, sem levar em consideração aqueles ideais e interesses e, portanto, aqueles "juízos de valor" nos quais se fundamenta a distinção entre os partidos políticos e sociais. A tarefa rigorosamente formal de proteger a Constituição e de dar pareceres juridicamente fundamentados sobre o que "é válido" seria colocada nas mesmas mãos que receberiam a tarefa de pronunciar sentimentos políticos sobre o que "deve ser válido": por si só, uma ideia bastante suspeita. No entanto, os autores poderiam, por exemplo, alegar o fato de que se costuma chegar pelo mesmo caminho à decisão formal de

....
30. J. Bryce, *The American Commonwealth*, 3.ª ed. (2 vols., London, 1893).

questões constitucionais: como se sabe, quando os juízes do tribunal federal americano decidiram a favor de Hayes na disputada eleição presidencial, os votos dividiram-se rigorosamente de acordo com a obediência ao partido. Hoje ninguém duvida de que a sentença foi um erro judiciário crasso que, não obstante, impediu uma guerra civil. O segundo projeto cancelou a instituição, e, diante do Manifesto de 17 (30) de outubro, o congresso constituinte do Partido Democrático-Constitucional contentou-se em reivindicar o estabelecimento da responsabilidade dos ministros e o direito da Duma de discutir não apenas a legalidade, mas também a utilidade de seus atos[31].

*

Por um lado, estando condicionado às "ideias", o "individualismo" político dos "direitos humanos" na Europa Ocidental, que Struve, por exemplo, defendeu de modo coerente, foi criado com base em convicções religiosas que condenavam autoridades humanas como uma idolatria blasfematória da criatura[D], convicções essas que a forma atual do "iluminismo" já não deixa surgir como fenômeno de massas. Por outro, era produto de uma crença otimista na harmonia natural entre os interesses dos indivíduos livres, crença que hoje é definitivamente destruída pelo capitalismo. Por razões pertencentes à

....
31. Um longo trecho sobre "Nacionalidade e a Questão da Linguagem" e sobre "Igreja e Estado" foi omitido aqui.

D. Cf. a conhecida obra de Jellinek sobre os "direitos humanos e civis"; *meu* tratado em *Achiv für Sozialwissenschaft*, vols. XX, 1 e XXI, 1; a exposição que E. Troeltsch faz sobre o protestantismo na obra de Hinneberg, *Die Kultur der Gegenwart* (I, 4, 1)[32]. Struve foi inspirado pelos trabalhos de Jellinek, que ele cita repetidas vezes. A afinidade entre a ética econômica e política das seitas racionalistas russas e o puritanismo (no sentido amplo da palavra) não escapou a Leroy-Beaulieu, entre outros. Mas, pelo menos na parte numericamente mais importante, o verdadeiro *raskol*[33], há diferenças profundas na natureza da "ascese intramundana".

esfera das "ideias", a Rússia atual não pode, portanto, recuperar esses estágios do desenvolvimento: o individualismo especificamente burguês já está superado mesmo nas classes de "educação e propriedade" e certamente já não poderá conquistar a "pequena burguesia". Resta saber como entre as "massas", às quais se daria – e, de acordo com a intenção explícita dos liberais, deveria ser dado – o poder, surgiriam os impulsos para que elas participassem de um movimento que vai além de reivindicações puramente materiais, como aquele que foi criado por políticos de índole democrático-burguesa com o programa da "União de Libertação", que prevê: 1) direitos de liberdade garantidos para o indivíduo; 2) estado de direito constitucional baseado no sufrágio dos "quatro componentes"; 3) reforma social segundo o modelo da Europa Ocidental; e 4) reforma agrária[34].

*

A mobilização socialista floresce, no momento, nas grandes cidades. Como é amplamente conhecido, os sociais-demo-

32. G. Jellinek, Die Erklärung der Menschen- und Bürgerrechte. Ein Beitrag zur modernen Verfassungsgeschichte (Leipzig, 1895); tradução inglesa: The Declaration of the Rights of Man and of Citizens. A Contribution to Modern Constitutional History (New York, 1901). Ensaios do próprio Weber são: "Die protestantische Ethik und 'der Geist' des Kapitalismus. I: Das Problem' in Archiv für Sozialwissenschaft und Sozialpolitik", 20 (1904), pp. 1-54, e "Die protestantische Ethik und der 'Geist' des Kapitalismus. 2: Die Berufsidee des asketischen Protestantismus" in *Archiv,* 21 (1905), pp. 1-110; tradução inglesa: *The Protestant Ethic and the Spirit of Capitalism* (Londres, 1930). E. Troeltsch, "Protestantisches Christentum und Kirche in der Neuzeit", in P. Hinneber (ed.), *Die Kultur der Gegenwart* (Berlim e Leipzig, 1906). A. Leroy-Beaulieu, *L'empire des Tsars et les Russes* (3 vols., Paris 1889-93); English Translation, New York e London, 1905.

33. Os "cismáticos", que se separaram da Igreja Ortodoxa na segunda metade do século XVII.

34. Na próxima seção, uma consideração sobre os partidos socialista e burguês (*bürgerlich*) foi reduzida.

cratas russos já haviam se dividido em dois grupos antes dos acontecimentos, o que lhes permitiu atuar abertamente na Rússia; esses grupos eram liderados, de um lado, por Plekhanov, Axelrod, Martov e "Starover" (A. Potresov), e, de outro, por "Lênin" (Ulyanov). O primeiro manteve a posse do *Iskra,* órgão do partido publicado em Genebra, até aqui compartilhado, e encontrou sua representação oficial no "Congresso de Partidos Operários de Toda a Rússia", realizado, pela primeira vez, em 1905. No momento de cisão, esse grupo rejeitou a insurreição armada, ao menos temporariamente, opondo-se igualmente à participação em qualquer governo revolucionário que pudesse surgir. Em vez disso, colocou no centro de suas atividades o desenvolvimento dos sindicatos. O outro grupo, representado desde 1903 por *Vperede,* de Lênin, recusou-se a reconhecer o *Iskra* como o órgão do partido e, como tinha a maioria no partido como um todo, agiu como se fosse a continuação da organização comum no "Terceiro Congresso do Partido Operário Social-Democrata Russo", fundando o jornal *Proletarii* como seu órgão oficial, substituindo a formação de sindicatos com a reivindicação de oito horas diárias de trabalho, pregando a insurreição e a participação em qualquer governo revolucionário a ser criado, rejeitando todas as formas legais de mobilização e, em oposição aos seguidores do grupo *Iskra,* exigindo, em nome dos camponeses, o "confisco" imediato de todas as terras que não estivessem nas mãos desses. O último objetivo vai de encontro ao programa oficial dos social-democratas, que, em nome dos camponeses, exigiam que os *obrezki* fossem entregues a eles: em outras palavras, a terra confiscada seria repartida com os camponeses no momento da emancipação (cerca de 1/5). Os social-democratas sempre desprezaram a reivindicação revolucionária de confisco de toda a terra e a chamavam de "utópica", afastando-se, de forma demonstrativa, ainda no fim da primavera de 1905, do "Congresso de Engenheiros de Toda a Rússia", quando essa reivindicação foi muito discutida. "Embora preservando sua independência", o partido de Lênin, ao contrário do de Plekhanov, também considerava úteis os "pactos ocasionais" com os revolucionários. Ambos os grupos, no entanto, afirmam ser obrigação do partido apoiar os esforços dos liberais que se voltam contra a autocracia, enquanto, ao mesmo tempo, desacreditam, aos olhos dos trabalhadores, todos os grupos liberais, incluindo a "União de Libertação e a "União das Uniões". Em contrapartida, o segundo congresso, anterior à divisão, havia concordado com a resolução de "Starover" que declarava ser possível e, em certas circunstâncias, útil a cooperação com os democratas burgueses. Essa resolução foi veementemente negada pelo grupo de Lênin, mas também o de Plekhanov não a levou em consideração na prática. Como se vê, as causas da divisão não foram questões de princípios, mas, em parte, de natureza pessoal e, em parte, tática. No entanto, as razões também são encontradas no caráter espiritual ou intelectual bastante específico do socialismo russo. No momento, é natural que ele tenha como fonte a oposição de líderes ortodoxos, os quais têm vivido principalmente no exterior e sido influenciados por partidos social-democratas da Europa Ocidental, ao *"putschismo"* que se apossou das organizações de massa emergentes na Rússia desde o estabelecimento da liberdade de imprensa. Por essa razão, fracassou até mesmo a tentativa de mediação por parte de Bebel: Lênin se recusava a aceitar qualquer conselho de estrangeiros leigos. Mas não há dúvida de que este clima de *"putschismo"* não é meramente o resultado de uma esperança ruidosa, nascida da situação do momento, de que havia chegado o grande dia da derrocada final da autocracia e de tornar realidade ao menos a implementação imediata do "programa mínimo" do socialismo. Antes, ação revolucionária e oposição às "leis de desenvolvimento" estavam presentes no socialismo russo desde seus pais fundadores, Herzen e Lavrov, como um efeito colateral de certas ideias hegelianas.

*

Dentro do operariado urbano, no qual também atuam os partidários social-cristãos e social-revolucionários do radicalismo extremo, e dentro do grupo das "profissões liberais", as chances da democracia burguesa são, portanto, mesmo em sua própria opinião, extremamente problemáticas no caso de um sufrágio democrático, ainda que seu programa abranja todas as reivindicações dos reformistas sociais radicais da Europa Ocidental[E]. Por outro lado, no que se refere à fina camada da "burguesia" propriamente dita, os fabricantes – antigos defensores do nacionalismo, tal como descritos por Von Schulze-Gävernitz[35] – aproximaram-se em parte dos liberais e em parte até dos democratas[F]. Uma atitude natural, dadas as condições dos últimos anos, quando o governo de Plehve tentou ganhar a simpatia dos trabalhadores e jogá-los contra a *intelligentsia*: afinal, os onze barracões que formavam o centro do movimento de Gapon[36] tinham sido construídos com dinheiro do governo. No entanto, do Partido Democrático-Constitucional não consta *nenhum* dos nomes mais conhecidos desse grupo. Ele era contra o movimento dos *zemtsvos*, e o progra-

....
E. Seguro obrigatório, cortes compulsórias de arbitragem, jornada de trabalho de oito horas (como um princípio) etc.

35. G. von Schulze-Gävernitz (1864-1943). Economista político, representante do "Fortschrittliche Volkspartei" e do "Deutsche Demokratische Partei" no *Reichstag* (1912-20). Weber refere-se a um de seus ensaios, "Nacionalismo na Rússia", publicado no *Preußische Jahrbücher* em 1894.

F. As maiores firmas de Petersburgo declararam numa petição ao ministério, em 31 de janeiro (segundo o calendário juliano), que apenas "reformas fundamentais de caráter político geral", e não a intromissão administrativa nas relações de trabalho, poderiam conduzir os trabalhadores de volta "ao caminho da lei". Encontramos a mesma atitude na grande indústria de Moscou (*Pravo*, p. 588).

36. G. A. Gapon (1870-1906). Padre e organizador da oposição trabalhista. Responsável pelos protestos de 9 de janeiro de 1905 ("Domingo Sangrento"), quando a polícia abriu fogo contra a multidão de manifestantes.

ma da "União de Libertação" antiprotecionista não podia oferecer-lhe nenhum atrativo. No início de 1905, na área da política social, a maioria de seus representantes manifestava tendências essencialmente reacionárias, torcendo pela repressão, embora de modo nem um pouco uniforme. Não são poucas as petições de fabricantes em favor da concessão do direito de coalizão. Do ponto de vista político, muitos deles parecem agora fazer parte do "Partido da Ordem Jurídica" ou da "Aliança de 17 de outubro", muito próxima do primeiro. Em todo caso, depois das experiências feitas, já não se encontram simplesmente à disposição do governo contra os liberais nem em favor da reação. Quando numa assembleia da "Associação dos Comerciantes e Industriais", em São Petersburgo, um representante do "Partido da Ordem Jurídica" convocou os membros para apoiar o governo na luta contra o "Conselho dos Deputados Operários", outros oradores recusaram-se energicamente, dizendo que a "sociedade" tinha de conduzir a luta sozinha. Se a associação procurasse agora a proteção do governo, chegaria o dia em que outros procurariam proteção *contra* ela no mesmo lugar e com o mesmo êxito.

Por fim, no caso da pequena burguesia, cuja atitude presumível, como sempre, é a menos transparente, seu antissemitismo deve impedir em grande parte sua adesão aos liberais. Chega-se a essa conclusão graças à sua forte participação no movimento das "Quadrilhas Negras". Por certo, não podemos esquecer que nas grandes cidades e em alguns outros lugares "suspeitos" a atual organização da espionagem policial – que, por exemplo, exige em todas as casas um zelador (*dvornik*) encarregado de fiscalizar os moradores – impõe aos proprietários tais responsabilidades e custos, e que por toda parte a obrigatoriedade do passaporte, a deportação "administrativa", isto é, sem fundamento legal, e a falta de segurança nas moradias – expostas a qualquer hora, de preferência durante a noite, a perquirições – estão criando um grau tão alto de dependência dos subalternos corruptos e arbitrários – dependência essa que gera um ódio sem limites – que nos próximos anos o protesto contra tudo isso deve ser mais forte do que quaisquer outras considerações. Com um sistema que precisa usar meios desse tipo, um acordo *permanente* tornou-se efetivamente impossível.

Todavia, a posição dos *camponeses* é e sempre será a questão decisiva para o futuro não apenas do movimento democrático-constitucional, mas também, o que é mais importante, dos pontos fundamentais de seu programa e, além disso, para as chances de um "desenvolvimento" liberal no sentido da Europa Ocidental. Permanecerá decisiva mesmo que o sufrágio censitário dê a maioria aos liberais. Nesse caso, se os camponeses forem reacionários, um governo reacionário poderia a qualquer momento usá-los como açoite para ameaçar uma Duma recalcitrante. De fato, o programa da democracia burguesa foi talhado sobretudo para os camponeses. E é justamente o camponês que também Peter Struve quer transformar numa "personalidade", familiarizando-o não apenas com o "direito" no sentido objetivo, mas também com os "direitos" no sentido subjetivo, que para ele significam os "direitos humanos" do individualismo inglês. Com a máxima ênfase ressalta-se constantemente que no centro de todas as questões está a *reforma agrária*, que as reformas políticas a beneficiarão e têm por obrigação beneficiá-la, e vice-versa. Mas obviamente isso não quer dizer que os próprios camponeses serão democráticos. Nesse aspecto, Peter Struve e os autores do projeto confiam principalmente nos interesses econômicos dos camponeses, cujas reivindicações nesse sentido não *poderiam* absolutamente ser satisfeitas por um governo reacionário. Sendo assim, cabe perguntar: quais são as reivindicações dos próprios camponeses e quais as que os reformistas agrários democráticos fazem no interesse deles?

A assembleia dos *zemstvos*, realizada em fevereiro, já tratara da questão agrária, promulgando o lema da "suplementação" (*dopolnenie*) da participação dos camponeses na terra (*nadel*)³⁷, lema que desde então caracteriza a reforma agrária liberal. Porém, todos os detalhes foram deixados para uma discussão à parte. Logo depois, o programa da "União de Libertação", de março de 1905, estabeleceu as seguintes reivindicações, que são consideráveis do ponto de vista da política agrária: 1) abolição dos pagamentos de resgate dos camponeses (nesse meio-tempo, o governo decretou a diminuição desse pagamento pela metade para 1906, e a abolição completa para 1907); 2) distribuição de terras aos camponeses sem-terra ou com lotes insuficientes mediante a repartição de bens provenientes do Estado, de apanágios ou de cofres particulares e, na ausência destes, mediante a *expropriação* de outros proprietários particulares de terras; 3) criação de um fundo rural estatal para uma colonização interna planejada; 4) reforma do direito de arrendamento, de modo que se garantam melhorias ao arrendatário, e tribunais de arbitragem "para regular os pagamentos do arrendamento no interesse dos trabalhadores" e para resolver conflitos entre eles e os arrendadores; 5) ampliação da legislação operária aos trabalhadores rurais "de acordo com as condições fundamentais da agricultura". A esses itens do programa acrescentam-se outros tantos, de coloração claramente "fisiocrática": abolição gradual dos impostos indiretos e desenvolvimento de impostos diretos com base no imposto de renda progressivo; abolição do favorecimento protecionista de empresários individuais, contemporaneamente a uma "proteção vigorosa do desenvolvimento das forças produtivas do povo". Diz-se que uma diminuição gradual das taxas alfandegárias "beneficiaria tanto a situação da agricultura quanto o florescimento da indústria". Numa crítica ao projeto, Peter Struve rejeitou a abolição total dos impostos indi-

....
37. "*Nadel*" normalmente se refere à porção de terra alocada a uma família dentro de uma comuna. Aqui, Weber faz uso do termo para se referir à porção total de terra sob posse de comunas camponesas, que precisam ser "suplementadas" para que possam sobreviver dela, em oposição a outros proprietários de terras na Rússia.

retos devido à sua importância no orçamento, dizendo que se tratava de um "erro de redação". No entanto, justamente esse item parece ser popular entre aqueles agricultores que eventualmente apoiariam um governo liberal. Uma petição aparentemente "autêntica", feita pelos agricultores "burgueses" do distrito de Kherson, 56 dos quais "letrados" e 84 analfabetos, também exige, por exemplo, a abolição dos impostos sobre o chá, o açúcar, as máquinas e os fósforos, tal como outras petições semelhantes, sem dúvida feitas por camponeses, que se podem encontrar impressas em grande quantidade em jornais e revistas. O mínimo que se pode observar é que, obviamente, o imposto de renda progressivo na Rússia atual não poderia substituir, do ponto de vista financeiro, as taxas sobre operações financeiras e consumo. Por ora, além dos pré-requisitos econômicos, faltam os morais para uma tributação realmente eficaz desse tipo, que hoje, como se sabe, é impossível até mesmo nos Estados Unidos pela mesma razão. Também não está nada claro com que recursos financeiros pretende-se realizar, com base num programa financeiro desse tipo, as gigantescas reformas aqui reivindicadas.

Os leitores alemães devem ter percebido, em primeiro lugar, que aqui nenhuma palavra refere-se à instituição característica da Constituição agrária russa, a *obchtchina* (*mir*)[38]. Certamente, a questão atual dos camponeses está longe de se encontrar apenas nas regiões com o sistema de propriedade comunal do solo[G], isto é, no centro, nas regiões orientais de "terra negra"* e em todas aquelas que se encontram ao norte

....
38. Comuna rural de camponeses.

G. Neste texto, a expressão "propriedade comunal do solo" refere-se sempre ao sistema (da chamada "propriedade comunal do solo em sentido estrito") em que o indivíduo não herda sua parcela (de terras aráveis etc.) da família, mas a recebe da comunidade (mediante um processo de redistribuição).

* Solo escuro, rico em húmus, também conhecido pelo nome de *tchernoziom*. [N. da R.]

e nordeste delas. Ao contrário: essa questão atravessa todo o vasto império, do Mar Báltico até as estepes, e é tão premente em algumas regiões da Pequena Rússia quanto, por exemplo, nas redondezas de Moscou. No entanto, todos os problemas da política agrária do povo da Grande Rússia, chamado à hegemonia, estão direta ou indiretamente vinculados ao sistema de propriedade comunal do solo, e o território pelo qual esse sistema se expande abrange tanto as massas mais compactas dos camponeses quanto as principais áreas em que também se expande a miséria crônica dessas massas. Sobretudo, porém, sua área de propagação "ideal" é totalmente universal. Toda a formação de partidos sociopolíticos da Rússia está intimamente ligada a décadas de debates fervorosos sobre o destino desse sistema. Tal questão ocupa a imaginação tanto das massas quanto dos políticos sociais de todas as orientações e determina suas opiniões num grau que vai muito além de sua importância real imediata. Por certo, justamente essa situação revela uma das razões pelas quais o programa dos liberais não fala dessa questão. Não há nenhuma dúvida de que essa omissão também inclui, por um lado, uma concessão aos eslavófilos e "populistas" que se tornaram politicamente liberais, e por outro, aos socialistas, aos sociais-revolucionários e aos reformistas agrários que, por razões opostas, não poderiam aprovar um ataque explícito ao sistema de propriedade comunal do solo. Inversamente, os liberais especificamente econômicos, sobretudo os individualistas que, como Struve, passaram por uma escola rigorosamente marxista, seriam obrigados a rejeitar como "utópicas" propostas para uma reforma da política agrária vinculadas à propriedade comunal do solo.

De resto, obviamente esse silêncio também se explica pelo fato de que o tratamento legislativo desse problema, seja qual for sua tendência, levará uma década, e de que os políticos práticos enfrentam hoje tarefas muito mais urgentes na área da política agrária. Não obstante, o primeiro passo de uma política agrária de alguma maneira generosa inevitavelmente colidirá com o sistema de propriedade comunal do solo[39].

*

Evidentemente, os "populistas jovens" têm toda razão a esse respeito, e isso também explica a reticência dos democratas perante o problema: sem dúvida alguma, não se pode conquistar a maioria dos *próprios camponeses* para um programa agrário "individualista" no sentido da Europa Ocidental. Em primeiro lugar, não há dúvida de que com a manutenção do sistema de propriedade comunal – por mais que as resoluções de redistribuição possam resultar de uma luta inexorável de classes – colaboram *não apenas* os interesses econômicos de classe, mas também as ideias firmemente arraigadas de "direito natural". Pois é fato comprovado que a resolução necessária para uma redistribuição das terras não costuma, de modo algum, ser tomada somente com os votos das pessoas que esperam para si uma situação melhor ou que se tornaram submissas à base de pancadas ou boicote. Por outro lado, porém, também é verdade que frequentemente a redistribuição das terras existe apenas no papel, pelo menos enquanto seu objetivo for sociopolítico, embora pareça ser o elemento mais importante da democracia agrária nesse sistema de relações sociais. Os camponeses abastados arrendam, alienam e deixam as suas terras aos herdeiros (obviamente apenas dentro da comunidade), confiantes de que não se decidirá por nenhuma redistribuição; ou, ao contrário, têm os outros membros da comunidade, seus devedores, em suas mãos, de modo que a redistribuição acaba por fortalecer, de fato, a sua supremacia. E uma vez que a redistribuição concede apenas terras, mas nenhum gado nem capital econômico, ela é compatível com a exploração excessivamente brutal dos fra-

39. Foi omitida aqui uma discussão detalhada da questão agrária.

cos. Todavia, com o aumento do valor das terras e da diferenciação, cresce naturalmente o radicalismo enfurecido das massas, precisamente em consequência da discrepância entre o direito e os fatos. Pelo que se percebe, o ponto crucial parece ser o fato de que esse radicalismo comunista estaria fadado a se intensificar em grande medida justamente *se* a situação dos camponeses melhorasse, isto é, se seus encargos fossem reduzidos e o solo disponível à comunidade fosse ampliado. Pois enquanto a propriedade de terras ainda é considerada um dever do qual tentam fugir todos os membros da comunidade rural nas regiões onde os encargos vinculados às parcelas de terra ultrapassam o produto – como se sabe, essas regiões não são poucas –, a redistribuição das terras, ao contrário, é o objetivo das massas por toda parte onde o produto do solo ultrapassa os encargos. Portanto, as regiões com o melhor solo são aquelas onde as massas têm o interesse mais urgente na redistribuição e onde os camponeses abastados têm o interesse oposto mais forte. Cada isenção de impostos e encargos, como atualmente a isenção dos pagamentos de resgate, *aumenta* necessariamente – desde que se mantenha o sistema de propriedade comunal do solo – esses focos de interesses comunistas e da luta social. Além disso, é sabido, por exemplo, que muitas vezes os camponeses alemães no sul da Rússia só introduziram esse sistema rigoroso depois que o governo aumentou terras das quais são proprietários, e isso por razões bastante compreensíveis. De modo geral, dificilmente o efeito de uma "suplementação do *nadel*" pode ser outro: a fé no comunismo deve expandir-se enormemente. Na medida em que é possível julgar de fora, os sociais-revolucionários verão sua esperança tornar-se realidade.

Não obstante, *hoje* esse programa da suplementação do *nadel* é irrecusável para reformistas agrários honestos. Por isso, o Partido Democrático-Constitucional também incluiu em seu programa agrário (itens 36 a 40) as correspondentes reivindicações da "União de libertação" e do congresso agrário liberal, em parte com concessões de alcance ainda maior às objeções dos sociais-revolucionários. Entre elas figuram: 1) a reivindicação de que a indenização dos proprietários de terras a serem desapropriadas teria de seguir *não o preço de mercado*, e sim o "preço justo" (item 36); 2) a reivindicação expressa da garantia legal da renovação do arrendamento, eventualmente do direito do arrendatário a uma compensação pelas melhorias, e sobretudo da criação de instâncias *judiciais* (segundo o modelo irlandês) para a redução dos pagamentos de arrendamento "desproporcionalmente altos" (item 39); 3) a criação de uma vistoria agrária para fiscalizar a aplicação da legislação de proteção dos trabalhadores, a ser estendida à agricultura. Os princípios pelos quais as terras desapropriadas têm de ser atribuídas aos camponeses (atribuição pessoal ou à propriedade comunal do solo, para posse ou usufruto) devem ser estabelecidos "de acordo com a natureza da propriedade de terras e da utilização do solo nas diferentes regiões da Rússia".

*

Em resumo, muito provavelmente a realização do programa da reforma agrária dos democratas burgueses levaria, portanto, a uma enorme intensificação do "espírito" de comunismo agrário e revolução social entre os camponeses, que hoje já é tão forte que pelo menos a maioria dos camponeses certamente não aprovaria um programa individualista como o que, por exemplo, Struve defende. A peculiaridade da situação da Rússia parece ser o fato de que uma intensificação do desenvolvimento "capitalista" e o concomitante aumento do valor do solo e de seus produtos *pode* trazer consigo, além do desenvolvimento ulterior do proletariado industrial e, portanto, do socialismo "moderno", um crescimento do comunismo *agrário* "não moderno". Igualmente na área do "movimento intelectual", as "possibilidades" de um desenvolvimento ainda não parecem claras.

Embora a atmosfera do *narodnitchestvo*[40], que ainda se estende por todas as nuanças da *intelligentsia* de todas as classes e de todos os programas políticos, seja rompida, não sabemos o que tomará o seu lugar. Uma concepção tão real das coisas quanto a do liberalismo social-reformista teria de lutar energicamente para capturar o "amplo" caráter da mente russa. Pois na *intelligentsia* "social-revolucionária" esse radicalismo romântico ainda tem outro aspecto: devido a seu caráter, que apesar de todos os protestos aproxima-se do "socialismo estatal", é extremamente fácil saltar para o campo autoritário ou reacionário. Caso seja um dado correto, a relativa frequência e a rapidez com que estudantes extremamente radicais se transformaram em funcionários públicos altamente "autoritários" – transformação essa que, em geral, nos é relatada sobretudo por observadores estrangeiros, mas também por russos[41] conscienciosos – não precisa ser uma característica inata, como disseram alguns, nem a vil tentativa de garantir o pão de cada dia. Pois algumas vezes também se deu nos últimos anos o processo inverso, ou seja, a mudança repentina de partidários convictos do racionalismo pragmático da burocracia, defendido por Plehve e Pobedonostsev[42], para o campo da revolução social extrema. Trata-se, *acima de tudo,* do racionalismo pragmático dessa tendência, que anseia pela "ação" a serviço da norma ético-social absoluta e, na caixa de ressonância das ideias do comunismo agrário ainda existente, oscila entre a ação "criativa" vinda de "cima" *ou* de "baixo", entregando-se, portanto, a um romantismo ora reacionário, ora revolucionário[43].

....
40 A corrente populista (ou *narodnik*) entre a *intelligentsia*.
41. Na primeira edição, o adjetivo "russos" havia sido equivocadamente omitido.
42. K. P. Pobedonostsev (1827-1907). Tutor de Alexandre III e de Nicolau II. Jurista e político conservador.
43. Também aqui um trecho da discussão detalhada sobre a questão agrária foi omitido.

*

O que os *camponeses* farão então nas eleições? Evidentemente, sua força de resistência à influência de funcionários públicos e clérigos conservadores é variável, sendo aparentemente maior, o que é compreensível, não nos distritos em real situação de emergência, mas, por exemplo, no sul, nas aldeias dos cossacos e nos distritos administrativos de Tchernigov e Kursk. Neles e em algumas regiões do cinturão industrial, apesar da presença tanto dos fiscais da polícia estatal quanto dos marechais da nobreza, muitas vezes os camponeses tomaram as resoluções mais drásticas e assinaram aos milhares petições pedindo o afastamento da fiscalização burocrática e a permissão de eleger representantes do povo que tivessem acesso *direto ao czar*, em vez da intervenção do funcionalismo remunerado. Essa é a sua ideia decisiva, que, no entanto, não tem *nenhuma afinidade com o parlamentarismo moderno.* Em outras palavras, eles desejam que desapareça a burocracia da autocracia, mas – e nisso o eslavófilos têm razão – não têm nenhuma vontade de vê-la substituída por uma burocracia dirigida pelo parlamento. Atualmente, não é de pouca monta a energia dessa corrente antiburocrática. Não são poucos os casos notórios em que os camponeses rejeitaram as resoluções "leais" preparadas pelos funcionários públicos para o *skhod*[44], e outros em que as aceitaram na presença dos funcionários, porém retratando-se posteriormente ou devolvendo as publicações enviadas a eles pelas associações reacionárias. Todavia, é pouco provável que esse ânimo tenha a força de impor-se nas eleições contra a autoridade e a opressão dos funcionários públicos. Mesmo na versão de 11 de dezembro, a lei eleitoral tenta excluir qualquer propaganda eleitoral livre. Embora permita que eleitores e delegados se reúnam em assembleias, sem a presença da polícia, para deliberar em discus-

44. Assembleia de aldeia.

sões "preparatórias" sobre a pessoa do candidato, o acesso a essas assembleias só é autorizado, por princípio, àqueles que têm o direito de votar no distrito ou aos respectivos delegados (sendo que o acesso dos participantes é controlado pela polícia!). Além disso, uma (inacreditável) exceção desse princípio é feita em favor do *funcionário público que preside a eleição* (marechal da nobreza ou seu representante), *mesmo que ele próprio não seja eleitor nem delegado*. Ao mesmo tempo, manteve-se o princípio da eleição "a partir do próprio meio" ou "do número das pessoas com direito à participação", cuja aplicação (de fato) nas eleições dos Estados Unidos, como é sabido, baixa consideravelmente o nível das legislaturas – o que, sem dúvida, é um dos objetivos dessa disposição. Nas cidades, tudo isso tem um significado mais formal, mas o que significa a supervisão das assembleias de eleitores no campo, especialmente entre os camponeses, qualquer um entenderá por si mesmo, *sobretudo* os próprios camponeses, cuja *principal reivindicação* é a abolição da supervisão realizada pelos funcionários públicos. Com essa atitude, o governo, que evidentemente se importa *apenas* com o efeito *momentâneo*, deu *permanentemente* aos radicais o argumento mais cômodo (e mais legítimo) para a sua propaganda. Muito provavelmente, esse governo "conseguirá" representantes conservadores dos camponeses, mas todo camponês saberá que não é *ele* que representam, e assim terá mais uma razão para odiar a burocracia.

Diante disso, ninguém pode dizer como será o resultado das eleições dos camponeses para a Duma. De modo geral, no que se refere aos camponeses, os estrangeiros costumam contar com uma composição extremamente reacionária da Duma, e os russos, apesar de tudo, com outra extremamente revolucionária. Ambos podem ter razão e, o que é mais importante, tanto uma quanto outra composição poderiam levar a resultados idênticos. Nas revoluções europeias da modernidade, os camponeses costumavam passar do radicalismo mais extremo que se possa imaginar para a indiferença total ou até para a reação política, depois de satisfeitas as suas exigências econômicas imediatas. De fato, não há nenhuma dúvida de que, *se* a autocracia russa realizasse parcial ou completamente um ato de violência para tapar a boca dos camponeses com terra, ou se os próprios camponeses tomassem as terras num período de anarquia e, de uma maneira ou de outra, pudessem ficar com elas, para a maioria deles o assunto estaria encerrado e seu interesse pela forma de governo, extinto. Por outro lado, na opinião dos representantes da democracia burguesa, especialmente na de Struve, um governo reacionário seria absolutamente *incapaz* de atender à demanda dos camponeses por terras, uma vez que isso significaria o desapossamento econômico não apenas da nobreza, mas também do grão-ducado e, por fim, do próprio czar. Para eles, os interesses dos camponeses são inconciliáveis com os interesses de autopreservação desses poderes. No entanto, apesar da imensa extensão dos latifúndios da casa imperial, seu tamanho não é muito significativo em comparação com as terras de proprietários particulares, e o ódio dos camponeses dirige-se precisamente contra os últimos. Nesse caso, cabe perguntar quais e quantas das reivindicações dos camponeses a democracia, por sua vez, poderia satisfazer. Obviamente, Struve pronunciou-se energicamente contra uma simples confiscação de terras. No entanto, também é óbvio que, do ponto de vista "burguês", a declaração do programa democrático-constitucional de que o valor de mercado *não* é o mesmo que os desapropriados deveriam receber como indenização por suas terras contém uma "confiscação": o "princípio do valor da receita" de nossos políticos herdeiros[45] aparece aqui numa versão revolucionária. E, quanto à proposta de Tchuprov, o príncipe Trubetskoi receou que

---

45. A Lei de Herança (apoiada por Weber) foi fundamentada no valor tributável de qualquer terra transmitida por herança, enquanto o preço das terras que trocavam de mãos por meio de venda era determinado pelo mercado.

ela pudesse impelir a nobreza liberal ao campo de Shipov. Mesmo assim, tudo indica que atualmente parte da nobreza – essa camada que em si é tão pouco homogênea e, segundo as palavras de um ministro da Educação de Nicolau I, vai "dos degraus do trono até as fileiras dos camponeses" – não é desfavorável a entregar suas terras. Como disse o príncipe Dolgorukov no Congresso Agrário Liberal em Moscou, é melhor viver "livremente numa casa de campo sem as terras do que, como hoje, numa fortaleza com elas". Todavia, o congresso dos empresários da agricultura, realizado a portas fechadas em dezembro de 1905, em Moscou, exigiu a repressão incondicional. Em todo caso, para um governo não violento, terras custam enormes quantias de *dinheiro*. Principalmente no sudeste, mas também no nordeste do vasto império, podem-se adquirir terras colonizáveis se altas somas de capital estiverem disponíveis para irrigação e (na Sibéria) arroteamento. A abolição dos pagamentos de resgate, a redução dos impostos dos camponeses, a *lista civil* que teria de substituir as terras da família imperial, a perda de rendas provenientes de latifúndios estatais, os capitais investidos em melhorias, tudo isso significa uma redução imensa da receita do Estado e um aumento igualmente imenso da demanda, em resumo, dificuldades nunca antes vistas para conseguir dinheiro. Por fim, a mera expansão das terras em si não resolve em nada o problema agrário. Ao contrário, se esse caminho for considerado o *único* recurso, poderá muito bem pôr em perigo o "progresso técnico"[H], deixando os camponeses profundamente decepcionados,

....

H. Toda política que se ocupa especificamente dos camponeses não chega a tocar no problema *operacional* causado pelo curto período de crescimento da lavoura, existente sobretudo nas regiões exportadoras de cereais. Nesse caso, a extinção do *kustar*[46] e do trabalho doméstico dos camponeses em consequência do capitalismo e a satisfação das necessidades financeiras afetam diretamente questões existenciais da economia dos camponeses; e nisso os "populistas" têm toda a razão.

46. Camponês que também trabalhava na indústria artesanal.

mesmo depois de satisfeitas todas as suas reivindicações. Por fim e acima de tudo, como em seu atual estágio de desenvolvimento dificilmente os camponeses podem ser considerados "portadores" ou "pilares" da política agrária, senão antes "objetos" dela, o partido que vier a realizar essa reforma por vias *legais* assumirá uma tarefa nada invejável.

Em contraste a tudo isso, o governo, até agora, apenas concordou com o perdão dos pagamentos de resgate para a ampliação (com injeção de novo capital de 30 milhões) das atividades do banco rural na transferência da terra senhorial para as mãos dos camponeses e, finalmente, em termos bastante vagos, para iniciar uma reforma agrária com o objetivo de "unir" os interesses dos proprietários rurais com os dos camponeses. Apesar de todos os "comitês" dos últimos anos, não se sabe se o governo tem ao menos as noções mais gerais de como isso pode ser alcançado. Mas a questão que se tornará fundamental é como o governo, de um lado, e os camponeses, de outro, chegarão a um acordo com o *direito* legal de *todos* os camponeses de *exigir a alocação de sua porção de terra como propriedade privada*, uma vez que os pagamentos de resgate tenham sido abolidos.

Os caminhos dos democratas liberais social-reformistas na Rússia são cheios de renúncias. Tanto pela consciência de seus deveres quanto pelas considerações determinadas pelo comportamento demagógico do antigo regime, não lhes resta outra escolha além da reivindicação incondicional do sufrágio universal e igual. No entanto, provavelmente suas próprias ideias só poderiam ganhar influência política se o procedimento eleitoral fosse semelhante à eleição dos *zemstvos*. De acordo com o que exige seu dever, eles têm de se juntar àqueles que defendem uma reforma agrária, que muito provavelmente fortalecerá em grande medida não o socialismo voluntarista, voltado a um "progresso" técnico-econômico, mas o comunismo essencialmente arcaico dos camponeses; não a seleção econômica dos mais competentes, no sentido "comercial", mas o nivelamento "ético" das perspectivas de vida, tanto como prática econômica quanto como visão econômica das massas, retardando assim o desenvolvimento de uma cultura individualista, no estilo da Europa Ocidental, inevitável na opinião da maioria deles.

Aquele tipo de alemão "saturado", que jamais suportaria não fazer parte da "causa vitoriosa", com o peito inchado pela consciência sublime de sua qualidade de praticante da *Realpolitik*, só poderia olhar com pena para um movimento como esse. Pois, além de tudo, os instrumentos de poder externos dessas pessoas são escassos, fato que os sociais-revolucionários extremistas não se cansam de mencionar com desprezo. Com efeito, ninguém sabe onde estariam hoje se a morte de Plehve e a do grão-duque Serguei não tivessem intimidado a autocracia[47]. O único instrumento de poder de natureza semelhante em posse dos liberais consistia no fato de que, a longo prazo, os *oficiais* não podiam permanecer dispostos a servir de carrascos de famílias das quais em grande parte eles próprios descendiam. Com efeito, muitas vezes a tática recomendada pelos liberais de não provocar as tropas com bombas e resistência armada, como costumava fazer uma parte dos sociais-revolucionários, mas, ao contrário, de enfrentá-las sem armas foi bastante eficaz. Por certo, perante uma liderança militar decidida, tudo isso teria seus limites, e a revolta atual em Moscou fomentará *em muito* a disciplina do exército. Ainda há outro instrumento de poder, especificamente "burguês", que, porém, não se encontra nas mãos dos liberais russos: se os poderes financeiros estrangeiros não se tivessem pronunciado tão seriamente – não *expressis verbis*, mas por meio de ações –, o Manifesto de 17 de outubro[48] talvez nem tivesse sur-

---
47. Plehve e o grão-duque Sergei Aleksandrovich foram assassinados por terroristas.
48. No "Manifesto de 17 de Outubro de 1905", Nicolau II propôs ampliar o direito de sufrágio e dar ao parlamento um papel na legislação.

gido ou logo tivesse sido revogado. Todo o medo da fúria das massas e do motim das tropas, bem como o enfraquecimento do regime autoritário pela derrota no Leste, só afetaram a autocracia por estarem vinculados à sua dependência da mão fria e dura dos bancos e das bolsas. Nisso se fundamenta a posição de políticos como Witte e Timiryazev. Pois quando o jornal social-democrático *Natchalo*[49] chamou o conde Witte de "agente da bolsa", certamente havia uma ponta de verdade por trás dessa ideia primitiva. É pouco provável que Witte tenha alguma convicção definida na área da questão constitucional ou da administração interna. Em todo caso, suas diversas declarações a respeito estão em clara contradição umas com as outras e, além disso, ele adquiriu o hábito de desmentir como "mal-entendidos" as observações que lhe atribuem pessoas insuspeitas, mesmo em se tratando de negociações com delegados de partidos, isto é, de conversas não confidenciais. Seu interesse volta-se essencialmente para a política econômica. Seja qual for a opinião a seu respeito, ele teve, por exemplo, a "coragem" – de seu ponto de vista – de assumir a tarefa, igualmente odiada pela burocracia reacionária e pela democracia revolucionária[50], de defender a propriedade particular dos camponeses, do mesmo modo como atualmente suporta o exacerbado ódio dos eslavófilos e a antipatia pessoal do czar, intensificada por sua "indispensabilidade". Sem dúvida alguma, seu pensamento orienta-se pelo capitalismo, como de resto o dos liberais alinhados com Struve. Em vez das tentativas de Plehve de governar com as massas que se encontram sob uma liderança autoritária contra a "burguesia", ele certamente adoraria entrar em acordo com as classes proprietárias contra as massas. Talvez ele seja o único a ter condições de manter o crédito e a moeda da Rússia no momen-

---

49. *O Início*, jornal do Partido Operário Social-Democrata Russo.

50. Na edição original, os democratas foram erroneamente descritos como "reacionários" em vez de "revolucionários".

to atual e, por certo, tem vontade de fazê-lo. Sem dúvida, sabe muito bem que, para isso, a transformação da Rússia em um estado de direito (*Rechtsstaat*) com certas garantias constitucionais é uma necessidade incondicional, e é muito provável que, se pudesse, é assim que agiria na política interna para não abandonar a posição de poder financeiro da Rússia, que foi a obra de sua vida. Obviamente, a isso se acrescenta a ideia de que um regime liberal, até certo grau "sincero", poderia firmar uma aliança também política com a França. No entanto, para Witte, e mais ainda para o czar e seu círculo, esses motivos favoráveis a uma política liberal não têm força ilimitada, e cabe perguntar em que ponto acaba sua resistência, dando lugar à ideia de tentar uma ditadura militar como precursora de algum pseudoconstitucionalismo. Por certo, esse tipo de ideia é perfeitamente praticável no futuro imediato. Ainda que apenas a décima parte do corpo dos oficiais e das tropas ficasse à disposição do governo – e, nesse caso, a fração estaria mais próxima de nove décimos –, uma revolta encabeçada por inúmeras pessoas não teria importância[1]. A bolsa saudou o primeiro sangue derramado nas ruas de Moscou com uma alta, e tudo o que aconteceu desde então mostrou quanto isso fortaleceu a autoconfiança da reação e fez Witte mudar de opinião. Aqui como em toda parte, a crise econômica, que resulta necessariamente das terríveis devastações na indústria, paralisará o espírito de luta do proletariado depois que as ilusões políticas forem frustradas. Apesar de tudo, o observador estrangeiro deve considerar bastante provável que provisoriamente haja um governo que de fato mantém a posição de poder do *funcionalismo* centralista, uma vez que é disso que se trata. Pois não há dúvida de que também os poderes sociais, que até agora apoiaram o antigo regime, têm uma organiza-

I. É o que demonstra a revolta que está enfurecendo Moscou neste momento. Somente uma guerra *europeia* desafortunada destruiria definitivamente a autocracia.

ção mais forte do que parece. Mesmo perante as quadrilhas organizadas de assassinos e incendiários empregadas pela polícia, que via sua própria existência ameaçada, as possibilidades que esses poderes sociais tinham de ressurgir aumentavam na medida em que o espírito mesquinho e sectário dos "socialistas profissionais" passou a dirigir os ataques de seus partidários principalmente contra os partidos democráticos burgueses, seus "concorrentes", dando livre curso, justamente nessa direção, à sua necessidade de aviltar alguém, comportamento perfeitamente compreensível do ponto de vista "humano", mas, como muito bem sabemos na Alemanha, politicamente impotente e até destrutivo no que se refere à educação e à ação política. É bem possível que triunfem vendo a reação impor-se completamente ou amplas camadas das classes proprietárias se mudarem para o campo dos partidos "moderados". Com isso adquirirão o direito de regalar-se com palavras impetuosas por mais uma geração e, como acontece em nosso país, inebriar-se com o seguinte pensamento: "Como há gente terrivelmente ruim no mundo."

*

Em 20 de novembro, o Partido da Ordem Jurídica ofereceu ao conde Witte a ajuda de fura-greves para o caso de realizar-se a greve iminente dos funcionários dos correios e telégrafos. A grupos desse tipo juntaram-se em parte os membros moderados da Duma e dos *zemstvos*, em parte a burguesia propriamente dita, formada por banqueiros e grandes industriais, e em parte pessoas que, como Krassovski, no início do movimento dos congressos dos *zemstvos* defendiam a ideia de que não se deveria chegar a nenhuma Constituição, e sim reivindicar uma garantia legal da liberdade pessoal e de imprensa, naturalmente sem conseguirem explicar o que esta, sem Constituição, significaria na prática. Além do reconhecimento do Manifesto de 17 de outubro, que os funcionários públicos, partidários do conservadorismo antigo, responderam, como se sabe, com as matanças da "Centena Negra" e talvez tenham tentado sabotar, essas categorias têm em comum uma indiferença religiosa menos dissimulada. De resto, a única coisa certa que se pode dizer a respeito de todas elas é que são absolutamente a favor da "tranquilidade" e concordam com tudo o que de alguma maneira pode levar a ela. A "União da Ordem Jurídica" de São Petersburgo é a favor do sufrágio dos judeus "para que eles se acalmem"; após um longo debate, os eleitores censitários de São Petersburgo votaram a favor da autonomia da Polônia pela mesma razão; em outras assembleias de eleitores censitários da mesma cidade, considerou-se indispensável para a manutenção da ordem conservar a instrução na "lei de Deus" (catecismo), contra a reivindicação radical da separação entre Estado e Igreja. Portanto, todos ficarão contentes com o que o czar resolver conceder-lhes. É claro que, sob a pressão das revoltas dos camponeses e militares, da ameaça de uma greve geral e da forte tendência ao golpismo entre os sociais-democratas, o número dessas pessoas se elevou rapidamente. Evidentemente, o governo, e sobretudo Witte, também tiveram a esperança de que a anarquia atuasse nesse sentido e de que, conforme pronunciado por Witte, "a própria sociedade" enfim exigisse que se estabelecesse ordem e – que nos seja permitido acrescentar – se desse lugar ao lema: "Enrichissez vous!" E assim aconteceu. Mas é claro que esse desenvolvimento deu-se às custas da democracia constitucional dos *zemstvos*. Como observou resignadamente o príncipe Dolgorukov, foram-se os tempos dos congressos do *zemstvo*. De fato, a hora da *gentry* ideológica havia passado, e o poder dos interesses materiais voltou a assumir sua função normal. Nesse processo, o pensamento político do idealismo é eliminado na esquerda, e o pensamento eslavófilo moderado, que visara à expansão da antiga *administração autônoma* dos *zemstvos*, na direita. Ambas as perdas seriam pouco dolorosas para Witte. Mesmo assim, é provável que, como resultado, sua política de espera tenha cuidado dos negócios alheios, ou melhor, que ele não tenha tido o poder de fazer algo diferente. Aos olhos da corte, ele é essencialmente alguém que segura o lugar para outrem e que não pode ser dispensado no momento em razão da impressão que causa no exterior, sobretudo nas bolsas, e, além disso, em razão de sua inteligência. Pois nunca houve nenhuma dúvida quanto à posição dos membros do governo que são próximos da *corte*. É verdade que, em casos isolados, os funcionários administrativos superiores foram repreendidos naquelas regiões em que, segundo notícias totalmente insuspeitas e incontestadas, a polícia tomou a iniciativa de organizar uma guerra civil para impressionar o exterior. No entanto, assim como ocorreu com nossos "rebeldes" prussianos do "canal", esses funcionários acabaram sendo promovidos[51].

O conde Witte não fez nenhuma tentativa séria, e talvez nem tenha podido fazê-la, de romper a obstrução impiedosa do funcionalismo provinciano, que por enquanto nem pensa em acreditar na sobrevivência a longo prazo de um regime constitucional. É até compreensível, mas talvez não muito preciso, que os liberais chamassem isso de falta de "honestidade": "O trapaceiro dá mais do que tem" – nesse caso, o obstáculo encontra-se nas instâncias superiores. Muitas admoestações feitas pelo Ministério do Interior, que puderam ser acompanhadas nos jornais, não podiam ter nenhum outro *efeito* além daquele de ora incitar as massas, ora afrouxar ostensivamente as rédeas, até o Terror Vermelho intensificar-se a ponto de chegar o momento propício para o Terror Branco. *Não* dá para acreditar que essa política fosse *exclusivamente* um produto da fraqueza e da confusão. Precisava-se de uma "revanche pelo 17 de outubro". Não há dúvida de que, por um pe-

---

51. Incidente ocorrido na Prússia, em 1899, em que vinte funcionários provinciais protestaram contra o plano do Kaiser de construir um canal. Os manifestantes foram demitidos, porém muitos deles foram, mais tarde, readmitidos em cargos superiores.

ríodo mais prolongado, o que a levou a isso, muito provavelmente de maneira inevitável, foi a difamação de todos os movimentos liberais, sobretudo do liberalismo constitucional-burguês e *anticentralista*, cuja importância na opinião pública e cuja posição nas corporações da administração autônoma há décadas são alvo do ódio tanto da burocracia reacionária quanto daquela estatal e racionalista. Sem dúvida, para esse liberalismo haveria menos esperança no caso de uma temporária anarquia total do que naquele do refortalecimento da autocracia, cuja precursora, dadas as condições, seria a anarquia.

Certamente é correto que a imprudência hereditária não apenas de toda a política radical, como disseram alguns, mas também de toda a política ideologicamente orientada em geral é a capacidade de "perder oportunidades". Em sua época, Vincke recusou-se a negociar a portas fechadas com os ministros da "nova era" na Prússia sobre o projeto militar a ser proposto, uma vez que, do ponto de vista moral, um representante do povo não podia fazê-lo. Igualmente, em 1893, os liberais demoraram menos de uma hora para chegar à decisão que, não obstante, acabaram tomando após a dissolução do *Reichstag*. Graças a essas duas ocasiões, a causa do liberalismo teve um momento de transição funesto. Segundo sugerem diretamente algumas declarações de Witte, tende-se a supor que os liberais, julgados do ponto de vista da política do seu partido, podem ser acusados de atitudes semelhantes. *Prima facie*, tive a mesma impressão no outono. No entanto, quanto mais de perto se considera o estado das coisas, tanto mais se é levado a supor que os políticos liberais julgavam mais acertadamente o que os esperava do que aquelas observações do conde Witte. Nos dois exemplos acima citados, trata-se de negociações com intenções indubitavelmente "sinceras". No caso em questão, porém, nem o liberalismo constitucional "mais moderado" dos *zemstvos* teve *alguma* "oportunidade"; portanto, não estava em seu poder mudar o rumo do destino, assim como também não estava no poder de Bennigsen fazê-lo em 1877, quando ele se recusou a fazer parte do ministério de

Bismarck com uma razão muito melhor do que costumam supor nossos historiadores[52]. Pois, tal como Luís XVI não queria de maneira alguma ser "salvo" justamente por Lafayette, nada parece mais certo do que o fato de que os círculos da corte e o funcionalismo prefeririam um pacto com o demônio a outro com o liberalismo dos *zemstvos*. Muitas vezes, do ponto de vista subjetivo, as rivalidades políticas dentro da mesma camada social ou entre camadas socialmente concorrentes são as mais intensas.

O maior "passo" dado pelo governo na direção dos liberais foi o convite feito pelo conde Witte à *uprava* de Moscou, para que ela lhe mandasse representantes do partido dos *zemstvos* para uma reunião. Esta aconteceu no dia 27 de outubro (segundo o calendário juliano) entre Witte e os delegados Golovin, o príncipe Lvov e Kokochkin. Naquela época, a diferença decisiva das opiniões era de que o conde Witte queria deixar com a Duma imperial, a ser completada por representantes da classe operária, a realização do sufrágio universal, igual e secreto, prometendo explicitamente para esse caso a sua colaboração, enquanto os delegados insistiam numa Duma constituinte, a ser convocada com base nesse sufrágio, como único recurso de garantir a paz. No entanto, por trás dessa suposta diferença e sem levar em conta a antiga desconfiança dos homens do *zemstvo*, estavam as seguintes circunstâncias, evidentemente contrárias a *qualquer* entendimento: de que naquela época Trepov[53] ainda estava em posse de seus plenos poderes; de que mais tarde foi substituído por Durnovo[54],

....
52. Em 1877, Bennigsen recusou a oferta de Bismarck de nomeá-lo representante e ministro do Interior da Prússia. Bismarck não podia aceitar a exigência de Bennigsen de que dois postos adicionais no ministério prussiano fossem ocupados por liberais nacionais.

53. D. F. Trepov (1855-1906). Governador geral de São Petersburgo e vice-ministro do Interior em 1905.

54. I. N. Durnovo (1830-1903). Ministro do Interior (1889-95). Presidente do Comitê de Ministros (1895-1903).

que foi acusado por pessoas respeitadas, em cartas abertas aos jornais e com dados detalhados dos casos, de ter cobrado dinheiro, "mesmo em pequenas somas" (1.200 a 1.500 rublos), em troca de favorecimentos; e de que *não se realizou* a exigida declaração precisa do Manifesto de 17 de outubro, no sentido estritamente constitucional. Nessas circunstâncias, possivelmente a afirmação de Witte de que ele se sentia "bem próximo" do Partido Democrático-Constitucional dos *zemstvos* não podia encontrar crédito suficiente, sobretudo após seu "memorando confidencial" de 1899, que ressaltou a incompatibilidade dos *zemstvos* com a autocracia, impossibilitando, assim, a planejada aplicação geral de sua Constituição. Acima de tudo, *apesar* de a situação da Rússia "clamar" por um "estadista", as ambições dinásticas do "regimento pessoal" deixam nesse país tão pouco espaço para um grande reformista – se fosse possível encontrar um – quanto em outro lugar, por exemplo, na Alemanha.

Por ora, uma coisa parece totalmente certa: nunca houve um único momento em que o *czar* tenha tido a intenção de travar um entendimento realmente duradouro e sincero com esses homens, que há apenas seis meses ele descreveu com palavras nada parlamentares. Se num cálculo esse "fator" é incluído como "simplesmente dado", é uma verdade indubitável que a Rússia não está "madura" para uma reforma constitucional sincera – mas, nesse caso, a culpa não é dos liberais. Pois, nessas condições, é-se obrigado a concluir que, enquanto não se dessem garantias bem diferentes, a ideia de um "entendimento" com o governo a favor do liberalismo dos *zemstvos* não faria o menor sentido político. Seus representantes não podiam fazer outra coisa além de "manter seu escudo limpo", depois de terem cumprido sua "missão"[55] na medida e no sentido em que isso era possível naquele momento. Ainda que não haja certeza, é bem provável que no futuro próximo eles

---

55. No original, "*mission*" (em inglês).

tenham de se conformar com a ideia de que, pelo menos na forma que assumiu até agora, talvez o movimento do liberalismo dos *zemstvos* "pertença" provisoriamente "à história", um movimento que foi brilhante à sua maneira e motivo de orgulho para a Rússia, do mesmo modo como para nós, alemães, é o Parlamento de Frankfurt. Provavelmente isso seria melhor para seu futuro do que um "Ministério de Março"[56]. Apenas dessa maneira o liberalismo "ideológico" pode permanecer um "poder" inatingível a ataques externos no campo de suas ideias. E apenas assim parece possível restabelecer a unidade recentemente rompida entre a *intelligentsia* burguesa, cujo poder reside na propriedade, na ampla educação e na experiência política, e a *intelligentsia* "proletaroide", cuja importância se deve a seu número, a seu contato íntimo com as "massas" e a seu impiedoso espírito de luta, depois de ter aprendido com suas decepções a deixar de subestimar a real importância do elemento "burguês", a despeito de toda a antipatia que possa sentir por ele. O desenvolvimento ulterior do capitalismo cuidará do esfacelamento do romantismo "populista". Sem dúvida, o marxismo tomará em grande parte o seu lugar. Mas o trabalho requerido pelo enorme e fundamental problema agrário não pode absolutamente ser realizado com os recursos intelectuais do marxismo, e é justamente esse trabalho que poderia reunir as duas camadas da *intelligentsia*. Evidentemente, ele só pode ser resolvido pelos órgãos da administração autônoma, e já por essa razão parece ser uma questão vital que o liberalismo continue encontrando sua vocação na luta contra o *centralismo*, tanto o burocrático quanto o jacobino, e na divulgação entre as massas da antiga ideia fundamental e idealista dos "direitos humanos inalienáveis", que, para nós, europeus ocidentais, tornaram-se tão "triviais" quanto o pão preto para quem tem comida farta.

....
56. A substituição feita pelo rei da Prússia de um ministro conservador por um liberal, em março de 1848, foi uma concessão à classe média que, mesmo assim, preservou a prerrogativa da Coroa de um veto total.

Esses axiomas do "direito natural" tampouco dão instruções *unívocas* para um programa social e econômico, assim como eles próprios não são absolutamente produzidos de maneira *unívoca* e exclusiva por condições econômicas quaisquer, menos ainda por aquelas "modernas".

Pelo contrário: por mais que a luta por esses valores "individualistas" da vida tenha de contar, a cada passo, com as condições "materiais" do ambiente, sua "realização" não pode ser deixada a cargo do "desenvolvimento econômico". Atualmente, seriam péssimas as perspectivas da "democracia" e do "individualismo" se, para seu "desenvolvimento", confiássemos na atuação das "leis" de interesses *materiais*, pois eles apontam, da maneira mais clara possível, para o caminho oposto. Em toda parte, *a moradia para a nova servidão*[57] está pronta: no *benevolent feudalism*[58] americano, nas chamadas "instituições beneficentes" alemãs, no sistema fabril russo. Para que as massas possam adentrá-la definitivamente, ela só está esperando que certas condições as tornem "submissas": a diminuição da velocidade do "progresso" técnico-econômico e da vitória da "renda" (*Rente*) sobre o "lucro" (*Gewinn*), associada

---

57. *"Das Gehäuse für die neue Hörigkeit"* é um dos exemplos mais simples de uma metáfora complexa e nem sempre transparente (*Gehäuse*), utilizada com frequência por Weber em seus escritos. Na medida em que a condição de *"Hörigkeit"* (servidão) significava que camponeses sem liberdade pertenciam ao patrimônio de um lorde feudal, que os protegia em troca de seu trabalho na terra, é muito provável que *"Gehäuse"* se referisse, neste contexto, à "moradia" primitiva dos servos. Weber amplia o sentido de ambos os termos metaforicamente, no entanto, ao transferi-los para o contexto moderno, em que o trabalhador individual renuncia à sua liberdade no momento em que "se muda" para a "moradia" protetora do bem-estar social e do trabalho fabril.

58. Weber provavelmente se refere a T. Veblen, *The Theory of Business Enterprise* (New York, 1904), p. 176, que, por sua vez, trata de W. J. Ghent, *Our Benevolent Feudalism* (New York e Londres, 1902). Veblen discute a tendência de separação entre a posse da propriedade e a administração do negócio. Ele meramente diz que essa situação tem uma "aparência superficial do sistema feudal".

ao esgotamento do solo e dos mercados ainda "livres". Ao mesmo tempo, a complexidade crescente da economia, a estatização ou "municipalização parcial" e o tamanho territorial do corpo do povo (*Volkskörper*) criam cada vez mais papelada, mais especialização para dividir o trabalho e mais ensino profissionalizante na administração, o que significa a existência de uma casta. Aqueles operários americanos que eram *contra* a *Civil Service Reform* sabiam o que estavam fazendo: prefeririam ser governados por arrivistas de moral duvidosa a ser governados por um grupo de mandarins patenteados, mas seu protesto foi em vão.

Diante disso, que se acalmem aqueles que vivem o medo constante de que futuramente possa haver no mundo um *excesso* de "democracia" e "individualismo" e uma falta de "autoridade", de "aristocracia" e de "respeito pelo cargo" ou coisas semelhantes: já foram tomadas precauções, até demais, para que as árvores do individualismo democrático não possam crescer até o céu[59]. A experiência ensina que "a história" gera inexoravelmente novas "aristocracias" e "autoridades", às quais se pode agarrar quem as acha necessárias para si mesmo ou para o "povo". Se as coisas dependessem *somente* das condições "materiais" e das "constelações de interesse" direta ou indiretamente por elas "criadas", toda observação sóbria teria de chegar à conclusão de que todas as previsões meteorológicas na *economia* indicam uma crescente "perda de liberdade". É extremamente ridículo atribuir ao alto capitalismo atual, tal como existe na América e está sendo importado na Rússia, a essa "inevitabilidade" de nosso desenvolvimento econômico, alguma "afinidade eletiva"[60] com a "democracia" ou

59. "*Es ist dafür gesorgt, daß die Bäume nicht in den Himmel wachsen*": um ditado de Lutero, adaptado por Goethe como lema da terceira parte de sua autobiografia, *Dichtung und Wahrheit*.

60. Termo utilizado por químicos durante o século XIX para descrever a propensão de certas substâncias químicas para interagir. Goethe o utilizou para dar título ao romance *Die Wahlverwandtschaften*.

até com a "liberdade" (em *qualquer* sentido da palavra), enquanto a questão só pode ser a seguinte: a longo prazo, como serão "possíveis" todas essas coisas sob o domínio do capitalismo? De fato, elas só são possíveis quando suportadas pela *vontade* permanente e determinada de uma nação de não se deixar governar como um rebanho de ovelhas. "Contra a corrente" das constelações materiais, somos "individualistas" e partidários de instituições "democráticas". Quem pretende ser grimpa de uma "tendência de desenvolvimento" deve abandonar o mais rápido possível esses ideais antiquados. Historicamente, a gênese da "liberdade" moderna tinha como pressuposto constelações únicas, nunca mais vistas. Enumeremos as mais importantes delas. Em primeiro lugar, a expansão ultramarina: ainda hoje, nos exércitos de Cromwell, na Assembleia Constituinte francesa, em toda a nossa vida econômica sopra esse vento do além-mar. Todavia, já não há nenhum continente novo à nossa disposição. Como no final da Antiguidade, as principais áreas para onde a parte mais importante da população da cultura ocidental está avançando sem cessar são os grandes territórios do interior do continente americano, por um lado, e da Rússia, por outro, ou seja, para planícies monótonas e favoráveis ao esquematismo. Em segundo lugar, a peculiaridade da estrutura econômica e social dos "primórdios do capitalismo" na Europa Ocidental[j] e, em terceiro, a conquista da vida pela ciência, isto é, "o intelecto voltando-se para si mesmo"[62]. Sem dúvida, porém, a formação ra-

....
J. A meu ver, Sombart[61] caracterizou com pertinência os primórdios do capitalismo em pontos importantes. Não há conceitos históricos "definitivos". No entanto, recuso-me a aderir à vaidade dos escritores de hoje, que tratam a terminologia empregada por outra pessoa como se estivessem lidando com a escova de dentes dela.

61. W. Sombart, *Der moderne Kapitalismus*, vol. I (Leipzig, 1902), pp. 71 s. e pp. 423 ss.

62. "The development of Mind lies in the fact that it's going forth and separation constitutes its coming to itself. The being-at-home-with self, or com-

cional da vida externa, depois de destruir inúmeros "valores", hoje, ao menos "em princípio", tem sua obra concluída. Sob as condições atuais da vida "comercial", seu efeito universal é a uniformização do estilo de vida externo com base na padronização da produção, e "a ciência" pura deixou de criar a "universalidade da personalidade". Por fim, a peculiaridade "ética" e os "valores culturais" do homem moderno foram criados por certas noções ideais de valor, que cresceram a partir da singularidade histórica e concreta de determinado mundo de ideias religiosas e agiram em conjunto com inúmeras constelações políticas, igualmente singulares, e com aqueles pressupostos materiais. Para obter uma resposta, basta perguntar se algum desenvolvimento material, sobretudo do capitalismo avançado de hoje, poderia conservar ou simplesmente recriar essas condições históricas singulares. Não há nenhuma sombra de probabilidade de que a "socialização" (*Vergesellschaftung*) econômica como tal possa abrigar em seu seio seja o desenvolvimento de personalidades internamente "livres", seja o de ideais "altruístas". Ou será que encontraremos uma semente de algo semelhante entre aqueles que, em sua opinião, serão levados a um triunfo inevitável pelo "desenvolvimento material"? Nas massas, a social-democracia "correta" treina a marcha de parada intelectual, chamando sua atenção não para o paraíso do além (que, no puritanismo, *também* deu resultados respeitáveis a serviço da "liberdade" neste mundo), mas para o paraíso terrestre, transformando-o em uma espécie de vacina para os interessados na ordem existente. Ela acostuma seus discípulos a obedecer a dogmas e autoridades partidárias, a presenciar espetáculos infrutíferos de greves em massa

....
ing-to-self of Mind may be described as its complete and highest end", G. W; F. Hegel, *Lectures on the History of Philosophy,* vol. I, trad. de E. S. Haldane (London, 1892), p. 23. [O desenvolvimento do Espírito é sair de si mesmo, separar-se de si mesmo e, simultaneamente, voltar a si mesmo. Este estar-consigo-mesmo ou voltar-a-si-mesmo do Espírito pode ser descrito como seu fim mais elevado e absoluto"]

e a desfrutar passivamente daquele rompante enervante de cólera de seus prebendeiros na imprensa, tão inofensivos quanto ridículos aos olhos de seus adversários. Acostuma-os, portanto, a "desfrutar histericamente das emoções", o que, por sua vez, os leva a suprimir e substituir pensamentos e ações econômicos e políticos. Passada a era "escatológica" do movimento, e depois que sucessivas gerações cerraram em vão os punhos nos bolsos ou mostraram os dentes ao céu, nesse solo estéril só pode crescer a apatia espiritual.

Porém, o tempo urge, e é preciso "agir enquanto é dia"[63]. Uma esfera "inalienável" de liberdade e personalidade precisa ser conquistada *agora* para o indivíduo que pertence às amplas massas e só pode contar consigo mesmo – *agora*, ao longo das próximas gerações, enquanto a "revolução" econômica e intelectual, a tão humilhada "anarquia" da produção[64] e o "subjetivismo" igualmente humilhado ainda estão vigorosos, uma vez que apenas eles tornam possível ao indivíduo alcançar essas coisas. Depois que o mundo ficar "repleto" economicamente e "saturado" intelectualmente, *talvez* essas esferas nunca mais sejam conquistadas para o indivíduo, pelo menos até onde nossos fracos olhos conseguirem enxergar através da névoa impenetrável do futuro da história humana.

Por mais severos que possam ser os reveses no futuro próximo, a Rússia está entrando de uma vez por todas na trajetória do desenvolvimento especificamente europeu: a poderosa imigração das ideias do Ocidente está fragmentando o conservadorismo patriarcal e aquele comunista[65] do mesmo modo que, ao contrário, a intensa imigração de europeus, principalmente da Europa Oriental, nos Estados Unidos está en-

---
63. Uma citação aproximada de João 9:4 "Enquanto for dia, cumpre-me terminar as obras daquele que me enviou. Virá a noite, na qual já ninguém pode trabalhar."

64. "Anarquia da produção" é uma expressão extraída da obra de Karl Marx, *O capital*, vol. I (Berlim, 1971), p. 502 e *passim*.

65. Weber refere-se, aqui, a comunismo agrário tradicional dos camponeses.

fraquecendo as antigas tradições democráticas. Em ambos os casos, isso ocorre em aliança com os poderes do capitalismo. Em certos aspectos, conforme poderá ser exposto em outra ocasião, a peculiaridade econômica do desenvolvimento capitalista dos dois reservatórios populacionais "comunicantes" é comparável, apesar das enormes diferenças. Antes de tudo, é inevitável que ambos desatem igualmente os laços com a "história" e que isso ocorra em conjunto com o caráter "continental" de seu cenário geográfico quase ilimitado. No entanto, o que é mais importante é que muita coisa depende de ambos os desenvolvimentos. Em certo sentido, talvez eles sejam, de fato, as "últimas" oportunidades para a construção de culturas "livres" "desde seu alicerce". "Foram necessários milênios até você entrar na vida, e outros milênios estão esperando tacitamente o que você fará com ela."[66] Essas palavras, com as quais Carlyle, em sua crença ardente na personalidade, queria aclamar cada novo ser humano, podem ser aplicadas sem exagero tanto à situação atual dos Estados Unidos quanto àquela da Rússia, tal como em parte ela se encontra neste momento e, em parte, como provavelmente será após mais uma geração. Por essa razão, acima de todas as diferenças de caráter nacional e provavelmente – não devemos negá-lo – de muitos interesses nacionais –, não podemos observar sem profunda comoção e simpatia a luta russa pela libertação e seus defensores, seja qual for a sua "orientação" ou "classe".

O iminente sistema de pseudoconstitucionalismo cuidará sozinho para que o trabalho desses defensores não permaneça em vão. Pois, no que se refere ao lado *negativo* do problema, a concepção dos "teóricos do desenvolvimento" certamente é correta: a autocracia russa que existiu até agora, isto é, a burocracia de polícia centralista, sobretudo depois de derrotar os odiados adversários, provavelmente não terá outra es-

66. Weber cita, provavelmente, de memória. A fonte não pôde ser encontrada.

colha além daquela de cavar a sua própria cova. No que concerne ao interesse de sua sobrevivência, não existe para ela um despotismo "esclarecido". Todavia, no que se refere ao interesse de seu prestígio indispensável, ela tem de confraternizar com aqueles poderes econômicos que, sob as condições *russas*, são portadores de "esclarecimento" e decomposição irrefreáveis. Struve, entre outros, parece ter razão ao afirmar que a autocracia russa não tem condições de tentar solucionar nenhum dos grandes problemas sociais sem ferir-se fatalmente.

Quando forem impressas, certamente estas linhas já estarão obsoletas. Hoje ninguém sabe o que restará das esperanças dos liberais nem quanto delas desaparecerá no ar como uma miragem. Esperanças de que sejam lançados *agora* os fundamentos de uma reforma que almeja a liberdade e que romperá o centralismo burocrático. Seu desaparecimento não precisa necessariamente acontecer na forma de uma restauração manifesta. Antes, parece quase certo, ou pelo menos mais próximo, que será criado ou mantido algo como uma "constituição" e, ao mesmo tempo, uma latitude maior para a imprensa e o movimento pessoal. Pois mesmo os defensores mais decididos do antigo regime devem estar convencidos de que a burocracia, ao trancar todas as portas e janelas, ver-se-á obrigada a tatear no escuro. As experiências feitas em outros lugares poderiam dar-lhes a esperança de que o pseudoconstitucionalismo, associado a alguma "política de aliança"[67] economicamente orientada, poderia constituir um instrumento muito mais apropriado para manter sua própria posição de poder do que o tosco regime chamado de "autocracia". Disso resultaria inevitavelmente certo aumento da liberdade de movimento, o que já é alguma coisa para pessoas modernas que

---

67. A *Sammlungspolitik* a que Weber se refere é a política formulada por Miquel em 1897, que pretendia interromper o avanço dos democratas sociais com a criação de uma aliança entre os interesses agrários e industriais, aliança esta que poderia dominar o *Reichstag*.

viveram sob um regime arbitrário, conhecido por ter levado membros de camadas proverbialmente "pacíficas" da população a sair às ruas em fúria desenfreada para atirar não num dos "grandes", mas em qualquer policial miserável. No entanto, nesse processo, por certo os elementos íntegros e independentes da *intelligentsia* burguesa social-reformista seriam politicamente excluídos, tanto no que se refere a seu programa quanto no que se refere a sua pessoa. Nesse sentido, mesmo agora a burocracia do regime autocrático certamente colheria os frutos de sua longa política demagógica, que por um lado cultivou o capitalismo e, por outro, interrompeu todo desenvolvimento ordenado da independência burguesa e jogou as classes umas contra as outras. Pois *hoje* talvez fosse difícil envolver intelectuais liberais em uma reforma constitucional e anticentralista, projetada para durar mais tempo e satisfazer qualquer um, mesmo que o monarca sentisse vocação ou inclinação para atuar como reformista liberal. É totalmente improvável que aquele grupo tão odiado pela burocracia fique com o poder nas mãos. No entanto, também é verdade que, na Rússia, uma vitória dos interesses da burocracia pelo poder – tal como deve parecer bastante provável *neste* momento para um observador externo, dado o estado de coisas, ainda que sob formas constitucionais – não seria a última palavra como, em sua época, a "Câmara dos Conselheiros Provinciais" na Prússia[68]. As eleições podem resultar na mais complacente "representação do povo"; isso não quer dizer nada. Todo camponês do vasto império sugará dela apenas o ódio renovado contra os *tchinovniki*[69], mesmo que um silêncio sepulcral espalhe-se pelo país. Pois, aconteça o que acontecer, dificilmente serão esquecidos os acontecimentos, as promes-

---

68. *Landratskammer* foi o nome dado ao parlamento prussiano durante o governo de Manteuffel (1850-59), quando diversas cadeiras foram ocupadas por superintendentes provinciais oficialmente favorecidos.

69. Termo depreciativo para "funcionários".

sas e as esperanças do ano passado. Qualquer momento de fraqueza desse mecanismo estatal, que está dançando na corda bamba, reanimará o movimento. Apesar do refinamento aparente de sua técnica de governo, a assustadora pobreza de "espírito" que esse regime supostamente tão "forte" revelou perante o público sem dúvida está muito bem gravada na memória das camadas mais amplas do povo. Além disso, o sistema atual, no interesse de sua própria segurança, não pode mudar a fundo seu método *administrativo*. Segundo suas tradições políticas, ele tem de permitir que também as forças *políticas* continuem atuando. Por meio delas, esse sistema se decomporá e impelirá constantemente seu aliado econômico, a propriedade, para o lado de seus adversários: a burocratização da administração e a demagogia da polícia. Mas as ilusões e a aura em que ele se envolveu e que encobriam esse desenvolvimento estão definitivamente destruídas. Depois de tudo o que aconteceu entre o czar e seus súditos, será difícil para o sistema atual "salvar as aparências" e retomar o antigo jogo da mesma maneira. É grande demais o número daqueles que o viram nu e que teriam de dizer-lhe sorrindo na cara: "Prestímano! Não chamarás mais espíritos."[70]

----

70. Friedrich Schiller, *Der Geistereher, Sämtliche Wer,* vol. II (Stuttgart/Berlin, 1905).

Entre duas leis

Talvez a discussão (em *Die Frau*)[1] sobre o sentido de nossa guerra possa ser completada se dermos mais ênfase a um aspecto que certamente vocês apreciarão: *nossa responsabilidade perante a história* (só me ocorre essa expressão um tanto patética). As circunstâncias em si são simples.

Um povo numericamente "maior", organizado como um Estado sob o regime da força (*Machtstaat*), depara, devido a essas características, com tarefas completamente diferentes daquelas de povos como os suíços, os dinamarqueses, os holandeses e os noruegueses. Sem dúvida há uma enorme diferença entre essa afirmação e a ideia de que um povo "pequeno" em número e poder é menos "valioso" ou menos "importante" perante o fórum da história. É que simplesmente, por suas características, esses povos têm deveres distintos e, por isso, outras possibilidades culturais. Vocês conhecem os argumentos de Jacob Burckhardt, que muitas vezes causaram espanto, sobre o caráter diabólico do poder[2]. No entanto, sua

----
1. O texto "Zwischen zwei Gesetzen" foi publicado em *Die Frau. Monatschrift für das gesamte Frauenleben unserer Zeit,* fevereiro de 1916, na forma de uma "carta aberta" ao editor. O título pode não ter sido escolhido por Weber.

2. "Agora o poder é, por natureza, diabólico, não importando quem o exerça", J. Burckhardt (1818-97), *Reflection on History* (Indianapolis, 1979), p. 139.

avaliação é totalmente coerente do ponto de vista daqueles bens culturais que se encontram sob a guarda de um povo, por exemplo dos suíços, que não podem portar a armadura de grandes Estados militares (e, portanto, não têm a obrigação histórica de fazê-lo). Nós também temos todas as razões para agradecer ao destino haver populações alemãs (*Deutschtum*) fora do *Machtstaat* nacional. Não apenas as simples virtudes dos cidadãos (*Bürgertugenden*) e a autêntica democracia, que ainda não foi posta em prática em nenhum grande *Machtstaat*, mas também valores muito mais íntimos e, não obstante, eternos podem florescer no solo de comunidades que renunciam ao poder político. O mesmo se pode dizer dos valores de natureza artística: um alemão tão autêntico quanto Gottfried Keller[3] jamais teria chegado a ser tão especial e singular dentro de um acampamento militar, como necessariamente é nosso Estado.

Pelo contrário, as exigências dirigidas a um povo organizado na forma de um *Machtstaat* são inevitáveis. As gerações futuras, particularmente nossos próprios descendentes, não responsabilizarão os dinamarqueses, os suíços, os holandeses e os noruegueses se o poder no mundo – e isso significa, em última instância, o poder de determinar a natureza da cultura do futuro – for dividido, sem luta alguma, entre os regulamentos de funcionários públicos russos, por um lado, e as convenções da *society* anglo-saxônica, por outro, talvez com um toque de *raison* latina. *Nós é* que seremos considerados responsáveis, e com razão, pois somos um *Machtstaat* e, portanto, ao contrário desses povos "pequenos", podemos lançar nosso peso na balança dessa questão da história. Por isso, cabe a nós, e não a eles, o maldito dever e a obrigação perante a história, isto é, perante a posteridade, de nos lançarmos energicamente contra a inundação do mundo inteiro por esses dois poderes. Se rejeitássemos esse dever, o *Reich* ale-

---

3. Gottfried Keller (1819-90), escritor suíço.

mão seria um luxo caro, inútil e prejudicial à cultura, que não deveríamos ter-nos permitido e que teríamos de abandonar quanto antes em favor de uma "helvetização"[4] de nosso Estado: um desmembramento em pequenos cantões politicamente impotentes, talvez com cortes apreciadoras das artes. Então aguardaríamos para ver por quanto tempo nossos vizinhos nos permitiriam cultivar tranquilamente os valores culturais de povos pequenos, que permaneceriam para sempre o sentido (*Sinn*) de nossa existência. Seria um erro grave pensar que um complexo político como o *Reich* alemão poderia abraçar, mediante uma decisão *voluntária*, uma política pacifista como aquela praticada na Suíça, ou seja, limitar-se a enfrentar uma violação de suas fronteiras com uma milícia competente. Pelo menos em princípio, um complexo político como a Suíça não obstrui os projetos de ninguém para obter poder político, ainda que, no caso de nossa derrota, ela esteja imediatamente exposta aos desejos da Itália de anexação. E isso é assim não somente por causa de sua impotência, mas também devido à sua posição geográfica. Todavia, a mera existência de uma grande potência como a nossa constitui um obstáculo para outros *Machtstaaten*, sobretudo para a Rússia, onde a falta de cultura[5] faz com que os camponeses anseiem a terra e onde a Igreja estatal e a burocracia têm interesses de adquirir poder. É absolutamente impossível conceber um recurso que pudesse mudar esse estado de coisas. De todas as grandes potências, a Áustria certamente era a que se via mais livre do desejo de expansão e, *justamente por isso* – o que facilmente passa despercebido –, a mais ameaçada. Nossa única escolha era parar a roda no último momento possível antes da destruição da Áustria ou então ob-

---

4. "*Verschweizerung*", termo usado por Weber, tem um tom condescendente que sugere uma diminuição não apenas de dimensões, mas também de importância.

5. O termo *Kultur* é aqui usado como no ensaio "O Estado-nação e a política econômica" (p. 1).

servá-la de braços cruzados, para sermos atropelados alguns anos depois. Se não for possível dar outro rumo ao impulso expansionista dos russos, nada mudará nessa situação. Esse é o destino, e nenhum palavrório pacifista poderá alterá-lo. Também está claro que, mesmo querendo, não podíamos nem nunca poderemos nos subtrair, *sem passar vergonha*, da escolha que fizemos ao criar o *Reich*, tampouco dos deveres assumidos naquele momento.

O pacifismo de certas "damas" americanas (de ambos os sexos!) é realmente o *cant*[6] mais fatal que já foi proclamado e defendido – de maneira totalmente ingênua – à mesa de um chá da tarde, junto com o farisaísmo do parasita que, em relação aos bárbaros nas trincheiras, faz bons negócios fornecendo material bélico. Os suíços, com sua "neutralidade" antimilitarista e sua rejeição do *Machtstaat*, também apresentam, ocasionalmente, uma boa porção de incompreensão farisaica da tragicidade dos deveres históricos de um povo organizado como *Machtstaat*. No entanto, permanecemos suficientemente objetivos para ver que por trás disso há um fundo de autenticidade que nós, alemães do *Reich*, não podemos assumir devido à situação de nosso destino.

O Evangelho, porém, deveria manter-se alheio a essas discussões ou então levá-las *a sério*. Neste último caso, nada mais há a fazer senão seguir a coerência de Tolstoi. Quem recebe apenas um centavo em rendas, que outros, direta ou indiretamente, têm de pagar; quem possui algum bem de consumo ou consome um bem produzido pelo suor do trabalho alheio, e não do próprio, alimenta sua existência com o mecanismo daquela luta econômica, sem amor nem misericórdia, pela sobrevivência que a fraseologia burguesa chama de "trabalho cultural pacífico". É outra forma da luta do homem com o homem, na qual não milhões, mas centenas de milhões, ano após ano, definham de corpo e alma, afundando ou levando

....
6. Discurso hipócrita, em inglês. (N. da R.)

uma existência muito mais desprovida de algum "sentido" (*Sinn*) reconhecível do que do compromisso de todos (incluídas as mulheres, pois elas também "conduzem" a guerra ao cumprirem seus deveres) com a honra, *e isso significa* simplesmente: o compromisso com os deveres históricos do próprio povo, impostos pelo destino. A posição dos Evangelhos em relação a isso é absolutamente unívoca em seus pontos decisivos. Eles se encontram em oposição não exatamente à guerra – à qual não fazem nenhuma menção específica –, mas, em última instância, a todas as leis do mundo social, desde que ele pretenda ser *um mundo da "cultura" terrena*, isto é, da beleza, da dignidade, da honra e da grandeza da "criatura". Quem não chega a essas conclusões – o próprio Tolstoi só o fez quando prestes a morrer – deve saber que está comprometido com as leis deste mundo, que por tempo indeterminado incluem a possibilidade e a inevitabilidade de guerras pelo poder. Deve saber também que somente *dentro* dos limites dessas leis poderá satisfazer a respectiva "exigência do dia"[7]. Todavia, essa exigência é diferente para os alemães da Alemanha e os alemães da Suíça. E assim permanecerá, pois tudo o que participa dos bens do *Machtstaat* está envolvido nas leis do *"pragma* do poder", que domina toda a história política.

Segundo John Stuart Mill, sóbrio e antigo empirista, a mera base da experiência não leva a um *único* deus – a meu ver, menos ainda a um deus da bondade –, mas ao politeísmo[8]. De fato, quem se encontra no "mundo" (no sentido cristão da palavra) não pode experimentar outra coisa a não ser a luta entre uma pluralidade de conjuntos de valores. Considerados

---

7. Uma alusão a J. W. Goethe, *Maximen und Reflexionen,* n.º 442-3 (Weimar, 1907).

8. Weber refere-se a J. S. Mill, *Three Essays on Religion*, publicado pela primeira vez em 1874 e traduzido para o alemão em 1875. Esses ensaios podem ser encontrados em *The Collected Works of John Stuart Mill,* vol. 10, ed. J. M. Robson (Toronto e London, 1969).

isoladamente, cada um desses valores parece imperativo. Ele tem de *escolher* qual desses deuses quer ou ao qual deve servir, ou quando será um ou outro. Porém, sempre se encontrará na luta contra um ou vários dos outros deuses deste mundo e, sobretudo, longe do Deus do cristianismo – pelo menos daquele que foi proclamado no Sermão da Montanha.

Sufrágio e democracia na Alemanha[1]

O problema extenso e multifacetado da democracia será tratado aqui apenas do ponto de vista da situação atual *na Alemanha*. Abordaremos o tema imediatamente, sem rodeios nem considerações gerais.

Como se sabe, o atual sufrágio para o *Reichstag* foi apresentado por Bismarck em seu famoso ultimato à Câmara dos Deputados (*Bundestag*) de Frankfurt e introduzido apesar de graves ressalvas dos liberais daquela época, por motivos exclusivamente demagógicos, isto é, em parte por razões da política externa, em parte tendo em vista fins da política interna: a luta de seu cesarismo contra a burguesia então renitente. Embora sua esperança de um comportamento conservador por parte das massas não se tenha cumprido, a divisão justamente das camadas que caracterizam a estrutura social moderna em duas classes bastante próximas (burguesia e proletariado) e, por isso mesmo, inimigas gerou mais tarde a possibilidade – conforme observou o príncipe Hohenlohe – de aproveitar-se da *covardia* (Hohenlohe a chama de "timidez") da burguesia diante da "democracia" para manter o domínio da bu-

---

1. *Wahlrecht und Demokratie in Deutschland* (Berlim-Schönenberg, 1917) foi inicialmente publicado em formato de brochura, como o segundo volume em uma série intitulada "Der deutsche Volksstaat. Schriften zur inneren Politik" [A democracia alemã. Ensaios sobre a política interna].

rocracia[2]. Essa covardia faz-se sentir até hoje. O fato de que era perfeitamente possível ser democrata e, mesmo assim, rejeitar o entusiasmo de Lassalle[3] por aquele sufrágio nas circunstâncias daquela época é o que mostra, por exemplo, o comentário de Eduard Bernstein[4] na introdução às obras de Lassalle. Considerando meramente o ponto de vista da política estatal (*staatspolitisch*), caberia perguntar se, para as primeiras décadas do novo *Reich*, um sufrágio que tivesse privilegiado um pouco mais as camadas social e economicamente proeminentes e politicamente instruídas (naquela época) – tal como fez até agora o sufrágio inglês – não teria facilitado a consolidação interna e externa do *Reich* e, sobretudo, a adaptação à colaboração palamentar responsável. Não pretendemos aqui defender uma "ortodoxia sufragista" doutrinária, mas o exemplo da Áustria sob o conde Taaffe mostra que hoje todos os partidos burgueses mantidos no poder somente por privilégios sufragistas não estão em condições de deixar o funcionalismo público ficar com a arma demagógica da ameaça do sufrágio igual sem que os funcionários também a usem contra eles sempre que seus interesses burocráticos de poder correrem sério perigo. A mesma coisa teria ocorrido com os partidos burgueses alemães em relação a Bismarck, se eles tivessem rejeitado o sufrágio igual. E o exemplo da Hungria ensina que nem mesmo os interesses mais fortes de uma nacionalidade governante e politicamente experiente contra o sufrágio igual impedem, a longo prazo, que na concorrência entre seus próprios partidos recorra-se justamente ao lema desse sufrágio igual, que acaba sendo propagado como ideia e, por fim,

....

2. Referência a uma observação feita pelo príncipe Clóvis de Hohenlohe-Schillingsfürst a Bismarck em 1878, em relação ao projeto de sua legislação antissocialista.

3. F. Lassalle (1825-64), um dos fundadores da social-democracia alemã e do movimento trabalhista.

4. E. Bernstein (1850-1932), líder da ala "revisionista" do socialismo alemão.

posto em prática. Não por acaso, sempre há oportunidades políticas que conduzem a essa ideia. Seja qual for a situação em outros lugares, na Alemanha, desde Bismarck, certamente nunca mais poderá haver nenhum outro sufrágio *no fim* das disputas sufragistas. E enquanto outras questões do sufrágio (por exemplo, o sufrágio proporcional), apesar de toda a sua importância política, são consideradas "técnicas", a da igualdade do sufrágio tem, também do ponto de vista subjetivo, um caráter tão puramente político que *tem de* ser decidida de uma vez por todas para evitar conflitos estéreis. Isso é decisivo para a política nacional. Todavia, o dia de 4 de agosto de 1914 e o período seguinte também mostraram que esse sufrágio é eficaz em provas políticas decisivas quando se sabe governar com ele e quando se tem a boa vontade de fazê-lo. *A longo prazo*, o sufrágio igual funcionaria igualmente bem se desse a seus eleitos a responsabilidade de pessoas *que de fato participam de maneira decisiva do poder do Estado*. Por toda parte, partidos democráticos que participam do governo são portadores do nacionalismo.

O nacionalismo crescente das massas, em particular, só é natural numa era que, cada vez mais, democratiza a participação nos bens da cultura nacional, cujo portador é, sem dúvida, o *idioma* nacional. Já o grau realmente modesto de participação efetiva e precária que concedemos aos representantes da democracia radical durante a guerra foi suficiente para fazê-los trabalhar a serviço de uma política *nacional* real (*sachlich*). Isso em forte contraste com a plutocracia da Dieta prussiana, que no terceiro ano da guerra realmente não tinha nada melhor a fazer além de discutir uma lei para *enobrecer lucros de guerra*[5]. Em vez de disponibilizar novas terras para os camponeses no Leste alemão – sendo que com a criação

---

5. Weber havia criticado essa proposta em seu artigo "Die Nobilitierung der Kriegsgewinne" (a segunda parte de "Deutschlands äußere und Preußens innere Politik"), publicado no *Frankfurter Zeitung*, 1º de março de 1917, e reeditado in Weber, *Gesamtausgabe*, I – 15, pp. 206-14.

de pequenas propriedades rurais poderíamos recrutar homens para dez corpos de exército –, pretendia-se entregar, pelas costas do exército em combate, o solo alemão às ambições vaidosas da plutocracia dos *parvenus* da guerra, criando fundações fideicomissórias que lhes possibilitassem obter o título de nobreza. Esse fato em si já basta para criticar o sufrágio baseado nas classes[6].

No entanto, a insustentabilidade interna desse sufrágio e de qualquer outro que atue de modo semelhante também é óbvia por si mesma. Caso continue existindo a distinção prussiana de três classes de eleitores, toda a multidão dos *combatentes* que regressam da guerra se encontraria na classe mais baixa, sem influência alguma, enquanto nas classes privilegiadas estariam *os que permaneceram em casa*, aqueles que, nesse meio-tempo, ficaram com a clientela e os empregos dos primeiros e enriqueceram ou foram poupados durante a guerra ou graças a ela, e cuja propriedade já existente ou recém-adquirida os combatentes defenderam com seu sangue na linha de frente, sendo politicamente desclassificados pela guerra. Por certo, a política não é um negócio ético. Mesmo assim, há um grau mínimo de vergonha e decência que nem mesmo na política pode ser violado impunemente.

Que outra forma de sufrágio poderia ocupar aquele baseado nas classes? Entre os literatos, vários sistemas de votos múltiplos são muito populares. Mas quais? Deve-se privilegiar o estado civil, por exemplo, com votos adicionais? As camadas inferiores do proletariado, os camponeses que vivem nos

....
6. Referência ao sistema eleitoral em vigor para a Câmara dos Deputados prussiana desde 1849. Esse sistema dividia o eleitorado em três classes, com base no montante de impostos pagos, e distribuía o direito ao voto de acordo com essa divisão. Cada classe elegia um terço dos delegados (*Wahlmänner*) para cada distrito eleitoral. O resultado que se buscava era favorecer os interesses dos proprietários. Dada a posição dominante da Prússia no *Bundesrat* em relação aos demais Estados, esse arranjo teve consequências importantes para a política do *Reich*.

solos mais pobres e, de modo geral, todas as camadas com as menores perspectivas econômicas casam-se mais cedo e têm mais filhos. Ou – sonho predileto dos literatos – deve a "educação" ser o critério? Atualmente, não há dúvida de que as diferenças na "educação" são o elemento mais importante na constituição de diferentes *estamentos* (*Stände*) sociais, em oposição ao elemento da propriedade e da função econômica, que serve para constituir as diversas *classes*. É essencialmente em virtude do prestígio social da educação que o oficial moderno afirma-se na linha de frente, e o funcionário público moderno, dentro da comunidade social. Por mais que se possa lamentar, diferenças na "educação" constituem uma das barreiras sociais mais fortes que atuam apenas de maneira intrínseca. E isso sobretudo na Alemanha, onde quase todas as posições privilegiadas dentro e fora do serviço público estão vinculadas não apenas a uma qualificação *técnica*, mas também à "*cultura* geral", a cujo serviço está todo o sistema escolar e universitário. Todos os nossos diplomas de exames atestam também e sobretudo essa posse, que é importante do ponto de vista do *estamento*. Portanto, neles se poderia fundamentar a estrutura do sufrágio. Mas em qual deles? O que atesta a "maturidade" política, as fábricas de doutores que são as universidades, o certificado de conclusão do ensino médio ou ainda aquele que reduz o serviço militar a um ano[7]? Do ponto de vista puramente quantitativo, isso implica enormes diferenças e, do ponto de vista político, experiências bastante peculiares poderiam resultar da terceira opção, numericamente significativa, se fosse usada como base a qualificação por voto múltiplo. Sobretudo, porém, cabe pensar se realmente devem ser privilegiados ainda mais o diploma de *exames*, ao

....
7. Durante a guerra, era possível deixar a escola. Para isso, era necessário portar uma autorização especial, recebida após a conclusão de apenas parte dos estudos finais, contanto que houvesse sido voluntário por um ano no serviço militar.

qual é entregue a maioria dos cargos públicos, e a camada assim qualificada, com todas as suas pretensões sociais. Deve--se conferir poder sobre o Estado aos candidatos diplomados a cargos públicos, com sua ânsia de obter prebendas, um grupo cujo tamanho ultrapassa de longe a demanda, devido à competição entre as universidades pelo número de estudantes e à ambição social dos pais em relação a seus filhos? O que o doutorado em física, filosofia ou filologia tem a ver com a "maturidade" *política*? Qualquer empresário e qualquer líder sindical, que na luta livre pela existência econômica[8] sentem diariamente na própria pele a estrutura do Estado, sabem mais de política do que aquele para quem o Estado é apenas o cofre a partir do qual ele recebe, graças à sua qualificação educacional, uma renda garantida, com direito a uma futura aposentadoria, correspondente à sua posição social.

Ou será que se deveria introduzir um *sufrágio da classe média* – um dos filhos prediletos de todos os "filisteus" míopes da "ordem estabelecida" –, que privilegiaria, por exemplo, os donos de empresas "autônomas" ou algo semelhante? À parte o fato de que esse sufrágio também favoreceria *os que ficaram em casa*, em oposição aos combatentes, o que ele significaria em relação ao "espírito" da futura política alemã?

Das condições econômicas da Alemanha do futuro, apenas *três* podem ser previstas atualmente com certeza. Em primeiro lugar, a necessidade de uma enorme *intensificação* e *racionalização* do trabalho econômico – não para tornar a existência dos alemães rica e brilhante, mas simplesmente para *possibilitar* a existência das massas em nosso país. Tendo em vista a primavera férrea que nos trará a paz, é um sacrilégio que agora literatos das mais diversas correntes apresentem o "espírito trabalhador" dos alemães como um pecado original nacional, e uma existência "mais sossegada" como um ideal

---
8. Weber ainda utiliza a linguagem darwiniana da "luta pela existência", encontrada inicialmente em seu discurso acadêmico inaugural.

do futuro. Esses são *ideais parasitários* de uma camada de prebendeiros e rentistas que se atreve a querer medir em seu horizonte limitado, que não se estende para além de seu tinteiro, a dura vida cotidiana de seus concidadãos, que exercem um trabalho intelectual e físico. Como seria na realidade a ideia completamente infantil que os literatos fazem da pobreza dos bons e velhos tempos, aquela que se contenta com pouco e que é vista como uma "bênção" da qual a Alemanha voltaria a desfrutar como fruto da guerra, é o que ensina o segundo fato indubitável sobre o futuro, a saber, que a guerra nos deixará *novos rentistas* com um capital de cem bilhões de marcos. Já antes da guerra, o aumento estatístico relativo dos meros rentistas era preocupante para uma nação que depende da competição com os grandes povos trabalhadores do mundo. Os cidadãos economicamente ativos terão de providenciar renda para essa camada já tão expandida da sociedade. A mudança manifesta-se em parte no surgimento de novos grandes patrimônios na forma de títulos (de valor), em parte na transformação dos patrimônios existentes pela subscrição de empréstimos ao Estado. Pois, se o dono de um patrimônio tem hoje em seus depósitos bancários títulos de renda estatais em vez de títulos de dividendos (ou seja, cotas de empresas de economia privada), o que isso *significa?* Do ponto de vista formal, em ambos os casos trata-se de um "rentista", cuja renda os bancos providenciam recortando cupons. No entanto, se antigamente os títulos de dividendos lhe eram rentáveis, isso significava que em algum escritório comercial ou técnico-administrativo – lugares nos quais se realiza um trabalho intelectual tão bom e muitas vezes melhor do que em qualquer sala de estudos acadêmicos –, bem como nas salas de máquinas das fábricas, gerentes comerciais e técnicos, funcionários administrativos, mestres e operários *trabalhavam* duro e com disciplina, produzindo bens para satisfazer as necessidades existentes das massas e garantir o sustento de muitas pessoas, tudo em um grau de perfeição ou imperfeição tal como permite a atual ordem econômica, que por muito tempo permanecerá em vigor. Para os dirigentes estava em jogo a posição de poder e de hierarquia econômica e social, enquanto para os funcionários administrativos e os operários, o emprego na luta pelo mercado. E essa luta foi vencida. É o que "mostram" os dividendos. Mas se hoje o rentista recebe juros de seus títulos públicos de renda, isso significa que o cobrador de impostos, o funcionário aduaneiro ou outro encarregado semelhante conseguiu tirar dinheiro do bolso do devedor e foi pago por isso, e que nos escritórios do Estado foi realizado o trabalho exigido de acordo com regulamentos e instruções. É claro que *as duas formas de trabalho* têm de ser realizadas, ou seja, o trabalho para a economia privada e aquele para o Estado. Mas também é óbvio que todo o futuro da Alemanha (o econômico e o político), o nível de vida das massas e a obtenção de recursos para as "necessidades culturais" dependem, em *primeira* instância, das seguintes ações: não reduzir a intensidade do trabalho *econômico* e interromper a proliferação, que aliás já está ocorrendo, daquilo que poderíamos chamar de *mentalidade rentista*, uma atitude típica das camadas de pequeno-burgueses e camponeses na *França* em relação à vida econômica. Pois isso significaria a paralisação econômica da Alemanha e uma propagação do sistema familiar de dois filhos, mais acelerada do que a que vem ocorrendo. Além disso, cabe evitar outra característica das condições francesas: a dependência dos *bancos*. Em sua ignorância, os literatos, que não sabem distinguir entre o *patrimônio gerador de renda* do investidor que recorta cupons e o *capital aquisitivo* do empresário, demonstrando tanto ressentimento em relação ao último quanto benevolência cobiçosa em relação ao primeiro, ouviram falar do papel que desempenha o "capital financeiro" no regime parlamentar da França, tanto nas medidas técnicas (impostos) quanto na seleção dos ministros, e naturalmente pensam que essa é uma consequência do "parlamentarismo" que eles temem. Na verdade, é a consequência do fato de que a França é um Estado de *rentistas*, de que para os milhões de pequenos e médios rentistas a *idoneidade creditícia do governo que estiver no poder*, tal como se manifesta na cotação na bolsa das rendas públicas, é o critério *decisivo* pelo qual eles julgam o valor dos ministros, e de que, *por essa razão*, muitas vezes os bancos participam de alguma maneira da seleção dos ministros ou são imediatamente consultados. Todo governo, seja ele monárquico, parlamentar ou plebiscitário, *teria de* levar em consideração os bancos, do mesmo modo como um Estado endividado como o do czarismo russo, em 1905, que primeiro fez sua "Constituição" e depois deu o "golpe de Estado", porque o clima nas bolsas estrangeiras, que eram a fonte de seu crédito, exigia ambas as coisas. Em nosso país, a extensão progressiva[9] de atividades financiadas pelo Estado com a emissão de títulos de renda pública, mas sobretudo o aumento do número de *pequenos* e *médios* investidores nesses títulos, teria exatamente as mesmas consequências, independentemente de o governo ser "democrático", "parlamentar" ou "monárquico". Em contrapartida, a relação do Estado *inglês* com o capitalismo era principalmente uma relação com o capitalismo *de lucro* (*Erwerbskapitalismus*), que servia à expansão do poder e do caráter nacional dos ingleses sobre a terra. É importante saber quais seriam as medidas da política financeira que poderiam servir na Alemanha para livrar o país daquele peso sufocante dos rentistas e, não obstante, satisfazer as exigências e expectativas dos subscritores de empréstimos. Em todo caso, do ponto de vista da política econômica, a máxima racionalização possível do trabalho econômico, isto é, da premiação econômica da eficiência racional da produção, ou seja, do "progresso" no sentido técnico-econômico – independente-

---

9. A palavra usada por Weber é *Verstaatlichung*, que frequentemente se equipara ao termo inglês "*nationalisation*". Aqui, no entanto, Weber refere-se aos diversos argumentos da época em defesa da administração pública da indústria e não do socialismo em sentido estrito.

mente do amor ou do ódio que se sinta por ele – é uma questão vital não apenas para a posição da nação no mundo, mas também simplesmente para a possibilidade de uma existência suportável da nação de modo geral. Por isso, é uma necessidade política imperativa que se conceda aos que realizam esse trabalho racional pelo menos aquele mínimo de influência política que só o sufrágio *igual* lhes dá. Pois, nessa questão importante, ou seja, no interesse da *racionalização* da economia, apesar de todos os antagonismos sociais, o interesse do operariado é idêntico ao dos empresários que ocupam as *mais elevadas* posições organizacionais, e ambos se identificam com o interesse político de manter a posição da nação no mundo, nem sempre em todos os detalhes, mas *em princípio*, e opõem-se diametralmente ao interesse de todas as camadas de prebendeiros e de todos os defensores da estagnação econômica que lhes são congeniais. E já parece estar mais do que na hora de a influência daquelas camadas começar a atuar num ponto que já começou a ser tratado erroneamente desde o princípio e que agora poderia lançar uma sombra sobre nosso futuro. Pois, segundo a terceira perspectiva para nosso futuro, que é totalmente segura, viveremos durante anos numa "economia de *transição*", com racionamento de matérias-primas, alocação de moeda internacional e talvez até das próprias empresas e de sua clientela. É claro que essa pode ser uma oportunidade única *tanto* no sentido da racionalização da economia *quanto*, ao contrário, naquele de uma fonte de experiências da chamada "classe média" (*mittelständlerische Experimente*), no pior sentido que se possa conceber dessa palavra, quase sempre mal empregada. Com a ajuda de um sistema de racionamento estatal e de outros recursos semelhantes, poder-se-ia subvencionar vidas "autônomas" de mendicância de todos os tipos, sobretudo o ideal de todo pequeno capitalista: existências miseráveis, porém cômodas atrás do *balcão de uma loja* e locais semelhantes, que significariam exatamente o contrário de uma intensificação e de uma racionalização de nossa economia. Seria a criação de parasitas e vagabundos, representantes daquele "sossego" que é o ideal de futuro dos literatos. O que isso significaria? *Fazer da Alemanha uma segunda Áustria*. E justamente naquele aspecto que os próprios austríacos consideram uma das principais fontes de tudo aquilo que chamam de "desleixo". Pois, por mais que com eles tenhamos muito a aprender sobre bom gosto e etiqueta, não teríamos nenhuma razão para agradecer-lhes se aceitássemos sua "política de classe média", cujos maravilhosos frutos podem ser estudados nos grossos volumes de decisões sobre questões como as que discutem se é trabalho de um tapeceiro ou de um marceneiro colocar pregos numa cadeira. Mas o perigo de algo semelhante acontecer não é pequeno. Pois, sem dúvida, hoje há nas camadas influentes políticos que incorrigivelmente insistem na opinião de que seria melhor deixar no pântano malcheiroso de preguiça e desleixo que essa política viria a criar os fundamentos daquilo que *eles* chamam de "mentalidade monárquica" (*monarchische Gesinnung*), ou seja, de uma complacência impregnada de cerveja, que deixa intocada a posição de poder da *burocracia* e das autoridades economicamente reacionárias. Se pensarmos então nos privilégios do sufrágio concedidos às camadas que esse tipo de política gostaria de criar, facilmente poderemos imaginar seu efeito: a *paralisação* econômica e política da *Alemanha*. Quem *quiser* essa paralisação por alguma crença positiva e religiosa ou metafísica, que o confesse abertamente. Mas *não* se deve querê-la por uma *covardia* deplorável *perante a democracia*. O principal motivo para se agir desse modo é justamente aquele tipo de covardia presente no medo de ver abalada a legitimidade da propriedade e das posições sociais atualmente vigentes.

Às bolhas de sabão diletantes que os instintos dos literatos alemães não param de produzir também pertencem todas aquelas inúmeras não ideias que circulam com a firma da "representação das categorias profissionais" (*berufsständliche Ver-*

*tretung)*¹⁰. Essas não ideias estão intimamente ligadas a várias concepções confusas sobre o futuro de nossa organização econômica. Vale lembrar que o modo como se organizava o seguro-acidente nas associações corporativas incitou a expectativa nos círculos influentes de literatos (nos quais, em parte, também teve a sua origem) de que com isso estava sendo dado o primeiro passo para uma "estruturação orgânica" da política econômica, e seria igualmente possível saber qual foi seu resultado. Hoje, algumas pessoas até esperam das organizações econômicas do futuro, condicionadas sobretudo pela política financeira e monetária, que se mostrem como as matadoras do dragão contra o *capitalismo*, pai de todo o mal e instigador de desordem. Algumas pessoas são infantis o suficiente para imaginar que a economia "coletiva", "solidária" e "cooperativista" (ou seja qual for seu nome) do tempo da guerra e das organizações compulsórias por ela criadas são precursoras de uma futura mudança fundamental da "mentalidade econômica" (*Wirtschaftsgesinnung*), que faria renascer "organicamente", num nível mais elevado, a "ética econômica" perdida do passado.

É sobretudo a profunda ignorância de nossos literatos a respeito da natureza do capitalismo que torna tão impaciente qualquer um que esteja familiarizado com a situação. Ainda é pouco quando essa santa ingenuidade joga no mesmo saco os lucros da guerra, obtidos pela empresa Krupp, e aqueles de um pequeno negocista de malte, justificando que ambos eram produto do "capitalismo". Mais importante do que isso é que eles não têm a menor noção da diferença abismal que separa

---

10. A ideia de representação política baseada em "representação das categorias profissionais" (*berufsständische Vertretung*) como uma alternativa ao governo parlamentar teve grande apoio durante todo o século XIX e no início do XX, tanto na Alemanha quanto em outras partes da Europa, onde ela frequentemente aparecia com o nome de "corporativismo". Weber refere-se, provavelmente, às ideias modernas de, entre outros, W. Rathenau e W. von Moellendorf.

o capitalismo que vive da conjuntura puramente *política*, incluindo seus lucros e riscos que envolvem certa aventura – do fornecimento ao Estado, do financiamento de guerras, dos lucros com o comércio clandestino, de todas oportunidades de roubar e sair ganhando, que com a guerra alcançaram proporções gigantescas –, do cálculo de rentabilidade da *empresa racional* (*rationalen Betriebs*) burguesa em tempos de paz. No que se refere aos literatos, o que na verdade acontece no escritório comercial de uma empresa desse tipo é um segredo guardado a sete chaves. Obviamente, eles não fazem ideia de que a "mentalidade" fundamental ou, se preferirmos, o *éthos* daqueles dois tipos diferentes de capitalismo, é tão diametralmente oposto quanto podem ser duas potências intelectuais e morais. Não sabem que o primeiro tipo, o "capitalismo de roubo", totalmente ancorado à política, é tão antigo quanto a história conhecida de Estados militares, enquanto o segundo é um produto específico do homem europeu moderno. Se *quisermos* fazer uma distinção ética (que não deixa de ser possível nesse caso), encontraremos uma situação peculiar: na *ética* pessoal dos negócios (*persönlichen Geschäftsethik*), o invólucro (*Gehäuse*) de bronze[11] que confere ao trabalho eco-

---

11. Aqui, a metáfora *Gehäuse* (ver "Democracia Constitucional", nota 57) se torna mais complexa com o acréscimo do adjetivo *ehern*, que pode ser traduzido por "feito de bronze" ou, ainda, "feito de ferro". Parece que o termo *Gehäuse* é agora utilizado com outro sentido, o de uma cobertura protetora que envolve a parte de uma máquina. Desse modo, o sentido metafórico é o de que a condução racional de uma empresa moderna cria uma estrutura rígida em que o trabalho é realizado de forma mecânica. A questão se complica também porque *ehern*, em seu uso metafórico, tem diversas conotações. Com o sentido de "duro", "inflexível" ou "impiedoso", ele é usado, com frequência, em conjunção com *Gesetz* (lei), *Notwendigkeit* (necessidade) e *Schicksal* (destino), enquanto *das eherne Zeitalter* da tradição antiga (Hesíodo, Arato) marca o declínio das eras do Ouro e da Prata da humanidade. Todas essas conotações estão em conformidade com a análise que Weber faz da era moderna como um período em que a racionalidade se torna o destino dos homens, obrigando-os a viver em um mundo "desencantado".

nômico sua marca e seu destino atuais foi criado e mantido pela ética capitalista e *racional* das empresas (*rational-kapitalistische Betriebsethik*) pertencentes a esse segundo tipo de "capitalismo". Trata-se justamente de uma ética de tipo mais elevado, aquela do dever e da honra profissionais, que em média se encontra muito acima de qualquer ética econômica mediana, que *realmente* existiu em *algum* período histórico, e não apenas foi *pregada* por filósofos e literatos. Obviamente, a marca e o destino do trabalho econômico são determinados de maneira ainda mais intensa e definitiva quando, no lugar da *oposição* entre a burocracia estatal e aquela do capitalismo privado e por meio da "coletivização" das empresas, cria-se uma burocracia *unitária*, à qual os trabalhadores seriam subordinados, e que não teria nenhum contrapeso fora de si mesma.

Ainda sobre a questão da oposição, devemos considerar que o suporte do capitalismo especificamente moderno como *sistema* que inevitavelmente domina a economia e, por meio dela, o destino cotidiano dos homens, *não* foram os lucros obtidos de acordo com o famoso ditado "não se ganham milhões sem roçar a manga da camisa na prisão", e sim precisamente aquela rentabilidade que se obteve seguindo o princípio *honesty is the best policy*[12]. Será que algum desses ideólogos prolixos, que sonham com uma ética de solidariedade econômica, já lançou um olhar atrás das cortinas de nossa "economia coletiva de guerra" e viu o efeito que ela teve sobre o "instinto de ganho" que supostamente sufoca? Uma dança selvagem em torno do bezerro de ouro, jogadores se arriscando para agarrar as chances que brotam de todos os poros desse sistema burocrático, a perda de todo critério para *qualquer* tipo de distinções e inibições éticas de negócios e uma compulsão férrea para todo homem de negócios, mesmo o mais consciencioso, sob pena de ruína econômica, de uivar e par-

---
12. Honestidade é a melhor política. [N. da R.]

ticipar com as hienas desse calvário sem par de *toda* ética econômica – da mesma maneira ou, antes, em escala infinitamente maior do que em todos os tempos, quando as chances de ganhos capitalistas seguiram os rastros do deus da guerra ou da Santa Burocracia. Levaremos gerações para *eliminar* as repercussões dessa decomposição da ética burguesa e capitalista normal – e isso deve ser o fundamento de uma nova ética econômica? Teremos de nos esforçar para voltar a alcançar o nível da *antiga* ética! Mas tudo isso é só um aparte.

A economia de guerra será substituída, de forma maciça, pelas formações racionais de *associações com interesses em comum* (*rationale Zweckverbandsbildungen*)[13]. Na verdade, não se trata de relações de comunidade (*Gemeinschaftsverhältnisse*)[14] nem de formações que cresceram "organicamente" no solo de relações naturalmente humanas ou se desenvolveram a partir de relações humanas internas e primárias. Tampouco é o caso de relações de comunidade e de formações que, em variados graus de intensidade, constituíam uma característica inerente às famílias, aos clãs, aos municípios, às relações feudais e de suserania, bem como aos grêmios, às guildas e até às uniões entre os estamentos na Idade Média. Quem ainda não tem nenhuma noção da oposição entre es-

---

13. *Zweckverbände* são organizações que reúnem vários grupos ou comunidades para empreender grandes projetos, como planejamento de transporte, construção de escolas ou canais, ou se dedicar a interesses em comum. A legislação que regulamenta tais organizações estava sendo prorrogada na Alemanha a partir de 1910.

14. Weber está ridicularizando a ideia de uma comunidade nacional emocionalmente coesa e de uma economia fortemente integrada, cuja possibilidade de existência pensava-se ter sido demonstrada durante a guerra. Weber menciona termos como *Gemeinwirtschaft, Solidaritätswirtschaft* e *Genossenschaftswirschaft*. O *locus* clássico para a formulação do contraste entre *Gemeinschaft* (comunidade "organicamente" ou irracionalmente fundada) e *Gesellschaft* (sociedade construída "mecanicamente" ou racionalmente) é a obra de F. Tönnies, *Gemeinschaft und Gesellschaft. Abhandlung des Communismus und des Socialismus als empirischer Kulturformen* (Leipzig, 1887).

sas e *todas* as modernas associações racionais com interesses em comum, que procure primeiro uma escola que ensine o abecê da sociologia antes de começar a importunar o mercado de livros com sua vaidade de literato. A suposição de que o indivíduo necessariamente faria parte, ao mesmo tempo, não de uma, mas amiúde de várias dessas formações certamente significaria que um sufrágio nelas baseado não teria a qualidade de uma "representação do povo" (*Volksvertretung*), mas não o condenaria a ser "absurdo". Seria simplesmente uma "representação de interesses" (*Interessenvertretung*), semelhante ao que já ocorreu no passado. Precisamos apenas dar os primeiros passos para tentar agrupar as figuras típicas da economia moderna segundo suas "profissões", de maneira que os grupos assim criados sejam úteis como corporações *eleitorais* para uma representação geral do *povo* – nesse caso, sim, nos veríamos diante do completo absurdo. Já para os "líderes" propriamente ditos do sistema econômico não haveria lugar. E em qual "categoria profissional" – há dúzias a serem escolhidas – entrariam os senhores Stinnes, Thyssen, Krupp von Bohlen, o conde Henckel-Donnersmarck, Von Mendelssohn, Rathenau, os acionistas que respondem pessoalmente pela *Discontogesellschaft*[15], entre outras? Ou deveriam estar reunidos numa única corporação eleitoral dos "empresários gigantes"? E o que dizer então dos diretores-gerais Kirdorf, Hugenberg e seus pares? Deveriam eles ser distribuídos entre os "funcionários técnicos" das diversas "profissões"? Ou o que deveria acontecer com eles? É o que ocorre desde os topos mais elevados do mecanismo capitalista até a base mais inferior. Justamente as pessoas de fato mais importantes da economia atual, desde seus líderes até o atacadista e o diretor de empresas, sempre escapam de qualquer inclusão em catego-

---

15. A *Discontogesellschaft* foi fundada em 1851, em Berlim, e se tornou uma poderosa instituição financeira provedora de capital, muitas vezes em associação com grandes instituições financeiras, para a criação de novos bancos.

rias *materialmente* adequadas. Pois, para delimitar as corporações eleitorais, seria preciso encontrar uma característica *formal*, que, nas condições econômicas atuais, estaria em forte contradição com o *sentido* material e econômico da posição em questão. Dois fatores caracterizam nossa economia moderna, em oposição à economia vinculada aos *estamentos*: a *função* econômica que o indivíduo desempenha quase *nunca* pode ser deduzida de sua posição externa; a estatística profissional mais detalhada não revela o menor indício da estrutura interna da economia. Assim como a paisagem de uma bela propriedade senhorial pouco diz sobre seu endividamento hipotecário, a aparência do dono de uma loja pouco revela sobre o que ele é em termos econômicos: dono de uma filial, funcionário ou cliente fixo de um poder capitalista (por exemplo, uma fábrica de cerveja), varejista realmente autônomo ou outra coisa qualquer. Tampouco é possível dizer se um "artesão autônomo" é alguém que trabalha numa indústria caseira, um intermediário, um pequeno capitalista autônomo ou alguém que realiza serviços artesanais sob encomenda. E esses são os casos mais simples! Volta e meia aparecem literatos ingênuos que acham que esse seria o caminho para dar ao poder dos interesses materiais, que hoje se faz valer de maneira "disfarçada" nas eleições ao parlamento, uma expressão "aberta" e, portanto, "honesta" "no círculo dos colegas de profissão"[16], o que não passa de uma ideia típica do jardim de infância político. Milhares são os pauzinhos que os poderes capitalistas poderiam mexer nas eleições para que não apenas os pequenos comerciantes e artesãos "autônomos", mas também os fabricantes autônomos façam as suas vontades. Isso para não falar da circunstância de que cada uma dessas delimitações entre as profissões se moveria em máxima medida

---

16. O termo utilizado por Weber, *Berufsgenossen*, é mais emocionalmente carregado do que seu equivalente em inglês e sugere precisamente o tipo de solidariedade camarada que ele afirma não mais existir na sociedade moderna.

na areia movediça que são as unidades fabris, as orientações na produção e a mão de obra, radicalmente reestruturadas a cada nova máquina ou possibilidade de venda.

Em termos objetivos, por essas razões puramente econômicas, não há no mundo todo nada mais falso do que a tentativa de querer criar estruturas "orgânicas", no sentido do antigo estamento, como corporações eleitorais na esfera política, numa era de constantes reestruturações técnicas e comerciais e do avanço de vínculos econômicos e sociais, baseados nas *associações com interesses em comum*. Por isso, onde quer que se tenham feito experiências com um sufrágio "de categorias profissionais" – recentemente na Áustria e no sufrágio de Bulygin para a Duma russa –, era necessário formar categorias pouco definidas e formais. Na Áustria isso resultou num parlamento profundamente corrupto, que apenas pode reclamar para si mesmo a honra de ter sido o primeiro a inventar a obstrução, enquanto na Rússia criou o germe da revolução. Porém, em nenhum desses dois casos os representantes dos poderes hoje realmente significativos no mundo econômico conseguiram alguma influência política, e muito menos "abertamente". A essa falta de adaptação à estrutura econômica moderna, constantemente envolvida em processos de transformação, acrescenta-se o fato de os interesses profissionais serem contrariados por interesses puramente políticos. Projetos supostamente realistas, porém mal concebidos, tais como os que já consideramos, sempre acabam por não reconhecer a atuação autocrática dos interesses políticos. Como resultado, ter-se-ia não o estabelecimento da representação parlamentar na defesa "aberta" dos interesses profissionais "naturais", internamente solidários, e sim a ruptura ainda maior da solidariedade profissional com a formação de partidos políticos dissidentes. Hoje vemos esses partidos políticos lutando pelo poder também nas prefeituras, nas cooperativas, nas administrações de assistência médica etc., em resumo, em todas as estruturas sociais possíveis. Já se reclamou muito a respeito. Não devemos incluir em nossa discussão os diversos aspectos do problema nada simples da política nas organizações. De qualquer modo, uma coisa é clara: por toda parte onde há cédulas de voto e propaganda eleitoral, os partidos *políticos* como tais já estão predispostos a se tornarem representantes dessa luta, até porque dispõem do aparato necessário para tanto. Se imaginarmos que aquelas corporações com interesses profissionais teriam de decidir, por meio do voto de seus representantes, sobre questões culturais ou de política nacional, o resultado seria claro: ao se elevarem essas associações ao patamar de corpos que elegem o parlamento, partidos políticos dissidentes são levados para dentro de associações de interessados, cuja função é lidar com questões *reais*, partilhadas *solidariamente* por seus membros. Como primeira consequência desse fato, a luta puramente econômica de interesses teria de criar para si – e o faria – novos órgãos *além* desse invólucro (*Gehäuse*) de corporações eleitorais e políticas. Em vão aquelas caixas destinadas à contagem de votos tentariam prender em seu interior a vida econômica real. Obviamente, a luta de interesses econômicos teria um impacto sobre essas e todas as outras corporações eleitorais. No entanto, ela se dirigiria muito mais a relações meramente *individuais* e baseadas na força, como o endividamento e a clientela, do que à situação das classes a longo prazo, como acontece hoje com o financiamento e a influência da campanha eleitoral dos partidos por parte dos interessados. Ao mesmo tempo, seria incomparavelmente mais oculta. Pois, com um sufrágio estruturado de maneira tão complicada como essa, quem ainda seria capaz de rastrear as relações de dependência que existem entre um comerciante ou artesão formalmente "autônomo" e uma potência capitalista e averiguar a influência que a pressão de semelhantes poderes capitalistas exerceria sobre a atitude política de seus dependentes? A intensidade da dependência como tal aumentaria, uma vez que, nesse caso, os afetados poderiam ser fiscalizados de modo bastante confiável por seus *con-*

correntes nas corporações eleitorais. Denúncias e boicotes jogariam uns contra os outros os supostos representantes da "solidariedade profissional", encurralados nas corporações eleitorais. Pois essas corporações de categorias profissionais já não teriam apenas interesses *profissionais* a defender. Ao contrário: o resultado da campanha eleitoral dentro delas decidiria sobre a *ocupação das prebendas e dos cargos estatais*. Será que as "pessoas bem-intencionadas, mas tecnicamente incompetentes" que recomendam *esse* sistema sabem com clareza no que daria tudo isso? Chega desse assunto. Só mencionamos aqui essas bolhas de sabão infantis dos literatos porque nos dão a ocasião de tomar posição sobre outro problema geral.

Afinal, já *temos* em nosso país e em outros lugares associações de interessados como portadoras dos direitos de representação. Em primeiro lugar, como consultoras da burocracia: as câmaras[17] de agricultura, comércio, artesanato e futuramente talvez também a de trabalho, bem como os conselhos ferroviários e outras instâncias semelhantes. Justamente com elas se pode aprender o que hoje uma organização profissional formal *não* consegue realizar. Ou será que alguém imagina que essas corporações oficiais possam um dia *substituir* a "Liga dos Agricultores", a "Associação Central dos Industriais" ou até mesmo as associações dos trabalhadores ou os sindicatos? Onde é que *realmente* pulsa a "vida" da solidariedade de interesses das categorias profissionais? Do mesmo modo, dentro do maquinário de nossa legislação, já *temos* corporações compostas de categorias profissionais: as "Câmaras Altas" (*erste Kammern*). Predominantemente, são as associações de proprietários de terras de determinado cunho social ("propriedades antigas e consolidadas"), as câmaras de comércio, al-

---

17. As "câmaras" eram organismos eleitos por membros de um grupo social para seu autogoverno. A câmara de artesanato, por exemplo, supervisionava o sistema de aprendizado, organizava exames e mantinha escolas para futuros especialistas.

guns municípios particularmente grandes, universidades e, no futuro, talvez até câmaras de artesãos e trabalhadores que mandam seus representantes a elas. Esse tipo de representação de interesses é infinitamente tosco, mas cumpre de maneira satisfatória seus fins políticos. Segundo a infantilidade política de nossos literatos, com o acúmulo e a especialização desses direitos de representação deveria, por fim, ser possível transformar essas Câmaras Altas em parlamentos em que todo cidadão se veja representado como membro de seu círculo orgânico profissional e de convivência, como (supostamente) no antigo *Ständestaat*[18]. Ainda voltaremos a falar sobre este último. Quanto às Câmaras Altas, que consideraremos brevemente, são hoje (pelo que se "imagina", mas muitas vezes sem corresponder à verdade) lugares de debates políticos, em parte de pessoas ilustres, em parte daquelas camadas de interessados que, por razões de tradição, são consideradas particularmente importantes do ponto de vista da política nacional. São lugares de debate sobretudo dos representantes da propriedade e das profissões socialmente mais valorizadas. Embora nem sempre isso ocorra de fato, na maioria das vezes se "imagina" que essas câmaras são selecionadas não de acordo com pontos de vista de determinados partidos políticos. Por conseguinte, tem-se de imediato o que é decisivo para a posição natural desse tipo de Câmara Alta no Estado. Onde quer que sua posição seja corretamente regulada do ponto de vista político, *falta* a esse tipo de organização pelo menos o direito a um orçamento próprio, que sirva de fundamento para a posição de poder da representação do *povo* se estabelecer. De resto, do ponto de vista político, sua situação jurídica é a de uma instância que pode fazer objeções a resoluções da representação do povo, além de poder criticá-las, devolvê-las para dis-

....
18. O *Ständestaat* existiu nos territórios alemães entre o fim da Idade Média e o início do século XIX. Era baseado em uma divisão de poderes entre o monarca e os três "estamentos" (clero, nobreza e burguesia).

cussão ulterior, suspendê-las, adiá-las e emendá-las, mas que – mesmo existindo formalmente o direito de fazê-lo –, a longo prazo e em questões politicamente importantes, *não* pode opor-se à vontade de uma maioria indubitavelmente forte na representação do povo, sob pena de perder seus direitos formais (como atualmente na Inglaterra) ou o direito de nomear um número maior de membros da Câmara Alta para garantir no parlamento uma maioria favorável ao governo (como na Prússia, em 1873)[19]. Esta última é uma válvula de segurança que nunca pode ser removida sem perigo político, ainda que todas as Câmaras Altas costumem protestar contra ela por puro desejo de poder, e a Câmara dos Pares prussiana, por ocasião da reforma eleitoral, não deixe de se esforçar para abolir esse direito da Coroa e talvez até o direito a um orçamento. Do ponto de vista político, isso levaria a crises e perigos gravíssimos, pois significaria a *continuação do sufrágio por classes*, só que distribuído entre *duas* corporações, cujos conflitos alcançariam dimensões de crises de Estado. Esperemos que não cheguem a tentar essa alternativa.

A influência das Câmaras Altas pode ser significante, mesmo quando seus direitos são restritos do ponto de vista formal, e justamente quando o são. No entanto, qualquer que seja a sua composição, elas nada têm a ver com a ideia de uma representação do povo. Em teoria, elas constituem um contrapeso ao domínio dos partidos. Na prática, deve-se admitir que frequentemente são de uma utilidade política problemática e de um nível intelectual insuficiente: a Câmara dos Pares prussiana é a única corporação "legislativa" que acredita precisar de um *juiz penal* para impor o respeito que reivindica para si. Certamente, hoje as Câmaras Altas poderiam ser lugares onde se cultiva a eloquência política *individual*. Na prática,

---

19. Weber refere-se ao Ato do Parlamento de 1911 na Inglaterra e à expansão da Câmara Alta prussiana, realizada por Bismarck, ambos planejados para introduzir ao pariato indivíduos mais abertos à política governamental.

em vez disso muitas vezes são lugares onde se realiza um palavrório supérfluo. Sem dúvida, os discursos na Câmara dos Pares prussiana são muito mais "nobres" e artisticamente perfeitos do que aqueles no *Reichstag* – mas quem gostaria de passar seu tempo lendo-os? Ainda assim, um *conselho de Estado com deliberações públicas* – pois isso é o que uma Câmara Alta corretamente construída pretende ser – poderia prestar serviços inegavelmente valiosos, justamente a um Estado parlamentar, como lugar onde se manifestam o pensamento político *desvinculado de partidos* e a *intelligentsia* política *sem cargo*, mas com a experiência de cargos passados, ou seja, aquela de *estadistas anteriores*, em oposição à liderança atual dos partidos políticos. No entanto, das instituições atuais desse tipo, muito poucas são as que satisfazem esse objetivo.

Em um Estado democrático (*Volksstaat*)[20], uma Câmara Alta pode ser – como nas democracias ultramarinas – uma corporação eleita pelo sufrágio igual, mas segundo um *procedimento* eleitoral diferente, isto é, um meio para corrigir aquelas imperfeições inevitáveis que todo *sistema eleitoral* tem, ou então pode ser uma representação da *intelligentsia experiente* nas áreas da política, da administração, da economia, da ciência e da técnica. Porém, nesse caso, será uma corporação apenas *consultiva*, com poder para criticar ou *suspender* resoluções por meio de um veto de suspensão. Do ponto de vista *formal*, portanto, pode ser apenas uma câmara com *menos* direitos. Seria *politicamente* desejável que nesse tipo de Câmaras Altas os representantes dos interesses profissionais ocupassem uma posição apenas paralela à da representação 1) da *intelligentsia* da política nacional e 2) da *formação* político-cultural, isto é, que por exemplo dela fizessem parte *todos* os ministros e prefeitos de grandes cidades que acabaram de se demitir do cargo, e, além deles, os representantes de círculos

---

20. *Volksstaat*, significando um Estado governado pelo povo, tomou como modelo a grega *demokratia*.

importantes na política cultural (representantes eleitos dos professores de escolas e universidades, artistas[21] e jornalistas). Em todo caso, a questão da futura composição dessas corporações não é menos importante do que pensa a maioria em nosso país, pela simples razão de que hoje infelizmente são quase sempre construídas como freio mecânico para deter os "perigos" da democracia e tranquilizar a covardia dos filisteus (*Spießbürger*) (seja qual for sua posição social)[22]. No entanto, este não é o momento para nos aprofundarmos nesse problema.

Cabe agora simplesmente saber como se *explica* que as corporações de interesses organizadas pelo Estado, como as câmaras de comércio, outrora tão atacadas por Eugen Richter, e todas as estruturas semelhantes, surgidas desde então segundo esse esquema, *não* funcionam de maneira alguma como recipientes da corrente viva dos interesses econômicos, quando comparadas com a pujante vitalidade das verdadeiras *associações* que representam interesses econômicos (*Interessentenverbände*). Por outro lado, como se explica que, também quando comparadas aos *partidos*, permanecem incapazes de apreender a vida política? Seria puro acaso? Não, não é absolutamente *nenhum* acaso, e sim a *consequência* do fato de que os partidos, por um lado, e as associações que representam interesses econômicos, por outro, baseiam-se no *recrutamento* juridicamente *livre* de seus partidários, enquanto as corporações estatais, não. *Em virtude* de sua estrutura, os partidos e as associações são organizações apropriadas para a *luta* e o *acordo*, enquanto as corporações, com sua estrutura, são adequadas para dar pareceres técnicos ou realizar um trabalho administrativo tranquilo, de simples "rotina". Infelizmen-

---

21. Os "artistas" (*Künstler*) foram adicionados à lista na segunda edição (1918). Acreditamos que esta e algumas outras alterações tenham sido feitas com a autorização de Weber.

22. Quando Weber estava escrevendo o ensaio, o termo *Spießbürger* havia sido ampliado e se referia às pessoas de mente tacanha de modo geral, e não simplesmente a uma classe em particular.

te, entre os alemães, o entusiasmo pela "organização" sempre compreende essa palavra como organização compulsória, regulada pela polícia em nome da autoridade. As organizações criadas sobre o fundamento da iniciativa livre e própria (organizações *voluntaristas*) são consideradas pelos literatos algo realmente ilegítimo ou, na melhor das hipóteses, provisório, destinado a transformar-se no futuro numa organização regulamentada pela polícia. Eles não levam em conta a possibilidade de que, por sua natureza e por seu sentido, essas organizações sejam capazes apenas de ter uma estrutura voluntarista. Nisso consiste seu principal erro.

Faz parte das tolices inatas de nossos literatos políticos e diletantes querer "preparar um sistema com palavras", neste caso, com os parágrafos de um estatuto que eles se propõem desenvolver, mesmo quando faltam todas as condições para isso. Do ponto de vista político, aquelas organizações oficiais, baseadas nas categorias profissionais – até as eventuais Câmaras Altas, compostas de representantes de profissões – são estruturas cujas manifestações (pareceres, resoluções ou debates) estão destinadas a ser *ponderadas*, e *não contadas*. De acordo com o conteúdo *real* (*sachlich*) de suas manifestações, sua importância terá maior ou menor peso. Em contrapartida, no Estado moderno os *partidos políticos* são organizações que visam ao recrutamento (juridicamente) "livre" por parte de seus partidários e a usar o *número* deles para determinar a política: a *ultima ratio* de toda política partidária moderna é a cédula eleitoral. Do mesmo modo, na economia capitalista, associações que representam interesses *econômicos* também repousam num fundamento (juridicamente) "livre" que, por sua vez, visa a aproveitar-se do poder econômico privado de seus membros – quer esse poder se baseie na propriedade de bens, quer no monopólio de mercado, quer na concentração monopólica da mão de obra economicamente indispensável – para forçar um *acordo* sobre as condições do preço de bens materiais ou do trabalho que corresponda a seus interesses.

Além de decisivo, o fundamento "voluntarista" da organização é a única característica absolutamente adequada e, portanto, "orgânica" para esses dois tipos de formação. A tentativa de forçá-los a se unir à maneira de uma autoridade estatal constituiria uma coerção puramente mecânica, que poria um fim à sua vida interna. Não que essas formações desconheçam a "coerção". Muito pelo contrário. Servem-se do boicote, da proscrição e de todos os meios materiais e mentais de atração e coerção que o espírito humano é capaz de inventar na área do recrutamento (formalmente) livre, com a única exceção daquela maneira de produzir a *legítima* ordem externa" do Estado, que é peculiar e reservada ao aparato de sua associação coerciva (*Zwangsverband*). Por razões de Estado, também é possível impor às organizações partidárias determinações, que, dependendo das circunstâncias, protegem os direitos da maioria contra a deslealdade de uma panelinha minoritária ou, ao contrário, protegem os direitos da minoria contra a violação, como ocorreu na América. No entanto, isso muda muito pouco sua característica fundamentalmente voluntarista, a saber, de ser um membro formado com base na livre vontade jurídica. O mesmo se pode dizer a respeito das disposições estatais referentes às condições da fundação de sindicatos. O que decide a promoção regulamentada do funcionário público é justamente o fato de o líder do partido depender do recrutamento formalmente *livre* de seus sequazes. E justamente o fato de os líderes das associações que representam os interesses econômicos serem obrigados a organizar seus sequazes de modo formalmente "livre" acaba condicionando a peculiaridade dessa organização e, por sua vez, é condicionado pela estrutura da economia moderna. Nas condições atuais e nessa área, esse tipo de organização e a união conduzida pela polícia do Estado são antagonismos absolutamente irreconciliáveis. Quem ainda não entendeu isso não aprendeu o abecê da moderna vida política e econômica. Não se trata de fatos "eternos", mas hoje as coisas são assim. É claro que se podem construir no papel corporações eleitorais baseadas em categorias profissionais como bem se entender. Contudo, supondo que se faça isso, a consequência seria, como já dissemos, o fato de que *por trás* delas os partidos políticos, por um lado, e as associações que representam os interesses econômicos, por outro, levariam sua *verdadeira* vida.

Isso deve ser o suficiente por enquanto. Só mencionamos todas essas fantasias românticas, que o conhecedor nem sequer considera dignas de serem seriamente refutadas, porque essas construções completamente anistóricas não deixam de causar um dano: o de aumentar ainda mais o medo dos filisteus alemães (de todas as camadas) de mergulhar no conjunto dos problemas especificamente *modernos* e de afastá-los ainda mais do mundo real e da política. Por fim, para fazer uma breve abordagem sobre o assunto, vale indagar: será que algum desses românticos escrevinhadores tem uma clara percepção da essência do *verdadeiro Ständestaat* do passado? Ideias confusas sobre uma "divisão da sociedade" de acordo com as "profissões naturais" em "comunidades de estamentos", sobre os portadores de uma "ética cristã de fraternidade" e uma "estrutura hierárquica", com o monarca espiritual do mundo no topo, ocultam a *ignorância absoluta* das realidades que estavam por trás dessa imagem, em parte inspirada pelas ideologias da literatura filosófica, em parte por conceitos racionalistas e bastante modernos de organização. Pois essas realidades pareciam diferentes. O que realmente era característico no chamado *Ständestaat* não era a divisão "orgânica" da sociedade de acordo com "grupos naturais e econômicos de profissões" ou até a construção da economia sobre o "princípio da solidariedade". O que distinguiu a economia no *Ständestaat* da economia atual foram características que existiam no mundo inteiro nas mais diferentes versões políticas que se podem imaginar. Em oposição às condições econômicas atuais, essas formas de economia tornaram *possível* o *Ständestaat* – enquanto hoje esse tipo de Estado não é possível (do mesmo modo como, em outros lugares, essas formas de economia prepararam as condições prévias para formas de Estado bem diferentes, hoje também impossíveis). Todavia, não *criaram* o *Ständestaat*. O que caracterizava o *Ständestaat*, que somente numa parte da Europa chegou a se desenvolver plenamente, era algo totalmente diferente: a apropriação de direitos *políticos* por indivíduos e corporações à maneira da propriedade *privada* de bens materiais e o encontro *desses detentores de privilégios* (que nem sempre eram os *únicos*, mas sempre constituíam a maioria) em reuniões comuns para ordenar assuntos políticos por meio de *acordos*. Nessa época, a propriedade de burgos e toda sorte de competências importantes que se possam conceber – militares, políticas ou financeiras – eram como privilégios hereditários nas mãos de indivíduos, da mesma maneira que hoje somente o rei tem sua coroa. Aquilo que hoje costumamos considerar o conteúdo da "autoridade" unificada "do Estado" decompunha-se nesse sistema, formando um feixe de competências individuais em várias mãos. Ainda não se podia falar em um "Estado" no sentido moderno. Para cada ação política era necessário um acordo entre esses detentores de prerrogativas, a princípio independentes uns dos outros, e a finalidade das assembleias dos estamentos era promover esse acordo. Portanto, não conheciam, em princípio e originalmente, nem votações, nem a resolução obrigatória para os dissidentes. Antes, como forma de concluir os negócios, usavam o "compromisso" (*Vergleich*, também conhecido pelos termos *Reze* e *Abschied*)[23], que na linguagem atual significa acordo. Esse acordo se dava não apenas entre os diversos grupos de estamentos, mas também entre cada detentor de privilégios dentro deles. Quem ler qual-

---

23. *Rezeß, Vergleich, Abschied* são termos técnicos para diferentes formas jurídicas para recesso (ou ordenança), compromisso e acordo. O *Landtagabschied*, por exemplo, era um resumo da legislação promulgada no período legislativo, lido pelo monarca na cerimônia de encerramento da Dieta.

quer uma das atas dessas assembleias irá se perguntar se é possível governar um Estado moderno nessas formas. Mas são justamente elas (apesar de toda a sua fluidez nos detalhes) os componentes mais fundamentais desse tipo de formação, que começa a mudar assim que a *ultima ratio* da *cédula eleitoral* (a mais importante, ainda que não exclusiva característica do parlamento moderno) começa a penetrar nessa estrutura. Somente depois que isso acontece é que surge a moderna forma racional de determinar a formação da vontade (*Willensbildung*) do Estado. Mesmo no Estado constitucional de hoje, os pontos decisivos das ações do Estado (por exemplo, a determinação do orçamento) repousam no acordo, tanto do ponto de vista jurídico quanto daquele político. Em todo caso, porém, no sentido *jurídico*, não é o que acontece nem nas eleições, nem nas negociações de uma corporação parlamentar; tampouco pode sê-lo sem destruir seus fundamentos. Apenas quando o acordo formava a base *jurídica* da ação política é que a estrutura baseada em categorias profissionais se mostrava apropriada segundo sua essência. No entanto, deixava de sê-lo nas ocasiões em que era a cédula eleitoral a governar, ou seja, nas eleições parlamentares.

Além disso, hoje o acordo também é, como antigamente, a forma predominante de resolver conflitos *econômicos* de interesse, sobretudo entre empresários e trabalhadores. Inevitavelmente, esse é o único modo de chegar a um resultado definitivo, e justamente esse fato faz parte do caráter *essencial* de todas as associações realmente vivas que representam os interesses econômicos. É claro que ele também prevalece na política parlamentar, entre os partidos, como acordo eleitoral ou acordo sobre projetos de lei. A possibilidade deste último até constitui, como ainda veremos, um dos principais méritos do parlamentarismo. *No entanto*, ressalte-se que *sempre* com a *ultima ratio* da *cédula eleitoral* em segundo plano. Isso significa que se faz pressão para mostrar que, caso o acordo não seja realizado, a eleição ou votação terá um resultado quase igualmente indesejável para *todos* os envolvidos. A *contagem* efetiva e aproximada de votos simplesmente faz parte da essência inata tanto da moderna campanha eleitoral quanto da gestão parlamentar. Isso nossos românticos não podem mudar com sua aversão aos "números". Que fiquem longe da política se o "cálculo" lhes parece um recurso demasiadamente prosaico. Difamar o sufrágio igual como "democracia dos números" em favor de outras eleições, como aquelas baseadas em categorias profissionais, já é uma ousadia mais do que comum. Pois qual é o papel dos números nessas eleições? Todo o palavrório sobre a forma "organicamente" coerente da estrutura baseada em categorias profissionais ou em outros tipos de estamentos é apenas uma vitrine de todos esses projetos. Quem não procura palavras ocas, e sim a realidade, ignora essa parte e concentra-se somente na maneira como o *número* de mandatos e votos deve ser *distribuído* entre esses grupos engenhosamente elaborados. Pois, uma vez que a cédula eleitoral continua sendo a *ultima ratio* também nessas eleições, apenas uma coisa importa nesse esquema: o fato de não serem nada mais do que uma *aritmética de sufrágio*. O Escritório Real de Estatística da Prússia é particularmente experiente nessa ciência. Nos últimos trinta anos, os "projetos de reforma do sufrágio" dos quais teve de se ocupar sempre se baseavam em cálculos do tipo: quantos votos conseguiriam os conservadores, o Partido do Centro, o Nacional Liberal, entre outros, se adotassem determinado modo de eleição. Deixamos de bom grado aos fraseólogos e literatos o exercício de considerar essas prestidigitações numéricas e seus produtos algo mais sublime que a "democracia dos números".

Do ponto de vista puramente político, não é nenhum acaso que hoje o sufrágio igual "por número de eleitores" esteja avançando por toda parte, pois essa *igualdade* do direito de voto corresponde, em sua natureza "mecânica", à essência do Estado atual. O Estado moderno é o primeiro a ter o conceito de "cidadão do Estado" (*Staatsbürger*). O sufrágio igual significa, em primeira instância, simplesmente o seguinte: nesse ponto da vida social, o indivíduo *não* é considerado, como em todos os demais casos, pela peculiaridade de sua posição na profissão e na família nem por sua situação material ou social, e sim apenas *como cidadão do Estado*. Em vez da fragmentação em esferas da vida privada, isso exprime a unidade da nação (*Staatsvolk*). Por certo, esse fato nada tem a ver com uma teoria de alguma "igualdade" natural dos homens. Ao contrário, sua intenção (*Sinn*) é constituir certo contrapeso às *desigualdades* sociais, fundadas em diferenças inevitáveis, mas de modo algum naturais, e criadas *não* por qualidades naturais, mas por condições sociais muitas vezes extremamente desproporcionais a elas, e sobretudo pela *carteira*. Enquanto existir, mesmo que apenas de modo aproximado, a ordem social atual – e ela é bastante resistente –, a desigualdade das circunstâncias externas da vida, sobretudo da *propriedade*, e as relações sociais de dependência por ela condicionadas poderão até ser amenizadas, mas nunca totalmente eliminadas. Sendo assim, os privilegiados por essa ordem social nunca chegarão a perder sua influência sobre a política do Estado, influência essa que ultrapassa de longe o seu número. Da mesma maneira, a natureza da organização moderna do Estado e da economia condiciona permanentemente a situação privilegiada da *formação técnica* e, com ela, a da "educação" (*Bildung*) (não idêntica à primeira, mas estimulada por ela, por razões puramente técnicas de ensino). Esse é o elemento mais forte da diferenciação entre os estamentos (*ständisch*) dentro da sociedade moderna. Justamente por isso, faz sentido transformar o sufrágio parlamentar em algo equivalente para contrabalançar esses fatores: a equiparação das camadas socialmente dominadas, numericamente superiores, às camadas privilegiadas, pelo menos na eleição da corporação que exerce *controle* e funciona como *lugar de seleção dos líderes*.

Essa instância (Instanz) se tornará ainda mais indispensável se supusermos que a economia de guerra realmente será sucedida por uma "organização" *permanente* e extensa da política econômica em associações que representam determinados interesses (*Interessenverbände*) e que contam com a *participação de repartições estatais*. Em outras palavras, trata-se de uma regulamentação da economia (ou de alguns de seus ramos relevantes) por parte de cooperativas profissionais. Uma regulamentação que é "supervisionada" ou "coadministrada" pela burocracia, ou ainda de alguma outra forma relacionada com as autoridades estatais de maneira firme e permanente. Será que algum de nossos literatos, com seu entusiasmo tão infantil, já pensou nas consequências *políticas*, caso não se crie, ao mesmo tempo, um contrapeso a essa regulamentação, aumentando imensamente o poder do parlamento, que *não* é organizado com base nas categorias profissionais? Eles imaginam que "o Estado" será o regulador sábio da economia. *Muito pelo contrário!* Os banqueiros e empresários capitalistas que eles tanto odeiam passariam a ter *o comando ilimitado e sem controle do Estado!* Pois *quem, afinal, é "o Estado"* perto desse maquinário de *cartéis* de todos os tipos, com pouco ou muito capital, nos quais está "organizada" a economia, se a formação de sua própria vontade (*Willensbildung*) é colocada justamente nas mãos *dessas* organizações "cooperativistas"? Na prática, a participação do Estado no sindicato dos mineradores de carvão e na mineração em geral significa que o fisco está interessado *não* no melhor abastecimento possível da nação com carvão barato, e sim no *alto rendimento* de suas minas. Significa também que as minas privadas e estatais e a burocracia têm um interesse *idêntico* tanto em relação aos trabalhadores quanto em relação aos consumidores de carvão. Evidentemente, cada avanço ulterior da cartelização dirigida pelo Estado nada mais significa do que uma propagação dessa situação. Pode ser que mesmo assim essa cartelização seja inevitável – não nos cabe discutir isso agora. No entanto, é de uma ingenuidade desmedida achar que, *dessa maneira*, o domínio do interesse pelo "lucro" e pela produção de bens para "fins lucrativos" – tão condenável aos olhos de nossos ideólogos escrevinhadores – possa ser eliminado ou debilitado em favor do "interesse natural", ou seja, da "economia comum", em prover da melhor forma possível, com mercadorias boas e baratas, as *pessoas* que as desejam e as consomem. Que absurdo abismal! Nesse caso, o interesse capitalista dos produtores e daqueles que buscam o lucro, defendido pelos cartéis, *passaria a dominar exclusivamente o próprio Estado*. *A não ser* que se confronte a organização de interesses dos produtores com um poder suficientemente forte para controlá-la e dirigi-la de acordo com as *necessidades* da população. No entanto, as *necessidades* do indivíduo *não* se orientam por sua posição no mecanismo da *produção* de bens. O trabalhador sempre *necessita*, na *mesma* medida, de pão, moradia e roupas, seja qual for o tipo de fábrica onde trabalha. Desse modo, se essa organização da economia for iminente, será absolutamente necessário que, *antes* de começar a funcionar, isto é, imediatamente, ela seja confrontada com um parlamento que se eleja *não* de acordo com o tipo de ocupação do indivíduo no processo de produção de bens, e sim de acordo com o princípio da defesa das *necessidades* das massas; em suma, um parlamento com sufrágio igual e um poder inteiramente soberano, que possa assumir uma posição independente em relação a esse tipo de organização econômica. O parlamento deve ter um poder bem mais soberano do que teve até agora, pois no passado sua posição de poder *não* foi suficiente para romper o domínio natural do fiscalismo nas empresas estatais nem o poder dos interessados no lucro. Esta é uma razão *negativa* para o sufrágio igual.

No entanto, do ponto de vista da política nacional, uma razão positiva constitui o fato de que o sufrágio igual está intimamente relacionado àquela igualdade de certos *destinos*, criados pelo Estado moderno como tal. "Iguais" são as pessoas perante a morte. Também são mais ou menos iguais nas necessidades indispensáveis da existência física. Justamente esse aspecto mais ordinário, por um lado, e aquele pateticamente mais sublime, por outro, abrangem as igualdades que o Estado oferece de forma realmente permanente e indubitável a todos os seus cidadãos: a segurança física e o mínimo para a subsistência, no que se refere à vida, e o campo de batalha, no que se refere à morte. No passado, todas as desigualdades de direitos políticos conduziam, em última instância, à desigualdade economicamente condicionada da qualificação *militar*, que não existe no Estado nem no exército burocratizados. Diante do domínio nivelador e inescapável da burocracia, que foi o primeiro a fazer surgir o conceito moderno de "cidadão do Estado", a cédula eleitoral é o *único* instrumento de poder *capaz* de proporcionar às pessoas subordinadas à burocracia um direito mínimo de participar das decisões relativas aos assuntos da comunidade em prol da qual são obrigadas a entregar sua vida.

Na Alemanha, é o *Reich* que conduz a guerra, mas entre os Estados individuais, a *Prússia*, em virtude de sua posição no *Reich*, é o Estado hegemônico que tem a palavra final no que se refere à sua política. Desse modo, o indivíduo exige do *Reich* que esse Estado hegemônico cumpra sua obrigação de garantir pelo menos o mínimo da decência política perante os combatentes que retornam da guerra. É interesse do *Reich* que, *em relação aos que permaneceram em casa*, nenhum dos combatentes tenha seu direito político de votar prejudicado no Estado individual decisivo. Qualquer outra forma de sufrágio que não seja a do sufrágio igual inevitavelmente levaria a esse tipo de tratamento[A]. A reivindicação faz parte da política

....
A. A vinculação aparentemente intencional entre sufrágio e *prazos de permanência*, o que significaria *privar* o operariado, sujeito a frequentes mudanças a outras cidades, do sufrágio (atualmente presente na terceira categoria), privaria de seus direitos as camadas de proletários que se encontram nos campos de batalha. Com a grande estruturação da economia, talvez a *maioria de todos os trabalhadores* tenha de procurar um novo emprego, *perdendo*, assim, seu direito ao voto!

nacional, não da política de partido. Não conhecemos o estado de espírito nem a mentalidade política dos combatentes que retornam da guerra. Talvez sejam muito "autoritários". Sempre existirão fortes partidos "conservadores" porque sempre haverá pessoas com fortes tendências autoritárias. Neste caso, que construam, com a cédula eleitoral na mão, um Estado que corresponda a seus ideais, enquanto nós, que permanecemos em casa, voltaremos a nossos afazeres cotidianos. Trata-se aqui apenas de protestar contra a resistência desavergonhada dos "combatentes caseiros" a cumprir aquela obrigação elementar de decência em relação aos combatentes que retornam da guerra. As realidades implacáveis do presente cuidarão para que as árvores da democracia antiquada, negativa e que *do* Estado só exige a liberdade não cresçam até alcançar o céu. O melhor modo de obter isso seria se os líderes dos partidos no parlamento participassem de maneira responsável do exercício do poder *dentro* do Estado. Justamente as experiências dessa guerra (incluído o que está ocorrendo na Rússia neste momento) mostraram o que já ressaltamos antes: nenhum partido, seja qual for seu programa, assume a liderança *efetiva* de um Estado sem *se tornar nacional*. Isso aconteceria na Alemanha exatamente do mesmo modo como aconteceu em todo lugar. Os partidos socialistas de outros países eram "mais nacionais" do que o nosso (outrora) *porque* não estavam excluídos da direção do Estado[24]. No entanto, seja qual for o estado de espírito de nossos combatentes que retornam da guerra, pelo menos voltarão com vivências, impressões e experiências que *somente eles* tiveram. O que acreditamos poder

....
24. Depois de considerável divergência, os sociais-democratas alemães votaram unanimemente a favor dos créditos necessários para a guerra em 1914, embora uma minoria tenha dado seu apoio de modo relutante. Mais tarde, em 1916, a questão dos créditos de guerra dividiria o partido, criando o USPD (sigla para o Partido Socialista Independente) em 1917, internacionalista e opositor à guerra. O "patriotismo" dos sociais-democratas era, portanto, um tema sério no momento em que Weber escrevia esse ensaio.

esperar deles é um grau pelo menos relativamente maior de *objetividade* (*Sachlichkeit*). Pois as tarefas apresentadas pela guerra moderna são objetivas em máximo grau. Além disso, esperamos um grau maior de imunidade à retórica vazia dos literatos, seja qual for seu partido. Em contrapartida, entre aqueles que permaneceram *em casa*, sobretudo os proprietários e as camadas de literatos, a época da guerra revelou um quadro tão repugnante de falta de objetividade, de ausência de juízo político e de cegueira deliberadamente cultivada perante as realidades que neste momento só temos a dizer: "Você já deu o recado tocando o sino; agora desça da torre!" Pelo menos a reorganização do sufrágio tem de acontecer enquanto houver guerra. Pois os combatentes que retornam não devem ser confrontados com a necessidade de travar batalhas internas e estéreis pelo direito de voto para poderem adquirir os instrumentos de poder que lhes darão a palavra decisiva no Estado que defenderam. Quando retornam, já têm de *encontrar* regulamentados os direitos políticos puramente formais para poderem começar a trabalhar de imediato na reconstrução material da estrutura desse Estado. Esse é o argumento decisivo e puramente prático em favor do sufrágio igual na Prússia e de sua introdução imediata neste momento, *antes* de a guerra terminar.

Já conhecemos todas as palavras ocas com as quais, por outro lado, os interessados tentam assustar os filisteus, particularmente os literatos. Sobretudo, o medo de que a "democracia destrua" as "tradições" supostamente "nobres" (*vornehm*) e, portanto, fomentadoras da cultura, bem como a sabedoria política, pretensamente insondável, das camadas supostamente "aristocráticas" que dominam o Estado. Examinemos o verdadeiro núcleo desse argumento, ainda que a princípio ele se afaste da questão do sufrágio como tal.

Não há dúvida de que uma *aristocracia autêntica* consegue marcar um povo inteiro com seu ideal de nobreza, tanto em sua opinião quanto em sua orientação. Pois as camadas plebeias imitam o seu "gesto". Além disso, ao unir a vantagem da tradição estável e do horizonte socialmente amplo à vantagem do "número restrito", ela pode obter resultados políticos altamente valiosos na liderança de um Estado. Perante as formas democráticas de governo, o domínio de uma aristocracia com tradições políticas tem outra vantagem para a política nacional: a dependência menor de fatores *emocionais*. Ou, em outras palavras, a *cabeça* geralmente *mais fria*, como resultado de uma conduta de vida conscientemente moldada e de uma educação voltada a manter a *contenance*[25]. A aristocracia tem o dom de *agir tacitamente*, em regra em grau muito mais alto do que as massas democráticas, por um lado, e os monarcas modernos não parlamentares, por outro – fato que os aduladores quase sempre ocultam, apesar de ter um efeito muito pior. *Todos* os monarcas modernos não parlamentares estão expostos ao risco de achar que, no interesse de seu prestígio, precisam fazer propaganda de sua pessoa com *discursos*, de maneira semelhante à que são obrigados a fazê-lo, no Estado de classes, os líderes democráticos, a fim de promover seus partidos. Por isso, um povo pode agradecer aos céus se a seu monarca forem *negados* o dom e a necessidade extremamente inoportunos do discurso pessoal. Um dos pontos fortes do sistema parlamentar é preservar o monarca dessa exposição de sua pessoa. Uma antiga aristocracia política está menos propensa a correr esse risco, além de combinar com essa vantagem a capacidade da *cultura estética*. Estados democráticos *parvenus*, como o italiano, costumam carecer dessa capacidade, tal como as monarquias recém-surgidas. A terrível barbaridade da impiedosa desfiguração de Roma – inspirada pela tendência anticlerical dirigida contra "lembranças penosas", isto é, vergonhosas – arrancou do grande poeta lírico italiano Carducci o desejo de ver o Estado Pontifício restaurado por um mês, a fim de que varresse a teatrali-

---

25. Weber usa o termo em francês, que significa "sangue-frio".

dade oca e o mau gosto da *terza Roma*. Comparada a Munique ou Viena, mas também a muitas outras capitais menores, Berlim, despojada de sua parca simplicidade, com sua catedral lastimável, seu monumento monstruoso a Bismarck e mais algumas coisas, acaba sendo um verdadeiro exemplo de monumento ao pseudomonumentalismo banal, de modo que se pensa com horror na avaliação estética que a posteridade fará dessa época da história alemã, e com vergonha numa geração de artistas que se prestou a obras desse tipo e num público que não se opôs a elas. Mas, em todo caso, essa desfiguração é a prova de que a monarquia *em si* realmente não oferece a mínima garantia – ao contrário, muitas vezes representa uma ameaça – a uma cultura estética artística. Já o monumento a Bismarck, em Hamburgo, única obra monumental de valor na Alemanha, sempre honrará o patriciado da cidade e pode mostrar a nossos literatos estúpidos que "capitalismo" e "arte" não necessariamente vivem naquela hostilidade natural que lhes é imputada. Com respeito às democracias, as sedes dos sindicatos italianos fornecem a mesma prova; de resto, o mesmo se pode dizer de cidades como Zurique. Um alto nível de cultura estética, próprio sobretudo de uma antiga aristocracia firmemente consolidada e segura de si ou de uma democracia que imita suas tradições, não é nem um pouco indiferente também do ponto de vista da política nacional: o prestígio da França no mundo inteiro está baseado no tesouro que ela salvou de seu passado aristocrático e que, apesar da terrível decadência da arte oficial, continuou a cultivar nos círculos íntimos de sua criação artística e da formação estética do tipo humano francês. Nesse caso, a democratização levou, pelo menos parcialmente, à propagação da antiga cultura estética exclusiva, o que também se aplica, de maneira diversa, ao tipo humano italiano das camadas inferiores.

    Em linha de princípio, consideremos esse problema também no caso da Alemanha, antes de mais nada de maneira independente da questão do sufrágio discutida até o momento.

Comecemos pela pergunta: *onde se encontra a aristocracia alemã com sua "nobre" tradição?* Se ela existisse, haveria o que discutir. *No entanto*, além de algumas cortes *principescas* (justamente menores), *ela simplesmente não existe*. Pois o que significa "aristocracia", ou melhor, quais são as condições necessárias para que uma camada – seja ela de natureza feudal ("nobreza") ou burguesa ("patriciado") – possa funcionar como aristocracia no sentido *político* da palavra ou seja politicamente aproveitada? Sobretudo para que tenha uma existência livre de tempestades econômicas. Um aristocrata deve necessariamente viver *para* o Estado, e não *dele* – essa é a condição prévia mais elementar. O fato meramente externo de ter rendimentos suficientes para poder renunciar, sem grandes problemas, a um salário de ministro não é decisivo. Antes de mais nada, ele tem de ser "economicamente livre" (*abkömmlich*) para estar disponível, externa e sobretudo internamente, a fins políticos. Isso significa que o trabalho a serviço de um *empreendimento* econômico não pode ocupá-lo, ou pelo menos não de maneira extenuante. De todas as atividades econômicas privadas, caracterizadas por um intenso trabalho intelectual, a profissão do *advogado* é a que, de modo relativamente maior, permite que quem a pratica possa dedicar-se a fins políticos (isso devido à possibilidade de associação ou de contratação de representantes e à falta de risco de capital). Como o advogado dispõe de conhecimentos jurídicos e de experiência na prática cotidiana das necessidades da vida, além de possuir um *escritório* organizado, em todas as democracias é fortemente favorecido em sua carreira política, além de lhe ser relativamente fácil retornar à direção de sua empresa caso perca a eleição. Em muitas democracias criticou-se intensamente a importância dos advogados. Sobretudo a baixa estima social pelo advogado em nosso país contribuiu decisivamente para essa opinião. Além disso, deve-se levar em conta a crítica, não raro justificada, do "formalismo" no tratamento de problemas políticos. No entanto, o formalismo é parte essencial de toda formação jurídica, incluídas as do juiz e do funcionário da administração pública, para que não se criem arbitrariedades. Por outro lado, porém, em oposição ao trabalho do juiz e do funcionário, o do advogado significa uma formação para a "luta com a palavra". A forte superioridade de nossos inimigos no trabalho da propaganda política e, em geral, no uso da importante arma da palavra é condicionada pela *falta* de formação do advogado (que pode muito bem ser de um nível distinto), que é própria de *todo* governo composto de funcionários públicos, em oposição aos advogados que ocupam os cargos de ministros das democracias. Quem deseja que isso mude tem de aceitar o meio, isto é, o aumento da influência política dos advogados mediante o aumento de suas *possibilidades* políticas. Da natureza da profissão realmente grande do advogado, certamente o alemão – sobretudo o literato, cuja ideia de jurisprudência orienta-se por processos com jurados, por aqueles matrimoniais ou outros pequenos escândalos da vida cotidiana que o levaram a procurar um advogado – não tem nenhuma noção. Quem conhece essa profissão sabe que ela é a coroa não apenas de *todo* trabalho jurídico, mas também de todos os livres cargos de confiança; sabe também que, no que se refere à intensidade intelectual e à responsabilidade, encontra-se muito acima da maior parte dos outros trabalhos jurídicos. Obviamente, os funcionários públicos *odeiam* o advogado por ele ser um intermediário incômodo e querelante. Além disso, ficam ressentidos em relação às suas possibilidades de ganhar bem. Certamente não é desejável que parlamentos e gabinetes sejam governados exclusivamente por advogados. Porém, uma forte marca da nobre profissão da advocacia seria desejável a qualquer parlamento moderno. No entanto, a advocacia atual já não forma uma "aristocracia" nem mesmo na Inglaterra. Antes, forma uma categoria profissional burguesa (*bürgerlichen Erwerbsstand*) politicamente disponível.

Em contrapartida, um *empresário* moderno nunca é um "aristocrata" no sentido político da palavra. Ao contrário do advogado, ele é *indispensável* em sentido específico, e isso *tan-*

to mais quanto maior for a empresa e, portanto, a dedicação que ela exigir. O antigo patriciado comercial das cidades-repúblicas era uma camada de empresários *ocasionais*, mas, de resto, formada por rentistas, e *nesse fato* é que se baseava sua utilidade política. De todos os representantes das camadas de proprietários, um fabricante moderno, amarrado ao trabalho contínuo, duro e extenuante de sua empresa, é o tipo menos dispensável para dedicar-se à política. Essa é a principal razão pela qual os membros dessa camada são relativa e inevitavelmente pouco importantes em relação à sua importância econômica e à sua inteligência prática, tanto para o trabalho político quanto para a administração autônoma. O que é decisivo a esse respeito não é – conforme afirma o moralismo estúpido, comum entre os literatos – a pouca "disposição ao sacrifício" ou o "mamonismo", e sim o compromisso externo com o trabalho, imanente à empresa e ao ganho burguês-capitalista, e o compromisso interno com o dever para com a empresa. O caráter sazonal da *agricultura* deixa ao menos os meses do inverno para o trabalho político. No entanto, a *todas* as camadas diretamente envolvidas como empresárias na luta por interesses econômicos falta outra coisa, ainda mais importante: por assim dizer, a disponibilidade interna, a *distância* das *lutas* cotidianas pelos interesses econômicos privados. Ao contrário do advogado, o empresário moderno, mesmo o da agricultura, é sempre um *interessado*, envolvido de maneira muito imediata nessa luta para ser politicamente utilizável.

Apenas *quem vive de rendas consideráveis* tem uma distância suficiente da luta econômica de interesses. Sobretudo o grande proprietário senhorial (*Standesherr*), mas também, de modo geral, o dono de um grande patrimônio gerador de renda. Apenas ele tem o necessário e relativamente amplo afastamento da luta econômica cotidiana, que todo empresário tem de conduzir incessantemente por sua existência, seu poder econômico e pela estabilidade de sua empresa. Quanto a isso, a tranquilidade bem maior da existência de quem vive de rendas consideráveis e a *distância* bem maior do cotidiano da empresa – mesmo que haja grandes empresas entre suas fontes de renda – liberam externa e internamente suas energias para interesses políticos – de ordem estatal e cultural –, para a conduta de vida de um "homem do mundo", para o mecenato e para a aquisição de conhecimento do mundo em grande estilo. Não que ele viva em um "espaço" economicamente "vazio de interesses". Esse tipo de coisa não existe. Todavia, ele não participa da luta cotidiana pela existência de sua empresa, não é um *órgão* dessa empresa nem representante de interesses de *classe* plutocráticos, porque está distante da atual *luta* de interesses. Somente uma camada com *essa* estrutura poderia hoje reclamar para si o predicado de "aristocracia" no sentido de uma qualificação *econômica* específica.

Já é possível convencer-se facilmente da importância dessa qualificação econômica em âmbito restrito. Vejamos um exemplo. Todo o mundo sabe, para escolhermos um exemplo do cotidiano, o que significa para o espírito de um corpo de oficiais um comandante de regimento "nervoso". Ora, em outras situações iguais, esse "nervosismo" é uma típica consequência de sua situação econômica, ou seja, a falta de um patrimônio, que, no caso de seu licenciamento, coloca o comandante e sua família, acostumada a aspirações sociais, diante de um futuro de miséria. Isso o oprime e pesa sobre ele em seu comportamento oficial. Em comparação com um comandante abastado, essa situação faz com que ele sinta uma enorme dificuldade em manter a calma e – o que na prática é um ponto muito importante – em defender sem incertezas junto a seus superiores os interesses de seus subordinados. Todo oficial atento terá feito essa experiência, cuja ilustração com exemplos individuais é desnecessária. E a situação é semelhante em outras áreas. Muitas das figuras mais características de nosso funcionalismo no plano político-social – por exemplo, nas vistorias das fábricas – eram homens abastados que justamente por isso não precisavam curvar-se a cada gesto dos interessados, mas chegavam a sacrificar seu cargo quando eram confrontados com exigências incompatíveis com sua consciência. Considerando sua aptidão intelectual por fim bastante limitada, a importância de Paul Singer[26] e sua posição dentro da social-democracia eram, em grande medida, uma função de seu patrimônio, que lhe permitiu viver *para* o partido – que foi o que ele fez – em vez de ter de viver *dele*. Sem dúvida, o "caráter político" é mais acessível ao homem abastado; nenhuma moralização pode mudar esse fato. Não se trata, de modo algum, apenas de caráter "em relação aos superiores". O fato de as massas que combatem sem posses na luta cotidiana pela sobrevivência terem maior acessibilidade a todos os elementos *emocionais* da política, a paixões e impressões momentâneas de tipo sensacional, em relação à "cabeça mais fria" de quem tem posses e está livre dessas preocupações, dá origem ao desejo urgente de que justamente os partidos democráticos tenham entre seus *líderes* também pessoas de posição econômica segura, que se dedicam ao trabalho político por convicção pessoal, para assim servirem de contrapeso a essas influências, o que nem sempre é possível por parte dos *funcionários* do partido. Por certo, uma vez que as massas não podem interferir *diretamente* na política e seu comportamento cai mais facilmente no esquecimento, suas qualidades emocionais não são, nem de longe, tão perigosas quanto as dos *monarcas*, que, com telegramas e discursos excitados e incautos, podem comprometer por várias décadas a situação política de uma nação. No entanto, as qualidades emocionais das massas também existem e, em relação a elas, em condições de resto *iguais*, também é *mais fácil* para o homem abastado mostrar "caráter político" e raciocínio frio. No que se refere ao futuro, é importante saber se as pessoas de posse, que se encontram numa situação patrimonial independente e que existirão enquanto houver uma ordem baseada na propriedade

---

26. Paul Singer (1844-1911), industrial e social-democrata.

privada, se colocarão a serviço do trabalho político, principalmente ao dos partidos democráticos. O ressentimento facilmente despertado nos funcionários do partido, que trabalham duro para conseguir seu pão e dependem de seu salário, contra esse tipo de elemento não pode impedir os partidos de levar a sério o que ensina a experiência a esse respeito. Por outro lado, aquele ressentimento do funcionalismo de partido e de cooperativa (*Genossenchaft*) constitui o contrapeso apropriado ao perigo de que dessa situação resulte uma liderança "plutocrática" partidária. As experiências dos partidos democráticos russos, até os da extrema esquerda, em nome dos quais filhas de príncipes lutaram nas barricadas e o mecenato arranjou recursos em grande escala para o movimento popular, mostram que a margem concedida pelo interesse econômico privado de ideólogos abastados para o exercício idealista de uma autêntica *mentalidade* democrática é *muito* maior do que em qualquer outra camada mais plebeia do ponto de vista social e, portanto, diretamente envolvida na luta de interesses, porque sua condição patrimonial não precisa indicar--lhes as diretrizes de seu comportamento político, mas *pode* ser um apoio para uma convicção política independente. Do ponto de vista puramente externo, os prosaicos títulos de renda prestam tão bem esse serviço a seu proprietário quanto, por exemplo, a posse de uma propriedade senhorial. No entanto, devido ao tipo de tarefas com as quais o proprietário é confrontado e às pessoas de sua condição, que acabam fazendo as vezes de caixa de ressonância, a propriedade senhorial prepara seu dono para a atividade política de modo muito mais específico do que são capazes de fazê-lo, em circunstâncias de resto similares, a tesoura de recortar cupons e o orçamento comunal puramente consumptivo de um titular de renda.

Portanto, não restam dúvidas de que uma camada de proprietários senhoriais, como existia na Inglaterra e semelhante àquela que na antiga Roma formava o núcleo da nobreza senatorial, é na política nacional uma portadora insubstituível de tradição, instrução e moderação política. *Mas onde* a encontramos entre nós? Quantos desses proprietários senhoriais existem na Alemanha, sobretudo na Prússia? Onde está sua tradição política? Do ponto de vista político, eles praticamente não têm *nenhuma* importância, e *menos ainda na Prússia*. Parece evidente que hoje é impossível uma política de Estado que se proponha criar uma camada realmente aristocrática de grandes rentistas. Mesmo que fosse possível deixar surgir certo número de grandes propriedades senhoriais em terras cobertas por florestas – as únicas qualificadas, do ponto de vista político-social, para instituir fideicomissos –, estaria excluída a possibilidade de obter resultados quantitativamente significantes por esse meio. A profunda falsidade presente no projeto de fideicomissos, discutido na Prússia no início de 1917, era a de que ele queria estender essa instituição adequada da propriedade *senhorial* à *classe média* (*Mittelstand*) dos latifundiários ao leste do rio Elba, inflando ao *status* de "aristocratas" pessoas que não o são nem podem sê-lo. Quem conhece os *Junker* do Leste, muitas vezes (injustamente) insultados como também (injustamente) idolatrados, por certo deve apreciar sua companhia no âmbito puramente pessoal: na caça, ao beber, no jogo de cartas, na hospitalidade da casa senhorial. Nessas situações, tudo é autêntico. Só perde sua autenticidade quando se estiliza como "aristocracia" essa camada empresarial essencialmente "burguesa", que depende economicamente do *trabalho empresarial agrícola* e da *luta de interesses*, uma luta econômica e social tão rude quanto a enfrentada por qualquer fabricante. Dez minutos em seu círculo bastam para ver que são *plebeus*, sobretudo em suas virtudes, cujo caráter é inteiramente plebeu. Como observou certa vez, com toda razão, o ministro Von Miquel (reservadamente!), um latifúndio senhorial no leste da Alemanha *não alimenta hoje nenhuma família aristocrática*. Quando se tenta taxar de "aristocrática", com gestos e pretensões feudais, essa camada hoje voltada ao simples trabalho burguês-capitalista, o resultado que se obtém é inevitavelmente *uma fisionomia de parvenu*. Essa exigência de desempenhar o papel da aristocracia acabou inspirando camadas às quais simplesmente falta a qualificação para tanto. Tal fato *também* condiciona, ao menos em parte, os traços de *parvenu* que se revelam em nossa conduta no mundo, tanto no âmbito político quanto em outras áreas.

E não *somente essas* camadas carecem de qualificação. Pois, obviamente, na Alemanha, a falta de formas de educação que distinguem o homem do mundo é dada não *apenas* pela fisionomia dos *Junkers*, mas também pelo caráter fortemente burguês de *todas* as camadas que eram as portadoras específicas do Estado prussiano nos tempos de sua ascensão pobre, porém gloriosa. Do ponto de vista econômico e social, bem como de suas perspectivas, as antigas famílias de oficiais que, apesar de suas condições de extrema necessidade, cultivam honrosamente a tradição do exército da antiga Prússia, e as famílias de funcionários públicos com vida semelhante – aristocráticas ou não – constituem uma *classe média burguesa*. Em geral, dentro de seu círculo, as formas sociais do corpo alemão de oficiais são totalmente adequadas ao caráter da camada e, em seus traços decisivos, igualam-se inteiramente àqueles dos corpos de oficiais das democracias (França, Itália). Contudo, essas formas logo se transformam em caricaturas quando, fora de seu círculo, são tratadas de modo exemplar por círculos não militares. Isso acontece sobretudo quando contraem casamento misto com formas sociais provenientes da atmosfera de ridicularização praticada por veteranos contra novatos nas *escolas preparatórias de funcionários* públicos. E esse é o caso em nosso país.

Como se sabe, as *associações estudantis*[27] constituem a típica forma de educação social da nova geração, que preten-

....
27. O termo *Couleurwesen* refere-se à instituição alemã de associações estudantis ou fraternidades (frequentemente políticas), cujos membros usavam

de ocupar cargos não militares, prebendas e profissões "liberais" socialmente elevadas. A "liberdade acadêmica" de duelar-se, beber e cabular as aulas vem de um tempo em que não existia em nosso país nenhuma forma de liberdade e em que somente essa camada letrada dos candidatos a cargos públicos era *privilegiada* por essa liberdade. Ainda hoje é impossível eliminar o impacto que as convenções surgidas naquela época deixaram no "gesto" dos "diplomados", que sempre foram importantes na Alemanha e cuja importância continua crescendo. Dificilmente as associações estudantis desapareceriam, ainda que hoje as hipotecas de suas sedes e a obrigação dos "veteranos" de pagar seus juros não fossem suficientes para garantir sua imortalidade econômica. Ao contrário, as associações estudantis continuam a se expandir pela simples razão de que sua *rede de contatos* representa hoje uma forma específica de *selecionar funcionários públicos* e porque a qualidade de oficial da reserva e a "capacidade de retratação", necessária a essa seleção e visivelmente garantida pela fita que representa as associações, dão acesso à "sociedade". Embora a obrigação de beber e a técnica dos duelos nas associações estejam se adaptando de modo crescente às necessidades da constituição mais fraca de seus candidatos cada vez mais numerosos, que são atraídos pela rede de contatos, pelo que estão dizendo, agora já há abstêmios em algumas associações. No entanto, o que é decisivo é o fato de que, nas últimas décadas, o *incesto intelectual* dessas associações *não parou de aumentar* (sedes de associações com salas de leitura próprias; jornais especiais, abastecidos apenas por "veteranos" com uma espécie indescritivelmente subalterna e pequeno-burguesa de política "patriótica" bem-intencionada; o fato de o contato com pessoas da mesma idade mas de outro nível social ou in-

---

faixas de determinadas cores e desfrutavam certos privilégios legais. Eles adquiriram a "capacidade de tirar satisfação", o que significava resolver uma questão de honra em um duelo.

telectual ser abominado ou até bastante dificultado). Ao mesmo tempo, as redes de contato das associações estão se estendendo a círculos cada vez mais amplos. Um caixeiro que esteja interessado em adquirir as qualidades de um oficial da reserva, bem como o conúbio com a "sociedade" que elas oferecem (sobretudo com a filha do chefe), frequenta uma daquelas escolas superiores de comércio que atraem boa parte de sua clientela justamente em virtude dos contatos que oferecem. Seja qual for a opinião sobre todas essas formações estudantis – e o critério do moralismo não é o mesmo do político –, em todo caso não oferecem *nenhuma educação ao homem do mundo*, e sim, com seus trotes inegavelmente banais e suas formas sociais e subalternas, exatamente o contrário dela. Dentre os clubes anglo-saxônicos, o mais estulto oferece mais nesse sentido, ainda que, por exemplo, as atividades esportivas nas quais não raro ele se exaure possam parecer "vazias". A principal razão para isso é que, apesar da seleção em geral bastante rigorosa, os clubes anglo-saxônicos baseiam-se no princípio da *igualdade* absoluta entre *gentlemen*, e não naquele do *trote*, que a burocracia tanto aprecia em nossas associações estudantis como *propedêutica para a disciplina* no cargo, e que as associações não deixam de cultivar, a fim de se recomendarem a cargos superiores[28]. Em todo caso, as convenções formalistas, e mais ainda o trote praticado pela chamada "liberdade acadêmica", que se impõe aos candidatos a bons cargos, quanto *menos* educam um homem do mundo aristocrático, *mais* assumem a função de gabar-se do dinheiro no bolso dos *pais*, o que sempre acaba acontecendo quando as condições o permitem. Se o jovem que cai nessa escola não tiver um caráter extraordinariamente independente e um espírito muito livre, nele se desenvolverão aqueles traços fatais de um *plebeu arrogante*, que observamos com tanta frequên-

---

28. Aqui omitimos uma longa, porém irrelevante nota sobre o hábito de consumo de bebidas nas associações estudantis.

cia em seus representantes, mesmo naqueles que, de resto, são bastante competentes. Pois os interesses cultivados nessas comunidades são absolutamente *plebeus* e estão longe de todos os interesses "aristocráticos", em qualquer sentido da palavra. Mais uma vez, o ponto crucial consiste no fato de que a agitação dos estudantes medievais, de natureza plebeia mas inofensiva, quando buscava apenas descarregar o excesso de energia juvenil, hoje tem a pretensão de ser um meio de *"educação" aristocrática*, que qualifica o indivíduo para a liderança do Estado. O alto preço a ser pago por *essa* incrível contradição é uma *fisionomia de parvenu* que surge como resultado.

É bom evitar ao máximo considerar como politicamente irrelevantes esses traços de *parvenu* no rosto alemão. Tomemos de pronto um exemplo: fazer "conquistas morais" junto a inimigos, isto é, junto a pessoas de interesses opostos, é um empreendimento inútil e ridicularizado com razão por Bismarck. Mas, e junto a *aliados*, atuais ou futuros?[29] Nossos aliados austríacos e nós dependemos sempre *politicamente* uns dos outros. Esse é um fato tão conhecido por nós quanto por eles. Se não cometermos grandes tolices, não haverá perigo de rompimento. Os austríacos reconhecem sem reservas nem inveja a *competência* alemã – e a reconheceriam mesmo que *não* falássemos tanto dela; talvez nesse caso o fizessem até mais facilmente! Nem todos em nosso país fazem ideia das dificuldades objetivas que austríacos enfrentam e das quais a Alemanha foi poupada; por isso, nem sempre os alemães valorizam devidamente a competência *deles*. No entanto, cabe dizer aqui abertamente uma coisa que qualquer um no mun-

---

29. O termo *Bundesgenossen* exige, aqui, uma interpretação dupla, uma vez que Weber relembra seus leitores de que a Prússia, apesar de sua posição dominante, pertence a um *Reich* federal, e que a Alemanha como um todo deve respeitar as suscetibilidades de outros países com os quais tem alianças e com os quais é concebível que forme uma confederação mais ampla no futuro.

do inteiro sabe: o que nem eles nem todos os demais povos, com os quais um dia poderíamos desejar ter relações de amizade, suportariam seriam maneiras de *parvenu*, que ultimamente voltaram a ganhar espaço em dimensões intoleráveis. Um comportamento desse tipo encontrará a *rejeição* muda, educada, porém determinada de todo povo que, como os austríacos, tiver uma boa educação social e tradicional. Ninguém quer ser governado por *parvenus* mal-educados. Todo passo que ultrapassar o absolutamente indispensável na política externa, ou seja, tudo o que a "Europa Central" (no sentido profundo da palavra)[30] puder desejar ou que for desejável no caso de futuras comunhões de interesses com outras nações (independentemente de como se encara a ideia da aproximação *econômica*), poderá fracassar politicamente, para ambas as partes, pois as pessoas estão decididas a *não* se sujeitar àquilo que ultimamente, com gestos de ostentação, é declarado como "espírito prussiano" e que, supostamente ameaçado pela "democracia", desempenha tal papel no discurso vazio, declamado pelos literatos. Como se sabe, já tivemos de ouvir declamações desse tipo, sem exceção, por ocasião de *todos* os passos da reforma interna nos últimos 110 anos[31].

O autêntico "espírito prussiano" é uma das mais belas flores do caráter nacional alemão (*Deutschtum*). Cada linha escrita por Scharnhorst, Gneisenau, Boyen e Moltke[32] respira-o tanto quanto o fazem os atos e as palavras dos reformadores

....
30. Aqui Weber segue um hábito relativamente comum na Alemanha, particularmente antes, durante e após a Primeira Guerra Mundial, de tratar *Mitteleuropa* como um conceito metafórico/espiritual e não simplesmente geográfico, político ou econômico. O sentido metafórico é que a Europa Central é, ao mesmo tempo, "central" para uma ideia de Europa e "região intermediária" entre os extremos do leste e do oeste.

31. As reformas administrativas de Freiherr von Stein (1757-1831) ocorreram na Prússia há 110 anos.

32. Notáveis generais prussianos: G. von Scharnhorst (1755-1813), N. von Gneisenau (1760-1831), H. von Boyen (1771-1843) e H. von Moltke (1800-91).

da grande Prússia, que nem precisamos nomear (boa parte deles, no entanto, tem sua origem fora da Prússia). O mesmo se pode dizer da intelectualidade eminente de Bismarck, atualmente tão mal caricaturada pelos filisteus limitados da *Realpolitik*. Todavia, às vezes parece que hoje esse antigo espírito prussiano sobrevive mais fortemente no funcionalismo de *outros* Estados da federação do que em Berlim. E o abuso dessa palavra pela atual demagogia conservadora nada mais é do que uma violação das grandes figuras do passado.

Repetindo o que já dissemos, não existe na Alemanha *nenhuma aristocracia* de amplitude e tradição política suficientes. Antes, seu lar era (mas não é mais) o Partido Liberal-Conservador do Centro, mas não o Partido Conservador. Pelo menos igualmente importante é o fato de que também não existe *nenhuma forma social de alemão nobre*. Pois não há nenhum fundo de verdade no que nossos literatos ocasionalmente afirmam com orgulho: que na Alemanha, ao contrário das convenções dos *gentlemen* anglo-saxônicos e da cultura de "salão" nos países românicos, existe um "individualismo" no sentido da *liberdade* de convenções. Em nenhum lugar existem convenções mais rígidas e coercivas do que aquelas das associações estudantis, que dominam, direta ou indiretamente, uma fração igualmente tão grande da nova geração de líderes quanto a dominada por quaisquer convenções de outros países. Exceto onde as convenções dos oficiais não são suficientes, essas são "a forma alemã"! Pois, em suas repercussões, elas determinam amplamente as formas e convenções das camadas influentes na Alemanha, a saber, da burocracia e de todas aquelas que querem fazer parte da "sociedade" por ela dominada. No entanto, "nobres" essas formas não são. Do ponto de vista da política nacional, outra circunstância é mais importante: a de que, ao contrário das convenções românicas e anglo-saxônicas, as convenções em questão não são absolutamente apropriadas para servir de *modelo* à nação inteira, incluídas as camadas mais baixas, nem para *uniformizar* seus gestos até a obtenção de um "povo de senhores" (*Herrenvolk*), autoconfiante em seu modo de se comportar, como o fizeram as convenções românicas e anglo-saxônicas. É um erro grave acreditar que a "raça" é a causa decisiva da clara falta de graça e dignidade[33] no comportamento alemão. Em todo caso, apesar de ser da mesma raça, *essas* qualidades não faltam ao austríaco alemão, com suas maneiras modeladas por uma verdadeira aristocracia, sejam quais forem suas fraquezas.

As formas de comportamento que dominam o tipo humano românico até as camadas baixas são determinadas pela imitação do "gesto de cavaleiro", tal como se desenvolveu a partir do século XVI. As convenções anglo-saxônicas, que também formam as pessoas até nas classes mais baixas, têm sua origem nos hábitos sociais daquela camada que na Inglaterra dá o tom desde o século XVII e que, no fim da Idade Média, se desenvolveu como portadora do *selfgovernment* a partir de uma mistura peculiar de pessoas ilustres do campo e da burguesia urbana, os *gentlemen*. O que mais gerou consequências em todos esses casos foi o fato de que os traços decisivos dessas convenções e desses gestos podiam ser facilmente imitados e, portanto, *democratizados* por todo o mundo. Em contrapartida, as convenções dos candidatos alemães a cargos públicos, que passaram por exame acadêmico, e das camadas por eles influenciadas, sobretudo os hábitos nelas inculcados pelas associações estudantis, evidentemente *não* se prestavam e *não* se prestam, conforme já dissemos, a ser imitados e, portanto, "democratizados" por algum círculo externo à camada diplomada, e muito menos pelas amplas massas do povo,

---

33. A ironia de Weber beira o sarcasmo quando afirma que os alemães, apesar de apoiarem da boca para fora os "valores clássicos de Weimar", fracassaram na tentativa de colocar em prática os ideais (*Anmut*, "graça", e *Würde*, "dignidade") fundamentais do projeto de Schiller de uma educação estética para a humanidade. Ver Friedrich Schiller, *On the Aesthetic Education of Man*, traduzido e editado por E. Wilkinson e L. A. Willoughby (Oxford, 1967), em que (15ª. carta) Schiller defende a fusão entre graça e dignidade.

apesar de não serem, ou melhor, justamente porque não são, por sua própria natureza, nem um pouco cosmopolitas ou "aristocráticos", e sim totalmente plebeus. O código de honra românico, tal como o anglo-saxônico, que é de caráter completamente diverso, era suscetível de uma extensa democratização. Já o conceito especificamente alemão da "capacidade de retratação" não é passível de ser democratizado, como nos ensina toda reflexão. Não obstante, é de grande alcance político. E o que se mostra relevante do ponto de vista político e social não é – como geralmente se acredita – a validade do chamado "código de honra", num sentido mais restrito, dentro do corpo de *oficiais*, que é seu devido lugar. Politicamente importante é, antes, a circunstância de que, de modo geral, um *conselheiro municipal prussiano* (*Landrat*) simplesmente tem de ser "capaz de retratação", no sentido dos estudantes medievais, para conseguir *manter-se* no cargo, o que também vale para qualquer outro funcionário administrativo que possa ser facilmente afastado de sua função (ao contrário, por exemplo, do juiz de primeira instância (*Amtsrichter*), "independente" em virtude da lei e que justamente devido a essa independência é socialmente *inferior* ao conselheiro municipal). O conceito da "capacidade de retratação", bem como todas as demais convenções e formas apoiadas na estrutura da burocracia e da honra estudantil alemã que lhe servem de padrão, constituem, do ponto de vista *formal*, *convenções de casta*, porque, devido à sua natureza, não podem ser democratizadas. Não obstante, do ponto de vista *material*, não são de caráter aristocrático, e sim totalmente *plebeu*, pois carecem de toda dignidade estética e de toda nobreza. É essa contradição interna que os faz parecer tão ridículos e politicamente desfavoráveis.

Os alemães são um *povo de plebeus* ou, se se preferir, um povo burguês (*bürgerlich*), e somente nessa base poderia crescer uma "forma alemã" específica.

Desse modo, do ponto de vista *social*, qualquer democratização social criada ou fomentada por uma reorganização política – que é o que queremos explicar aqui – não encontraria em nosso país valores formais aristocráticos que pudessem ser destruídos ou, ao contrário, privados de sua exclusividade e propagados pela nação, como aconteceu com os valores formais da aristocracia românica e anglo-saxônica. Por outro lado, os valores formais do alemão "diplomado e capaz de retratação" não chegam a ser os de um homem do mundo; portanto, não podem servir de apoio nem mesmo à segurança interna de sua própria camada. Como mostra qualquer prova, tampouco bastam para ocultar a verdadeira insegurança interna em relação ao forasteiro de cultura cosmopolita, a não ser na forma de "impertinência", que transmite a impressão de falta de educação e muitas vezes resulta de embaraço.

Se uma "democratização" *política* realmente pode ter como consequência a democratização *social*, essa é uma questão que, por ora, deixaremos de lado. A ausência de barreiras na "democracia" política da América não impede, por exemplo, que surjam aos poucos na sociedade – como acreditam os alemães – não apenas uma crua plutocracia de proprietários, mas também – ainda que geralmente passe despercebida – uma "aristocracia" dos estamentos, cujo crescimento é tão importante do ponto de vista da história cultural quanto o da primeira.

Em todo caso, o desenvolvimento de uma "forma alemã" verdadeiramente nobre e, ao mesmo tempo, adequada ao caráter *burguês* das camadas socialmente influentes ainda está reservado para o futuro. O início do desenvolvimento de tal convenção burguesa nas cidades hanseáticas não teve continuação devido à influência das mudanças políticas e econômicas a partir de 1870. Como a guerra atual nos está agraciando com tantos *parvenus*, por enquanto nem precisamos esperar por novidades. Os filhos desses *parvenus* farão de tudo para adquirir nas universidades as convenções estudantis habituais – que não fazem nenhuma exigência em relação a tradições nobres – como um treinamento cômodo para ganhar a qualificação de oficial da reserva. Em todo caso, uma coisa é certa: se a "democratização" tivesse o resultado de *eliminar* o prestígio social do homem diplomado – o que de modo algum é garantido, por razões que aqui não podemos discutir –, ela *não* destruiria com isso valores formais politicamente valiosos em nossa sociedade. Talvez *pudesse*, em vez disso, abrir o caminho ao desenvolvimento de valores formais adequados à estrutura social e econômica *burguesa* e, portanto, "autênticos" e nobres. Uma vez que é tão difícil inventar esses valores formais para si mesmo como um estilo, deles só se pode falar uma coisa (essencialmente negativa e formal), que vale para todos os valores formais desse tipo: eles não podem ser desenvolvidos sobre nenhum outro fundamento além da *distância* e da *reserva* na atitude pessoal. Não foram raras as vezes em que esse pré-requisito de toda dignidade pessoal faltou em nossa sociedade. E os literatos de última geração, com sua necessidade de tagarelar ou escrever sobre suas "experiências" eróticas, religiosas ou de qualquer outro tipo, são os inimigos de toda dignidade, seja ela qual for. Não se adquire "distância" subindo no pedestal do contraste "aristocrático" entre si mesmo e os "muitíssimos"[34], conforme acredita o raciocínio equivocado das diversas "profecias" baseadas em Nietzsche. Pelo contrário, ao precisar hoje desse apoio interno, a distância nunca é autêntica. Como prova de sua autenticidade, talvez lhe possa ser conveniente justamente a necessidade de afirmar-se dentro de um mundo democrático.

Tudo o que dissemos volta a mostrar que a pátria alemã, tanto nesse aspecto quanto em muitos outros, é e precisa ser *não* o país de seus pais, mas o de seus *filhos*, como Alexander Herzen dissera de maneira tão bela sobre a Rússia[35]. Isso

....
34. Weber refere-se ao conceito nietzschiano de "distância", encontrado, por exemplo, em *Além do bem e do mal*, seção 257, e *A genealogia da moral*, seção 24. A expressão "demasiado muitos" aparece, particularmente, em "Do novo ídolo", em *Assim falou Zaratustra*.

35. Não encontramos na obra de Alexandre Herzen a fonte de confirmação dessa atribuição, embora ela certamente esteja de acordo com seus sentimentos.

vale sobretudo para os problemas *políticos*. Para resolvê-los, o "espírito alemão" não pode ser destilado das obras intelectuais de nosso passado, por mais valiosas que sejam. Que se dedique todo respeito às grandes sombras de nossos antepassados intelectuais e se utilizem os produtos de seu trabalho para o exercício formal de nosso espírito! No entanto, assim que a vaidade de nossos literatos, cuja vocação de escritores é interpretar os autores clássicos para a nação, arroga-se o direito de criticar a configuração de nosso futuro político, tal como um professor faz com a vara, dizemos: *é hora de colocar os alfarrábios de castigo!*[36] Não há *nada* a aprender com eles. Os clássicos alemães podem nos ensinar, entre outras coisas, que somos um povo capaz de exercer uma liderança cultural no mundo em tempos de pobreza material, de impotência política e até de domínio estrangeiro. Dessa época *a*política originam-se as ideias dos autores clássicos, mesmo quando se referem à política ou à economia. Inspiradas pela discussão sobre a Revolução Francesa, em parte essas ideias eram construídas em um espaço livre de paixões políticas e econômicas. Todavia, quando nelas vivia outra paixão política que não a revolta furiosa contra o domínio estrangeiro, essa paixão era o entusiasmo ideal por reivindicações *morais*. O que se encontrar além disso permanecerá como pensamento filosófico, que podemos utilizar como estímulo para tomarmos uma posição correspondente à *nossa* realidade política e às exigências de nosso tempo, mas não como um guia. Os problemas modernos do parlamentarismo e da democracia e, em geral, a natureza de nosso Estado moderno estavam completamente fora de seu horizonte.

....
36. Não está totalmente claro, aqui, quais são os alvos dos ataques de Weber, mas é possível que se trate do círculo ao redor do poeta Stefan George, que via no passado clássico um modelo para o futuro. O mais proeminente historiador literário do grupo, Friedrich Gundolf, havia atraído particular atenção dos círculos intelectuais com a publicação de sua biografia de Goethe (1916) apenas um ano antes da escrita desse ensaio por Weber.

Voltando à questão do sufrágio igual, alega-se que ele significa a vitória dos "instintos das massas", apáticos e inacessíveis a qualquer reflexão política, sobre a convicção política bem ponderada, ou seja, a vitória da política emocional sobre a racional. No que se refere a esta última opinião, cabe dizer que a política externa da Alemanha é uma prova de que uma monarquia que governa com um sufrágio baseado em classes (pois o Estado hegemônico da *Prússia* era e continua sendo o dirigente decisivo da política alemã) é recordista em liderança influenciada por estados de ânimo puramente pessoais, emocionais e irracionais. Para provar isso, basta comparar o zigue-zague ineficaz da barulhenta política alemã nas últimas décadas com a tranquilidade da política externa inglesa de saber exatamente o que quer. No que se refere aos "instintos" irracionais "das massas", eles só dominam a política onde as massas se concentram de forma compacta, exercendo certa *pressão*: nas grandes cidades modernas, sobretudo onde prevalece um estilo românico de vida urbana. Nesses lugares, além das condições climáticas, a civilização que frequenta cafés permite à política de "rua", como foi acertadamente denominada, subjugar o país a partir da capital. Por outro lado, o papel do *man in the street*[37] inglês está ligado a peculiaridades estruturais muito específicas, totalmente ausentes na Alemanha, das "massas" urbanas, enquanto a política de rua na capital da Rússia vincula-se às organizações secretas locais. Todos esses pré-requisitos faltam na Alemanha, e, devido à natureza moderada da vida alemã, é bastante improvável que, como ocorre nos lugares mencionados, sucumbamos a esse perigo *ocasional* – ocasional em oposição ao perigo *crônico* que influenciou *nossa* política externa. Não foram os operários comprometidos com seus locais de trabalho, e sim os *vagabundos* e intelectuais dos cafés de Roma e Paris que forja-

....
37. Weber cita erroneamente a expressão inglesa como "men of the street".

ram a política belicosa de "rua", aliás exclusivamente a serviço do governo e *somente* na medida em que ele a queria ou permitia. *Faltou* o contrapeso do proletariado industrial. Este último, quando se apresenta unido, certamente constitui um poder enorme, entre outras coisas, também no domínio da "rua". Todavia, em comparação com aqueles elementos totalmente irresponsáveis, é um poder pelo menos *capaz* da ordem e da liderança ordenada por parte de seus homens de confiança, isto é, de políticos que pensam racionalmente. Portanto, no que se refere à política nacional, o que importa é aumentar o poder desses líderes – que em nosso país são os líderes sindicais – sobre os instintos momentâneos. Além disso, deve-se aumentar, *de modo geral*, a importância dos líderes *responsáveis*, da liderança política como tal. Um dos argumentos mais fortes *a favor* da criação de uma gerência ordenada e *responsável* da política, realizada por uma liderança *parlamentar*, é o fato de que, dessa maneira, se debilita o máximo possível o efeito de motivos puramente emocionais, vindos tanto de "cima" quanto de "baixo". A "dominação pela rua" *nada* tem a ver com o sufrágio igual: Roma e Paris foram dominadas pela "rua", numa época em que na Itália vigorava o sufrágio mais plutocrático do mundo e em Paris governava Napoleão III com um pseudoparlamento. Pelo contrário, *somente* a *liderança* ordenada das massas por parte de políticos responsáveis pode romper a dominação *desordenada* pela rua e a liderança de demagogos fortuitos.

Apenas no Estado líder da federação, a *Prússia*, o sufrágio igual é um problema de grande alcance político para o interesse do *Reich*. Em virtude da interpretação recentemente realizada da Mensagem de Páscoa[38], em princípio a questão

....
38. A "Mensagem de Páscoa" refere-se ao pronunciamento feito pelo Kaiser em 7 de abril de 1917, em que foram prometidas reformas da Câmara Alta prussiana e a introdução da eleição direta e secreta (mas não o sufrágio universal) tão logo a guerra fosse encerrada. Essa promessa de reforma política

parece resolvida. Em princípio, mas não a respeito do caminho a ser seguido. Pois é bastante improvável que o atual parlamento baseado em classes renuncie voluntariamente ao privilégio eleitoral se as circunstâncias políticas não o obrigarem. Ou, se o fizer, então será na forma de uma renúncia aparente: por exemplo, sob a coordenação de uma Câmara dos Pares, construída com a ajuda da aritmética eleitoral. No entanto, a realização *legal* do sufrágio igual na Prússia constitui uma reivindicação do *Reich* no interesse da política nacional. Pois, futuramente, o *Reich* também precisa estar em condições de convocar seus cidadãos à luta pela própria existência e pela própria honra, se necessário for. Para tanto não bastam provisões de munição e de outros materiais nem os órgãos oficiais necessários; a nação também precisa ter *disposição mental* para defender esse Estado como se fosse *seu*. As experiências no Leste podem ensinar o que acontece quando falta essa disposição[39]. Uma coisa é certa: *nunca mais a nação poderá ser mobilizada para uma guerra como a atual* se promessas solenes forem adulteradas por algum embuste supostamente astuto. Isso jamais seria esquecido. E essa é a razão politicamente *decisiva* para o *Reich* impor o sufrágio igual, caso necessário.

Por fim, cabe tocar na questão fundamental: como a *parlamentarização* se comporta em relação à *democratização*? Não são poucos os "democratas" bastante sinceros e particularmente fanáticos que veem na "parlamentarização" um sistema corrupto para arrivistas e parasitas, que leva à adulteração da democracia e ao domínio exercido por panelinhas. Talvez a "política" seja uma atividade bem "interessante" para vagabundos, mas, de resto, é uma atividade estéril. A única coisa

....
como recompensa pelos sacrifícios do povo veio um dia depois da declaração norte-americana de guerra à Alemanha e em seguida à radicalização da Social-Democracia, resultado da Revolução Russa. Uma proclamação imperial, feita em julho de 1917, "esclareceu" as questões ao prometer sufrágio igual.

39. Aqui, o "leste" significa, é claro, a Rússia, onde a revolução havia acabado de irromper.

que importa, justamente para as amplas camadas da nação, é uma boa "administração", que só a "verdadeira" democracia pode garantir. Uma democracia que, em parte, já tínhamos na Alemanha, país do "verdadeiro conceito de liberdade", e até mais do que em outros lugares, e em parte seríamos capazes de estabelecer melhor do que eles, sem parlamentarização alguma. É claro que os defensores da burocracia livre de fiscalização se deliciam jogando um tipo de democracia contra o outro, como se fossem antagônicos, dizendo que a "verdadeira" democracia manifesta-se de forma mais pura onde o bando de advogados dos parlamentares não tem condições de perturbar o trabalho objetivo dos funcionários públicos. Essa mentira deslavada – que, no caso de nossos literatos, se traduz em ilusão, uma vez que eles se dedicam ingenuamente a discursos vazios –, bem como tudo o que serve aos interesses da burocracia e aos interesses capitalistas a ela aliados, encontram facilmente seus adeptos em todos os campos. É óbvio que se trata de uma mentira, e por duas razões: 1) imaginando-se a inexistência do poder parlamentar, *com que órgão a democracia poderia contar para fiscalizar a administração dos funcionários públicos?* Não há resposta para isso. Além do mais, 2) *pelo que ela trocaria o domínio exercido pelas "panelinhas" parlamentares?* O domínio exercido por panelinhas muito mais ocultas e, na maior parte das vezes, muito menores, sobretudo inevitáveis. O sistema da chamada democracia direta só é tecnicamente possível num Estado pequeno (cantão). Em todo Estado de massas, a democracia leva à administração burocrática e, sem parlamentarização, ao *domínio* puro exercido pelos funcionários públicos. Certamente a democracia pode existir sem *sistema* parlamentar – mas não sem poder parlamentar *algum* – onde reina o sistema do "cesarismo" (no sentido mais amplo da palavra), isto é, onde há eleições populares diretas do chefe do Estado ou da cidade, como nos Estados Unidos e em algumas de suas grandes cidades (não falaremos aqui de suas vantagens nem de suas fraquezas políticas e técnico-administrativas). Todavia, o pleno poder parlamentar é indispensável em toda parte onde órgãos públicos *hereditários*, os monarcas, são os chefes (formais) do funcionalismo público. Inevitavelmente, o monarca moderno é sempre um *diletante*, como qualquer membro do parlamento. Por isso, não tem nenhuma condição de fiscalizar uma administração. As diferenças entre ambos são as seguintes: 1) um parlamentar pode aprender na *luta* entre os partidos a ponderar o *alcance da palavra*, enquanto o monarca deve permanecer *fora* da luta; 2) quando lhe for dado o direito à *enquete*, o parlamento tem condições de obter informações técnicas (graças ao interrogatório cruzado de especialistas e testemunhas sob juramento) e de fiscalizar as ações dos funcionários públicos. Mas como o faria o monarca ou a democracia sem parlamento?

De modo geral, uma nação que pensa que a liderança de um Estado não passa de *mera* "administração" e que a "política" é uma atividade ocasional para amadores ou uma ocupação secundária de funcionários públicos, deveria *renunciar* à participação na política internacional e preparar-se para atuar futuramente num Estado pequeno, como os cantões suíços, a Dinamarca, a Holanda, Baden ou Vurtemberga, todos eles Estados muito bem administrados. Caso contrário, não escapará das experiências que fizemos com aquela "verdadeira liberdade" do que já se tornou uma expressão cristalizada, ou seja, de "funcionários livres de fiscalização", na medida em que tentou pôr em prática uma *política de alto nível*. É claro que, como acontece em toda guerra séria, durante a guerra o entusiasmo pela "democracia sem parlamentarismo" foi nutrido pelo fato de que em todos os países, sem exceção (na Inglaterra, na França, na Rússia e na Alemanha), uma *ditadura* militar política do tipo mais extenso ocupou efetivamente o lugar da forma de governo existente em condições normais, fosse ela chamada de "monarquia" ou de "república parlamentar"; uma situação que sem dúvida lançará suas sombras sobre os tempos de paz. Essa ditadura opera por toda parte com um tipo específico de demagogia de massas, eliminando todas as válvulas de escape e todos os controles normais[40], incluindo, portanto, o controle parlamentar. Esses e outros fenômenos condicionados pela guerra ofuscam a visão dos literatos diletantes que voltam sua atenção para a produção acelerada e "atual" de livros. Mas assim como a economia de guerra não pode servir de modelo para a economia normal em tempos de paz, tampouco pode servir de modelo a composição política na guerra para a estrutura política na paz.

Perguntamo-nos o que pode substituir politicamente as funções de um parlamento. Porventura o plebiscito, no que se refere à legislação? Em primeiro lugar, em nenhum país do mundo foi introduzido o plebiscito para executar as tarefas mais importantes do trabalho parlamentar em curso, a saber, o *orçamento*. Logicamente, isso não seria possível. É fácil prever o destino de quase todos os projetos de impostos se a decisão dependesse do plebiscito. Todavia, para todas as *leis* e ordens relativamente complicadas que dizem respeito à cultura (*Kultur*) conteudística, no Estado de massas o plebiscito significaria um forte bloqueio mecânico de todo progresso. É o que deve acontecer pelo menos num Estado geograficamente grande (seria diferente num cantão). E isso pela razão simples e puramente técnica de que o plebiscito exclui *o acordo entre os partidos*. As únicas questões que podem ser resolvidas com o plebiscito de maneira política e tecnicamente satisfatória são as que podem ser respondidas com um simples "sim" ou "não". Caso contrário, as *diversas* objeções que podem ser levantadas contra uma proposta concreta impediriam *qualquer* resultado. Num Estado de massas com considerável diferenciação social e geográfica, tais objeções estão muito mais presentes do que num único Estado americano ou num

....
40. Aqui, a segunda edição traz "controles normais", enquanto a primeira edição, em brochura (1917), apresenta *erworben* ("herdados", "adquiridos").

cantão suíço. *Esta* é a função específica do parlamento: possibilitar a obtenção da solução "relativamente" melhor mediante negociação e acordo. O preço a ser pago por essa função equivale ao sacrifício feito pelo eleitor na eleição parlamentar, uma vez que ele só pode optar pelo partido que lhe for *relativamente* mais conveniente. Essa superioridade puramente técnica da legislação parlamentar não pode ser substituída por nada – o que não quer dizer que não possa haver casos nos quais o plebiscito seria um instrumento adequado de verificação. Em relação à eleição dos funcionários públicos pelo povo – enquanto não se limitar a eleger o *líder*, caracterizando assim o "cesarismo" –, podemos dizer que em todo Estado de massas ela não apenas rompe a disciplina hierárquica das autoridades, mas também (segundo experiências americanas) estimula a corrupção ao excluir a *responsabilidade* pela nomeação. Num Estado monárquico, toda luta contra o parlamentarismo em nome da "democracia" significa que, por ressentimento ou cegueira, cuida-se simplesmente do domínio exercido pelos burocratas, em especial de seu interesse em permanecer livre de qualquer controle.

A "democratização" no sentido de que o *Estado governado pelo funcionalismo* nivela a estrutura de estamentos é um fato. Num "Estado autoritário" burocrático com pseudoparlamentarismo, há somente duas alternativas: deixar a maioria dos cidadãos sem direitos nem liberdade, "administrando-os" como se fossem um rebanho, ou integrá-los ao Estado como *cogovernantes*. Porém, um *povo de senhores* (*Herrenvolk*)[41] – e somente ele pode *e tem permissão para* praticar uma "política internacional" – não tem *nenhuma* escolha nesse sentido. Pode-se muito bem impedir a democratização (por ora), pois

....
41. O uso do termo *Herrenvolk* por Weber não deve ser confundido com a posterior apropriação indevida do vocabulário nietzschiano pelos nacionais-socialistas. Weber não o utiliza com conotação imperialista, mas sim por conceber uma nação em que cada indivíduo seja o dono de sua própria vida e responsável por seu próprio destino político.

grandes interesses, preconceitos e covardia estão aliados para combatê-la. No entanto, logo veríamos que isso aconteceria às custas de todo o futuro da Alemanha. Todas as forças das massas se engajariam então *contra* um Estado no qual são apenas objeto, e não participantes. Para alguns círculos, as consequências políticas inevitáveis podem ser interessantes. Mas certamente não o são para a pátria.

Parlamento e governo na Alemanha reorganizada

Sobre a crítica política do funcionalismo e do partidarismo

Nota preliminar

Este tratado político é uma reformulação e uma ampliação de artigos publicados no *Frankfurter Zeitung*, no verão de 1917[1]. Não traz nenhuma novidade para um especialista em direito público, mas também não se reveste da autoridade de uma ciência, pois as últimas posições tomadas pela vontade não podem ser decididas por meios científicos. Para quem as tarefas históricas da nação alemã não se encontram, por princípio, *acima* de todas as questões da *forma* do Estado, ou para quem considera essas tarefas a partir de um ângulo fundamentalmente diferente, os argumentos aqui apresentados não surtem efeito. Pois, a esse respeito, partem de determinados pressupostos, com base nos quais voltam-se contra aqueles que ainda consideram que a situação atual também é adequada para desacreditar justamente o parlamento (*Volksvertretung*) em fa-

---
1. *Parlament und Regierung im neugeordneten Deutschland. Zur politischen Kritik des Beamtentums und Parteiwesens* (München e Leipzig, 1918). Este ensaio baseia-se em cinco artigos, publicados pela primeira vez no *Frankfurter Zeitung*, entre abril e junho de 1917. São textos que geraram controvérsias, particularmente devido a suas críticas às intervenções do monarca na política. As "habituais dificuldades técnicas de impressão" que Weber oferece como justificativa para a demora da publicação dos textos em brochura são um eufemismo para as dificuldades que teve com a censura.

vor de outros poderes políticos. Foi o que infelizmente aconteceu nos últimos quarenta anos e ainda durante a guerra, sobretudo em círculos bastante amplos de *literatos* acadêmicos e academicamente formados, muitas vezes de forma extremamente arrogante e desmedida, com hostilidade desdenhosa e sem nenhum sinal de boa vontade para, pelo menos, quererem entender as condições necessárias para a existência de parlamentos eficientes. Sem dúvida, em suas atuações políticas, os parlamentos alemães não estão acima de qualquer crítica. No entanto, o que vale para o *Reichstag* também deve valer para outros órgãos estatais, que sempre foram cuidadosamente poupados e muitas vezes até adulados por esses literatos. Todavia, se para os diletantes tornou-se um esporte banal atacar o parlamentarismo, certamente chegou o momento de examinar, sem especial indulgência, o juízo político desses críticos. Com adversários reais (*sachlich*) e nobres (*vornehm*) – e não há dúvida de que eles existem –, seria um prazer discutir objetivamente. Porém, seria contrário à sinceridade alemã mostrar respeito a círculos cujos membros caluniaram reiteradas vezes este autor, bem como muitas outras pessoas, chamando-os ora de "demagogos", ora de "antialemães", ora de "agentes do exterior". E o mais vergonhoso nesses excessos talvez tenha sido a indubitável ingenuidade da maioria dos literatos envolvidos.

Diz-se que este não é o momento oportuno para tocar nos problemas da política interna, pois temos outras coisas a fazer. "Nós" quem? Sem dúvida, os que ficaram em casa. E o que eles teriam de fazer? Lançar invectivas contra os inimigos? Com isso não se ganha guerra nenhuma. Os que lutam no campo de batalha não o fazem, e esses insultos, que se intensificam à medida que aumenta a distância das trincheiras, dificilmente são dignos de uma nação orgulhosa. Ou seria melhor se fizessem discursos e chegassem a resoluções sobre o que "nós" teríamos de anexar antes de concordar com a paz? A esse respeito, deve-se fazer uma observação fundamental: se o exército que luta nas batalhas alemãs passasse a dizer: "O que *nós* conquistamos com nosso sangue tem de permanecer nas mãos da Alemanha", "nós" que ficamos em casa certamente teríamos o direito de intervir: "Lembrem-se de que, politicamente, talvez isso não seja sensato." Não obstante, se insistissem em sua ideia, "nós" teríamos de nos calar. E, do ponto de vista puramente humano, parece-me absolutamente intolerável e sem dúvida prejudicial à vontade de continuar lutando que "nós" que ficamos em casa não tenhamos escrúpulos em envenenar a alegria de nossos combatentes por suas conquistas dizendo-lhes, como ocorreu reiteradas vezes: "Se vocês não alcançarem o objetivo da guerra que nós estabelecemos, *terão derramado seu sangue em vão*." Melhor seria repetir apenas que a Alemanha continua lutando por sua existência contra um exército em que negros, gurcas e toda sorte de bárbaros saídos de todos os esconderijos da terra estão a postos nas fronteiras para fazer de nosso país um deserto. Essa é a verdade que qualquer um entende e que nos teria mantido unidos. Em vez disso, os literatos encarregaram-se de fabricar toda espécie de "ideias", pelas quais, em sua opinião, os homens no campo de batalha derramam sangue e morrem. Não acredito que essa atividade inútil tenha aliviado algum de nossos combatentes no cumprimento de seu árduo dever. A objetividade da discussão política foi a grande prejudicada.

Parece-me que *nossa* tarefa aqui em casa seja principalmente a de cuidar para que os combatentes que voltam da linha de frente *encontrem a possibilidade* de reconstruir, com a cédula eleitoral na mão e mediante seus representantes eleitos, aquela Alemanha cuja existência salvaram. Isso significa que temos de afastar os obstáculos que as circunstâncias atuais põem em seu caminho para que, ao retornarem, eles não tenham de conduzir batalhas estéreis contra esses obstáculos, em vez de se dedicarem à reconstrução. Não há sofística que possa refutar o fato de que, por mais voltas que se deem, os únicos meios de conseguir isso são o direito ao voto e o poder parlamentar. É pouco honesto e difícil de aceitar que algumas pessoas tenham-se queixado com toda seriedade de que uma reforma que dará aos combatentes a *possibilidade* de participação nas decisões será realizada "sem que eles sejam consultados".

Além disso, diz-se que toda crítica à nossa forma de Estado fornece munição aos inimigos. Esse argumento nos manteve calados por vinte anos, até ser tarde demais. O que ainda temos a perder no exterior com essa crítica? Os inimigos poderiam congratular-se se continuassem existindo os antigos defeitos graves. E justamente neste momento em que a grande guerra alcançou a fase na qual a diplomacia retoma a palavra, está na hora de fazermos de tudo para que não sejam cometidos os antigos erros. Infelizmente, no momento há poucos sinais de que isso vá acontecer. Os inimigos sabem ou ficarão sabendo que a democracia alemã não assinará um tratado de paz desfavorável, a menos que queira estragar seu futuro.

Quem, por amor de si próprio e pelas mais profundas razões de fé, colocar *toda* forma de domínio autoritário acima de *todos* os interesses políticos da nação, que o confesse. Não há argumentos contra ele. Mas que não venha, em vez disso, com o palavrório presunçoso sobre o antagonismo entre a "ideia alemã de Estado" e aquela "da Europa Ocidental". Nas simples questões relativas à técnica de formação da vontade do Estado, a serem tratadas aqui, não há para um Estado de massas um número arbitrário de formas, e sim um número limitado delas. Para um político *objetivo* (*sachlich*), saber qual dessas formas é a adequada a seu Estado em cada momento também é uma questão objetiva, a ser respondida de acordo com as tarefas políticas da nação. Somente uma falta lamentável de confiança na força inerente à nação alemã (*Deutschtum*)[2] pode le-

---

2. *Deutschtum* é tanto um substantivo coletivo como o resumo das qualidades da "germanidade".

var alguém a supor que a essência alemã seria questionada se compartilhássemos com outros povos certas instituições tecnicamente adequadas para o Estado. Isso para não falar do fato de que nem o parlamentarismo é alheio à história alemã, nem qualquer um dos sistemas que se opõem a ele é próprio exclusivamente da Alemanha. Circunstâncias objetivas e totalmente coercivas cuidarão para que também um Estado alemão parlamentarizado pareça *diferente* de qualquer outro. Fazer disso um objeto da *vaidade* da nação não seria uma política objetiva, mas uma política de literatos. Hoje não sabemos se haverá uma reestruturação parlamentar realmente útil na Alemanha. Ela pode tanto ser sabotada pela direita quanto desperdiçada pela esquerda. Este último caso também é possível. Pois, evidentemente, os interesses vitais da nação também estão acima da democracia e do parlamentarismo. Contudo, se o parlamento falhasse e, por conseguinte, voltasse o sistema antigo, as consequências seriam de grande alcance. Mesmo nesse caso, poderíamos agradecer ao destino termos nascido alemães. Mas teríamos de renunciar definitivamente a acalentar grandes esperanças quanto ao futuro da Alemanha, *independentemente* de como for a paz.

O autor, que há quase três décadas votou nos conservadores e depois nos democratas, que antigamente desfrutava a hospitalidade do *Kreuzzeitung*[3] e hoje desfruta aquela dos jornais liberais[4], não é político ativo nem pretende sê-lo. Por precaução, cabe observar que ele não tem nenhum tipo de relação com nenhum estadista alemão. Tem todos os motivos para acreditar que nenhum partido, nem mesmo de esquerda, poderá identificar-se com o que ele diz, sobretudo com aquilo que pessoalmente lhe parece o mais importante (capí-

---

3. *Kreuzzeitung* era o nome comumente dado ao *Die Neue Preußische (Kreuz-)Zeitung*, um jornal ultraconservador.

4. Os jornais e revistas liberais que Weber tinha em mente eram o *Frankfurter Zeitung*, o *Münchener Neueste Nachrichten* e a *Die Hilfe*.

tulo IV) e que, ao mesmo tempo, é algo sobre o qual *não* existem diferenças de opinião entre os partidos políticos. Se escolheu seu ponto de vista político atual é porque as experiências das últimas décadas há muito tempo o levaram à firme convicção de que a maneira pela qual até hoje têm sido conduzidos em nosso país tanto a formação da vontade do Estado quanto o funcionamento da política, sejam quais forem seus objetivos, condenam necessariamente ao fracasso *toda* política alemã; de que, a continuar por esse caminho, tudo permanecerá exatamente igual no futuro, e de que não há nenhuma probabilidade de que, nesse caso, ressurjam novos comandantes de exército que, por intervenção militar e com inaudito sacrifício cruento da nação, possam salvar-nos da catástrofe política.

Mudanças técnicas na administração do Estado não tornam uma nação nem vigorosa (*tüchtig*)[5], nem feliz, nem valiosa. Apenas podem remover obstáculos mecânicos que se opõem a elas e, por isso, não passam de meios para alcançar determinado fim. Talvez alguns lamentem que *possam* ser importantes coisas tão prosaicas e civis (*bürgerlich*) como as que serão discutidas aqui com deliberada omissão e renúncia a todos os grandes problemas de conteúdo cultural que temos pela frente. Mas a situação é essa. Em grande escala, é o que ensina a política das últimas décadas. Em escala menor, o fracasso total e bem recente da condução política do *Reich*[6] a cargo de um funcionário de rara competência e simpatia constitui uma espécie de verificação dos cálculos feitos nos artigos publicados pouco antes. Quem não considerar suficientes todas essas experiências, não se contentará com prova alguma.

....
  5. O termo "*tüchtig*" é usado com frequência por Weber como medida de avaliação. Ele o utiliza tanto no sentido darwiniano de "aptidão" para a vida (*lebenstüchtig*) quanto para se referir às virtudes burguesas alemãs fundamentais, a saber, "competência" e "habilidade".
  6. Esta é uma referência a G. Michaelis (1857-1936), chanceler imperial entre 14 de julho e 1º de novembro de 1917.

Quando se trata de questões técnicas de administração do Estado, o político conta com as próximas gerações. E este pequeno texto ocasional nada mais pretende do que "servir a nosso tempo".

A longa demora com que aparece o presente texto, cuja forma atual me foi sugerida por amigos de ideias afins, deveu-se primeiramente a outros compromissos. A partir de novembro, foi causada pelas habituais dificuldades técnicas da impressão.

1. A herança de Bismarck

A situação atual de nossa vida parlamentar é uma herança dos muitos anos de *governo do príncipe* Bismarck na Alemanha e da posição adotada pela nação diante dele desde a última década em que ocupava o cargo de chanceler do *Reich*. Em nenhum outro grande povo há exemplo de posição igual perante um estadista dessa magnitude. Em nenhum outro lugar do mundo, nem mesmo a admiração mais irrestrita da personalidade de um político tem levado alguma nação orgulhosa a sacrificar em favor dele e de forma tão radical suas próprias convicções objetivas. Por outro lado, a oposição objetiva a um estadista de tão colossais dimensões muito raramente provocou um ódio tão grande quanto o que surgira em relação a Bismarck na extrema esquerda e no Partido alemão do Centro. Como isso se explica?

Como acontece com frequência, os efeitos posteriores dos impetuosos eventos de 1866 e 1870 só se deram na geração que, apesar de ter vivido as guerras vitoriosas como uma impressão indelével de sua juventude, não tinha nenhuma ideia própria e clara das profundas tensões e dos problemas na política interna que as acompanharam. Apenas em suas mentes Bismarck tornou-se uma lenda. Aquela geração de literatos políticos que entrou para a vida pública aproximadamente a partir de 1878[7] dividiu-se em sua atitude em relação a ele em duas metades desiguais. A maior idolatrava não a grandiosidade de seu engenho sutil e soberano, mas exclusivamente a marca de violência e astúcia de seus métodos políticos e o que neles havia de brutalidade aparente ou real. A outra reagia contra isso com impotente *ressentiment*[8]. Ainda que essa segunda variante tenha desaparecido logo após sua morte, a primeira conheceu um florescimento literário justamente a partir desse momento. Há muito tempo imprime seu caráter não apenas na lenda histórica dos políticos conservadores, mas também na de literatos sinceramente entusiasmados e, por fim, na de todos aqueles plebeus intelectuais que acreditam legitimar-se como espíritos de seu espírito pela imitação externa de seus gestos. Há testemunhos de que o próprio Bismarck sentia um profundo desprezo por esta última camada, que não deixa de exercer certa influência em nosso país, por mais que, naturalmente, na ocasião ele estivesse disposto a servir-se politicamente desses seus cortesãos, do mesmo modo como se servia de outras pessoas da categoria do senhor Busch[9]. "Vazio de conteúdo e colegial na forma", foi o que anotou na margem de um parecer "pangermanista" (no sentido atual) que certa vez pedira, a título de experiência, a um homem que ao menos se distinguia substancialmente dos representantes atuais dessa linha de pensamento pelo fato de poder apresentar conquistas próprias para a nação, feitas não apenas com a boca, mas com ações ousadas. Em suas memórias, Bismarck registrou o que pensava de seus pares conservadores.

....

7. Weber refere-se especificamente a 1878, aparentemente por algumas razões: é o ano do Congresso de Berlim, da introdução da legislação antissocialista de Bismarck e do distanciamento das políticas mais liberais promovidas nos primeiros anos do novo *Reich*.

8. Cf. Nietzsche, *A genealogia da moral* (1887). Weber descreve o ensaio, com sua discussão sobre o *ressentiment*, como "brilhante". *From Max Weber*, ed. H. H. Gerth e C. W. Mills (London, 1948), p. 270.

9. M. Busch (1821-99), jornalista e correspondente de guerra.

Ele tinha algumas razões para menosprezá-los. Pois o que experimentou quando teve de renunciar ao cargo, em 1890? Sem dúvida seria pedir demais que lhe demonstrasse simpatia o Partido do Centro, em cujas "abas de casaco" ele tinha "dependurado" Kullmann[10], autor do atentado contra ele; ou os sociais-democratas, contra os quais ele tinha liberado uma perseguição com o parágrafo sobre a expulsão, contido nas leis contra os socialistas; ou ainda os liberais[11] da época, que estigmatizara como "inimigos do *Reich*". Mas e os outros, que com sonoro aplauso aprovaram tudo isso? Nas cadeiras de ministros da Prússia e nos departamentos oficiais do *Reich* sentavam-se criaturas *conservadoras* que ele mesmo tinha promovido a partir do nada. O que fizeram? Continuaram sentados. "Um novo superior", e o caso estava encerrado. Nas cadeiras presidenciais dos parlamentos do *Reich* e da Prússia estavam sentados políticos *conservadores*. O que foi mesmo que exclamaram na despedida do criador do *Reich*? Não fizeram nenhuma menção ao episódio. Qual dos grandes partidos de seus seguidores exigiu ao menos uma explicação sobre as razões de sua demissão? Nenhum deles se mexeu; simplesmente se viraram para o novo sol. É um comportamento sem precedentes nos anais de qualquer povo orgulhoso. Todavia, o que aumenta ainda mais o menosprezo que tal conduta merece é o entusiasmo por Bismarck que os mesmos partidos declararam mais tarde como sua propriedade hereditária. Já faz cinquenta anos que os conservadores prussianos *nunca* mostram nenhum *caráter* político a serviço de grandes objetivos ideais ou relativos à política nacional, como os que tive-

....
10. E. Kullmann, aprendiz de tanoeiro e católico, tentou assassinar Bismarck em julho de 1874. Bismarck procurou vinculá-lo ao Partido do Centro Católico.

11. O *Deutsch-Freisinnige Partei* (1884-93), um partido liberal de esquerda, que defendia fortemente o livre mercado e se opôs ao *Septennat* em 1887.

ram Stahl[12] e Gerlach[13] e, à sua maneira, o antigo Partido Social Cristão. Examinando os acontecimentos, verificamos que *exclusivamente* nos momentos em que estavam em jogo seus interesses monetários ou seu monopólio na obtenção de prebendas, bem como sua patronagem ou (o que é idêntico) seus privilégios eleitorais, sua máquina eleitoral, conduzida pelos conselheiros municipais, trabalhava sem nenhuma consideração, agindo assim até mesmo *contra* o rei. Todo o deplorável aparato de palavrório "cristão", "monarquista" e "nacional" entrava então, e continua entrando, em ação: exatamente a mesma atitude que aqueles senhores criticam agora como *cant* na retórica dos políticos anglo-saxônicos. Apenas alguns anos após a destituição de Bismarck, quando se tratava de seus próprios interesses *materiais*, sobretudo alfandegários, é que se lembraram de Bismarck como cavalo de reforço e passaram a gabar-se com toda seriedade de serem os guardiões de suas tradições. Há boas razões para supor que o próprio Bismarck, em seu tempo, não esboçou outra reação ante esse tipo de comportamento a não ser desprezo. Observações confidenciais provam isso. Quem pode criticá-lo por isso? No entanto, a vergonha que alguém pode sentir em relação àquela caricatura de um povo politicamente maduro, que a nação oferecia em 1890, não pode turvar a percepção do fato de que, nessa inépcia indigna de seus partidários, Bismarck colheu de maneira trágica o que *ele mesmo tinha semeado*. Pois justamente esta inépcia política do parlamento e dos políticos dos partidos era o que ele queria e tinha deliberadamente provocado.

Nunca um estadista que tenha chegado ao poder sem contar com a confiança do parlamento teve como parceiro um

---

12. F. J. Stahl (1802-61), teórico político e político conservador, proponente da ideia de uma monarquia paternalista e absolutista para a Prússia.

13. E. L. von Gerlach (1795-1877), teórico político e um dos fundadores do Partido Conservador Prussiano. Ele defendia o restabelecimento de um Estado organizado corporativamente (*ständisch*).

partido tão fácil de lidar e, ao mesmo tempo, tão rico em talentos políticos quanto o de Bismarck, de 1867 a 1878. As opiniões políticas dos líderes nacional-liberais daquela época podem ser rejeitadas. É claro que na área da alta política e no que se refere à energia soberana do espírito eles não podem ser comparados ao próprio Bismarck, ao lado do qual mesmo os melhores entre eles parecem medíocres, como, por fim, todos os demais políticos dentro do país e a maioria fora dele. Na melhor das hipóteses, um gênio só aparece uma vez por século. Contudo, poderíamos agradecer ao destino se, em média, ele tivesse colocado, e futuramente colocasse, a condução de nossa política nas mãos de políticos do nível que existia naquela época nesse partido. Não obstante, uma das distorções mais descaradas da verdade é querer convencer a nação, como fazem nossos literatos políticos, de que "o parlamento alemão até agora não tinha sido capaz de produzir grandes talentos políticos". É lamentável que a moda atual entre os literatos subalternos negue a representantes do parlamentarismo, como Bennigsen, Stauffenberg e Völk, ou da democracia, como o patriota prussiano Waldeck, a qualidade de representantes do "espírito alemão", que estava pelo menos tão vivo na Paulskirche[14] quanto na burocracia e mais vivo do que nos tinteiros desses senhores. O grande mérito daqueles políticos dos tempos áureos do *Reichstag* era, a princípio, o fato de que sabiam de suas próprias limitações e de seus erros no passado e reconheciam a enorme superioridade intelectual de Bismarck. Em nenhum lugar ele teve admiradores pessoais mais apaixonados do que em suas fileiras, precisamente naquelas que mais tarde se separaram de seu partido. Em favor de seu nível pessoal falava principalmente o seguinte: a ausência total de qualquer ressentimento em relação à sua grandeza superior. Qualquer um que os tenha conhecido absolverá com-

....
14. A Assembleia Nacional Constituinte alemã de 1848 reuniu-se na Paulskirche, em Frankfurt.

pletamente de tal sentimento todas as personalidades importantes entre eles. Para quem está a par dos acontecimentos, poderia quase parecer mania de perseguição se Bismarck tivesse seriamente nutrido a ideia de que justamente *esses* políticos em algum momento pensaram em "derrubá-lo". Várias vezes ouvi de seus líderes que, se houvesse alguma possibilidade de sempre surgir para o cargo mais elevado um novo Bismarck, então o cesarismo, ou seja, a forma de governo de um gênio, seria a constituição ideal para a Alemanha. Essa era uma convicção absolutamente sincera. É verdade que no passado tinham cruzado espadas com ele. Justamente por isso conheciam *também suas limitações,* e não estavam nem um pouco inclinados a sacrificar seu intelecto de maneira pouco viril, ainda que muitas vezes tenham manifestado, até o limite da abnegação, disposição para fazer-lhe concessões com o objetivo de evitar uma ruptura das relações. Foram incomparavelmente muito mais longe do que era tolerável em vista do clima entre os eleitores, que ameaçavam negar-lhes apoio. Os políticos do Partido Nacional Liberal temiam a luta pelos direitos parlamentares formais com o criador do *Reich*, não apenas porque previam que, do ponto de vista da política de partido, ela só aumentaria o poder do *Partido do Centro,* mas também porque sabiam que paralisaria durante muito tempo tanto a própria política de Bismarck quanto o trabalho efetivo (*sachlich*) do parlamento: "Nada mais está dando certo", dizia-se, como todos sabem, nos anos 80. Sua intenção mais íntima, muitas vezes pronunciada no círculo interno, era conduzir ao longo do período em que essa grandiosa personalidade governasse o *Reich* aquelas instituições em cuja eficiência poderia basear-se futuramente a continuidade da política do *Reich*, quando chegasse o dia em que teria de se conformar com políticos de dimensões comuns. Por certo, entre essas instituições também incluíam um *parlamento* que colaborava positivamente nas decisões e, portanto, atraía grandes talentos políticos e partidos fortes.

Sabiam muito bem que alcançar esse objetivo era algo que *não dependia absolutamente apenas deles*. Por ocasião da grande virada de 1878, muitas vezes ouvi um ou outro deles dizer: "Destruir um partido numa situação tão precária quanto a nossa ou impedir que ele continue a existir não exige nenhuma grande arte política. Mas, se o fizerem, não conseguirão criar outro grande partido que colabore de maneira puramente objetiva. Serão obrigados a recorrer a um sistema baseado na política de interesses e no pagamento de 'gratificações' à patronagem, tendo de aceitar, em contrapartida, os abalos políticos mais graves." Como já foi dito, pode-se avaliar como se queira os detalhes de algumas tomadas de posição do partido, a cuja iniciativa devemos, por fim, a posição que a Constituição reserva ao chanceler do *Reich* (moção de Bennigsen), a unificação do direito civil (moção de Lasker), o banco do *Reich* (moção de Bamberger), bem como, em geral, a maioria de todas as grandes instituições do *Reich* que ainda hoje são comprovadamente eficientes. É fácil criticar *a posteriori* a tática por eles empregada, que constantemente tinha de contar com uma situação difícil em relação a Bismarck. Também se podem responsabilizar pelo declínio de sua posição as dificuldades naturais de um partido com orientação tão puramente política e, ao mesmo tempo, onerado com dogmas econômicos antiquados em relação aos problemas econômicos e de política social, ainda que, por fim, em todos esses aspectos a situação dos partidos conservadores não tenha sido melhor. A oposição entre seus planos para a Constituição, após 1866, e os objetivos de Bismarck deviam-se a seus ideais *unitários* na época – tal como formulados por Treitschke[15] (ideais que já abandonamos, em parte por razões de política exclusivamente externa) –, e não, como se gosta de dizer, à sua "miopia". Em todo caso, no que se refere aos pressupostos políti-

---

15. H. von Treitschke (1834-96), historiador, político e teórico político. Propôs uma Alemanha unida como um *Machtstaat* sob a liderança da Prússia.

cos fundamentais de seu comportamento, o desenvolvimento posterior lhes deu *toda razão*.

Não foram capazes de cumprir a missão política escolhida por eles mesmos e acabaram fracassando, não por razões objetivas, mas porque Bismarck não estava disposto a tolerar a seu lado *nenhum* poder, da natureza que fosse, que de algum modo tivesse independência para atuar, isto é, para agir de acordo com suas próprias responsabilidades. *Não* dentro dos ministérios. Alguns políticos do parlamento foram convidados a trabalhar nos ministérios, mas todos sabiam que Bismarck, por precaução, já tinha tomado as medidas necessárias para poder derrubar o novo colega a qualquer momento mediante difamação puramente pessoal (em última instância, essa foi a única razão pela qual Bennigsen não aceitou seu convite). *Não* no parlamento. Toda a sua política tinha em vista não permitir a consolidação de nenhum partido constitucional forte e, de alguma forma, independente. Para tanto, além de aproveitar com toda premeditação e habilidade os conflitos entre os interesses alfandegários, contou com os *projetos de lei militares* e *a lei antissocialista* como principais instrumentos[16].

Pelo que sei, em *questões militares*, o ponto de vista interno dos políticos do Partido Nacional Liberal daquela época era o seguinte: como tendiam a manter o efetivo do exército tão alto quanto fosse necessário, ele tinha de ser tratado como uma questão puramente *técnica* (*sachlich*), o que punha um fim na antiga desavença criada no período do Conflito Constitucional Prussiano[17] e, para o bem do *Reich*, obstruía pelo menos essa fonte de agitação demagógica. O único meio para

....
16. Bismarck reagiu à não renovação do orçamento do Exército (*Septennat*) em 1886 com a dissolução do *Reichstag*. Em 1878, duas tentativas de assassinato do imperador serviram de pretexto para dissolver o *Reichstag* e, em seguida, promulgar a Lei (anti-)Socialista, que não reconhecia os direitos de assembleia e de propaganda das organizações socialistas.
17. Referência ao conflito ocorrido entre a Dieta prussiana e o rei Guilherme, de 1861 a 1865, em relação à reforma do Exército e seu financiamento.

conseguir isso era o simples estabelecimento do mencionado efetivo mediante *lei orçamentária anual*. Nenhum dos líderes duvidou em momento algum que, desse modo, o aumento necessário do exército se daria sem agitação nem perturbação na política interna e fora do país, e que, com esse tratamento puramente *técnico*, sobretudo a administração militar também poderia impor muito mais exigências de maneira bem mais discreta do que seria o caso se essa questão técnica fosse misturada aos interesses de poder na política interna, por parte dos órgãos oficiais, em relação ao parlamento, o que faria com que, a cada sete anos, as questões militares se tornassem uma sensação política que abalaria as fundações do *Reich* à maneira de uma catástrofe, além de resultarem numa campanha eleitoral feroz sob o lema: "Exército do *Kaiser* ou exército do Parlamento!" Trata-se de um lema *radicalmente falso*, pois, com o voto anual, o exército não se tornou nem um pouco mais parlamentar do que o seria com um voto a cada sete anos. Tanto mais que, de todo modo, o septenato (*Septennat*) continuou sendo uma ficção. Em 1887, o *Reichstag* foi dissolvido exclusivamente devido a esta questão: "Aprova-se o efetivo, reconhecido como necessário por *todos* os partidos burgueses, para três ou sete anos?", e a aprovação para três anos foi considerada um "ataque aos direitos da coroa". Porém, exatamente três anos depois, em 1890, foi apresentada uma nova lei sobre o efetivo – oportunidade que Windhorst não perdeu para repreender os seus adversários com escárnio, mas também com toda a razão. Dessa maneira, a antiga e já enterrada desavença militar da Prússia passou a fazer parte da política do *Reich*, e a questão militar foi vinculada a interesses políticos de partidos. Todavia, temos de reconhecer que era *justamente isso* o que queria Bismarck. Naquele lema demagógico ele via, por um lado, o caminho para fazer o *Kaiser*, que vivera o período do Conflito Constitucional na Prússia, suspeitar de que o *Reichstag* e os partidos liberais eram "antimilitares", e, por outro, utilizando-se da questão do septenato, para desacreditar entre seus eleitores os nacionais-liberais como traidores dos direitos orçamentários. Não foi nada diferente o que aconteceu com as leis antissocialistas. O partido estava disposto a fazer amplas concessões, e mesmo os progressistas estavam inclinados a aprovar disposições que punissem, de maneira *geral* e permanente, como delito de direito comum, o que eles chamavam de "instigação de classes". Mas o que Bismarck queria era justamente a *lei de exceção*. A dissolução do *Reichstag* sob a excitação causada pelo segundo atentado, sem nenhuma tentativa de chegar a um acordo com o parlamento, era para Bismarck apenas um meio demagógico para acabar com o único partido poderoso da época.

Deu certo. *E o resultado?* Em vez da necessidade de levar em consideração um partido *parlamentar*, que, apesar de toda a crítica, internamente apresentava uma estreita ligação com ele e que havia colaborado na fundação do *Reich* desde o princípio, Bismarck preferiu a dependência permanente do Partido do Centro, que se apoiava em meios de poder *extra*parlamentares, inatacáveis para ele, e cujo ódio mortal contra ele durou, apesar de tudo, até sua morte[18]. Mais tarde, quando ele proferiu seu famoso discurso sobre o perecimento da "primavera dos povos"[19], Windthorst retrucou com escárnio, mas com razão, que ele mesmo tinha destruído o grande partido que o havia apoiado em tempos passados. Negou-se a aceitar a maneira exigida pelo Partido Nacional-Liberal para assegurar o direito do *Reichstag* de aprovar as receitas, pois ela estabeleceria o "domínio do parlamento", e logo depois teve de conceder ao Partido do Centro exatamente a mesma coisa, porém da pior forma imaginável: no parágrafo das gratificações da chamada cláusula Franckenstein, à qual a Prússia anexou a *lex* Huene, que era pior e que mais tarde foi abo-

---

18. O ódio a que Weber se refere foi consequência da campanha de Bismarck contra os católicos (o *Kulturkampf*).

19. Pronunciamento de Bismarck ao *Reichstag* em 13 de março de 1885.

lida não sem dificuldades[20]. Além disso, teve de engolir a grave derrota da autoridade estatal no conflito entre a Igreja e o Estado (*Kulturkampf*), tentando em vão (e de maneira pouco honesta) negar sua responsabilidade pelos métodos totalmente inadequados que haviam sido empregados nesse conflito, e, por outro lado, com a "lei de exceção" (*Ausnahmegesetz*), ofereceu à social-democracia o lema mais brilhante que se podia imaginar para as eleições. Nas mãos de Bismarck, a legislação do *Reich*, por mais valiosa que se possa considerá-la objetivamente, também se converteu em demagogia, e em uma demagogia muito ruim. Ele rejeitou a proteção dos trabalhadores, que era a medida mais indispensável para manter a força física de nosso povo, por considerá-la uma usurpação dos direitos senhoriais (com argumentos incrivelmente parciais). Com a mesma atitude e baseado nas leis antissocialistas, mandou a polícia dissolver os sindicatos, os únicos que podiam defender objetivamente os interesses do operariado, empurrando assim seus membros rumo ao mais extremo radicalismo, de caráter puramente partidário. Por outro lado, orientado por certos modelos americanos, ele acreditava poder criar a "maneira de pensar a respeito do Estado" (*Staatsgesinnung*) e a "gratidão" pela concessão de *pensões* estatais ou impostas pelo Estado. Um grave erro político. Pois, até agora, toda política que especulou com a gratidão fracassou. Até para as boas ações políticas vale a sentença: "Já receberam sua recompensa."[21] Conseguimos pensões para os doentes, os feridos, os in-

---
20. A "cláusula Franckenstein" refere-se à proposta feita em 1878 pelo deputado Franckenstein, do Centro, em que a receita do *Reich* proveniente dos impostos aduaneiros e sobre o tabaco deveria ser distribuída entre os estados federados, com volumes proporcionais ao número de seus habitantes. A *lex* Huene foi o projeto de lei proposto pelo deputado prussiano Huene, em 1885, solicitando uma maior fatia dos recursos financeiros adicionais, obtidos com o aumento dos impostos sobre o gado e os grãos, a ser distribuída às associações locais.

21. Weber cita Mateus 6:5.

válidos, os idosos. Isso certamente foi admirável. Mas *não* conseguimos as garantias, necessárias acima de tudo, para a *manutenção* da força vital física e psíquica e para a possibilidade de uma *representação* objetiva e consciente *dos interesses* dos *saudáveis* e *fortes*, daqueles, portanto, que do ponto de vista puramente político são os que importam. Tal como no *Kulturkampf*, também nesse ponto ele simplesmente passou por cima de todos os pressupostos psicológicos decisivos. Sobretudo ao tratar com os sindicatos, não deu atenção a um aspecto que ainda hoje alguns políticos não compreenderam: que um Estado que pretenda fundar o espírito de seu exército de massas em *honra* e *camaradagem* não pode esquecer que também na vida cotidiana, nas lutas econômicas do operariado, o senso de *honra* e *camaradagem* gera as únicas forças morais decisivas para a educação das massas e que, por isso, é preciso deixá-las atuar livremente. É isso e *nada mais* que, do ponto de vista *puramente político*, significa o termo "democracia social" numa era que inevitavelmente permanecerá capitalista por um longo tempo. Ainda hoje sofremos com as consequências dessa política. No final das contas, o próprio Bismarck criou a seu redor uma situação e uma atmosfera que, se ele tivesse permanecido no cargo em 1890, deixariam apenas duas alternativas possíveis: uma sujeição incondicional à vontade de Windthorst[22] ou o golpe de Estado. Não foi por acaso que a nação aceitou sua demissão com total indiferença.

Em relação à habitual idolatria da política de Bismarck, sem distinções nem críticas e, principalmente, sem virilidade, parecia afinal oportuno lembrar as pessoas desse outro aspecto. Pois uma grande parte, pelo menos a mais influente, da literatura popular sobre Bismarck foi escrita para a mesa natalina do filisteu, que prefere aquele tipo absolutamente apolí-

---

22. L. Windthorst (1812-91), líder do Partido do Centro e adversário de Bismarck durante o *Kulturkampf*.

tico de culto ao herói, que se tornou costumeiro em nosso país. Tal literatura fala ao gosto da sentimentalidade dos leitores e acredita servir a seu herói, ocultando suas limitações e insultando seus adversários. Mas não é dessa maneira que se educa uma nação a formar o próprio juízo político. A imensa grandeza de Bismarck pode muito bem suportar que se compreendam objetivamente também os que pensam de maneira diferente e que se constatem sem reservas as consequências que tiveram sua profunda misantropia e a circunstância de que, a partir de 1875[23], devido a seu governo, a nação foi privada do hábito de participar positivamente de seu destino político mediante seus representantes eleitos, que é o único modo de formar uma opinião política.

Por conseguinte, qual foi então a *herança política* de Bismarck nos aspectos que nos interessam aqui? Ele deixou uma nação *sem nenhuma educação política*, bem abaixo do nível que ela já tinha alcançado nesse aspecto vinte anos antes. E, principalmente, uma nação *sem nenhuma vontade política*, acostumada à ideia de que o grande estadista à sua frente cuidava da política em seu nome. Além disso, em consequência da utilização abusiva do sentimento monárquico como escudo de seus próprios interesses de poder na luta política entre os partidos, deixou uma nação habituada a *aceitar* com fatalismo o que fosse decidido a seu respeito em nome do "governo monárquico", sem criticar a qualificação política daqueles que se acomodaram no lugar abandonado por Bismarck e tomaram em suas mãos as rédeas do governo com despreocupação surpreendente. Nesse ponto realizou-se, de longe, o dano mais grave. Em contrapartida, o que o grande estadista deixou *não* foi, *em absoluto*, uma tradição política. Não recor-

---

23. Na edição da Winckelmann (p. 319), "1875" foi alterado (provavelmente de forma correta) para "1878", ano em que Bismarck realizou a grande mudança de direção, à qual Weber se refere no início desta seção e em suas cartas.

reu a pessoas de julgamento independente, muito menos de inteireza de caráter, nem conseguiu sequer suportá-las. De mais a mais, quis a má estrela da nação que, além de sua suspeita feroz de todos os homens que de algum modo pudessem sucedê-lo, ele tivesse um filho cujas qualidades realmente modestas de estadista ele superestimava em grau surpreendente. Por outro lado, como resultado puramente negativo de seu imenso prestígio, deixou um *parlamento completamente impotente*. Como se sabe, ele se acusou desse erro quando já não estava no cargo e tinha sofrido as consequências em seu próprio destino. Todavia, essa impotência significava, ao mesmo tempo, um parlamento com um nível intelectual muito baixo. Sem dúvida, a lenda ingênua e moralizante de nossos literatos apolíticos imagina uma relação causal diametralmente oposta: o parlamento permaneceria merecidamente impotente porque o nível de vida parlamentar era e continuava baixo. Contudo, alguns fatos e algumas considerações muito simples mostram a verdadeira realidade, que, aliás, qualquer pensador sóbrio entende sem precisar de maiores explicações. Pois o nível alto ou baixo de um parlamento depende não somente do fato de ele *falar de grandes problemas*, mas também de *resolvê-los adequadamente*, ou seja, depende *daquilo que ele faz e do alcance que isso tem* ou do fato de ele ser apenas um aparato aprobativo, tolerado de má vontade, de uma burocracia dominante.

2. Domínio por parte do funcionalismo e liderança política

Num Estado moderno, o verdadeiro *governo*, que não atua nos discursos parlamentares nem nos pronunciamentos dos monarcas, e sim no *manejo da administração* na vida cotidiana, está necessária e inevitavelmente nas mãos do *funcionalismo*, tanto militar quanto civil. Pois, de seu "escritório", o moderno oficial do alto escalão dirige até mesmo as batalhas. Do mesmo modo como, desde a Idade Média, o critério inequívoco para medir a modernização da economia é o chamado progresso rumo ao capitalismo, o critério igualmente inequívoco para medir a modernização do Estado é o progresso rumo ao funcionalismo burocrático, baseado em contratação, salário, pensão, promoção, formação especializada e divisão de trabalho, competências fixas, documentação e uma ordenação hierárquica de superiores e subordinados. Isso vale tanto para o Estado monárquico quanto para o democrático, pelo menos quando o Estado não for um cantão pequeno com uma administração rotativa, e sim um grande Estado de massas. Tal como o Estado absoluto, a democracia exclui a administração realizada por dignitários, sejam eles feudais ou patrimoniais, por patrícios ou outros dignitários com cargo honorífico ou heriditário, em favor de funcionários contratados. Estes últimos decidem sobre todas as nossas necessidades e reclamações cotidianas. Nesse ponto crucial para nós, o oficial, detentor do poder militar, não se distingue do funcionário da administração civil. O moderno exército de massas também é um exército *burocrático*, e o oficial é uma categoria especial de funcionário em oposição ao cavaleiro, ao *condottiere*, ao chefe de tribo ou aos heróis homéricos. A disciplina no serviço é o fundamento da força combativa do Exército. O avanço do burocratismo na administração municipal ocorre apenas com poucas modificações. E com mais intensidade quanto maior for o município ou quanto mais a formação técnica e economicamente condicionada de associações com interesses em comum (*Zweckverbände*) de todos os tipos privar-lhe de seu caráter orgânico e autóctone. No que se refere à Igreja, o resultado fundamentalmente importante de 1870 não foi o tão discutido dogma da infalibilidade, e sim o episcopado universal. Este criou a "clerocracia" e, em oposição à Idade Média, transformou o bispo e o padre em simples funcionários do poder central da cúria. É o que também acontece nas grandes empresas privadas de hoje, e tanto mais quanto maiores forem. Segundo as estatísticas, o número de funcionários em empresas privadas cresce mais rapidamente que o dos operários, e é muito ridículo que nossos literatos pensem que há uma diferença, ainda que mínima, entre o trabalho intelectual realizado no escritório comercial e aquele realizado no escritório do Estado.

Pelo contrário, o caráter fundamental de ambos é completamente idêntico. Do ponto de vista das ciências sociais, tanto o Estado moderno quanto a fábrica são "empresas" (*Betrieb*). Essa é sua característica historicamente específica. Em ambos os casos, a relação de domínio obedece ao mesmo padrão. A relativa independência do artesão ou do trabalhador caseiro, do camponês feudal, do comendatário, do cavaleiro e do vassalo baseava-se no fato de cada um deles ser dono das ferramentas, das provisões, dos recursos financeiros e das armas que usava para exercer sua função econômica, política ou militar e deles viver enquanto a desempenhava. Do mesmo modo, a dependência hierárquica do operário, do caixeiro, do funcionário técnico, do assistente acadêmico de um instituto, *bem como* do funcionário do Estado e do soldado, baseia-se igualmente no fato de que as ferramentas, as provisões e os recursos financeiros indispensáveis à empresa e à existência econômica estão concentrados no poder discricionário do empresário, de um lado, e naquele do chefe político, de outro. Os soldados russos, por exemplo, não *queriam* (em sua maioria) continuar lutando na guerra. Mas tinham de fazê-lo, pois os meios materiais de empreender a guerra e as provisões das quais precisavam viver estavam nas mãos de pessoas que, apoiadas nesses recursos, obrigavam os soldados a permanecer nas trincheiras, da mesma maneira que o dono capitalista dos meios econômicos de produção obriga os trabalhadores a permanecer nas fábricas e nos poços das minas. Essa base econômica decisiva, ou seja, a "separação" entre o trabalhador e os meios materiais de produção – os meios de produção na economia, os meios bélicos no Exército, os meios materiais de gestão na administração pública, os meios de pesquisa no instituto universitário e no laboratório, os meios financeiros em todos esses casos – constitui o fundamento decisivo *comum* à empresa do Estado moderno nas áreas da política de poder, na político-cultural (*Kulturpolitik*) e na militar, bem como à economia capitalista privada. Em ambos os casos, a disposição sobre esses meios está nas mãos daquele poder ao qual *obedece* diretamente, ou dispõe-se a obedecer quando convocado, o *aparato burocrático* (juízes, funcionários, oficiais, contramestres, caixeiros, suboficiais). Esse aparato também é característico de todas aquelas estruturas cuja existência e cuja função estão inseparavelmente unidas, como causa e como efeito, à "concentração dos meios materiais de produção". Em outros termos, esse aparato é a forma assumida por esse processo de concentração. Hoje, uma "socialização" crescente significa, inevitavelmente e ao mesmo tempo, um crescimento da burocratização.

Também do ponto de vista histórico, o "progresso" em direção ao Estado burocrático, que julga e administra de acordo com um direito racionalmente estatuído e regulamentos racionalmente concebidos, está em íntima conexão com o desenvolvimento capitalista moderno. Internamente, a moderna empresa capitalista baseia-se sobretudo no *cálculo*. Para poder existir, ela precisa de uma justiça e de uma administração cujo funcionamento, pelo menos em princípio, também possa ser *calculado racionalmente* com base em certas normas gerais fixas, do mesmo modo como se calcula o rendimento previsto de uma *máquina*. Com a chamada "justiça do cádi"[24],

---

24. Weber contrasta a "justiça do cádi" com o direito consuetudinário e o direito romano em *Economy and Society* (onde a palavra aparece grafada "Khadi"); ver pp. 976-8. Na terminologia weberiana, a expressão se refere a um modo de fazer justiça que não se fundamenta nem em um código jurídico formal, nem em uma revelação profética, nem em precedentes, mas em julgamentos informais, estabelecidos a partir de valores éticos particulares. Um "cádi" é um juiz muçulmano.

isto é, com o julgamento segundo o senso de equidade do juiz no caso *individual* ou segundo outros meios irracionais de verificação do direito e princípios irracionais, tais como existiam em toda parte no passado e continuam existindo no Oriente, a empresa capitalista moderna pouco consegue se familiarizar, assim como também não o faz com a administração patriarcal, que procede segundo o livre-arbítrio e a graça e, de resto, de acordo com a tradição inviolavelmente sagrada, porém irracional, praticada pelas associações teocráticas ou patrimoniais de governo (*theokratischen oder patrimonialen Herrschaftsverbände*) na Ásia e em nosso próprio passado. O fato de que essa "justiça do cádi" e sua correspondente administração, justamente devido a seu caráter irracional, eram com frequência *subornáveis* permitia, sem dúvida, o surgimento e a existência (e muitas vezes o exuberante florescimento) do capitalismo do comerciante e fornecedor do Estado, bem como de todos os tipos de capitalismo pré-racionalista, conhecidos no mundo há quatro milênios, particularmente do capitalismo de aventureiros e ladrões, ancorado na política, na guerra e na administração. Mas aquilo que é específico do capitalismo *moderno*, em oposição àquelas formas arcaicas de aquisição capitalista, isto é, a *organização* estritamente racional *do trabalho* sobre o fundamento da *técnica racional*, não surgiu nem poderia ter surgido *em nenhum lugar* dentro de Estados tão irracionalmente construídos. Pois, para tanto, essas formas modernas de empresa, com seu capital fixo e seu cálculo exato, são sensíveis demais às irracionalidades do direito e da administração. Podiam surgir apenas em duas circunstâncias: *ou* como na Inglaterra, onde a configuração prática do direito estava de fato nas mãos dos advogados que, a serviço de sua clientela (pessoas com interesses capitalistas), inventaram as formas comerciais apropriadas e de cujo meio procederam os juízes estritamente comprometidos com "precedentes", isto é, com esquemas *calculáveis*; *ou* então onde o juiz, como no Estado burocrático com suas leis racionais, é mais ou menos uma máquina automática de fazer parágrafos, na qual se introduzem por cima a documentação, mais o custo e as taxas, para retirar por baixo a sentença com as razões mais ou menos convincentes – enfim, uma pessoa cujo funcionamento é *grosso modo calculável*[A].

Por fim, o progresso rumo à burocratização que existe na economia e na administração do Estado não se realizou de modo diferente nos *partidos*.

A existência dos partidos não conhece Constituição nem lei (pelo menos na Alemanha), ainda que hoje sejam justamente eles que, de longe, representam os portadores mais importantes da vontade política daqueles que são governados pela burocracia, ou seja, os "cidadãos do Estado" (*Staatsbürger*). Independentemente da quantidade de recursos que utilizem para conseguir uma união permanente com sua clientela, os partidos são essencialmente organizações criadas de maneira voluntária e voltadas a um recrutamento livre e necessariamente sempre renovado de seus membros, em oposição a todas as corporações delimitadas por lei ou por algum contrato. Atual-

....
A. Encontra-se no nível do jardim de infância a ideia característica e diletante dos literatos segundo a qual o "direito romano" teria promovido o surgimento do capitalismo. Todo estudante é obrigado a saber que todas as instituições jurídicas características do capitalismo moderno – desde as ações, os títulos de renda fixa, o moderno direito hipotecário, as letras de câmbio e toda espécie de documentos comerciais até as formas de associações capitalistas na indústria, na mineração e no comércio – são completamente desconhecidas no direito romano e têm origem medieval, em grande parte especificamente germânica, e que na terra natal do capitalismo moderno, a Inglaterra, o direito romano nunca criou raízes. Na Alemanha, a ausência de grandes corporações nacionais de advogados, que na Inglaterra se opunham ao direito romano, e, de resto, a *burocratização* da jurisprudência e da administração estatal aplanaram o caminho para o direito romano. O capitalismo moderno *não surgiu* nos países-modelo da burocracia (que, por sua vez, neles nasceu por puro racionalismo do Estado). Tampouco o moderno capitalismo plenamente desenvolvido limitou-se de início a esses países; nem sequer se aclimatou a eles, e sim onde os juízes provinham do círculo dos advogados. Mas hoje o capitalismo e a burocracia têm encontrado um ao outro e estão intimamente conectados.

mente, seu objetivo é sempre a obtenção de votos para eleições a posições políticas ou a uma corporação eleitoral. Um núcleo permanente de interessados no partido, unido sob a direção de um líder ou de um grupo de dignitários, com uma estrutura estável e bastante diferenciada – hoje muitas vezes com uma burocracia desenvolvida –, encarrega-se de financiá-lo com o auxílio de mecenas, pessoas com interesses econômicos ou no patrocínio de cargos, ou ainda com o auxílio das contribuições dos membros. Na maioria das vezes, conta com várias dessas fontes. O núcleo determina o programa, a estratégia e os candidatos. Mesmo quando os partidos de massa apresentam uma forma muito democrática de organização, que sempre resulta num funcionalismo desenvolvido e remunerado, pelo menos a maioria dos eleitores, mas também boa parte dos simples "membros" *não* participam (ou participam apenas formalmente) da definição dos programas e dos candidatos. A participação dos eleitores só é levada em conta quando os programas e os candidatos se mostram adequados às possibilidades de com eles ganharem mais votos e, assim, serem escolhidos.

Pode-se até lamentar, do ponto de vista moralista, a existência dos partidos, sua maneira de fazer propaganda e campanha, e o fato de que, inevitavelmente, são as minorias que têm nas mãos a formação de programas e listas de candidatos. Ninguém acabará com sua existência; na melhor das hipóteses, apenas em grau limitado, com o tipo de sua estrutura e seu modo de atuação. A lei pode até regulamentar, como aconteceu várias vezes na América, a maneira pela qual se formam aquele núcleo ativo dos partidos (de modo semelhante ao que regulamentou, por exemplo, as condições de formação de sindicatos) e as "regras da luta" no campo de batalha eleitoral. Todavia, não é possível eliminar a luta entre os partidos sem acabar com toda forma de representação popular ativa (*Volksvertretung*). Porém, a ideia confusa de que isso poderia e deveria ser feito sempre volta a ocupar a mente de nossos literatos. Conscientemente ou não, ela faz parte dos pressupostos das numerosas sugestões de criar, em vez de ou junto com parlamentos formados com base no sufrágio universal (diferenciado ou igual) dos cidadãos, corporações eleitorais baseadas em "categorias profissionais" (*berufsständisch*), sistema em que os representantes das profissões formariam corporações que, ao mesmo tempo, seriam corporações eleitorais para o parlamento. Essa ideia por si só já é absurda numa época na qual, como se sabe, o fato de se pertencer formalmente a determinada profissão (que pela lei eleitoral teria de ser vinculada a critérios externos) não diz quase nada sobre sua função econômica e social, e na qual toda nova invenção técnica e toda mudança e inovação econômica modificam essas funções e, por conseguinte, o sentido das posições profissionais formalmente constantes e a relação numérica entre elas. Porém, além disso, é claro que essa ideia não constitui um meio para alcançar o fim visado, pois mesmo que se consiga representar todos os eleitores em corporações profissionais, como as câmaras de comércio ou de agricultura que temos hoje, para que a partir delas se possa constituir o parlamento, sem dúvida as consequências seriam as seguintes: 1) *Junto a* essas organizações profissionais unidas pela lei existiriam, por um lado, as representações de *interesses* baseadas em recrutamento voluntário, do mesmo modo como junto às câmaras da agricultura existe a Liga dos Agricultores e junto às câmaras de comércio, os vários tipos de organizações empresariais voluntárias. Por outro lado, em vez de desaparecer, os partidos *políticos* baseados no recrutamento obviamente adaptariam a orientação e a natureza de seu recrutamento à nova situação. Por certo isso não seria nenhuma vantagem, pois naquelas representações profissionais as eleições continuariam sendo influenciadas por financiadores, e a exploração das relações capitalistas de dependência continuaria incontrolável, ao menos na mesma medida que antes. De resto, seria uma consequência evidente que, por um lado, 2) a solução das tarefas *técnicas* das representações profissionais – agora que sua composição influenciaria as eleições ao parlamento e, com isso, o patrocínio de cargos – seja arrastada para o redemoinho das lutas partidárias e pelo poder político, ou seja, em vez de serem preenchidas por representantes competentes na matéria, essas organizações contariam com representantes dos partidos. Por outro lado, 3) o parlamento se tornaria um mercado para acordos entre interesses puramente *materiais*, sem orientação na política do Estado. Por conseguinte, a burocracia se sentiria mais tentada e com mais espaço para manter seu próprio poder jogando com interesses materiais opostos e estabelecendo um sistema mais intenso de gratificações para patrocinadores e fornecedores, e se sentiria tentada, sobretudo, a tornar ilusório todo e qualquer controle da administração. Pois os processos e acordos decisivos dos interessados passariam a ser realizados com muito menos controle, a portas cerradas, dentro de seus grupos de empresas inoficiais. Quem logo ficaria satisfeito no parlamento seria não o *líder* político, mas o *homem de negócios* astuto, enquanto, na verdade, uma "assembleia popular" desse tipo seria o lugar menos apropriado para resolver problemas políticos a partir de pontos de vista políticos. Para uma pessoa bem informada, tudo isso é evidente. Como também é evidente o fato de ideias desse tipo não servirem para reduzir a influência capitalista sobre os partidos e o parlamento ou até para eliminar o aparato dos partidos ou pelo menos depurá-lo. Aconteceria exatamente o contrário. O fato de os partidos serem estruturas baseadas no recrutamento *voluntário* opõe-se à sua regulamentação e é desconhecido das ideias dos literatos, que só querem aceitar como organizações as estruturas criadas por regulamento estatal, e não aquelas que cresceram "espontaneamente" no campo de batalha da ordem social atual.

Nos Estados modernos, partidos políticos podem basear-se sobretudo em dois princípios internos básicos. Por um lado, podem ser essencialmente organizações de *patronagem de cargos* – como na América desde o fim dos grandes conflitos acerca da interpretação da Constituição. Nesse caso, seu único objetivo é colocar seu líder no posto de dirigente por meio das eleições, para que em seguida ele arranje cargos públicos para seu séquito, composto do aparato de funcionários e de propaganda do partido. Sem conteúdo ideológico e em concorrência com outros partidos, escrevem em seus programas aquelas reivindicações que acreditam atrair mais os eleitores. Esse caráter dos partidos se manifesta mais abertamente nos Estados Unidos porque lá não existe *nenhum* sistema parlamentar. Antes, o presidente da União, eleito pelo povo, tem em suas mãos (com a participação dos senadores eleitos dos Estados) a patronagem de um imenso número de cargos federais a serem ocupados. Apesar da corrupção dele resultante, esse sistema era popular porque evitava o surgimento de uma *casta* de burocratas. Tecnicamente era possível porque – e enquanto – a abundância ilimitada de oportunidades econômicas era capaz de suportar até mesmo a administração mais amadora. A necessidade crescente de substituir o protegido do partido e o funcionário ocasional sem preparo pelo funcionário *com formação técnica* para ocupar permanentemente o cargo está tirando cada vez mais prebendas das mãos desses partidos americanos, fazendo com que também neles surja uma burocracia de tipo europeu.

Por outro lado, há partidos que se baseiam principalmente *numa determinada concepção de mundo* (*Weltanschauung*) e que, portanto, servem para impor ideais de *conteúdo* político. Na Alemanha, o Partido do Centro dos anos 70 e a social-democracia antes de sua completa burocratização são exemplos puros desse tipo de partido. Por regra, porém, os partidos pertencem a ambos os tipos ao mesmo tempo: têm objetivos políticos concretos, transmitidos pela tradição, e, por respeito a ela, só se modificam lentamente. Além disso, almejam a *patronagem de cargos*. Isso significa que tentam, em primeiro lugar, colocar seus líderes nos cargos *dirigentes*, portanto, naqueles que são de caráter *político*. Se conseguirem alcançar essa meta nas eleições, durante o mandato político do partido seus líderes e outros interessados no trabalho do partido poderão proporcionar a seus protegidos uma colocação nos postos seguros do Estado. Esse procedimento é normal em Estados parlamentares e, por isso, também os partidos baseados em determinada concepção de mundo tomaram esse rumo. Nos Estados não parlamentares, por outro lado, os partidos não têm direito à patronagem dos cargos *dirigentes*. No entanto, é nesses Estados que os partidos mais influentes costumam ter condições de pelo menos obrigar a burocracia dominante a garantir a seus protegidos uma colocação em postos estatais *não* políticos, *ao lado* dos candidatos recomendados por suas conexões com os funcionários públicos, e de exercer, portanto, uma patronagem *subalterna*.

De acordo com sua estrutura interna, ao longo das últimas décadas e à medida que aumenta a racionalização das técnicas de campanha eleitoral, todos os partidos passaram ao largo de uma organização burocrática. Há diferenças entre as fases de desenvolvimento que os partidos alcançaram nesse processo, mas a orientação geral, pelo menos nos Estados de massas, é inequívoca. Estágios desse fenômeno são o *caucus* de Joseph Chamberlain, na Inglaterra, o desenvolvimento daquilo que na América recebeu o significativo nome de "máquina", e a importância crescente do funcionalismo nos partidos em todos os lugares e também na Alemanha, onde aumentou com mais rapidez na social-democracia, isto é, justamente no partido mais democrático, o que é natural. No Partido do Centro, as funções da burocracia de partido são exercidas pelo aparato eclesiástico, a "clerocracia", e no Partido Conservador da Prússia, desde o ministério de Puttkamer[25],

---

25. R. von Puttkamer (1828-1900), político conservador e ministro do Interior da Prússia no governo de Bismarck.

quem o faz, ora abertamente, ora de forma disfarçada, é o aparato dos conselheiros municipais e dos chefes das unidades administrativas do Estado. O poder dos partidos baseia-se, em primeiro lugar, na qualidade da organização dessas burocracias. As dificuldades na fusão de partidos, por exemplo, devem-se muito mais à hostilidade entre esses aparatos de funcionários dos partidos do que às diferenças entre os programas. O fato de os deputados Eugen Richter[26] e Heinrich Rickert[27] terem mantido, cada qual separadamente, seu próprio aparato de homens de confiança dentro do Partido Alemão Liberal (*Deutsch-Freisinnige Partei*) já prefigurava a desintegração deste último.

É claro que, em parte, uma burocracia estatal é muito diferente de uma burocracia de partido. Dentro da primeira, a seção civil é diferente da militar, e todas elas são diferentes da burocracia de um município, de uma Igreja, de um banco, de um cartel, de uma associação corporativa, de uma fábrica, de uma representação de interesses (Federação Patronal, Liga dos Agricultores). Além disso, varia em todos esses casos o grau em que se apresenta uma atividade honorífica ou uma atividade com pessoas com interesses. No partido, o "chefe" não é "funcionário"; tampouco o é o membro do conselho fiscal numa sociedade anônima. Nas diversas formas da chamada "administração autônoma", toda sorte de dignitários ou de representantes eleitos dos interessados dominados ou sujeitos a contribuições obrigatórias pode intervir nas deliberações, no controle, nos aconselhamentos e ocasionalmente também na execução de tarefas, trabalhando como subordinados, adjuntos ou chefes dos funcionários, ora de forma corporativa, ora como órgãos individuais. Essa situação se dá principalmente na administração do município. Todavia, não nos

....
26. Eugen Richter (1838-1906), líder dos progressistas, posteriormente do *"Deutsch-Freisinnigen"*.
27. Heinrich Rickert (1833-1902), também membro do *"Deutsch-Freisinnigen"*.

interessam aqui esses fenômenos, certamente importantes na prática[B]. Pois, na administração de associações de *massas* – e apenas isso importa neste contexto –, é sempre o funcionalismo fixo, com *preparo especializado*, que forma o núcleo do aparato, e sua "disciplina" é o pré-requisito absoluto para o sucesso. E isso tanto mais quanto maior for a associação, quanto mais complicadas forem suas tarefas e – *principalmente* – quanto mais sua existência estiver condicionada pelo poder (seja em se tratando de lutas pelo poder no mercado, seja nas arenas eleitorais, seja no campo de batalha). O mesmo se aplica aos partidos. No que lhes diz respeito, está condenada ao fracasso uma situação como a da França (cuja miséria parlamentar se deve à *ausência* de partidos burocratizados) e em parte também a da Alemanha, onde ainda existem partidos que conservam o sistema da administração por dignitários locais, que na Idade Média predominava universalmente em todos os tipos de associações e ainda hoje predomina em pequenos e médios municípios. Para os partidos de hoje, esses "cidadãos respeitados", "eminentes homens da ciência", ou seja qual for sua designação, podem servir de veículo de propaganda e somente como tais, não como pessoas encarregadas do trabalho cotidiano decisivo. Sua função é exatamente a mesma, por exemplo, de certos dignitários decorativos que figuram nos conselhos fiscais das sociedades anônimas, dos príncipes da Igreja nos encontros dos católicos, dos aristocratas autênticos e falsos nas assembleias da Liga dos Agricultores, ou de toda sorte de historiadores e biólogos beneméritos e outras sumidades semelhantes, em geral apolíticas, na propaganda dos interessados pangermanistas em lucros de guer-

....
B. Com isso, excluímos dessas considerações muitas instituições cuja existência é motivo de orgulho para os alemães, instituições essas que, em casos isolados, podem até ser chamadas de *exemplares*. Todavia, é um enorme erro dos literatos imaginar que, no fundo, a *política* de um grande Estado não é nada diferente da *administração autônoma* de uma cidade média qualquer. Política é *luta*.

ra e privilégios eleitorais. Em todas as organizações, o trabalho real é executado cada vez mais por funcionários pagos e agentes de todos os tipos. Todo o restante é ou se torna cada vez mais puro enfeite e decoração de vitrine.

Assim como os italianos e, depois deles, os ingleses, desenvolveram a moderna organização capitalista da economia, os bizantinos – e, depois deles, os italianos, seguidos pelos Estados territoriais da era absolutista, pela centralização revolucionária na França e, por fim, superando todos os demais povos, pelos *alemães* – desenvolveram virtuosamente a organização racional *burocrática*, baseada na especialização profissional e na divisão do trabalho, de todas as associações humanas de dominação, desde a fábrica até o Exército e o Estado. Por enquanto, apenas na técnica da organização partidária foram parcialmente superados por outras nações, sobretudo pelos americanos. No entanto, a guerra mundial atual significa, acima de tudo, o triunfo dessa forma de vida no mundo inteiro. De qualquer modo, é algo que já estava em andamento. Universidades, escolas superiores técnicas e comerciais, escolas profissionalizantes, academias militares, escolas especializadas de todos os tipos imagináveis (até de jornalismo!). O exame específico como pré-requisito para todos os cargos públicos e privados lucrativos e, principalmente, "seguros"; o diploma como fundamento de todas as pretensões de reconhecimento social (conúbio e convivência social com os círculos que se consideram parte da "sociedade"); a remuneração segura, "correspondente à posição social", com direito a uma pensão e, se possível, a um aumento salarial e a uma promoção de acordo com o tempo de serviço: tudo isso, como sabemos, já era antes a verdadeira "exigência do dia", reivindicada pelo interesse das universidades na frequência dos alunos e pela ânsia dos discípulos de obter prebendas, tanto no Estado quanto fora dele. O que nos interessa aqui são as consequências disso para a vida política. Pois esse simples fato da *burocratização universal* também se esconde, na verdade, atrás das chamadas "ideias alemãs de 1914"[28], atrás daquilo que os literatos chamam eufemisticamente de "socialismo do futuro", atrás do lema da "organização", da "economia cooperativista" e, de modo geral, atrás de todas as expressões semelhantes hoje usadas. No final, mesmo que almejem exatamente o contrário, essas expressões sempre significam a criação de burocracia. Sem dúvida, nem de longe a burocracia é a única forma de organização moderna, assim como a fábrica tampouco é a única forma de empresa industrial. Contudo, ambas caracterizam a era atual e o futuro previsível. À burocratização pertence o futuro. Era e continua sendo óbvio que os literatos cumpriram e ainda cumprem sua missão de aplaudir os poderes em ascensão, tanto neste caso quanto na era da doutrina de Manchester[29], e em ambos com a mesma ingenuidade.

Em relação a outros portadores históricos da moderna ordem racional da vida, a burocracia destaca-se por sua *inevitabilidade* bem maior. Não há exemplo histórico conhecido em que ela tenha voltado a desaparecer depois de ter conseguido a dominação completa e exclusiva – como na China, no Egito e, de forma menos consistente, no Império Romano tardio e em Bizâncio –, a não ser quando toda a cultura que a sustentava ruía por completo. Em termos relativos, essas ainda eram formas altamente irracionais de burocracia, eram "burocracias patrimoniais"[30]. A burocracia moderna destaca-se em relação a todos esses exemplos mais antigos por uma carac-

---

28. "As ideias alemãs de 1914" referem-se a planos para uma forma futura de economia administrada pelo Estado, baseada no desejo de um "renascimento do espírito de unidade nacional". Essas ideias ganharam considerável popularidade e tiveram o apoio de Plenge, Rathenau, Troeltsch, Sombart e Alfred Weber, entre outros. A expressão foi introduzida por J. Plenge, *Der Krieg und die Volkswirtschaft* (Münster, 1915), e R. Kjellen, *Die Ideen von 1914. Eine weltgeschichtliche Perspektive* (Leipzig, 1915).

29. A "doutrina de Manchester" refere-se às doutrinas de livre mercado e *laissez-faire*.

30. O patrimonialismo é discutido por Weber em *Economy and Society*. Ver, especialmente, capítulos 12 e 13.

terística que torna sua inevitabilidade muito mais definitiva do que a das outras: a *especialização e o treinamento técnico e racional*. O antigo mandarim chinês não era um funcionário especializado; ao contrário, era um *gentleman* com formação literário-humanista. O funcionário egípcio, aquele do final do Império Romano, bem como aquele bizantino já eram muito mais burocratas, no sentido que empregamos da palavra. Porém, em relação às modernas, as tarefas estatais que estavam em suas mãos eram infinitamente simples e modestas, e seu comportamento estava em parte vinculado à tradição, em parte ao patriarcalismo, e, portanto, era irracionalmente orientado. Eram meros empiristas, do mesmo modo como os artesãos do passado. Em correspondência à técnica racional da vida moderna, inevitavelmente o funcionário moderno está sempre incrementando sua formação e sua especialização. Todas as burocracias do mundo seguem por esse caminho. Nossa superioridade sobre os outros deve-se ao fato de que antes da guerra eles ainda não haviam percorrido o caminho até o fim. Embora, por exemplo, o antigo funcionário de partido americano dos tempos da patronagem fosse um "conhecedor" experiente da arena eleitoral e de suas "práticas", de maneira alguma era um perito com formação especializada. Foi nesse fato, e não na democracia – como nossos literatos querem fazer o público acreditar –, que se baseou a corrupção ali existente, corrupção essa tão alheia ao funcionário especializado, com formação universitária, do *civil service*, que só agora está se desenvolvendo no país, quanto a moderna burocracia inglesa, que hoje substitui cada vez mais o *self-government* realizado por dignitários (*gentlemen*). Porém, onde o moderno funcionário com formação especializada começou a reinar, seu poder é simplesmente inquebrantável, porque toda a organização que provê as necessidades mais elementares da vida é talhada segundo seu rendimento. Teoricamente poder-se-ia pensar numa eliminação progressiva do capitalismo privado – embora, na realidade, isso não seja tão fácil quanto sonham alguns literatos que não o conhecem, e certamente não será o resultado da guerra atual. Todavia, supondo-se que um dia isso venha a acontecer, o que significaria na prática? Talvez o rompimento do invólucro (*Gehäuse*) de aço que constitui o moderno trabalho industrial? Não! Significaria, antes, que a *direção* das empresas estatizadas ou assumidas por outra forma de "economia coletiva" também seria burocratizada. Será que as formas de vida dos empregados e dos operários na administração estatal de minas e ferrovias da Prússia são perceptivelmente *diferentes* daquelas em grandes empresas do capitalismo privado? São *menos livres*, porque toda luta pelo poder contra uma burocracia estatal é *inútil* e porque, em princípio, não se pode recorrer a nenhuma instância interessada em opor-se *a* ela e *a* seu poder, como é possível no caso da empresa privada. *Essa* seria toda a diferença. Se o capitalismo privado fosse eliminado, a burocracia estatal reinaria *sozinha*. As burocracias privadas e públicas que hoje trabalham lado a lado e, pelo menos potencialmente, uma contra a outra, mantendo-se, portanto, mutuamente em xeque, se fundiriam numa única hierarquia. Por exemplo, como no Egito antigo, só que agora de forma incomparavelmente mais racional e, portanto, mais inescapável.

Uma máquina inanimada é *espírito coagulado*[31]. Apenas o fato de sê-lo lhe proporciona o poder de obrigar os homens a servi-la e de determinar a sua vida profissional cotidiana de maneira tão imperiosa quanto acontece de fato na fábrica. *Espírito coagulado* é também essa *máquina viva* que representa a organização burocrática com sua especialização do trabalho técnico treinado, sua delimitação de áreas de competên-

....

31. Weber utiliza uma expressão realmente estranha, *"geronnener Geist"*, que pode ser uma alusão a Marx ou G. Simmel (1859-1918, filósofo, sociólogo e amigo de Weber), já que ambos usam linguagem semelhante. Marx, por exemplo, refere-se a *"bloße Gerinnung von Arbeitszeit"* em *Das Kapital,* vol. I, pp. 178-9. Simmel usa termos similares em, por exemplo, seu ensaio *"Der Begriff und die Tragödie der Kultur"*, em *Philosophische Kultur* (Leipzig, 1911).

cias, seus regulamentos e suas relações de obediência hierarquizadas. Em conjunto com a máquina morta, ela trabalha na produção do invólucro daquela servidão do futuro, à qual talvez, um dia, os homens estejam obrigados a se sujeitar, sem resistência, como os escravos no antigo Estado egípcio, *se o único e último valor para eles que deva decidir sobre a condução de seus assuntos for uma boa administração, do ponto de vista puramente técnico, e isto significa uma administração racional realizada por funcionários.* Pois isso a burocracia realiza de maneira muito melhor do que qualquer outra estrutura de dominação. E esse invólucro, tão elogiado por nossos literatos ingênuos, completado pela amarração de cada indivíduo à empresa (o início disso encontramos nas chamadas "instituições beneficentes"), à classe (devido à rigidez crescente das estruturas de propriedade) e, talvez futuramente, à profissão (mediante a forma "litúrgica" com que o Estado satisfaz as necessidades da população[32], isto é, através da atribuição de tarefas públicas a organizações profissionais), tornar-se-ia ainda mais inquebrantável se, na área social, como nos antigos Estados baseados no trabalho forçado, uma organização "estamental" dos dominados fosse agregada (na verdade, subordinada) à burocracia. Surgiria então uma estrutura social "orgânica", isto é, de cunho oriental-egípcio, porém, em oposição a esta, tão estritamente racional quanto uma máquina. Quem poderia negar que algo nesse sentido seja uma *possibilidade*, aguardando-nos no futuro? Isso já foi dito muitas vezes, e a ideia confusa desta possibilidade lança sua sombra sobre a produção de nossos literatos. Suponhamos, por um momen-

....
32. Weber associa o princípio litúrgico e o *Liturgiestaat* ao patrimonialismo. Nestas combinações, grupos sociais, como as corporações, recebem a incumbência estatal de assegurar que seus membros contribuam, em espécie ou em trabalho, conforme determinado pelo Estado. Ver discussão de Weber em *Economy and Society*, pp. 1.022-5 e em *General Economy History*, especialmente pp. 110-11, 156-7 e 248.

to, que precisamente essa possibilidade se transforme em um destino inevitável: quem não riria do medo de nossos literatos de que o desenvolvimento político e social poderia presentear-nos futuramente com um *excesso* de "individualismo" ou "democracia" ou outras coisas semelhantes, e que a "verdadeira liberdade" apenas brilharia se fossem *eliminadas* a "anarquia" atual da nossa produção econômica e a "maquinação dos partidos" em nossos parlamentos para dar lugar à "ordem social" e às "estruturas orgânicas" – isto é, ao pacifismo da impotência social sob as asas do único poder certamente inevitável: a burocracia no Estado e na economia!

Haja vista o fato fundamental do irrefreável avanço da burocratização, a pergunta sobre as futuras formas de organização política pode ser apenas assim formulada: 1. Como *será possível* salvar ainda *pelo menos alguns* restos de uma liberdade "individual" de ação *em algum* sentido, considerando essa tendência superpoderosa rumo à burocratização? Pois, afinal de contas, é um grande autoengano a ideia de que hoje possamos viver sem essas conquistas dos tempos dos "direitos humanos" (nem a pessoa mais conservadora pode). Mas, no momento, deixemos esta questão de lado, pois além dela há outra, que nos interessa diretamente aqui: 2. Em vista da crescente indispensabilidade e, por conseguinte, do poder crescente do funcionalismo *estatal*, tema que aqui nos interessa, como pode haver *alguma* garantia da existência de poderes que estabeleçam certos limites para o enorme poder dessa camada cada vez mais importante e que a controlem de maneira eficiente? Será *possível* uma democracia, ainda que neste sentido limitado? Mas também não é esta a única questão que nos importa aqui. Pois 3. há uma terceira pergunta, a mais importante de todas, que resulta do exame daquilo que a burocracia como tal *não* realiza. É fácil observar que sua eficiência tanto no âmbito da empresa pública, político-estatal, como na esfera da economia privada, tem limites internos firmemente estabelecidos. O espírito de *liderança*, o "empresário" aqui e o "político" ali, é algo diferente de um "funcionário", não necessariamente em seu aspecto formal, mas em essência. O empresário também trabalha no "escritório", assim como o faz o comandante do Exército. Este é um oficial e, portanto, em nada difere, do ponto de vista formal, dos outros oficiais. E mesmo que o diretor-geral de uma grande empresa seja funcionário contratado de uma sociedade anônima, sua posição jurídica não se distingue fundamentalmente daquela de outros funcionários. O mesmo ocorre com o líder político na esfera pública. O ministro-chefe é *formalmente* um funcionário com um ordenado que lhe dá direito a uma pensão. A circunstância de que, segundo todas as constituições do mundo, ele possa ser destituído a qualquer instante ou pedir demissão do cargo aparentemente distingue sua posição daquela da maioria dos funcionários, mas não de todos. Muito mais evidente é o fato de que no caso dele e *apenas* dele não se exija *nenhuma qualificação profissional específica em área alguma*, como é exigido dos outros funcionários. Isso indica que ele, pelo sentido de sua posição, seja algo diferente dos demais funcionários, de forma semelhante ao empresário e ao diretor-geral na economia privada. Ou talvez seja mais correto dizer que ele *deve* ser diferente. E, de fato, este é o caso. Se um homem numa posição de *liderança* é, pelo *espírito* de seu trabalho, um "funcionário", e até um funcionário muito competente, isto é, um homem acostumado à realização devida e honesta do seu trabalho, de acordo com o regulamento e as ordens recebidas, ele não é nem útil na direção de uma empresa privada nem na condução de um Estado. Infelizmente tivemos de passar por esta experiência em nossa própria vida política.

A diferença reside apenas parcialmente na natureza do desempenho esperado. Autonomia nas decisões e capacidade organizativa, de acordo com suas próprias ideias, são esperadas tanto dos "funcionários" quanto dos "diretores", não apenas em inúmeras questões individuais, mas muitas vezes também em assuntos de grande importância. E a ideia de que o funcionário se dedique a assuntos subalternos cotidianos e apenas o chefe tenha de realizar tarefas especiais "interessantes" que exijam trabalho intelectual é típica de literatos e apenas possível em um país desinformado sobre a maneira como são resolvidos seus assuntos e sobre o desempenho de seus funcionários. Não, a diferença reside na natureza da responsabilidade, tanto dos primeiros quanto dos segundos, e a partir daí determina-se também, em grande parte, o tipo de exigência específica que se dirige a cada um deles. Um funcionário que recebe uma ordem que considere errônea pode – e deve – levantar objeções. Se a instância superior insistir na instrução, não será um dever, mas sim até uma *honra* cumpri-la como se correspondesse à sua própria convicção, demonstrando dessa maneira que seu sentimento de dever no cargo está acima de sua própria vontade. É indiferente que a instância superior seja uma "autoridade pública", uma "corporação" ou uma "assembleia" da qual ele tem um mandato imperativo. Assim exige o espírito do *cargo*. Um *líder* político que agisse dessa forma mereceria *desprezo*. Muitas vezes ele é obrigado a fazer concessões, isto é, a sacrificar o menos importante em benefício do mais importante. Mas, se ele não consegue dizer ao seu senhor (seja este o monarca ou o *dêmos*) "ou a minha instrução é esta *ou eu me demito*", ele é um miserável "pegajoso", como Bismarck batizou este tipo, e não um líder. O funcionário deve estar "acima dos partidos", o que significa, na verdade, fora da *luta* pelo próprio poder. A luta pelo poder pessoal e a *responsabilidade* pessoal *pela sua causa* que resulta do poder, eis o elemento vital tanto do político quanto do empresário.

Desde a renúncia do príncipe Bismarck, a Alemanha tem sido governada por "funcionários públicos" (em termos de sua mentalidade), porque Bismarck havia eliminado todos os políticos inteligentes ao seu redor. Mas a Alemanha manteve a mais destacada burocracia militar e civil do mundo no que se refere à sua integridade, formação, confiabilidade e inteligência. Os resultados dos alemães no *front* e, no geral, também em casa demonstraram o que pode ser alcançado com esses meios. Mas e a direção da *política* alemã nas últimas décadas? A coisa mais agradável que tem sido dito a respeito é que "as vitórias dos exércitos alemães compensaram as suas derrotas". Mas com que sacrifícios? É melhor nos calarmos a respeito e, antes, perguntar quais são as causas desses fracassos.

Pessoas no *exterior* imaginam que o erro esteja na "autocracia" da Alemanha. *Dentro do país*, a maioria pensa o inverso, graças às especulações infantis sobre a história por parte de nossos literatos: uma conspiração da "democracia" internacional contra a Alemanha havia levado à coalizão antinatural do mundo inteiro contra nós. No exterior, é usada a expressão hipócrita da "libertação dos alemães" daquela autocracia. Dentro do país, aqueles que têm interesses no atual sistema – os quais ainda conheceremos – trabalham com a expressão igualmente hipócrita da necessidade de proteger o "espírito alemão" da mácula da "democracia" ou procurar outros bodes expiatórios.

Tornou-se hábito, por exemplo, criticar a diplomacia alemã – provavelmente sem razão. Em média, ela deve ter trabalhado tão bem quanto a de outros países. Trata-se de uma confusão. O que faltou foi a *condução* do Estado por um *político* – não por um gênio da política, o que apenas pode ser esperado uma vez em séculos, nem por um talento político importante, mas *simplesmente* por um político.

Com isso chegamos, já, à discussão sobre aqueles poderes que são os únicos que se encontram em condições, ao lado do funcionalismo onipresente, de desempenhar na vida do Estado constitucional moderno o papel de instâncias de controle e orientação: o *monarca* e o *parlamento*. Comecemos pelo primeiro.

A posição das dinastias sairá da guerra inabalada, a não ser que se cometam grandes tolices e não se tenha aprendido nada com os erros do passado. Muito antes do dia 4 de agosto de 1914, quem teve a oportunidade de se reunir por algum tempo com os social-democratas alemães – não estou falando aqui de "revisionistas", nem de deputados do partido ou sindicalistas, mas precisamente de *funcionários* do partido, alguns deles com ideias muito radicais –, chegou a ouvir deles, depois de uma discussão detalhada, a opinião de que a monarquia constitucional "em si" era a forma de Estado mais apropriada para a situação internacional particular da Alemanha. De fato, bastava apenas olhar por um momento para a Rússia e notar que a transição para a monarquia *parlamentar*, desejada pelos políticos liberais, havia, por um lado, mantido a dinastia, mas, por outro, eliminado o governo puramente burocrático e, como resultado, contribuído para fortalecer a Rússia, da mesma forma como a atual "república" de literatos[33], apesar de todo o idealismo subjetivo de seus líderes, está contribuindo para debilitar o país[c]. Como na Inglaterra sabe-se muito bem, toda a força do sistema parlamentar britânico deve-se ao fato de que a posição formalmente mais elevada do Estado está de uma vez por todas ocupada. Não cabe discutir aqui em que se baseia essa função que a mera existência de um

....
33. A *Literaten-Republik* aqui citada representa o governo Kerensky na Rússia, em 1917.

C. Como alguns russos me disseram que o senhor Kerensky havia citado esta frase do jornal *Frankfurter Zeitung* em assembleias para demonstrar que a necessidade de sua ofensiva era uma prova de "força", quero dirigir a este coveiro da nova liberdade russa a seguinte observação: uma ofensiva pode ser iniciada por quem dispõe de meios bélicos, por exemplo, da artilharia para manter a infantaria à sua frente nas trincheiras, e de meios de transporte e alimentos, para fazer com que os soldados condenados a permanecer nas trincheiras sintam, além de tudo, a sua dependência destes alimentos. A "fraqueza" do assim chamado governo social-revolucionário do senhor Kerenski, no entanto, estava em sua *incapacidade de financiamento*, como já foi exposto em outro lugar, e na necessidade de trair o seu idealismo para conseguir crédito e, assim, manter-se no poder em *seu país*, ao fazer um pacto com a Entente burguesa e imperialista e, portanto, deixar sangrar até a morte centenas de milhares de seus compatriotas como mercenários de *interesses alheios*, conforme tem acontecido desde então. Penso que, infelizmente, tive razão com este e outros prognósticos que fiz em outros lugares sobre a atitude da Rússia. (Manterei o trecho escrito há vários meses.)

monarca desempenha, nem a questão de se por toda parte apenas um monarca poderia cumpri-la. Para a Alemanha, em todo caso, a situação a esse respeito já está determinada. Não podemos ter saudade da era das guerras entre pretendentes e das contrarrevoluções; para isso, a ameaça internacional à nossa existência é grande demais.

No entanto, o monarca como tal, nas condições do Estado moderno, nunca e em nenhum lugar é e nem pode ser um contrapeso e meio de controle do poder onipresente do *funcionalismo especializado*. Ele não pode controlar a administração, pois esta é uma administração especializada e preparada, e um monarca moderno, com exceção talvez da área militar, *nunca* é um especialista. Sobretudo, porém – e isto nos interessa aqui –, ele, como tal, *nunca* é um político formado na luta entre os partidos ou na diplomacia. Não apenas toda a sua educação, mas principalmente a sua posição no Estado contrapõe-se a isso. Não ganhou a sua coroa na luta entre os partidos, e a luta pelo poder no Estado não é o seu elemento vital natural, como sempre é para o político. O monarca não aprende as condições de luta descendo ele mesmo à arena, sentindo-as na própria carne, pois, devido ao seu privilégio, vive afastado das brutalidades da luta. Existe o político *nato* – mas ele é raro. O monarca, porém, que *não* o é, torna-se perigoso aos seus próprios interesses e aos do Estado ao tentar, como o fez o czar, "governar ele mesmo" ou influenciar o mundo pelos meios do político, isto é, pela "demagogia" no sentido mais amplo da palavra, propagando suas próprias ideias ou sua própria personalidade em discursos e por escrito. Ele, então, não apenas põe em risco sua coroa – o que seria uma questão particular –, mas também a existência de seu Estado. E nessa tentação, e até podemos dizer necessidade, um monarca moderno cairá inevitavelmente sempre que, no Estado, *ninguém mais* o enfrentar além dos *funcionários*, quando, portanto, o parlamento for impotente, como o foi na Alemanha durante décadas. Até mesmo do ponto de vista puramente técnico isto tem desvantagens graves. Se não houver um parlamento poderoso a seu lado, o monarca de hoje depende, para o controle da gestão dos funcionários, de relatórios de *outros funcionários*. Forma-se, então, um círculo. A guerra constante entre os diversos departamentos, que era típica, por exemplo, da Rússia e que também em nosso país existe até hoje, é a consequência evidente de um governo supostamente "monárquico" desse tipo, ao qual falta um *político* dirigente. Pois nesta luta de sátrapas não se trata, em primeiro lugar, de conflitos sobre questões técnicas, mas sim de antagonismos pessoais: a luta entre os departamentos serve, para seus chefes, como um instrumento de competição por posições no ministério, quando estas nada mais são do que *prebendas de funcionários*. Neste caso, não são razões objetivas ou qualidades de liderança política, mas sim intrigas da corte que decidem quem deve permanecer nos cargos mais elevados. Todos sabem que os Estados parlamentares estão repletos de lutas *pessoais* pelo poder. O erro está em acreditar que a situação seja diferente nas monarquias. Nelas apresenta-se outro mal. O monarca acredita governar ele próprio, enquanto, na verdade, o funcionalismo goza do privilégio, com o seu respaldo, de poder atuar de forma *descontrolada* e *irresponsável*. O monarca é lisonjeado e lhe é mostrada a *ilusão romântica* do poder porque ele pode trocar à vontade a *pessoa* do primeiro-ministro. Na verdade, monarcas como Eduardo VII e Leopoldo II, apesar de não serem certamente personalidades ideais, tiveram *muito* mais poder *real* em suas mãos, embora *e porque* governaram de forma rigorosamente parlamentar e nunca se destacaram em público, pelo menos nesta forma. É ignorância quando a linguagem dos literatos modernos denomina esse tipo de monarca de "reis da sombra" e estupidez quando fazem do mexerico moralizante dos filisteus o critério de avaliação política desses reis. A história universal os julgará diferentemente, mesmo que, ao final, sua obra fracasse como muitos outros grandes projetos políticos fracassaram. Um desses monarcas promoveu uma coalizão de dimensões mundiais, ao se ver obrigado a trocar os funcionários de sua corte de acordo com as exigências da constelação partidária; outro criou um império colonial gigantesco (se comparado aos nossos fragmentos de colônia!), apesar de governar um Estado pequeno. Quem quiser a *liderança* política, seja como monarca, seja como ministro, tem de saber lidar com os instrumentos modernos de poder. O sistema parlamentar elimina apenas o monarca *sem talento* político – para o bem do poder do país! E é mesmo um "Estado de vigilantes noturnos" aquele que consegue incorporar à própria nação, numericamente muito limitada, as melhores partes de todos os continentes? Que palavrório de filisteu é este clichê com seu cheiro de ressentimento de "súdito" (*Untertanen*)[34]!

Agora chegamos ao parlamento.

Os parlamentos modernos são, em primeiro lugar, órgãos representativos dos indivíduos *governados* pelos meios da burocracia. A condição para a durabilidade de qualquer dominação, inclusive da mais bem organizada, é contar com um mínimo de aprovação dos dominados, pelo menos nas camadas socialmente mais influentes. Os parlamentos são, hoje, o meio pelo qual se manifesta visivelmente esse mínimo de aprovação. Para certos atos dos poderes públicos, a forma de um acordo legal é obrigatória, após uma consulta prévia ao parlamento, e entre esses atos destaca-se o orçamento. Hoje, como desde os tempos do surgimento dos direitos estamentais, a disposição sobre a maneira pela qual o Estado obtém o seu dinheiro, o direito orçamental, é o instrumento de poder decisivo do parlamento. No entanto, quando o parlamento apenas pode fazer valer as reclamações da população em relação à administração negando ao governo recursos monetários, recusando-se a aprovar projetos de lei ou apresentando

....
34. O termo alemão *Untertan* tem um sentido de subserviência muito mais forte do que sua versão em inglês, *subject* (súdito).

moções sem força normativa, ele está excluído da participação positiva na liderança política. Apenas poderá fazer e fará uma "política negativa", isto é, enfrentará os líderes da administração como um poder inimigo, recebendo, com isso, apenas o mínimo indispensável de informações e será considerado um mero estorvo, um grupo de resmungões impotentes e sabichões. A burocracia, por outro lado, tende a ser considerada pelo parlamento e seus eleitores uma casta de arrivistas e beleguins, para a qual o povo se torna um objeto de suas atividades inoportunas e, em boa parte, supérfluas. A situação é diferente quando o parlamento determina que os líderes da administração sejam originários de suas fileiras ("*sistema parlamentar*" propriamente dito) ou então que, para permanecerem no cargo, precisam da confiança expressamente manifestada pela maioria, ou, ao menos, que se afastem no caso da declaração de desconfiança (*seleção parlamentar* dos líderes), e, por isso, devem prestar contas de suas ações de maneira exaustiva, sujeitos à verificação por parte do parlamento ou de suas comissões (*responsabilidade parlamentar* dos líderes) e conduzir a administração de acordo com as diretrizes aprovadas pelo parlamento (*controle parlamentar da administração*). Neste caso, os líderes dos partidos mais importantes no parlamento são necessariamente participantes positivos no exercício do poder do Estado. O parlamento é, então, um fator político positivo ao lado do monarca, que não participa das decisões políticas, pelo menos não preponderantemente e, de modo algum, exclusivamente, em virtude dos *direitos* formais *da coroa*, mas sim em virtude de sua influência pessoal, que de todo modo é muito grande, variando de acordo com sua prudência política e determinação. Neste caso fala-se, com ou sem razão, de um "Estado popular" (*Volksstaat*), enquanto um parlamento dos dominados com uma política negativa diante de uma burocracia dominadora constitui uma variação do "Estado autoritário" (*Obrigkeitsstaat*). O que nos interessa aqui é a significação *prática* da posição do parlamento.

A política parlamentar pode ser amada ou odiada – *não* é possível ser eliminada. É possível apenas torná-la politicamente *impotente*, como fez Bismarck com o *Reichstag*. Além das consequências gerais da "política negativa", a impotência do parlamento manifesta-se nos fenômenos que se seguem. Todo conflito parlamentar não é, evidentemente, apenas uma luta relacionada a antagonismos objetivos, mas também uma luta pelo poder pessoal. Onde a posição de poder do parlamento implica que, via de regra, o monarca confie o governo ao homem de confiança de uma clara maioria parlamentar, a luta entre os partidos pelo poder terá em vista a ocupação desta posição *política* suprema. Quem conduz essa luta são homens com um forte instinto de poder político e com qualidades destacadas de liderança política, e que têm, portanto, boas chances de chegar às posições políticas mais elevadas. Pois a existência do partido no país e de inumeráveis interesses ideais e, em parte, materiais ligados a esse fato requerem categoricamente que uma personalidade dotada de qualidades de *líder* ocupe a posição mais alta. Nessas condições, e apenas nelas, existe o incentivo para que os temperamentos e talentos políticos se submetam à seleção dessa luta competitiva.

A situação é completamente diferente se, sob o rótulo de "governo monárquico", a ocupação dos cargos mais elevados no Estado for objeto da *promoção de funcionários* ou de relacionamentos ocasionais na corte e se um parlamento impotente tiver de se submeter a essa maneira de compor o governo. Também nesse caso, é evidente que a ambição pessoal pelo poder entra em jogo na luta parlamentar, além dos antagonismos objetivos, mas sob formas e em direções completamente diferentes, subalternas, direções como as que têm sido tomadas na Alemanha desde 1890. Além da representação de interesses econômicos privados e locais de eleitores influentes, a *pequena* e subalterna *patronagem* é o único ponto em torno do qual tudo gira. O conflito entre o chanceler do *Reich*, príncipe Bülow[35], e o Partido do Centro, por exemplo, não teve sua origem em divergências objetivas de opinião, mas essencialmente na tentativa do chanceler de abolir aquelas concessões/patrocínio de cargos exercido pelo Partido do Centro, que ainda hoje caracteriza fortemente a formação do corpo de funcionários de algumas instituições do *Reich*. E o Partido do Centro não é o único a atuar desta forma. Os partidos conservadores têm o monopólio dos cargos na Prússia e tentam intimidar o monarca com o fantasma da "revolução" no momento em que sentem ameaçadas essas prebendas. Os partidos assim permanentemente excluídos dos cargos estatais procuram compensação na administração local ou no gerenciamento dos fundos das caixas de assistência médica e hospitalar, e praticam no parlamento, como antigamente praticava a social-democracia, uma política hostil ao Estado ou alheia aos interesses dele. Isto é natural, pois *todo* partido, como tal, luta pelo *poder*, isto é, pela participação na *administração* e, portanto, pela influência no preenchimento de cargos públicos. As camadas dominantes influenciam essa atribuição de cargos tanto aqui como em outros países, porém, entre nós, elas não podem ser *responsabilizadas* por isso, já que a caça e a distribuição de cargos ocorrem nos bastidores e limitam-se às posições inferiores, não *responsáveis* pelo conjunto dos funcionários. O funcionalismo em nosso país, por sua vez, tira dessa situação o proveito de atuar *sem nenhum controle* pessoal, pagando aos partidos mais importantes as gratificações necessárias em forma daquele *pequeno* patrocínio das prebendas. Essa é a consequência natural do fato de que o partido (ou a coalizão partidária), em cujas mãos está de fato a maioria parlamentar, a favor ou contra o governo, *não* seja cha-

---

35. Príncipe Bernhard von Bülow (1849-1920), diplomata e estadista, chanceler do *Reich* entre 1900 e 1909. Principal defensor de uma *Weltpolitik* alemã expansionista, substituiu o termo *Sammlungspolitik* inicialmente pela oposição ao *Zentrum* e, depois, com um bloco que unia este *Zentrum* e conservadores, isolando os liberais.

mado oficialmente, como tal, para ocupar a posição política de máxima responsabilidade.

Por outro lado, esse sistema permite que pessoas com as qualidades de um funcionário público útil, mas *sem uma sombra sequer de talento político*, mantenham-se em posições políticas de liderança até que, um dia, alguma intriga as faça desaparecer de cena para substituí-las por outras figuras do mesmo tipo. Portanto, temos um sistema partidário de distribuição de cargos semelhante ao existente em outros países, porém ele existe de uma forma desonestamente disfarçada e, sobretudo, atua sempre a favor de determinadas opiniões de algum partido, consideradas "aceitáveis na corte". Mas essa parcialidade não é nem de longe o pior da situação presente. Do ponto de vista puramente político, ela seria tolerável se, pelo menos, oferecesse a *chance* de que, desses partidos "aceitáveis na corte", *líderes* politicamente qualificados pudessem ascender aos cargos importantes para governar a nação. Mas este não é o caso. Isso será possível apenas quando existir um sistema parlamentar ou, pelo menos, um sistema que permita a distribuição parlamentar dos cargos de liderança. Iniciamos com um obstáculo puramente *formal* que impede tal sistema, parte da atual Constituição do *Reich*.

A frase final do Artigo 9.º da Constituição do *Reich* estabelece: "Ninguém pode ser simultaneamente membro do *conselho federal* (*Bundestag*) e do *parlamento do Reich* (*Reichstag*)." Portanto, enquanto nos países com um governo parlamentar considera-se absolutamente indispensável que os líderes do governo sejam membros do parlamento, isso é juridicamente impossível na Alemanha. O chanceler do *Reich*, um ministro representando seu Estado, autorizado a fazer parte do *Bundesrat*, ou um secretário de Estado do *Reich* podem ser membros do parlamento de um Estado em particular (por exemplo, da Dieta prussiana), influenciando ou até dirigindo ali um partido, mas não podem fazer o mesmo no *Reichstag*. Essa cláusula foi simplesmente uma imitação mecânica da exclusão dos pares da Câmara dos Comuns na Inglaterra (e provavelmente mediada pela Constituição prussiana), baseando-se, portanto, em falta de reflexão. Ela precisa ser *suprimida*. Essa supressão em si não significa a introdução do sistema parlamentar ou do patrocínio parlamentar de cargos, mas unicamente a *possibilidade* de que um parlamentar politicamente capacitado assuma ao mesmo tempo um cargo de liderança no *Reich*. Não há nenhuma razão para que um deputado que se mostre apto a ocupar uma posição de liderança no *Reich* seja obrigado a deixar sua base política para assumi-la.

Se Bennigsen[36], em sua época, tivesse ingressado no governo e, portanto, saído do *Reichstag*, Bismarck teria transformado um importante *líder* político em um *funcionário* administrativo sem raízes no parlamento, e a direção do partido teria caído nas mãos da ala esquerda ou teria se desintegrado – e talvez fosse esta a intenção de Bismarck. Do mesmo modo, a entrada do deputado Schiffer no governo tirou-lhe a influência sobre o partido, que assim foi entregue à ala da indústria pesada. Dessa maneira, os partidos são "decapitados", e, em vez de políticos eficientes, o governo recebe funcionários especializados em determinadas áreas, mas sem o conhecimento específico da carreira administrativa e sem a influência que um membro do parlamento tem. Além disso, cultiva-se a forma mais miserável de "sistema de gratificações" (*Trinkgeldersystem*) que se possa usar com um parlamento. O parlamento como trampolim na carreira de talentosos candidatos ao cargo de secretário de Estado: esta ideia tipicamente burocrata é defendida por escritores políticos e da área jurídica que assim encontram uma forma especificamente "alemã" de resolver o problema do parlamentarismo alemão! São os mesmos círculos que falam com desprezo da busca por cargos, que para eles é uma prática exclusivamente da "Europa ocidental", especificamente "democrática". Eles jamais com-

---
36. R. Bennigsen (1824-1902), líder do Partido Nacional Liberal.

preenderão que os líderes parlamentares não buscam o cargo com sua remuneração e sua distinção, mas sim o *poder* com sua *responsabilidade* política, e que apenas podem tê-los quando estão arraigados no parlamento entre os sequazes de seu partido. Além disso, tampouco compreenderão que há uma diferença entre fazer do parlamento o lugar de seleção de líderes ou de pretendentes a cargos. Durante décadas, esses mesmos círculos zombaram do fato de os parlamentos alemães e seus partidos considerarem o governo uma espécie de inimigo natural. Mas não os incomoda nem um pouco que a medida do Artigo 9º, frase 2, da Constituição, dirigida exclusivamente contra o *Reichstag*, trate por força de lei o *Bundesrat* e o *Reichstag* como poderes inimigos, que apenas podem estabelecer contato por meio da mesa de conferência do primeiro ou da tribuna de oradores do segundo. Cabe à consideração conscienciosa de um estadista, do governo que o autoriza e de seus eleitores a decisão sobre se ele é capaz de conciliar com o seu cargo um mandato, a direção de um partido ou, pelo menos, alguma atividade neste, e se as instruções segundo as quais ele vota no *Bundesrat* são compatíveis com suas próprias convicções, por ele defendidas no *Reichstag*[D]. O político *dirigente*, sobretudo aquele que é responsável pelas

....
D. É engraçado que justamente no jornal *"Kreuzzeitung"* um autor anônimo, com formalismo jurídico, deduza a impossibilidade de combinar essas funções do fato de os deputados terem de votar conforme sua livre convicção, enquanto os membros do *Bundesrat* votam de acordo com instruções. O fato de um grande número de *conselheiros provinciais* (*Landräte*), que desde Puttkamer têm de "representar as políticas do governo", façam parte da Dieta prussiana é algo que não incomoda nem um pouco ao jornal *"Kreuzzeitung"*! E muito menos ainda o fato de alguns deles serem *secretários de Estado do Reich* que, no papel de deputados da Dieta prussiana, devem criticar, de acordo com sua livre convicção, as instruções que lhes são dadas, como membros do *Bundesrat*, pelo governo *responsável perante esta Dieta*. Se o estadista que dirigir um partido *não* conseguir obter, como membro do *Bundesrat*, as instruções correspondentes à sua convicção, *ele tem de se demitir,* algo que, na verdade, *todo* "estadista" deveria fazer hoje em dia! Veja adiante!

instruções do "voto presidencial" no *Reich*, isto é, o chanceler do *Reich* e o ministro do Exterior prussiano, precisa ter a *possibilidade* de presidir o *Bundesrat*, sob supervisão dos representantes dos outros Estados, e, ao mesmo tempo, influenciar o *Reichstag*, como membro e porta-voz de um partido. Hoje em dia, no entanto, considera-se "distinto" (*vornehm*) um estadista manter-se distante dos partidos. O conde Posadowsky acreditava até que o seu cargo *passado* não lhe permitia ser membro de qualquer partido, isto é, que este o obrigava a usar o *Reichstag* para apresentar-se nele como um orador acadêmico sem nenhuma influência. Sem influência – pois como são tratados os negócios no parlamento?

Os discursos dos deputados deixaram de ser, hoje, manifestação de suas convicções pessoais, e muito menos tentativas de fazer o adversário mudar de opinião. São antes declarações oficiais de um partido feitas ao país "apenas para constar". Depois que representantes de todos os partidos tenham falado uma ou duas vezes, o debate no *Reichstag* é encerrado. Os discursos são apresentados antes na reunião do grupo parlamentar do partido ou, pelo menos, todos os seus itens essenciais são ali combinados. Do mesmo modo, determina-se nessa reunião quem falará pelo partido. Os partidos têm especialistas para cada questão, do mesmo modo que a burocracia tem funcionários qualificados. É certo que, ao lado de suas abelhas obreiras, eles possuem também os zangões, oradores de exibição, que apenas são úteis, com muita cautela, para fins representativos. Mesmo que haja exceções, de modo geral vale o princípio: quem faz o trabalho tem a influência. Mas este trabalho realiza-se nos bastidores, nas reuniões das comissões e dos grupos parlamentares, e sobretudo nos escritórios particulares dos membros que trabalham mais intensamente. A inabalável posição de poder de Eugen Richter dentro de seu próprio partido, apesar de sua clara impopularidade, baseia-se, por exemplo, em sua grande capacidade de trabalho e, particularmente, em seu incomparável conhecimento sobre o orçamento. Richter deve ter sido o último deputado capaz de dizer onde o ministro da Guerra gastara cada centavo, até a última cantina; isto é algo que certos senhores daquela administração, apesar de todo o seu aborrecimento, contaram-me com admiração. No atual Partido do Centro, a posição do senhor Mathias Erzberger[37] também se baseia em sua *aplicação*, o que explica a influência desse político, dificilmente compreensível, uma vez que possui um talento político tão limitado.

Mas aplicação, por maior que seja, não qualifica uma pessoa para ser o líder e dirigente de um Estado, nem de um partido, duas coisas que, essencialmente, *não* são tão diferentes entre si quanto creem os nossos literatos românticos. Até onde estou informado, *todos* os partidos na Alemanha, sem exceção, tiveram no passado personalidades com todas as características de um líder político. Os políticos Von Bennigsen, Von Miquel, Von Stauffenberg, Völk e outros do Partido Nacional Liberal, bem como Von Mallinckrodt e Windthorst do Partido do Centro, os conservadores Von Bethusy-Huc, Von Minnigerode e Von Manteuffel, o progressista Von Saucken-Tarputschen, o social-democrata Von Vollmar, todos eles eram líderes natos, politicamente qualificados. Todos desapareceram ou, como Von Bennigsen nos anos 80, deixaram o parlamento porque não havia nenhuma chance para um líder de partido tornar-se dirigente dos assuntos de Estado. Os parlamentares que se tornaram ministros, como Von Miquel[38] e Möller[39], tiveram, inicialmente, de abandonar suas convicções políticas para poderem ser incorporados aos ministérios, compostos

....
37. M. Erzberger (1875-1921), político do Partido do Centro e jornalista com reputação de oportunista.
38. J. von Miquel (1829-1901), um dos fundadores do Partido Nacional Liberal. Ele defendeu e, em 1897, primeiro definiu a ideia de *Sammlungspolitik*.
39. T. Möller (1840-1925), industrial, político do Partido Nacional Liberal. Ministro prussiano do Comérico (1901-1905).

exclusivamente de funcionários públicos[E]. Porém *também hoje* existem *na Alemanha líderes natos*, e em grande número. Sim, mas onde estão eles? Depois do que já foi dito, a questão é facilmente respondida. Para dar um exemplo, refiro-me a uma pessoa cujas ideias políticas e sociopolíticas são radicalmente opostas às minhas: será que alguém acredita que o atual diretor das fábricas Krupp, anteriormente político no extremo leste da Alemanha e funcionário do Estado, nasceu predestinado a dirigir a maior empresa industrial da Alemanha e *não* um ministério importante ou um partido poderoso no parlamento? Por que, então, ele faz uma coisa e não estaria disposto (conforme suponho), nas condições atuais, a fazer a outra? Para receber mais dinheiro? Creio que há uma razão muito simples: em virtude da estrutura política do Estado em nosso país, e isto significa, simplesmente, em virtude da *impotência* do parlamento e do *caráter* burocrático daí resultante das posições de ministro, um homem com fortes instintos de poder e outras qualidades correspondentes, este homem teria de ser um tolo para fazer parte desse ambiente miserável de ressentimento entre colegas e pisar nesse solo escorregadio das intrigas palacianas, se, para a sua capacidade e ambição, é oferecido um campo de ação tal como o podem abrir as empresas gigantes, cartéis e empreendimentos bancários e atacadistas. Pessoas desse tipo preferem financiar jornais pangermânicos e deixar os literatos tagarelarem neles. Para o serviço dos interesses do capital privado são obrigados a migrar todos os homens da nação com talento para a liderança, por conta da *seleção negativa*, que é a consequência prática, livre de belas palavras, do nosso "governo monárquico". *Apenas* nessa esfera, a do capital privado, acontece hoje em dia algo que se assemelha a uma seleção de homens com qualidades de lide-

....
  E. O ministro Möller declarou, naquela época, que se encontrava na situação *desagradável* de ter seu ponto de vista tão bem conhecido por todos a partir de seus discursos passados!

rança. Por que ali? Simplesmente porque acaba a comodidade, o que, neste caso, significa a *tagarelice dos literatos*, quando se trata de interesses econômicos de milhões e bilhões de marcos e centenas de milhares de trabalhadores. E por que isso *não* ocorre no Estado? Porque um dos piores legados do domínio de Bismarck foi o fato de que ele considerava conveniente disfarçar seu regime cesarista com a *legitimidade do monarca*. E isso foi fielmente imitado por seus sucessores, os quais, por sua vez, não eram Césares, mas sim modestos funcionários públicos. A nação, que não era politicamente educada, acreditava nas belas palavras de Bismarck, em seu valor aparente, enquanto os literatos aplaudiam, como de costume. E isso é natural. Eles examinam futuros funcionários, sentem-se como se fossem funcionários e pais de funcionários, e seu ressentimento é dirigido contra todos os que aspiram ao poder e o obtêm por caminhos que não sejam a legitimação mediante diplomas. Desacostumada, no governo de Bismarck, a se preocupar com assuntos públicos, especialmente com a política externa, a nação deixou-se convencer a aceitar um "governo monárquico", o que, na realidade, era apenas um domínio incontrolado da burocracia. Neste sistema, quando *livre para fazer o que bem entende*, nunca brotaram e prosperam lideranças políticas em nenhuma parte do mundo. Não se trata da ideia de que em nosso funcionalismo *não haja também* pessoas com qualidades de liderança: *estamos longe de uma afirmação neste sentido*! Mas não só as convenções e as peculiaridades internas da hierarquia burocrática opõem obstáculos incomuns precisamente à ascensão dessas pessoas, como a natureza da posição do moderno funcionário administrativo é extremamente desfavorável ao desenvolvimento de independência *política* (a ser distinguida da independência interior, de caráter puramente *pessoal*). Além disso, a essência de toda a política, o que caberá ressaltar ainda muitas vezes, é a *luta, o recrutamento de aliados e de seguidores voluntários*, e, para exercitar-se nesta arte difícil, a carreira administrativa em um

Estado autoritário (*Obrigkeitsstaat*) não oferece oportunidade alguma. Para Bismarck, como sabemos, o *Bundestag* de Frankfurt foi sua escola. No exército, o treinamento prepara para a luta e pode gerar líderes militares. Para o político moderno, porém, a palestra[40] adequada é a luta no parlamento e por seu partido no país, que não pode ser substituída por nada igualmente eficiente – e em último lugar pela concorrência para promoção por promoção. Naturalmente, isso só pode acontecer em um parlamento e com um partido cujo líder consiga obter o *poder* no Estado.

Ao contrário, que poder de atração pode ter para homens com qualidades de *liderança* um partido que, na melhor das hipóteses, pode modificar alguns itens no orçamento, de acordo com os interesses de seus eleitores, e arranjar algumas pequenas prebendas para os protegidos de seus caciques? Que oportunidade lhes oferece esse partido para o desenvolvimento de suas qualidades? Até mesmo nos mínimos detalhes do regulamento e das convenções do *Reichstag* e dos partidos manifesta-se hoje a orientação do nosso parlamento para uma política puramente negativa. Constam-me alguns casos, que não são poucos, em que os antigos e meritórios líderes locais e de partido simplesmente oprimiram, dentro dos partidos, jovens talentos com qualidades de liderança, como acontece em qualquer corporação. Isto é natural num parlamento *impotente*, que se limita à política negativa, pois ali prevalecem exclusivamente os instintos corporativos. Um partido cuja existência envolve a participação no *poder* e na *responsabilidade do* Estado *nunca* poderia se permitir tal comportamento, portanto, todos os membros desse partido, no país inteiro, saberiam que a existência ou não existência do partido e de todos os interesses que os prendem a ele depende do fato de o partido *subordinar*-se às pessoas com qualidades de liderança das quais dispõe. Pois não é a assembleia parlamentar, cons-

---

40. "Palestra" refere-se a uma escola de luta ou ginásio.

tituída de muitas cabeças, como tal, que pode "governar" e "fazer" a política. Não se trata disso em lugar nenhum do mundo, nem mesmo na Inglaterra. Toda a grande massa dos deputados funciona *apenas* como seguidores do *"leader"* ou dos poucos *"leaders"*[41] que formam o gabinete e lhes obedece cegamente *enquanto* têm sucesso. *É assim que deve ser.* A ação política é sempre dominada pelo "princípio do número pequeno", isto é, a superioridade da capacidade de *pequenos* grupos líderes para manobras políticas. Esta tendência "cesarista" é inextirpável (nos *Estados de massas*).

Por outro lado, apenas ela é capaz de garantir que a *responsabilidade* para com o público, que se dispersaria completamente dentro de uma assembleia governante de muitas cabeças, fique a cargo de determinadas pessoas. É precisamente na democracia autêncica que isso se revela. Segundo as experiências feitas até agora, funcionários públicos nomeados através de eleição popular mostram-se eficientes em dois casos. Por um lado, na associação cantonal onde, considerando uma população estável, as pessoas se conhecem e a eficiência comprovada dentro da comunidade pode determinar a eleição. Por outro lado, mas com consideráveis reservas, na eleição do *mais alto* representante político em um *Estado de massas*. Raramente é o líder político mais destacado que chega dessa maneira ao poder supremo; em média, são líderes políticos apropriados. Ao contrário, para a grande massa de funcionários públicos dos escalões médios, sobretudo aqueles que precisam de um treinamento específico, o sistema de eleição popular costuma fracassar completamente em Estados de massas, e por motivos compreensíveis. Na América, os juízes nomeados pelo presidente eram muito superiores em competência e integridade àqueles eleitos pelo povo. Isso porque o líder que os nomeava era *responsável* pelas qualidades dos funcionários e o partido governante sentiria futuramente na

....
41. O termo inglês *"Leader"* significa "líder".

própria carne se tivesse cometido erros graves. Por isso, o domínio do sufrágio igualitário nas grandes comunas sempre significou que havia sido eleito prefeito, mediante votação popular, um homem de confiança (*Vetrauensmann*) dos cidadãos, com ampla liberdade de criar, ele próprio, seu aparato administrativo. O governo parlamentar inglês igualmente tende a desenvolver esses traços cesaristas. O primeiro-ministro ocupa uma posição cada vez mais preeminente em relação ao parlamento do qual ele provém.

Como acontece em qualquer organização humana, a seleção de líderes políticos por meio dos partidos também apresenta falhas, que já foram discutidas *ad nauseam* pelos literatos alemães durante as últimas décadas. É óbvio que também o sistema parlamentar exija do indivíduo, e tem que exigir, que se submeta a líderes que ele, muitas vezes, apenas pode aceitar como "um mal menor". Mas o Estado autoritário primeiro não lhe deixa *nenhuma* escolha; segundo, no lugar de *líderes*, lhe impõem *funcionários*. E isso certamente faz alguma diferença. Além disso, há boas razões para que a "plutocracia" floresça na Alemanha, como em outros países, ainda que de forma diferente, pois os poderes do grande capital, denegridos justamente pelos intelectuais sem nenhum conhecimento, encontram-se *unânimes* do lado do Estado autoritário *burocrático* e são *contra* a democracia e o parlamentarismo – poderes capitalistas (em particular os mais brutos, os donos da indústria pesada) que certamente conhecem melhor seus interesses do que os acadêmicos em seus estudos. No entanto, essas razões encontram-se simplesmente além do horizonte dos literatos filisteus. Com o moralismo mais obtuso, eles ressaltam o fato evidente de que a vontade de obter *poder*[42] faz

---

42. Weber utiliza novamente a terminologia nietzschiana. Um volume (controverso) com esse título (*A vontade de poder*), baseado em notas redigidas por Nietzsche entre 1883 e 1888, foi reunido por Elisabeth Förster-Nietzsche e publicado em 1901.

parte dos motivos impulsores dos líderes parlamentares e que a ambição egoísta de obter um cargo move seus seguidores. Como se entre os candidatos a cargos burocráticos não existissem a mesma ambição e a mesma fome por um bom salário, mas sim, exclusivamente, os motivos mais altruístas! E no que se refere à participação da "demagogia" na conquista do poder, os acontecimentos relacionados aos atuais comentários demagógicos presentes na imprensa, *apoiados por certas instâncias oficiais*, sobre a ocupação da posição de ministro do Exterior alemão podem revelar a qualquer um o fato de que é precisamente em um governo supostamente "monárquico" que a ambição de obter um cargo e a luta interdepartamental são encorajadas a tomar o rumo da mais prejudicial demagogia na imprensa[43]. Em nenhum Estado parlamentar de partidos fortes seria possível coisa pior.

Sem dúvida, as motivações do comportamento pessoal dentro de um partido são tão pouco puramente idealistas quanto o são os habituais interesses vulgares em promoção e prebendas dos concorrentes em uma hierarquia de funcionários públicos. Tanto aqui quanto lá trata-se, na maioria dos casos, de interesses pessoais (e continuará a ser na tão elogiada "sociedade solidária" do Estado do futuro, de que falam os literatos). O que unicamente importa é que esses interesses universalmente humanos, muitas vezes humanos demais, *atuem* de maneira que pelo menos não *impeçam* uma *seleção* de homens dotados de qualidades de liderança. Dentro de um partido, isso *apenas* será possível quando os seus líderes tiverem a expectativa de obter o *poder* e a *responsabilidade* no Estado como resultado de sua vitória. Apenas nesse caso é *possível*. Mas isso não quer dizer que a seleção esteja assegurada.

....
43. Weber refere-se à *"Kühlmannkrise"* de janeiro de 1918, quando chegou ao ponto decisivo o conflito entre Richard von Kühlmann, o secretário de Estado das Relações Internacionais, que era a favor de uma paz negociada, e o Comando Supremo, que se recusava a aceitar qualquer resultado que não fosse a vitória e uma política de anexação.

Pois apenas um parlamento que *trabalhe*, e não se limite a falar, pode ser o terreno propício para o crescimento de qualidades de liderança que não sejam meramente demagógicas, mas sim autenticamente *políticas* e que ascendam por meio da seleção. Mas um parlamento que trabalha é um parlamento *que controla a administração, colaborando continuamente com ela*. Antes da guerra isso não existia em nosso país. Depois da guerra, porém, o parlamento *deve* ser transformado nesse sentido, ou então voltaremos à situação miserável de outrora. Este será o nosso próximo assunto.

3. Transparência da administração e seleção dos líderes políticos

Toda a estrutura do parlamento alemão de hoje está orientada para uma *política* puramente *negativa*: crítica, reclamação, deliberação, emenda e despacho de projetos de lei do governo. A esta situação correspondem todos os hábitos parlamentares. Infelizmente, em virtude do pouco interesse público, apesar de bons trabalhos jurídicos sobre o regimento interno do parlamento, não há nenhuma análise política dos verdadeiros processos vitais do *Reichstag*, como existem para outros parlamentos estrangeiros. Mas quando nos colocamos a discutir com um parlamentar qualquer tipo desejável de organização interna do *Reichstag* e de seus procedimentos, encontramos imediatamente todos os tipos de práticas considerações convencionais que apenas atendem à comodidade, à vaidade, às necessidades e aos preconceitos de desgastados notáveis parlamentares e colocam pedras no caminho de toda capacidade de ação política do parlamento. Desse modo, até a simples tarefa de um controle contínuo e eficaz da administração dos funcionários é obstruída. Ou será que esse controle (*Kontrolle*) é desnecessário?

O funcionalismo tem sido brilhante onde quer que tenha de demonstrar seu senso de dever, sua objetividade e sua habilidade para a resolução de problemas de organização, tratando-se de tarefas burocráticas, claramente delimitadas, de natureza *técnica*. Quem vem de uma família de funcionários públicos, como eu, será o último a permitir que se manche essa tradição. Mas aqui se trata de eficiência *política*, não "de serviço", e os próprios fatos revelam algo ao mundo que nenhum amante da verdade pode negar: a dominação dos funcionários *falhou completamente* sempre que teve de se ocupar de questões *políticas*. Isso não aconteceu por acaso. Seria, antes, surpreendente se capacidades intrinsecamente tão distintas coincidissem dentro da mesma estrutura política. *Como já foi dito, não é próprio de um funcionário* participar de conflitos políticos de acordo com suas convicções pessoais e, nesse sentido, "fazer política", o que sempre significa "luta". Pelo contrário, seu orgulho é proteger sua imparcialidade e, portanto, poder superar suas próprias inclinações e opiniões para realizar, de maneira conscienciosa e sensata, o que o regulamento geral ou alguma instrução especial exigem dele, mesmo – e particularmente – em casos que *não* correspondem às suas próprias convicções políticas. Mas a *direção* do funcionalismo que lhe atribui tarefas tem, evidentemente, de resolver constantemente problemas políticos, nas áreas da política de poder e da política cultural (*Kulturpolitik*). Controlá-la *nessa* função é a primeira e fundamental tarefa do parlamento. E não apenas as tarefas atribuídas às supremas instâncias centrais, mas também cada questão individual, mesmo puramente técnica, *pode* ser politicamente importante nas instâncias inferiores, e a maneira pela qual é resolvida *pode* ser determinada por aspectos políticos. Os *políticos* devem ser o contrapeso à dominação do funcionalismo. A esta ideia, porém, resistem os interesses de poder das *instâncias* dirigentes de um governo puramente burocrático, que sempre seguirão sua inclinação à liberdade, com um mínimo possível de controle, e, sobretudo, à manutenção do monopólio de cargos ministeriais para a promoção de funcionários.

A possibilidade de *controlar* de maneira eficaz o funcionalismo está ligada a determinados pré-requisitos.

Além da técnica da divisão do trabalho na administração, a posição de poder de todos os funcionários reside em um *conhecimento* de dois tipos. Primeiro, o *conhecimento especializado* "técnico", no sentido mais amplo da palavra, adquirido mediante treinamento específico. Se esse tipo de conhecimento está também representado no parlamento ou se, privadamente, certos deputados podem recorrer às informações de especialistas em determinados casos, isto é casual e é um assunto particular. Ele nunca será substituído no controle da administração por um sistemático *interrogatório cruzado* (juramentado) *de peritos* perante uma comissão parlamentar, com a presença dos funcionários do departamento em questão, procedimento este que é o único que garante o controle e a universalidade do interrogatório. Ao *Reichstag falta* o direito de realizá-lo: a Constituição *o condena à estupidez do diletante.*

Mas o conhecimento especializado não é o único fundamento do poder do funcionalismo. A ele acrescenta-se a *informação oficial (Dienstwissen),* conhecimento dos fatos concretos, ao qual apenas o funcionário tem acesso por meio de recursos administrativos e que é decisivo para sua forma de atuar: apenas quem consegue ter acesso ao conhecimento desses fatos, independentemente da boa vontade do funcionário, pode controlar a administração de maneira eficaz. Dependendo das circunstâncias, pode se tratar da análise da documentação, de uma vistoria ou novamente, em casos extremos, de um *interrogatório cruzado* dos envolvidos, na qualidade de testemunhas sob juramento, perante uma comissão parlamentar. Este direito também *falta* ao *Reichstag,* que está propositalmente impossibilitado de obter o conhecimento necessário para controlar a administração, isto é, *condenado* não apenas ao diletantismo, mas também *à ignorância.*

Para isso *não há,* absolutamente, razões *objetivas (sachlichen).* É assim apenas porque o mais importante *instrumen-*

to de poder do funcionalismo é a transformação da informação oficial em uma *informação secreta*, mediante o conceito malafamado do "segredo oficial", que, em última instância, é apenas um meio para *proteger* a administração *de qualquer controle*. Enquanto os níveis inferiores da hierarquia burocrática forem controlados e criticados por seus superiores, qualquer controle, tanto técnico quanto político, falhará em nosso país precisamente em relação ao alto escalão, isto é, aquele que se ocupa da "política". Tanto na forma quanto no conteúdo, a maneira pela qual os chefes administrativos respondem aos pedidos de informação e crítica da representação parlamentar é, não raramente, ofensiva a um povo que tem consciência de si próprio, e isso é apenas possível porque foram negados ao parlamento os meios de obter a qualquer momento, por meio do assim chamado "*direito de inquérito*" (*Enqueterecht*), aquele conhecimento dos fatos e dos aspectos técnicos que é indispensável para lhe possibilitar a colaboração contínua e a influência sobre o rumo da administração. É nesse ponto que, antes de tudo, as mudanças precisam acontecer. Isto não quer dizer que, futuramente, o *Reichstag*, em suas comissões, deva mergulhar em vastos estudos e publicar grossos volumes de resultados: a sua carga de trabalho já evitará que isto aconteça. O direito de inquérito, pelo contrário, deve ser usado como recurso *ocasional*, sendo, de resto, um açoite, cuja existência obriga os chefes da administração a prestarem contas de uma maneira que torna o seu uso desnecessário. Essa forma de utilização desse direito produziu os melhores resultados no parlamento inglês. A integridade do funcionalismo inglês e o alto nível de educação política de seu povo baseiam-se essencialmente nela (entre outras coisas), e frequentemente foi ressaltado que a maneira pela qual a imprensa inglesa e seus leitores acompanham as negociações dos comitês é o melhor critério para avaliar o grau de maturidade política. Pois essa maturidade não se manifesta em votos de desconfiança, acusações de ministros e outros espetáculos similares do parlamentarismo nada organizado da França e da Itália, mas sim pelo fato de que uma nação esteja informada sobre a *maneira* pela qual o funcionalismo *trata de seus negócios*, e constantemente a controla e influencia. Unicamente os comitês de um parlamento poderoso são, e têm condição de ser, o espaço onde se pode exercer essa influência educativa. Em última instância, o funcionalismo só pode lucrar com essa mudança. Raramente, e certamente nunca em nações com experiência parlamentar, o relacionamento entre público e funcionalismo carece tanto de compreensão quanto na Alemanha. Isso não é de admirar. Os *problemas* com os quais os funcionários têm de lutar em seu trabalho nunca se manifestam visivelmente em nosso país. As realizações desses funcionários jamais poderão ser compreendidas e apreciadas, e nunca poderão ser superadas as reclamações estéreis sobre a "Santa Burocracia" para dar lugar a uma crítica positiva, se a situação atual da dominação burocrática *descontrolada* continuar. E o poder do funcionalismo não é enfraquecido onde ocupa o lugar que lhe é apropriado. O "conselheiro privado" (*Geheimrat*), especialista treinado em sua área, supera seu ministro em conhecimento específico (em muitos casos, até mesmo um ministro que seja funcionário de carreira), tanto na Inglaterra (mas não em maior grau) quanto em nosso país. Isso *deve* ser assim, pois o treinamento especializado, nas condições modernas, é o pré-requisito indispensável para o conhecimento dos meios técnicos necessários para alcançar objetivos políticos. Mas a fixação de objetivos políticos não é um assunto técnico e a *política* não deve ser determinada por funcionários especializados, puramente como tal.

A mudança, aparentemente bem modesta, que seria introduzida em nosso país por meio de comissões parlamentares que cooperam com a administração e utilizam o direito de inquérito para garantir o controle contínuo dos funcionários é a condição prévia fundamental para todas as reformas posteriores, que têm como objetivo incrementar o trabalho positivo do *parlamento como órgão estatal*. É também, particularmente, o pré-requisito indispensável para a transformação do parlamento em um lugar de seleção de líderes políticos. Entre os nossos literatos está na moda desacreditar os parlamentos como lugares onde apenas são "feitos discursos". De maneira semelhante, porém muito mais espirituosa, Carlyle[44] havia esbravejado três gerações antes contra o parlamento inglês, e mesmo assim este se tornou cada vez mais um representante do poder universal da Inglaterra. Hoje em dia os executores físicos da liderança (política e militar) não são mais os golpes dados com a espada, mas sim prosaicas ondas sonoras e gotas de tinta, isto é, *palavras* escritas e ditas. O que importa é, simplesmente, que espírito e conhecimento, força de vontade e experiência sensata formulem no parlamento tais palavras, sejam elas ordens ou discurso de propaganda, sejam notas diplomáticas ou declarações oficiais. Em um parlamento onde somente críticas podem ser feitas e não há a possibilidade de se obter conhecimento dos fatos, e cujos líderes partidários nunca se veem colocados na posição de ter que demonstrar o que podem realizar em termos políticos, somente a demagogia ignorante ou a impotência rotineira (ou ambas, em conjunto) têm a palavra. Faz parte daquele capital de imaturidade política, acumulado em nosso país numa era totalmente apolítica, que o filisteu alemão contemple as estruturas políticas, como o parlamento inglês, com olhos que as nossas condições atuais cegaram, pensando que pode considerá-las com desdém das alturas de sua própria impotência política – sem lembrar que essa instituição, afinal de contas, foi o local de seleção daqueles políticos que conseguiram levar um quarto da humanidade a se sujeitar ao domínio de uma minúscula minoria politicamente astuta. E o mais importante: uma parte considerável subordinou-se *voluntariamente*. Onde o Estado

---

44. É provável que Weber esteja se referindo a *Past and Present* (1843), de Thomas Carlyle.

autoritário alemão, tão elogiado, é capaz de mostrar resultados semelhantes? A preparação política para poder obtê-los não é adquirida nos discursos decorativos e de ostentação, pronunciados em sessões plenárias do parlamento, mas sim *dentro* da carreira parlamentar, e somente por meio do *trabalho* constante e intenso. Nenhum dos principais líderes parlamentares ingleses ascendeu sem ter adquirido experiência nas comissões, sem ter passado por uma série de departamentos administrativos e ter sido introduzido em atividades neles realizadas. *Apenas* o treinamento do trabalho intensivo nas realidades da administração, pelo qual o político tem que passar nas comissões de um parlamento poderoso e *ativo* e onde ele tem que se mostrar eficiente, faz de tal assembleia um local de seleção não de meros demagogos, mas sim de políticos capazes de trabalho objetivo, situação que até hoje é apenas alcançada pelo parlamento inglês (fato que nenhuma pessoa honesta pode deixar de reconhecer). Somente essa forma de cooperação entre funcionários especializados e políticos profissionais garante o controle contínuo da administração e, por meio desta, a educação política e a instrução de líderes e liderados. A *transparência da administração*, imposta por um *controle parlamentar* eficaz, deve ser exigida como pré-requisito para a educação política da nação e para qualquer trabalho parlamentar fértil. Nós também já demos os primeiros passos nessa direção.

As necessidades da guerra, que acabaram com grande parte do palavreado conservador, deram origem ao *"Comitê Principal do Reichstag"*, uma estrutura técnica e politicamente ainda extremamente imperfeita em seu trabalho e em sua transparência, mas que já se encontra a caminho do desenvolvimento de um parlamento ativo.

Sua imperfeição para objetivos políticos já estava na *forma* equivocada e desorganizada da publicidade dispensada à discussão de importantes problemas políticos e também no círculo demasiadamente grande de pessoas, dentro e diante do qual essa discussão se realizava – de maneira inevitavelmente emocional. Era um abuso perigoso o fato de que problemas técnico-militares "confidenciais" (a questão dos submarinos!) e diplomáticos fossem de conhecimento de centenas de pessoas. Como resultado, essas questões foram secretamente passadas adiante ou chegaram à imprensa, de forma desfigurada ou com insinuações sensacionalistas. As discussões *atuais* sobre a política externa e a guerra têm o seu lugar, inicialmente, em um pequeno círculo de homens de confiança dos partidos. E como a política é sempre feita por poucos, os partidos, quando tratam de assuntos políticos de grande relevância, não podem ser organizados à maneira de "associações", mas sim à maneira de "grupos de seguidores". Portanto, seus homens de confiança *políticos* (*Vertrauensmänner*) devem ser "líderes", isto é, ter plenos poderes para tomar decisões importantes (ou poder conseguir a autorização, dentro de poucas horas, de comissões que possam ser reunidas a qualquer momento). A "Comissão dos Sete" do *Reichstag*, reunida para uma finalidade única, foi aparentemente um passo que seguiu nessa direção. Levou-se em conta a vaidade dos chefes administrativos ao designar a instituição apenas de "provisória" e ao tentar *não* tratar os parlamentares como "representantes de seus partidos" – o que privaria a instituição de qualquer sentido político e que, felizmente, não deu certo. No entanto, por mais que tenha sido tecnicamente adequada a ideia de reunir à mesa esses sete representantes de partidos para discutir com comissários do governo, o mais adequado teria sido incluir três ou quatro representantes dos maiores Estados intermediários e, ainda, quatro ou cinco chefes administrativos militares ou de política interna, ou seus representantes, em vez dos sete plenipotenciários do *Bundesrat*. Em todo caso, apenas um pequeno grupo de pessoas, com o dever da discrição, pode discutir e *preparar* decisões autenticamente *políticas* em uma situação muito tensa. Para o tempo de guerra, a criação dessa comissão mista, que reuniu os representantes de *todos* os grandes partidos e representantes do governo, pode ter sido adequada. Em tempos de paz, também poderia ser útil a consulta a representantes partidários, em uma base semelhante, nas discussões sobre questões altamente políticas, em especial na política externa. Mas, de resto, esse sistema é de importância limitada, não sendo nem um substituto para uma verdadeira parlamentarização das ações do governo nem um meio para criar políticas governamentais unificadas. Pois se esse consenso deve ser apoiado pela maioria dos partidos, ele apenas pode ser criado mediante negociações *livres* entre os partidos decisivos para a formação dessa *maioria* e os líderes do governo. Uma comissão em que se sentam juntos um representante dos socialistas independentes e um dos conservadores não pode ter, em sua essência, o sentido de substituir esse procedimento de formação da decisão política. Seria politicamente inconcebível. Esse tipo de estrutura não contribui em nada para uma orientação uniforme da *política*.

Para o *controle* normal *da administração* em tempos de paz, pelo contrário, o desenvolvimento de comitês especiais mistos ligados ao *comitê central* poderia se tornar um instrumento apropriado, desde que seja garantida a boa e contínua informação ao público e criadas regras adequadas de procedimentos que mantenham a unidade diante da especialização dos temas tratados nos subcomitês, dos quais representantes *do* Bundesrat e de departamentos ministeriais fariam parte. O possível efeito político de tal disposição dependerá inteiramente da futura posição do parlamento no *Reich* e, assim, da estrutura adotada por seus partidos. Se tudo permanecer como antes, portanto se, particularmente, a obstrução mecânica do Artigo 9 da Constituição do *Reich* continuar a existir e, de maneira geral, o parlamento continuar restrito a uma "política negativa" – e a tendência evidente da burocracia é a de seguir nessa direção –, nesse caso, os partidos provavelmente concederão a seus representantes nos comitês insignificantes mandatos imperativos e, de qualquer modo, não lhes atribuirão nenhum poder de *liderança*. De resto, cada partido seguirá o seu próprio caminho, lutando exclusivamente para conseguir pequenas vantagens para seus protegidos, e assim toda a instituição será um obstáculo inútil e uma perda de tempo para a administração, em vez de instrumento de educação política e de fértil cooperação objetiva. Na melhor das hipóteses, o resultado positivo poderia ser então algo semelhante ao patronato proporcional existente em alguns cantões suíços: uma distribuição pacífica entre os partidos de parcelas da influência sobre a administração, o que abranda o conflito entre eles. (No entanto, até mesmo esse resultado negativo está muito longe de ser alcançável em um Estado de massas com tarefas altamente políticas. Sobre os efeitos práticos positivos desse sistema, as opiniões dos suíços, que eu saiba, variam. Mas, naturalmente, eles devem ser avaliados de forma distinta em um grande Estado.) No entanto, por mais duvidosas que sejam essas perspectivas idílicas, elas certamente agradarão àqueles que consideram a eliminação da luta entre os partidos políticos o bem absolutamente mais valioso, enquanto o funcionalismo, por sua vez, esperará obter vantagens para garantir sua própria posição de poder, devido à continuação do sistema de pequenas gratificações. E se a isso ainda se acrescentasse algum tipo de distribuição proporcional dos cargos entre os diversos partidos "aceitáveis na corte", o resultado, "rostos felizes por toda parte", seria ainda melhor. Mas é evidente a improbabilidade da realização dessa distribuição pacífica de prebendas na área da *administração interna* na Prússia, considerando o monopólio de cargos (os de conselheiros provinciais, presidente do governo e presidente supremo) do Partido Conservador. E do ponto de vista puramente político também *não* haveria um resultado muito *melhor* do que este: *funcionários* dos partidos, e não seus *líderes*, teriam chances de obter *prebendas*, em vez de *poder* político e responsabilidade – o que certamente não seria um meio apropriado para elevar o nível político do parlamento. E completamente abertas devem permanecer as questões se, desta maneira, o controle da administração se torna mais eficaz e se aumenta a maturidade da população para avaliar o trabalho da administração.

Para uma discussão adequada, até mesmo das mais simples questões técnico-administrativas, em um comitê assim burocratizado, é *indispensável a* garantia do direito desse comitê de obter a qualquer momento as informações técnicas ou oficiais, quando necessário for, levantando-as ele mesmo. Única e exclusivamente interesses nada objetivos de prestígio ou, mais claramente falando, de vaidade, e o desejo de estar *livre do controle* por parte do funcionalismo se opõem a essa exigência, o que não significa, por si só, nenhuma decisão sobre o estabelecimento de um "governo parlamentar", mas apenas um pré-requisito para sua configuração.

A única objeção tecnicamente relevante ao direito de inquérito que professores de direito constitucional têm por hábito levantar é a de que o *Reichstag* é completamente autônomo na determinação de seu regulamento interno, de modo que a maioria pode cortar unilateralmente o inquérito ou realizá-lo de uma maneira que não revele o que não lhe convém. Sem dúvida, a autonomia de regimento interno (Artigo 27 da Constituição do *Reich*), adotada (indiretamente) da teoria inglesa sem crítica alguma, não pode ser conciliada com *aquele* direito. Cabe antes estabelecer a garantia desse direito mediante normas *legais*. É particularmente *necessário* que ele se torne o direito da minoria (de modo que um inquérito possa ser exigido por, digamos, cem membros do parlamento) e, naturalmente, que tal minoria tenha direito à representação, à formulação de perguntas e de relatórios acessórios. Isso é indispensável para que se possa opor a todo "*abuso da maioria*", futuramente possível, e aos seus perigos conhecidos: o *contrapeso da publicidade,* ausente em outros Estados e garantido na Inglaterra, até agora, somente pela cortesia mútua dos partidos. Porém, garantias em outros âmbitos são igualmente necessárias. Enquanto houver indústrias concorrentes, principalmente de países diferentes, será imperativo proteger de forma adequada pelo menos seus segredos tecnológicos contra a publicação tendenciosa. Isso se aplica também a segredos técnico-militares, bem como, finalmente, a considerações pendentes da *política externa*, as quais devem ser tratadas em um pequeno círculo de pessoas, com garantia de discrição. Pois é evidentemente um erro (ridicularizado neste exato momento pelos fatos) de alguns literatos, principalmente russos, acreditar que as ações da política externa, por exemplo, uma conclusão de paz objetiva entre dois países beligerantes, possam ser bem conduzidas quando uma nação ultrapassa a outra em manifestações públicas de "princípios" gerais, em vez de negociações objetivas quanto ao melhor acordo possível entre os interesses conflitantes de fato existentes entre nações e Estados – interesses que se escondem por trás daqueles supostos "princípios". Em todo caso, meios distintos das ideias diletantes desses literatos são necessários para eliminar os erros do *nosso* passado. A ideia, muito difundida em círculos democráticos, de que a *publicidade* da diplomacia seja uma panaceia e, sobretudo, atue sempre em favor da paz, é errônea, quando expressa de forma tão generalizada. Ela é válida quando se trata de *declarações* definitivas, previamente ponderadas, mas não valerá para as *próprias* ponderações enquanto houver Estados conflitantes, tampouco para indústrias concorrentes. Em oposição direta a questões da administração interna, a publicidade pode *perturbar* gravemente, nesse estágio, a *objetividade* e a ausência de preconceitos nas ponderações pendentes e até pôr em risco ou impedir a paz. As experiências da atual guerra mostram isso claramente. No entanto, ainda cabe falar da política externa em um capítulo à parte.

Apenas indicaremos aqui como se manifesta hoje a falta de liderança parlamentar em casos de "*crises*" internas. Instrutivo nesse sentido foi o destino da iniciativa de Erzberger em julho deste ano e das duas crises posteriores[45]. Em todos os três casos se revelaram as consequências quando: 1) governo

....
45. A "Crise de Julho" de 1917 teve início quando Erzberger afirmou claramente, diante do Comitê Principal do *Reichstag*, que a política irrestrita de guerra submarina havia fracassado e que a Alemanha deveria pedir a paz.

e parlamento se enfrentam como dois órgãos separados, sendo o parlamento *apenas* uma representação dos governados e, portanto, orientado para a "política negativa" (no sentido acima mencionado); 2) os partidos são estruturas com caráter de associações porque líderes políticos não encontram sua vocação dentro do parlamento e, portanto, nenhum lugar nos partidos; 3) os governantes do Estado, os funcionários dirigentes, não são líderes dos partidos representados no parlamento nem encontram-se em contato *contínuo* com os líderes partidários, discutindo as questões pendentes, mas estão fora deles, ou seja, segundo a expressão convencional que confere prestígio, estão "acima deles" e, por isso, não são capazes de dirigi-los. Quando uma forte maioria do *Reichstag* insistiu numa decisão positiva do governo do *Reich*, o sistema fracassou imediatamente. Os representantes do governo, perplexos, tiveram que soltar as rédeas porque não contavam com nenhum apoio dentro das organizações partidárias. O próprio *Reichstag*, politicamente sem líder, ofereceu a imagem de total anarquia porque os (assim chamados) líderes dos partidos jamais haviam ocupado um lugar no governo e, naquela época, não podiam ser levados em consideração como futuros chefes de Executivo. Os partidos se viam confrontados com uma tarefa que nunca antes aparecera em seu horizonte e para a qual não estavam preparados, nem em termos de organização nem em termos de pessoal: a formação de um governo a partir de suas fileiras. Evidentemente provaram ser completamente incapazes, nem sequer fizeram a tentativa e nem poderiam fazê-la, pois da extrema direita à extrema esquerda, nenhum partido dispunha de um político que fosse reconhecido como líder, e o mesmo ocorria com o próprio funcionalismo.

Durante quarenta anos, todos os partidos estavam acostumados à ideia de que o *Reichstag* tinha apenas a tarefa de praticar uma "política negativa". Com uma clareza assustadora, manifestou-se, como um efeito da herança de Bismarck, aquela "vontade de impotência" à qual ele condenara os partidos do parlamento. Eles nem mesmo participaram da escolha dos novos líderes da nação. A necessidade de prestígio ou, mais claramente, a *vaidade* da burocracia oficial não suportava nem isso, nem mesmo neste momento crítico, ainda que a prudência mais elementar o tenha mandado fazê-lo. Em vez de confrontar os partidos com a capciosa pergunta sobre quem eles teriam para apresentar como candidato às posições supremas do *Reich* ou, pelo menos, com a questão mais prática a respeito de sua posição em relação aos diversos possíveis líderes políticos do *Reich*, a burocracia insistiu em seu ponto de vista, baseado no prestígio, de que o assunto não dizia respeito ao parlamento. Forças extraparlamentares intervieram e instituíram o novo governo, que não se aproximou dos partidos com uma proposta objetiva e definitiva e o pedido categórico de que tomassem posição por meio de um "sim" ou um "não". Conforme lembramos, o novo Chanceler do *Reich* foi forçado a fazer várias declarações diferentes sobre o ponto decisivo e aceitar a supervisão do Comitê dos Sete, em um ato de política externa: tudo isso porque não tinha a *confiança* do parlamento. E é claro que nossos literatos tagarelas observaram com satisfação esse espetáculo desagradável e prejudicial ao prestígio da Alemanha, confirmando sua convicção de que o parlamentarismo era "impossível" no país. O parlamento havia "falhado". Na verdade, foi outra coisa que falhou: a tentativa de dirigir o parlamento por parte de um funcionalismo que não tinha nenhum relacionamento com ele, ou seja, precisamente aquele sistema que, sob o aplauso dos literatos, atuou por décadas no sentido de incapacitar o parlamento para ações políticas positivas, no interesse da liberdade de controle do funcionalismo. A situação seria totalmente diversa se toda e qualquer prática governamental colocasse a responsabilidade completamente, ou pelo menos essencialmente, nos ombros dos líderes de partidos, oferecendo assim aos líderes políticos natos a oportunidade de participar, no parlamento, da condução do destino de seu país.

Neste caso, os partidos não poderiam se permitir uma organização de tipo tão filisteu e corporativista quanto a que existe no *Reichstag*. Estariam absolutamente obrigados a *subordinar-se* a líderes, e não a pessoas com um caráter de funcionários aplicados, como particularmente o fez o Partido do Centro, pessoas que perderam a cabeça precisamente no momento em que deveriam ter desenvolvido as qualidades de liderança. Os líderes, por sua vez, sentir-se-iam, no caso de uma crise daquele tipo, obrigados a formar uma coalizão que teria proposto ao monarca um programa positivo e determinadas pessoas com capacidade de liderança. No caso do sistema existente, não podia haver outra consequência além da política puramente negativa.

O novo líder do *Reich*, designado fora do parlamento, encontrou um caos, que logo em seguida levou à mesma situação. Pois a remoção de alguns parlamentares muito competentes para cargos do governo apenas significou que estes, segundo o Artigo 9 da Constituição do *Reich*, perderam a influência no seu partido, o que deixou o partido decapitado ou desorientado. A mesma coisa aconteceu nas crises de agosto e outubro[46]. O novo fracasso completo do governo foi consequência do fato de que os estadistas insistiram tenazmente no princípio de *evitar* tanto o contato *contínuo* com os líderes dos partidos quanto a discussão prévia dos problemas a serem tratados na sessão seguinte, pelo menos com os representantes daqueles partidos cuja aprovação podiam e queriam ganhar. A mera circunstância de que o Chanceler do *Reich*, nomeado em novembro, tenha entrado em contato com os partidos majoritários no *Reichstag*, a pedido deles, *antes* de tomar posse, ao lado do fato de que, agora, os ministérios puramente políticos estejam nas mãos de parlamentares expe-

---
46. O papa Bento XV emitiu uma nota aos países beligerantes em 1º de agosto de 1917, conclamando-os a iniciar o processo de paz. O fracasso dessa tentativa aprofundou a crise política na Alemanha e, em outubro do mesmo ano, Hertling sucedeu a Michaelis como chanceler.

rientes – estas duas circunstâncias bastaram para possibilitar finalmente um funcionamento razoável, ao menos da maquinaria da política interna, ainda que a manutenção do Artigo 9, sentença 2, continue exercendo, mais uma vez, sua influência perniciosa. A crise de janeiro[47] também deixou claro até ao observador menos atento que a fonte das crises da política interna entre nós *não é o parlamento*, mas duas circunstâncias. Inicialmente, o abandono ao princípio sempre rigorosamente observado da política por Bismarck, segundo o qual o comandante-em-chefe do exército conduz a guerra de acordo com critérios *militares*; o político, porém, conclui a paz conforme critérios *políticos* (entre os quais as questões puramente técnicas e estratégicas constituem um elemento, mas *apenas um*). Segundo, porém mais importante, alguns cortesãos subalternos consideraram útil e compatível com um governo aparentemente "monárquico" publicar discussões internas da alta política *na imprensa*. Por interesse *político-partidário*.

Pois o estado das coisas no nosso país pode ensinar a qualquer um que o governo puro do funcionalismo não significa, apenas em virtude desta qualidade, que não haja domínio de *partido algum*. Na Prússia são impossíveis conselheiros provinciais que não sejam conservadores, e o pseudo-parlamentarismo alemão, com todas as suas consequências, fundamenta-se em um axioma adotado desde 1878 por aqueles que têm interesses partidários (depois da interrupção dos onze anos mais férteis do trabalho parlamentar alemão), segundo o qual todo governo e seus representantes, por necessidade natural, deviam ser "conservadores", tolerando-se certas concessões feitas ao patrocínio da burguesia prussiana

....
47. Esta é uma referência às negociações de paz entre Rússia e Alemanha que aconteceram em Brest-Litovski em janeiro de 1918. Weber e grande parte da opinião pública estavam inclinados a culpar o Comando Supremo Alemão pelo rompimento das negociações. Investigações históricas posteriores mostraram que havia uma discordância menor entre o governo e o Comando Supremo do que Weber imaginava.

e do Partido do Centro. Isto, e mais nada, significa em nosso país a "imparcialidade" do governo do funcionalismo. A lição que tem sido ensinada pela guerra a todos os outros países, a saber, a de que *todos* os partidos se tornam "nacionais" quando dividem a responsabilidade do *poder* no Estado, não mudou em nada a nossa situação. Os interesses partidários do funcionalismo conservador, que tem em suas mãos o poder, e dos círculos de interessados agregados a ele, dominam o governo. Temos diante dos nossos olhos os frutos inevitáveis desse "cant"*, e eles também aparecerão na paz. Não apenas o parlamento, mas também o supremo poder do Estado terá que pagar a conta.

Quem não formular a pergunta sobre a futura ordem do Estado alemão no sentido de *como se capacita o parlamento para assumir o poder*, errará desde o início. Pois todos os demais aspectos são secundários.

É preciso ter bem claro que, para alcançar esse objetivo, é sobretudo necessária uma coisa: o desenvolvimento de um corpo de *parlamentares profissionais*, além dos complementos aparentemente modestos, mas, do ponto de vista prático, extensões importantes dos poderes parlamentares discutidos acima, da eliminação do obstáculo mecânico criado pelo Artigo 9 e amplas modificações do regulamento e das convenções atuais do parlamento.

O parlamentar profissional é um homem que não exerce o mandato do *Reichstag* como dever acessório e ocasional, mas sim – equipado com um escritório e empregados próprios, além de todos os meios de informação – como elemento fundamental do trabalho da sua vida. Pode-se amar esta figura ou odiá-la, porém, do ponto de vista puramente técnico, ela é indispensável e, por isso mesmo, *já existe hoje*. Só que, de acordo com a posição subalterna do parlamento e com as chances subalternas da carreira parlamentar, ele existe quase sem-

---
* "Hipocrisia", em inglês, no original. (N. da R.)

pre de forma bastante subalterna e atua por trás dos bastidores. O político profissional pode ser um homem que vive exclusivamente *da* política e de suas atividades, suas influências e oportunidades. Ou pode ser alguém que vive *para* a política. Apenas no último caso ele pode se tornar um político de grande importância. E isto será tanto mais fácil para ele quanto mais independente ele for, em virtude de seu patrimônio, sendo, portanto, "disponível" (*abkömmlich*) em vez de vinculado a uma empresa (como os empresários são), ou seja, rentista. Dos grupos sociais vinculados a empresas, apenas os advogados são "disponíveis" e, portanto, apropriados para se tornarem políticos profissionais. Por menos que o domínio puro de advogados seja desejável, é tolo o menosprezo, comum entre a maioria dos nossos literatos, da qualificação dos advogados para a liderança política. Na era do *domínio dos juristas*, o grande *advogado* é o único jurista que, ao contrário do funcionário público, está treinado para *lutar* e *representar* de forma eficaz *uma causa*, e seria desejável tornar evidente em nossas manifestações públicas o preparo da advocacia (distinta e objetiva). Mas *apenas* se o parlamento prometer mais posições de liderança com uma responsabilidade correspondente, desejarão viver para a política não apenas grandes advogados, mas, em geral, personalidades independentes. Caso contrário, serão apenas funcionários remunerados dos partidos e representantes de interesses particulares.

 O *ressentimento* dos típicos funcionários de partido em relação à autêntica liderança política tem grande interferência na atitude de alguns partidos na questão da parlamentarização, o que também se refere à seleção dos líderes do parlamento. É claro que esse *ressentimento* está em perfeita harmonia com os interesses dos correligionários da burocracia. Pois o parlamentar profissional já é em si um estorvo para os instintos dos chefes da administração burocrática. Ele os ofende apenas por ser alguém que exercita um incômodo controle sobre suas atividades e por pretender, pelo menos, algum poder. Porém ele é um estorvo ainda maior quando se apresenta como figura que possa ser um concorrente às posições de *liderança* (o que *não* é o caso dos representantes de interesses particulares). Este também é um dos motivos da luta para manter o parlamento na ignorância. Pois apenas parlamentares profissionais qualificados que passaram pela escola de trabalho intenso de um comitê, em um parlamento que *trabalha*, podem dar origem a líderes responsáveis, e não meros demagogos e diletantes. Toda a estrutura interna do parlamento tem de se preparar para produzir esse tipo de líder e aumentar sua eficácia, do mesmo modo que o parlamento inglês e os seus partidos já o fizeram há muito tempo. Sem dúvida, as convenções do parlamento inglês não podem ser simplesmente transportadas para o nosso país. Mas é possível fazê-lo com o princípio estrutural. Não cabe expor aqui todos os detalhes das mudanças necessárias do regulamento e das convenções; estes irão surgir facilmente assim que os partidos forem *compelidos* a se engajar em uma política responsável e não apenas "negativa". No entanto, devemos considerar brevemente um obstáculo realmente sério – já muito discutido, ainda que quase sempre de maneira distorcida – que a constelação do *partidarismo* alemão põe no caminho da parlamentarização.

Não há dúvida de que, para esta última, a base mais simples seria um sistema bipartidário, tal como existia até pouco tempo atrás na Inglaterra, mas já com alguns rompimentos muito sensíveis. Todavia, esse sistema não é, de modo algum, indispensável para a parlamentarização, e em todos os países, mesmo na Inglaterra, o desenvolvimento tende a obrigar os partidos a formarem coalizões. Outra dificuldade é muito mais relevante: um governo parlamentar é possível apenas quando os maiores partidos do parlamento estão, a princípio, *dispostos* a assumir a direção responsável dos negócios públicos. E, até agora, este não foi o caso no nosso país, de modo algum. Sobretudo o maior partido, o Partido Social-Democrata, sentiu-se impedido não apenas pelas convenções pseudorrevolucionárias dos tempos de perseguição (contra a "presença na Corte"), mas também por certas teorias evolucionistas, de se deixar convencer, sob quaisquer condições, a fazer parte de um governo de coalizão (ou a assumir o governo ali onde, temporariamente, tinha a maioria absoluta, como aconteceu em um pequeno Estado[48]). Muito mais importante do que todos esses receios teóricos, porém, atuou e continua atuando nele agora a preocupação de ficar desacreditado e desarraigado entre seus próprios companheiros de classe, devido ao compromisso inevitável de todo governo com as condições de existência de uma sociedade e economia capitalista num futuro previsível. Essa situação levou seus líderes a encarcerarem o partido durante décadas em um tipo de existência política de gueto para, dessa forma, evitarem qualquer contato contagioso com as atividades de um mecanismo estatal burguês. E, apesar de tudo, este é também o caso atualmente. O sindicalismo, a ética de fraternidade heroica, não política e antipolítica, encontra-se em um período de crescimento, e seus líderes tentam evitar uma ruptura da solidariedade de classe que mais tarde debilitaria a força ofensiva do operariado na luta econômica, já que não têm nenhuma garantia de que, após a guerra, não ressuscite a atitude tradicional da burocracia. É uma questão fundamental para o futuro da Alemanha a atitude que o partido tomará, se irá vencer a vontade de assumir o poder no Estado ou a ética de fraternidade não política dos companheiros de classe e o sindicalismo que, após a guerra, certamente brotará poderosamente por toda parte. Por motivos ligeiramente diferentes, o segundo maior partido alemão, o Partido do Centro, também teve e continua a ter uma atitude cética em relação ao parlamentarismo. Existe certa afinidade eletiva entre as próprias convicções autoritárias do partido e o Estado autoritário, que serve aos interesses da burocracia.

---

48. Esta era a situação em Gotha entre 1900 e 1912.

Mais importante, porém, é outro aspecto. Como partido minoritário nato, ele receava, sob um governo parlamentar, ser forçado a fazer parte da minoria no parlamento, o que ameaçaria, desta maneira, sua posição de poder e seu papel de representar aqueles interesses aos quais, na prática, ele serve hoje. Sua posição de poder baseia-se, em primeiro lugar, em meios extraparlamentares, no fato de que o clero também governa a atitude política dos fieis. Dentro do parlamento, porém, o aproveitamento das chances oferecidas pela prática da "política negativa" serviu aos interesses *materiais* de seus adeptos. Após alcançar todos os objetivos políticos essenciais da Igreja, ou pelo menos todos os permanentemente sustentáveis na Alemanha, o Partido do Centro deixou de ser, na prática, um partido com determinada *Weltanschauung* para se tornar uma organização com o propósito *de garantir o patrocínio dos candidatos católicos a cargos públicos* e de outros interessados católicos que se sentiam prejudicados – não interessa aqui se com razão – desde o tempo *da Kulturkampf*. Uma boa parte do seu poder baseia-se, hoje, nessas circunstâncias. Precisamente a natureza de sua posição no parlamento, de poder desequilibrar a balança, lhe possibilita apoiar os interesses privados de seus protegidos. Pois o funcionalismo aceitou esse patrocínio e, no entanto, não "perdeu prestígio", já que o patrocínio permaneceu extraoficial. Dentro do partido, os interessados no patrocínio não apenas temem que a parlamentarização e a democratização possam pôr em perigo suas chances nos momentos em que o Partido do Centro estiver em *minoria*, mas vão além. No sistema atual, o Partido do Centro está *livre daquela responsabilidade* da qual não poderia escapar, caso seus líderes fizessem parte do governo formalmente. Esta responsabilidade nem sempre teria sido cômoda. Pois, enquanto ainda hoje o Partido do Centro conta, entre seus políticos, com uma série de excelentes cabeças, encontram-se entre os funcionários patrocinados por ele, ao lado de pessoas úteis, outras que evidentemente têm tão pouco talento que um partido com participação responsável no governo dificilmente teria lhes confiado um cargo público. Personalidades desse tipo *apenas* podem fazer carreira quando há um patrocínio *ir*responsável. Como partido oficialmente governante, o Partido do Centro teria que apresentar candidatos mais talentosos.

Uma vez que é livre de responsabilidades, o patrocínio *não oficial* é a pior forma de todo patrocínio parlamentar, já que favorece a mediocridade, e é consequência de um *governo conservador de funcionários*, cuja persistência se baseia no sistema de gorjetas. Não é de admirar que setores do atual Partido Nacional Liberal, que são conservadores ou representam especificamente o grande negócio, sintam-se muito bem nas condições existentes. Pois sobre o patrocínio dos cargos não decidem políticos e partidos, que poderiam ser publicamente *responsabilizados*, mas sim conexões privadas de todos os tipos, desde as *relações* muito importantes, estabelecidas nas *corporações estudantis*, até as formas mais grosseiras ou mais sutis de recomendações capitalistas. O grande capitalismo, que a ignorância cega de nossos literatos enxerga como aliado da heresia do parlamentarismo, é, portanto, a favor da conservação do domínio não controlado de funcionários. Ele sabe muito bem por quê.

Esta é a situação que os nossos verbosos literatos se acostumaram a defender com raiva ferrenha contra a responsabilidade aberta dos partidos pelo patrocínio de cargo, difamada por eles como "corrupta" e "indigna de um alemão". Na verdade, são simplesmente interesses poderosos em prebendas materiais junto à exploração capitalista de "conexões", e certamente não é o "espírito alemão", que estão engajados contra a parlamentarização do patrocínio. E não há nenhuma dúvida de que apenas a pressão de circunstâncias políticas absolutamente forçosas poderia levar a mudanças. "Por si mesma", a parlamentarização certamente não acontecerá. Pelo contrário, não há absolutamente nenhuma dúvida de que os poderes mais fortes imagináveis atuarão contra ela. É claro que em todos os partidos mencionados, além daqueles interessados subalternos em patrocínio e dos simples parlamentares rotineiros, há ideólogos e políticos puramente objetivos. Mas sob o sistema dado, os primeiros predominam absolutamente. E se essas prebendas e gorjetas fossem estendidas a outros partidos, a situação apenas ficaria generalizada.

Por fim, os beneficiários das condições existentes e aqueles literatos que ingenuamente se colocam a serviço de suas palavras ocas, costumam alegar, triunfantes, a qualidade de *federação* da Alemanha como razão formal, suficientemente convincente para a impossibilidade do parlamentarismo. Cabe aqui considerar, inicialmente, o sentido *jurídico* da questão sobre o fundamento da Constituição escrita vigente. Nessas condições, parece realmente inacreditável que alguém ouse fazer uma afirmação desse tipo. Segundo a Constituição (Artigo 18), cabe ao *Kaiser*, e *somente a ele*, sem nenhuma intervenção do *Reichstag*, a nomeação e a demissão do Chanceler e de todos os funcionários do *Reich*. Apenas a ele e a mais ninguém estes devem obediência, dentro dos limites das leis do *Reich*. Enquanto valer esse artigo, toda objeção federalista será contrária à Constituição, pois, segundo esta, ninguém pode impedir que o *Kaiser* faça uso de seu direito, chamando o líder ou os líderes da maioria parlamentar para dirigirem a política do *Reich* e serem plenipotenciários no *Bundesrat* ou, da mesma forma, demitindo-os com base no voto de uma maioria fixa no *Reichstag*, ou, ainda, *consultando* os partidos, como conselheiros decisivos, antes das nomeações. *Nenhuma* maioria no *Bundesrat* tem o direito de destituir o Chanceler do *Reich* ou de obrigá-lo a justificar sua política, ao passo que é obrigado, constitucionalmente, a prestar contas para o *Reichstag*, segundo interpretação inconteste do Artigo 17, sentença 2. A recente sugestão de declarar o Chanceler do *Reich* responsável não apenas diante do *Reichstag*, mas também do *Bundestag*, que merece ser examinada sob o aspecto da conveniência política (e deve ser futuramente discutida), seria certamente uma inovação, bem como a anulação, aqui sugerida, do Artigo 9, sentença 2. Mais adiante, teremos que nos dar conta de que os verdadeiros problemas da parlamentarização, e não apenas desta mas também da Constituição do *Reich* em geral, não estão nos direitos constitucionais dos outros Estados da federação, mas sim nas relações entre estes e o Estado hegemônico da *Prússia*. Mas antes cabe ilustrar como o antigo sistema governamental funcionou na importante área da *política externa*. Pois precisamente ali é possível mostrar com clareza os limites *internos* da eficiência de um domínio puro do funcionalismo e também o preço terrível que tivemos que pagar por tê-lo suportado.

4. O domínio do funcionalismo na política externa

Na administração *interna* reina em nosso país o conceito especificamente burocrático do "segredo oficial". Em contraste surpreendente a isso, toda uma série de ações, das mais diversas, da nossa política *externa* realizou-se com uma publicidade altamente dramática, tratando-se de um tipo muito especial de publicidade.

Durante mais de uma década, do telegrama de Krüger[49] até a Crise de Marrocos[50], vimos como a direção política da Alemanha em parte tolerava, e em parte até participava, da publi-

---

49. O telegrama de Guilherme II, em janeiro de 1896, a Paul Krüger, presidente da República de Transvaal, cumprimentando-o pelo fracasso do incidente de "Jameson Raid" na tentativa de destruir seu governo, provocou a deterioração das relações anglo-germânicas.

50. Em 1905, o *Kaiser* interrompeu um cruzeiro para desembarcar em Tanger, onde prometeu ao Sultão apoio à independência em relação à expansão francesa. Em 1911, uma canhoneira alemã foi enviada a Agadir, em protesto contra a expansão francesa. As duas ações resultaram em um fiasco diplomático para a Alemanha.

cação de *pronunciamentos puramente pessoais do monarca* a respeito de questões da política externa, através de funcionários assíduos da corte ou de agências telegráficas. Aqueles eram eventos de suma importância para a formação de nossa política internacional, e, particularmente, para o surgimento da coalizão mundial contra nós. De início, cabe observar que *neste lugar não* serão discutidas nem a veracidade das declarações nem a autoridade do monarca para se manifestar sobre determinado assunto. Trata-se exclusivamente do comportamento dos *funcionários*. O autor destas linhas, convencido da utilidade de instituições monárquicas em grandes Estados, não se prestaria a qualquer polêmica, sob um pseudônimo, contra a pessoa do monarca, nem à adulação pseudomonárquica ou ao palavrório sentimental e submisso de certos interessados e filisteus. No entanto, um monarca que aparece em público fazendo observações bastante pessoais, em parte extraordinariamente mordazes, deve estar preparado para aceitar, quando necessário, uma crítica pública igualmente mordaz. Pois é um fato que esse método em que nos apresentamos por meio da *publicação* de observações do monarca era, realmente, repetidamente *tolerada*. Agora, se este método foi um grave erro político – e ainda falaremos a este respeito –, então tolerar sua repetição, que não obstante acontecia, na medida em que o monarca era materialmente responsável, prova ser necessário para ele um aconselhamento competente *exclusivamente* por parte dos líderes políticos, excluindo-se todas as demais instâncias, da corte, militares ou outras quaisquer, da possibilidade de intervenções semelhantes em questões politicamente importantes. Se não forem dadas "garantias reais" de que isto acontecerá, será simplesmente um dever político dirigir uma crítica bem franca, e inclusive pessoal, contra o monarca. Mas tal discussão pública do monarca certamente não seria politicamente desejável. Não é absolutamente uma antigualha, mas sim o produto da antiga sabedoria e experiência política, que procura proteger o monarca de ser exposto ao público de maneira demagógica, como aconteceu várias vezes em nosso país, sujeitando seu aparecimento em público a formas e pressupostos rígidos e criando, assim, a possibilidade de afastar a sua pessoa, por princípio, da discussão pública dos conflitos entre os partidos. E é exatamente isso que lhe dá a possibilidade de intervir pessoalmente e com uma autoridade inquestionável em situações de abalo nacional, quando realmente for necessário. Não se trata aqui, portanto, de uma discussão de eventuais deslizes do monarca, mas sim de algo completamente diferente: do fato de que os *dirigentes* do *Reich*, em parte – em pelo menos um caso, apesar dos escrúpulos do próprio monarca –, serviam-se de seu aparecimento em *público* ou da *publicação* de seu ponto de vista como meio diplomático, e, sem se demitir imediatamente do seu cargo, toleravam que observações do monarca fossem entregues ao público sem sua permissão, por instâncias não responsáveis. É evidente e indiscutível que o monarca tem o direito de expressar o seu ponto de vista político. Mas se suas opiniões devem ser expostas ao *público* e a maneira (em termos de conteúdo e forma) como isso deve ser feito, bem como os efeitos possíveis dessa divulgação, são considerações e decisões que têm de estar absoluta e exclusivamente nas mãos de *políticos* dirigentes treinados e responsáveis. O estadista dirigente precisa, portanto, ser *consultado* antes de toda publicação (e, em geral, *antes de toda transmissão* de uma declaração altamente política do monarca, que pode levar à *publicação* desta) *e o seu conselho precisa ser respeitado enquanto ele estiver no cargo. Ele e seus colegas prevaricam se permanecem no cargo caso isso não ocorra, mesmo que por uma única vez.* Se os líderes do *Reich* não chegam a essa conclusão, por trás de todo o falatório de que "a nação não queria um monarca fantoche" e coisas semelhantes, nada mais se esconde além da vontade de permanecer no cargo. Esta questão por si só não tem nada a ver com "parlamentarismo", mas simplesmente com deveres da *honra política*. Com essa faltou-se repetidamente em nosso país, e da maneira mais grave possível. E o fato de essas faltas terem acontecido deve-se à estrutura política errada do nosso Estado, que designa pessoas com o espírito do funcionário público para cargos feitos para homens de responsabilidade política própria. Toda a questão da parlamentarização adquire caráter altamente político apenas pelo fato de que, nas circunstâncias atuais, não existe nenhum outro recurso técnico para a criação de mudanças em nosso país que, ao mesmo tempo, possa *garantir* essas mudanças. Ainda quero acrescentar explicitamente, para não adiar mais a questão, que a manifestação pessoal do monarca não era apenas subjetivamente compreensível em quase todos os casos, mas também – na medida em que se podia avaliar a situação daquela época – pelo menos em alguns deles politicamente correta. E em certo número desses casos não era improvável, além disso, que a transmissão *diplomática* de sua enérgica manifestação pessoal (de forma adequada) aos governos possivelmente interessados poderia ter um efeito politicamente útil. O politicamente irresponsável foi a *publicação*, tolerada ou sugerida pelos dirigentes políticos da Alemanha. Pois o que parece ter sido esquecido em nosso país é que faz uma enorme diferença se um *político* dirigente (primeiro-ministro ou até presidente da República) faz em público, no parlamento, por exemplo, uma declaração muito enérgica, ou se ele manda publicar uma observação pessoal do *monarca* e depois lhe dá "cobertura", de um jeito que ao mesmo tempo faça efeito e pareça justo. A verdade é que uma declaração pública do monarca escapa à crítica veemente *dentro do país*, protegendo ali, portanto, o *estadista* que faça mau uso dela contra a crítica ilimitada ao seu próprio comportamento. Mas o *exterior* não conhece essas restrições e critica o *monarca* diretamente. Um político pode e deve renunciar quando uma situação se altera e exige que seja tomada uma posição diferente. O monarca, ao contrário, deve permanecer. E, com ele, também suas palavras. Uma vez que tenha assumido a responsabilidade por elas *em público*, qualquer tentativa de negá-las, por conta da situação modificada, será em vão. Paixões e o *sentimento de honra* estão despertos, pois para a nação é uma questão de honra apoiar firmemente seu monarca, e literatos diletantes, como os "pan-germânicos" e os seus *editores*, fazem bons negócios. Dentro e fora do país, as pessoas se apegam *de forma permanente* às palavras, uma vez proferidas, e a situação se torna incontrolável. De fato, *todos* esses casos correram segundo esse padrão. Examinemos objetivamente alguns deles para descobrir onde reside o erro político.

Primeiro, o *telegrama de Krüger*. A indignação com a invasão de Jameson foi justificada e compartilhada pelo mundo inteiro (e também, devemos lembrar, por muitas pessoas na Inglaterra). Enérgicos protestos diplomáticos em Londres (que também incluíam referências à indignação do monarca) poderiam muito bem ter levado, diante dessa situação, a declarações do gabinete inglês daquela época que, mais tarde, talvez não teriam sido fáceis de esquecer. Mas como efeito colateral talvez tenha se dado a probabilidade maior de um entendimento geral sobre os interesses das duas partes na África, que teria sido bem-vindo, por exemplo, por Cecil Rhodes, além de necessário se quiséssemos ter as mãos livres em outras regiões no Oriente, e manter a Itália na aliança. O telegrama *publicado*, porém, teve evidentemente o efeito de um *tapa na cara*, que impediu qualquer discussão objetiva por ambas as partes. A questão da honra entrou em jogo, excluindo os interesses da *Realpolitik*. Em consequência disso, ações posteriores (antes, durante e depois da Guerra dos Bôeres) para chegar a um entendimento sobre a África ou a política geral não encontraram o consentimento de *nenhum* dos dois povos cujo sentimento de honra engajara-se de lados opostos, ainda que ambas as partes pudessem ter aproveitado a situação objetivamente. O resultado foi que a Alemanha, após a guerra, apareceu no papel do enganado. Mas em 1895 simplesmente *não* tínhamos meios de poder suficientes para apoiar o protesto de forma eficaz. O fim, a não recepção do presidente fugido do seu país, é melhor não expor a crítica alguma. Pois o fato principal, a entrega dos bôeres, apesar daquele apoio do monarca, foi inevitável. Mas, como é sabido, General Botha declarou no parlamento da África do Sul, em 1914, que era o comportamento da Alemanha que lhes custara a sua independência.

O comportamento do Japão, em 1914, e o da China, em 1917, provocaram surpresa na Alemanha[51]. O primeiro costuma-se justificar exclusivamente pela ação conhecida por Port Arthur, em 1895[52]; o último, pela pressão da América; e ambos, além disso, pelos motivos de oportunidade. Por mais corretas que essas explicações possam ser, ainda existe outro fator muito importante. Será que se acredita mesmo, no nosso país, que algum chinês ou japonês culto tenha esquecido que precisamente na Alemanha foi *publicada*, em palavras e imagens, a declaração do monarca que alerta sobre o "perigo amarelo" e apela ao povo para "preservarem os bens mais sagrados"?[53] Na política internacional, os problemas raciais figuram entre as questões mais difíceis, porque os conflitos de interesses entre os povos brancos as complicam. Foi louvável que o monarca tenha tentado chegar a uma opinião a respeito. Mas para que finalidade e, particularmente, para que finalidade política *alemã*, de qualquer natureza, serviu esse tipo de *publicação* da sua declaração? Foi possível conciliá-la de alguma forma com os interesses alemães na Ásia Oriental? Quais meios de poder estavam por trás dela? A cujos interes-

....
51. Japão e China declararam guerra à Alemanha em 1914 e 1917, respectivamente.

52. Aqui, o texto de Weber estabelece erroneamente a data de 1897.

53. Guilherme II havia se referido ao "perigo amarelo" em 1905, durante um discurso, em relação à derrota russa para os japoneses em Mukden. Em 1895, ele havia encomendado um quadro abominável ao pintor da corte, Knackfuß, ao qual deu o título "Wahret eure heiligsten Güter!", descrevendo a ameaça à Alemanha perpetrada por outros povos, menos "civilizados".

ses ela teve que servir efetivamente? E, além disso: para que finalidades políticas a publicação dos discursos sobre a China no momento do envio do Conde Waldersee serviu? E para que finalidades a publicação dos discursos sobre a frota, estes sendo talvez perfeitamente adequados no círculo dos oficiais? O resultado da política alemã em relação à China estava embaraçosamente desproporcional, e cabe acrescentar que não foi por nenhum acaso que chegou a prejudicar gravemente o nosso prestígio. Preferimos passar por cima do episódio pouco agradável do tratamento da "missão de penitência" e da sua discussão – *pública*, de novo. É simplesmente inimaginável a qual fim da política real *alemã* o príncipe Bülow poderia ter pensado em servir ao admitir esse romantismo que ofendeu inutilmente o sentimento de honra chinês. E se ele tinha inteligência para compreender a futilidade e nocividade de todos esses acontecimentos, tendo, porém, que contar com circunstâncias que levariam à sua tolerância, ele teria a obrigação de pedir a sua *demissão* tanto no interesse da nação quanto também, e particularmente, no do monarca.

Já foram levantadas, em outras partes, fortes dúvidas sobre a questão de se a *publicação* do discurso em Damasco foi conveniente diante da situação política em relação à Rússia. Mesmo sem um ato tão espetacular, os povos e políticos envolvidos conheciam as nossas simpatias pela cultura islâmica e o nosso interesse político na integridade da Turquia. Mas a aparência criada por essa manifestação *pública* teria sido melhor evitar em todo caso, mesmo abstraindo-se a constelação política daquele momento. Também nesse caso ficou bem claro quem necessariamente aproveitou-se disso.

Se nesse último caso ainda fosse possível ter dúvidas, a situação é bem clara por ocasião do discurso – outra vez *público* – em Tanger, no início da Crise de Marrocos. A posição da Alemanha, por si só, foi totalmente aprovada, mesmo por partes neutras. De novo, o grande erro foi o aparecimento *público* da pessoa do monarca. Mesmo que ainda não saibamos o que a França ofereceu após a queda de Delcassé, uma coisa é clara: ou se tomou a decisão de *entrar numa guerra* pela independência do Marrocos, ou se teve que encerrar o assunto definitivamente de um modo que considere os interesses e o *sentimento de honra* de ambas as partes, em troca de uma compensação da França. Talvez isso pudesse ter tido consequências consideráveis para as relações com a França. Por que isso não aconteceu? Dizia-se que a *honra* da nação estava vinculada *às palavras do monarca* a favor do sultão do Marrocos, e que não *"podíamos abandoná-lo"*. Mas a intenção também não foi a de entrar na guerra. As consequências foram: a derrota de Algeciras, o episódio do navio "Panther" e, por fim, o abandono do Marrocos, mas ao mesmo tempo, sob a pressão de uma infinita tensão nervosa, o despertar da belicosidade na França. Isso incitou a política de isolamento por parte da Inglaterra. Além disso, criou a impressão de que a Alemanha estava *recuando* – apesar das palavras do imperador. E tudo isso aconteceu sem que a Alemanha tenha obtido *nenhum* equivalente político correspondente.

Os objetivos da política alemã, também e particularmente os da política ultramarina, em comparação às aquisições de outros povos, foram *extremamente* modestos, e os seus resultados eram decididamente pobres. Mesmo assim, criava mais áreas de atrito e fazia mais barulho que a de qualquer outro país. E sempre estas sensações politicamente muito inúteis e prejudiciais foram criadas pela *publicação* de observações do monarca. E este método tinha efeitos nocivos não apenas entre os poderes distantes ou neutros em relação à Alemanha.

Após a conferência de Algeciras, o monarca sentiu a necessidade de agradecer ao conde Golukhovski[54]. Em vez de usar os meios habituais nestes casos, *publicou-se* o famoso telegrama. A queda imediata do destinatário, embaraçosa para

---
54. G. A. Golukhovski (1849-1921), ministro austro-húngaro do Exterior (1895-1906).

nós, mostrou tarde demais que nenhum governo aceita que outro atribua *publicamente* boas notas aos seus estadistas dirigentes, nem mesmo o aliado mais próximo.

Os mesmos erros também foram cometidos na política interna.

Ou será que o "discurso da prisão"[55], produto de uma má disposição momentânea, foi apropriado para ser entregue ao *público*, onde foi entendido e atuou como se fosse um programa político? E como se deve entender o fato de que a burocracia, apenas porque se tinha falado em "prisão" como pena para greves e publicado isto, teve que inventar um parágrafo correspondente para o projeto de lei contra a greve? Foram necessários os poderosos acontecimentos de 1914 e o anúncio atual do sufrágio igual para exterminar o efeito natural dessa publicação inútil sobre a atitude de operários briosos. Isso foi no interesse da dinastia? Ou qual outra finalidade política justificável teve a publicação?

No entanto, a nossa intenção era falar apenas da política externa. E nesse contexto naturalmente surge a seguinte pergunta: onde estavam, no momento daquelas publicações, os partidos do *Reichstag* que poderiam determinar a atitude do governo e que em seguida repreenderam o Chanceler do *Reich*, Von Bethmann-Hollweg, pelo "fracasso" dessa política que "tornou o mundo inteiro nosso inimigo", ou que o acusaram de "esconder-se atrás do monarca"? *Aproveitaram-se da crítica da extrema-esquerda para denunciar a "atitude anti-monárquica" desta!* Apenas levantaram objeções *públicas* – o que cabe constatar explicitamente – quando já era tarde. E isso *apenas* à medida que não estavam em jogo os seus interesses egoístas. Não pretendemos expor aqui os detalhes dos conhecidos eventos de 1908. Mas temos que lembrar de uma

---

55. Em um discurso proferido em 1898, Guilherme II anunciou, antes de informar seus ministros sobre o assunto, que uma nova lei para a proteção do trabalho incluiria a prisão para aqueles que encorajassem as greves ou impedissem os trabalhadores de exercer suas atividades no local de trabalho.

coisa: o Partido Conservador, ao contrário da mensagem indubitavelmente impressionante dos seus homens de confiança ao monarca, abandonou mais tarde o príncipe Bülow, observando todas as formalidades, e voltou, como de costume, ao seu pseudomonarquismo quando se tratava dos seus próprios interesses *materiais*[56]. (Aliás, para o monarca deve ter sido uma grande surpresa que precisamente esse Chanceler, que pelo menos em um caso lhe havia recomendado diretamente um aparecimento público bem determinado, apesar dos escrúpulos deste, de repente voltou-se contra ele sob a pressão de uma comoção nacional!) E onde estavam os nossos literatos em todos esses casos? *Aplaudiram publicamente* ou tagarelaram – como a imprensa dos partidos de direita faz até hoje – sobre o "fato" de que os alemães não apreciariam uma monarquia do tipo inglês. Os fracassos, porém, atribuíram à "diplomacia", adulando os instintos filisteus mais lamentáveis, sem se perguntar uma única vez como esta, nas condições dadas, poderia possivelmente trabalhar. *Em particular*, é claro – mas este seria um capítulo longo e nada honroso para os agitadores que tão corajosamente insultam em público a maioria que defende a *"paz de fome"*.

Irresponsável e sem equivalente na política de todos os grandes Estados, porém, foi sobretudo o comportamento dos nossos estadistas dirigentes em todos esses casos. Um ataque *público* por parte deles seria apenas admissível se a intenção fosse uma intervenção armada *imediata*. Mas nem a favor dos bôeres, nem contra os mongóis, nem a favor do Sultão do Marrocos, tivemos, na verdade, a intenção de uma ação armada, e nos primeiros dois casos nem sequer tivemos a vocação ou os

....
56. Weber refere-se ao "Caso Daily Telegraph", de outubro de 1908. Guilherme II permitiu que suas opiniões sobre política externa fossem publicadas no formato de uma "entrevista" no jornal *Daily Telegraph*. Isto foi visto como evidência da intromissão do *Kaiser* em assuntos políticos, embora, na verdade, a "entrevista" tenha sido aprovada por Von Bülow, o chanceler do *Reich*, e o escritório de Negócios Exteriores.

meios de poder para isso. Mesmo assim, os políticos dirigentes permitiram que o aparecimento *público* da pessoa do monarca inviabilizasse um entendimento objetivo com a Inglaterra sobre os interesses de ambos na África do Sul, e com a França, sobre os interesses na África do Norte, porque a nossa posição parecia estabelecida à maneira de uma questão de *honra* – para ter que ser abandonada por fim, apesar de tudo. Derrotas diplomáticas embaraçosas, que ainda hoje ardem na alma de todo alemão, e um prejuízo grave e permanente dos nossos interesses foram a consequência inevitável. Além disso, a impressão altamente perigosa de que a Alemanha, depois de usar os gestos mais fortes em público, não obstante costumava *recuar* – esta crença, que entre outras coisas sem dúvida determinou a atitude da política inglesa no final de julho de 1914, tem a sua origem naqueles acontecimentos. A coalizão nada natural do mundo conosco deve-se em grande parte a esses erros inacreditáveis. E não apenas isso. O efeito deles ainda se faz sentir hoje em dia. Aquela enganação que atualmente está acontecendo no mundo com o palavrório sobre a "autocracia" alemã é enganação, mas as suas possibilidades são politicamente nada menos do que indiferentes. Quem possibilitou aos adversários, que acreditam tão pouco nela quanto em outros contos de fadas sobre a Alemanha, praticarem essa enganação com êxito? Quem fez com que o ódio enorme, politicamente nem um pouco indiferente, do mundo inteiro se amontoasse sobre a cabeça precisamente *deste* monarca, cuja atitude foi notoriamente decisiva em várias ocasiões para a manutenção da paz, mesmo em momentos nos quais, do ponto de vista da política real, a guerra teria sido mais indicada para nós? Quem conseguiu com que as massas no exterior, em grande parte, acreditassem seriamente que a Alemanha ansiava pela "libertação" e, se perseverassem o tempo suficiente, essa ânsia suprimida se desafogaria? Quem possibilitou esse absurdo inaudito da situação atual? Enquanto existir a possibilidade de retorno, a nação não deverá esquecer: quem o fez foi o *domínio conservador do funcionalismo público*, que nos momentos decisivos colocou pessoas com *espírito de funcionário público* nos cargos supremos que deveriam ser ocupados por *políticos*, isto é: pessoas que na luta política aprenderam a avaliar o alcance da *declaração pública* e que sobretudo teriam tido o senso de responsabilidade de um *político dirigente* e não o senso de subordinação de um funcionário, adequado no seu lugar, mas pernicioso nesse caso.

Nesse caso fica particularmente claro o abismo que separa esses dois. O *funcionário público* tem que *sacrificar* as suas convicções pessoais ao seu *dever de obediência*. O *político* dirigente tem que *rejeitar* publicamente a responsabilidade por atos políticos que sejam contra a sua convicção e tem que sacrificar a esta o seu cargo. Mas isso nunca aconteceu no nosso país.

Pois naquilo que já foi dito, ainda não enunciamos o pior: de quase todos os homens que na mencionada década funesta da nossa política tiveram em suas mãos a direção desta, sabe-se de fontes seguras que *se recusaram* particularmente a assumir a responsabilidade material pela publicação decisiva que formalmente "cobriram", e isto não ocasionalmente, mas sim repetidas vezes. Quando se perguntava, surpreso, por que o estadista em questão, evidentemente privado dos meios de poder necessários para impedir a publicação que considerava duvidosa, *tinha permanecido no seu cargo*, a resposta costumava ser: "Nesse caso, outra pessoa teria estado disposta." Isso deve ser assim mesmo, e é exatamente essa a falha do *sistema* como tal, que é responsável por todos os demais problemas e a única que aqui nos interessa. Também teria havido *outra pessoa disposta* se o dirigente político, como *homem de confiança de um parlamento poderoso, tivesse que assumir a responsabilidade?*

É nesse ponto decisivo que se pode perceber o que significa um parlamento diante do qual existe uma responsabilidade *efetiva* dos funcionários. Não há absolutamente *nenhum outro poder que possa substituí-lo. Ou, então, que outro poder?* Ficam devendo uma resposta a essa pergunta aqueles que ainda hoje se sentem no seu direito ao difamarem o "parlamentarismo". E nesse mesmo ponto aparece de forma palpável o fato de que o senso de responsabilidade do funcionário, por um lado, e o do político, por outro, são adequados nos seus devidos lugares, mas *apenas nestes*. Pois não se tratava de funcionários ou diplomatas ineficientes ou mal preparados, mas sim, em parte, excelentes, que, porém, careciam daquilo a que se chama, no sentido puramente político da palavra, de "caráter", o que nada tem a ver com a moral na vida privada. E não careciam dele por acaso, mas sim em virtude da *estrutura do Estado*, que *não tinha uso* para tal coisa. O que se deve dizer ante uma situação que não se encontra em nenhuma outra grande potência do mundo inteiro, a saber, a de que gabinetes civis ou representantes da corte, ou agências telegráficas, ou outras instâncias quaisquer tomam para si a liberdade de encaminhar a *publicação* dos eventos importantes para a política internacional, imobilizando e estragando assim a nossa política para as próximas décadas, enquanto o *político* dirigente tolera isso encolhendo os ombros e fazendo alguns gestos supostamente nobres? E tudo isso num Estado onde, ao mesmo tempo, nos assuntos da política *interna*, o "*segredo oficial*" figura, devido ao interesse de poder dos chefes administrativos, como uma pérola entre os deveres do funcionário público. É óbvio que exclusivamente o interesse dos funcionários em ocupar cargos *sem responsabilidade* explica essa aparente contradição. O que se deve dizer a respeito de um sistema que permite a permanência no cargo de políticos que toleram erros graves contra a sua convicção? E, por fim, o que devemos pensar diante do fato de que, apesar de todas essas circunstâncias evidentes, ainda há literatos que não têm vergonha de atestar "resultados excelentes" a uma estrutura estatal que *funcionou daquela maneira* no ponto politicamente decisivo? Como já foi dito, resultados mais do que excelentes foram obtidos pelo serviço dos oficiais e funcionários ali onde a sua qualidade é decisiva. Mas ali onde é o lugar do político, o domínio do funcionalismo não apenas fracassou há décadas, mas também, para se proteger, descarregou o *odium* do seu próprio comportamento politicamente desorientado *sobre a pessoa do monarca*, contribuindo assim para causar a constelação mundial dirigida contra nós, a qual, sem o desempenho maravilhoso do nosso exército, poderia ter lhe custado a sua coroa, e à Alemanha, todo o seu futuro político. *Toda* estrutura que impeça isso serve ao interesse da nação e também ao da própria monarquia de modo melhor do que essa situação. *Ela tem que acabar, custe o que custar.* Não há absolutamente nenhuma dúvida (e isto é fácil de provar) de que na Alemanha não existe *diferença de opinião entre os partidos políticos* a respeito daqueles danos graves. Só que os políticos de direita em parte não tinham caráter político suficiente, e em parte estavam interessados demais para defender também *publicamente* a sua opinião, que costumavam manifestar com a maior clareza em particular. E sobretudo não chegaram a tirar disso as *consequências práticas*. Pois sem "*garantias reais*" não se faz nenhum progresso aqui. Isso nos foi mostrado pela *incorrigibilidade completa* dos círculos da corte que foram responsáveis por aquelas publicações. A criação dessas garantias é politicamente muito mais importante do que todos os problemas políticos, de qualquer natureza, inclusive a parlamentarização e a democratização. Pois a primeira é para nós, mais do que tudo, o *meio* inevitável de criar garantias reais. Não há dúvida alguma de que *apenas* o poder parlamentar e a responsabilidade efetiva dos políticos dirigentes perante o parlamento podem garantir que tais acontecimentos não se repitam.

A criação de uma direção parlamentar realmente eficiente, porém, depois de décadas de desleixo, levará anos. O que poderá ser feito *nesse meio tempo*, enquanto essa reforma não estiver acabada ou ainda não tiver dado frutos?

Uma coisa é evidente: por toda parte, e também e particularmente na "democracia", as decisões mais responsáveis da política *externa* são tomadas por um *pequeno* número de pessoas; precisamente neste momento, a América e a Rússia são os melhores exemplos. Nenhuma ideologia de literatos pode mudar esse fato. Toda tentativa de mudá-lo diminui o peso da responsabilidade, de cujo aumento tudo depende. Por isso, continuarão invariáveis os direitos do imperador do Artigo 11 da Constituição do *Reich*, a serem exercidos sob a responsabilidade *efetiva* do Chanceler. Mas o que deve ser impedido *imediatamente, por medidas legais,* é o abuso perigoso que certos interessados irresponsáveis e anônimos da corte, além de jornalistas, podem praticar *em público* com declarações puramente pessoais do monarca referentes às relações exteriores do *Reich*. Cabe ameaçar com penas severas e, em casos de abuso consciente, penas desonrosas, mediante uma lei especial, aqueles que futuramente ousarem publicar ou entregar ao exterior essas declarações, sem que *antes* sejam dadas todas as garantias. É evidente, portanto, que a responsabilidade constitucional, em particular pela *publicação*, tem que ser assumida *antes* por um político dirigente. *Tudo depende disso.* Será um gesto oco se o estadista dirigente posteriormente declarar, quando houver reclamações no parlamento, que "ele cobria a publicação com a sua responsabilidade". Pois primeiramente não pode ser criticada *sem consideração*, nem sequer neste caso, a declaração do monarca, sem colocar em perigo a própria posição política do responsável. Sobretudo, porém, essa afirmação não é apenas sem sentido, como também é simplesmente *incorreta* do ponto de vista político, se ele não tiver sido consultado *anteriormente* e tiver aprovado a publicação, conforme dita a Constituição. Se isso não tiver acontecido, a afirmação significa simplesmente que, *apesar daquela publicação, ele não está inclinado a pedir a sua demissão*, isto é, que está "agarrado" ao seu cargo. E por isso é necessário que – além da punição dos culpados em caso de publicações não autorizadas – o Chanceler do *Reich* possa ser responsabilizado pela aprovação ou tolerância de cada umas dessas *publicações*, mediante o *"impeachment"*, pouco praticável em outras situações, que pode levar à destituição do cargo e à incapacidade permanente de ocupar cargos públicos, para exercer sobre ele a pressão suficiente para que proceda com a maior circunspeção possível.

A aprovação de *cada uma* dessas publicações pelo Chanceler deveria acontecer apenas após uma consulta minuciosa a políticos experientes. E por isso seria bastante aconselhável a obrigação de dar a uma corporação *consultiva* previamente a oportunidade de manifestar-se a respeito da conveniência da *publicação* (pois afinal de contas trata-se apenas dela). Se não for para ser uma comissão puramente parlamentar, talvez exista alguma outra corporação disposta a servir como ponto de referência.

O "Comitê para Assuntos Estrangeiros do Conselho Federal", constituído de acordo com a constituição por delegados dos Estados médios da Alemanha, tem sido até agora uma espécie de piada de mau gosto da Constituição do *Reich*, puramente decorativo, sem poderes formais nem influência efetiva. Pois não apenas se omitiu a *obrigação* do Chanceler do *Reich* de justificar-se, como também o Artigo 11 exclui esse dever. Considerando formalmente, ele pode se limitar a receber passivamente as observações. Ele será educado se apresentar um *"exposé"* formal do tipo que costuma se oferecer ao público no parlamento. Esse parece ter sido o procedimento normal, ainda que seja muito bem possível uma discussão objetiva no círculo mais íntimo. Durante a guerra, a significância prática do comitê parece ter passado, pelo menos temporariamente, por um ligeiro aumento: também isto não seria nenhum acaso. Poderiam ter-lhe atribuído a obrigação de dar o parecer consultivo antes da publicação de declarações importantes do monarca referentes à política *externa*. Porém seria melhor ainda se ele pudesse ser transformado em um *conse-*

lho da Coroa do Reich que, com a assistência dos chefes de repartição e estadistas experientes, e se for possível na presença do monarca, discutiria *antes* de decisões particularmente importantes, da mesma maneira que o faz atualmente, por falta de uma instância colegial do *Reich*, o Conselho da Coroa Prussiano, e muitas vezes em ocasiões nas quais não se trata de questões internas da Prússia, mas sim de questões politicamente decisivas do *Reich* (isto é, que também dizem respeito aos Estados não prussianos da federação). Do ponto de vista formal, a atividade pode ser apenas *consultiva*, pois além da posição do monarca, estabelecida na Constituição, também não pode ser debatida, de modo algum, na representação do *Reich* no exterior, a responsabilidade constitucionalmente estabelecida do Chanceler do *Reich*. Sem dúvida alguma, desacredita-se toda essa ideia aproveitando-a – o que infelizmente a burocracia tende a fazer – para eliminar ou diminuir a influência do parlamento. Mas pelo menos poder-se-ia estatuir explicitamente uma "responsabilidade" do chanceler do *Reich* diante do Conselho Federal precisamente neste ponto: no dever de *dar satisfação*. O problema, porém, estaria no relacionamento entre essa instância consultiva e as comissões especiais no parlamento, particularmente quando se considera recorrer à participação de membros do parlamento. Voltaremos a esse assunto mais adiante.

Mas independentemente de se e como aquela proposta se realize, em todo caso não podemos *nunca mais* tolerar condições e incidentes como os aqui expostos. E por isso cabe comentar que a lenda profundamente mentirosa, *pseudomonárquica*, à qual o Partido Comunista se referia, é um produto deles, baseada na demagogia de Bismarck. Interesses de partidos ligados exclusivamente à política *interna* escondiam-se por trás dessa lenda, do mesmo modo que hoje, na guerra, escondem-se por trás da "Fronde"[57]. Os fins aos quais essa

57. "Fronde", aqui, referia-se à campanha organizada pela direita no início de 1917 para derrubar Bethmann Hollweg, o chanceler do *Reich*.

lenda dos interessados servia eram estes: os cargos públicos, do conselheiro provincial ao ministro, como prebendas dos conservadores; o aparato do funcionalismo estatal como aparato eleitoral do Partido Conservador; privilégios no direito eleitoral da Prússia para manter essa situação, sendo necessário para esse fim desacreditar e debilitar aquele parlamento que, apesar de tudo, é o melhor da Alemanha: o *Reichstag*. E se hoje, quando todos os resultados políticos estão claramente visíveis, exige-se o aumento do campo de ação e do poder do parlamento, no seu papel de controlar a administração e, futuramente, de selecionar os líderes políticos, já conhecemos de antemão aquela resposta oca que os interessados no domínio *não controlado* do funcionalismo costumam dar, a saber, que a monarquia estava em perigo. O futuro da monarquia seria lamentável se esses aduladores interesseiros tivessem permanente e exclusivamente a atenção dos príncipes, como tem sido o caso até agora. Mas enfrentar a tentativa de intimidar as dinastias com o medo da "democracia" é problema das dinastias, e não o nosso.

5. A introdução do governo parlamentar e da democratização

O que nos interessa aqui não é o problema da democratização social, mas sim o do *sufrágio* democrático, isto é, do sufrágio igual, em relação ao parlamentarismo. Também não será examinada a questão de se *seria* politicamente aconselhável para o *Reich* alemão introduzir esse sufrágio sob a forte pressão de Bismarck. Aceitamos aqui, sem reservas, esse fato como dado e irreversível sem causar abalos terríveis, e apenas perguntaremos pela relação entre a parlamentarização e esse sufrágio democrático.

Parlamentarização e democratização não se encontram necessariamente em correlação, mas muitas vezes em oposição. Ultimamente até não tem sido rara a opinião de que essa oposição seria necessária, pois um verdadeiro parlamentarismo apenas seria possível num sistema bipartidário, e este apenas quando dentro dos partidos dominarem notáveis aristocráticos. De fato, o parlamentarismo histórico da Inglaterra, de acordo com a sua origem estamental, não era "democrático" no sentido continental, nem mesmo após a "Reforma Bill" e no início da guerra. Isso já começa pelo sufrágio. O censo da moradia e os votos múltiplos tinham tanto peso que, traduzidos às nossas condições aqui, apenas com metade dos social-democratas atualmente presentes, além de bem menos deputados do Partido do Centro, estariam no *Reichstag*. (Em compensação, não há lugar aqui para o papel dos irlandeses no parlamento inglês.) E até Chamberlain introduzir o sistema de *caucus*, ambos os partidos estavam dominados, sem dúvida, por clubes de notáveis. Se realmente chegassem a atender agora à reivindicação do sufrágio universal de um voto só, levantado em primeiro lugar pelos *levellers* no acampamento de Cromwell, e até a do sufrágio feminino (por enquanto limitado), sem dúvida o caráter do parlamento inglês teria que mudar fortemente. O sistema de dois partidos, já perfurado pelos irlandeses, desintegrar-se-á mais ainda com o crescimento do Partido Socialista, e a burocratização dos partidos progredirá. O famoso sistema de dois partidos da Espanha, baseado na convenção firme dos notáveis dos partidos de que as eleições seriam resolvidas no sentido de um revezamento periódico dos candidatos a cargos de ambos os lados, parece estar sucumbindo à primeira tentativa de eleições sérias. Mas será que essas mudanças eliminarão o parlamentarismo? A existência e a posição de poder formal dos parlamentos não estão ameaçadas pela democracia do sufrágio como tal. Isso é mostrado pela França e por outros Estados com sufrágio igual, onde os ministérios costumam nascer dos parlamentos e apoiar-se nas maiorias destes. No entanto, o espírito do parlamento francês é diferente do inglês. Só que a França não é um país no qual se poderiam estudar as consequências típicas da democracia para o parlamentarismo. O caráter fortemente pequeno-burguês, e sobretudo de pequeno rentista da sua população estável, cria condições para um tipo específico de domínio de notáveis nos partidos e uma influência peculiar da Haute Finance, tais como não existem sob as condições de um Estado predominantemente industrial. Neste, a estrutura dos partidos franceses é tão inimaginável quanto o histórico sistema de dois partidos da Inglaterra.

Em Estados industriais, um sistema de dois partidos já é impossível em virtude da divisão das modernas camadas econômicas em burguesia e proletariado e da significância do socialismo, como evangelho das massas. Isso cria, por assim dizer, uma barreira "confessional", sobretudo no nosso país. Além disso, a organização do catolicismo como partido protetor de minorias, consequência da distribuição das confissões na Alemanha, dificilmente será eliminada no nosso país, ainda que o Partido do Centro apenas tenha o seu número atual de deputados devido ao zoneamento eleitoral. Portanto, pelo menos quatro, mas provavelmente cinco grandes partidos existirão permanentemente lado a lado no nosso país, governos de coalizão continuarão sendo uma necessidade, e o poder de uma coroa que atue com prudência sempre será importante.

Mas fora das regiões agrárias afastadas com latifúndios patriarcais, o domínio dos notáveis nos partidos é insustentável porque a moderna propaganda de massa faz da racionalização da organização partidária – dos funcionários, da disciplina, do cofre, da imprensa e da propaganda do partido – o fundamento do sucesso eleitoral. A organização dos partidos é cada vez mais rígida. Esforçou-se para incorporar desde já a juventude no seu séquito. No Partido do Centro o aparato eclesiástico cuida disso automaticamente, e no Partido Conservador, o ambiente social. Outros partidos têm as suas organizações especiais da juventude, como a "Juventude Nacional-Liberal" e os eventos dos social-democratas para a juventude. E, do mesmo modo, os partidos põem ao seu serviço todos os interesses econômicos. Organizam cooperativas, associações de consumidores e sindicatos, e enfiam os seus homens de confiança como funcionários nos cargos partidários assim criados. Abrem escolas de retórica e outros institutos para treinar agitadores, redatores e assistentes, em parte com fundos milionários. Surge toda uma literatura partidária, alimentada pelos mesmos capitais de interessados que compram jornais, fundam agências de anúncios e outras coisas semelhantes. Os orçamentos dos partidos crescem, pois aumenta o custo das eleições e o número de agitadores pagos necessários. Por menos de 20 mil marcos é impossível conquistar uma zona eleitoral razoavelmente grande e muito disputada. (Atualmente, os lucros da guerra dos interessados estão sendo investidos, em enorme proporção, em jornais de partido de todos os tipos, que são chamados de "patrióticos", e em preparações das primeiras eleições depois da guerra.) O aparato de partido está ganhando importância, e correspondentemente está diminuindo a importância dos notáveis.

A situação ainda não está consolidada. Nos partidos burgueses, a média de organização, cuja rigidez, conforme já mencionamos, pode variar muito, dá neste momento aproximadamente o seguinte quadro: a organização ativa local é em geral ocupação acessória de notáveis e tarefa de funcionários apenas nas grandes cidades. Nas cidades médias, os escritórios dos partidos pertencem a redações de jornal ou advogados. Apenas distritos razoavelmente grandes têm secretários com salário fixo que viajam pelo país. A nomeação dos candidatos e a decisão sobre os lemas para a eleição acontecem mediante a cooperação entre as organizações locais ou regionais, de forma muito diversa em cada caso; a participação das últimas deve-se particularmente às exigências dos pactos eleitorais e dos acordos sobre o segundo turno. Os líderes locais reúnem à sua volta, mediante propaganda de intensidade variável, os membros permanentes das organizações locais dos partidos. Os principais veículos da propaganda são assembleias públicas. A atividade dos membros é insignificante. Frequentemente eles fazem pouco além de pagar as contribuições, assinar os jornais do partido e, no melhor dos casos, lotar com regularidade razoável as assembleias nas quais se apresentam oradores do partido e participar moderadamente do trabalho ocasional das eleições. Em compensação, participam, pelo menos de maneira formal, das decisões sobre as eleições da direção local e dos homens de confiança e, dependendo do tamanho da localidade, direta ou indiretamente, dos delegados enviados aos congressos do partido. Todas as pessoas a serem eleitas são designadas, via de regra, pelo núcleo de líderes e funcionários permanentes, sendo quase sempre provenientes dele, acrescentando-se alguns notáveis meritórios ou úteis devido ao seu nome famoso, sua influência pessoal na sociedade ou sua disposição especial a sacrifícios materiais.

A atividade daquela segunda classe de membros limita-se, portanto, à assistência e votação nessas eleições, realizadas com longos intervalos entre si, e aos debates sobre resoluções cujo resultado é sempre preparado, em grande parte, pelos líderes. A mudança completa dos funcionários, dos líderes locais e dos funcionários distritais é rara e quase sempre consequência de uma revolta interna, condicionada por motivos pessoais. Por fim, nenhuma atividade é exercida pelo simples eleitor, não pertencente à organização, mas cortejado pelos partidos, a quem apenas se dispensa atenção nas eleições e, além disso, na propaganda pública que se dirige a ele. Muito mais rígida é a organização frequentemente descrita do Partido Social-Democrata, que abrange uma fração relativamente maior dos eleitores em potencial e está disciplinado e centralizado sob formas democráticas. Mais solta e vinculada a círculos locais de notáveis era a organização dos partidos de direita, que hoje, no entanto, recebe apoio da "Liga dos Agricultores", que é uma organização de massas muito rígida. Formalmente considerando, o centralismo e a direção autoritária estão mais fortemente desenvolvidos no Partido do Centro, ainda que o poder do clero, como se mostrou repetidas vezes, tenha o seu limite em todos os assuntos que nada têm a ver com política eclesiástica.

Em todo caso, o grau de desenvolvimento já alcançado fez desaparecer de modo definitivo a situação anterior, quando as eleições aconteciam à base de ideias e lemas anteriormente estabelecidos por ideólogos e propagados e discutidos na imprensa e em assembleias livres, quando os candidatos eram sugeridos por comitês formados para esse fim e os eleitos em seguida agrupavam-se em partidos e quando esses grupos parlamentares, cujos membros variavam, continuavam sendo os líderes dos correligionários espalhados pelo país e em particular formulavam os temas para as eleições seguintes. Por toda parte, só que mais cedo ou mais tarde, o *funcionário* de partido aparece em primeiro plano como elemento motriz da tática do partido e, ao mesmo tempo, o levantamento de fundos. Além dos impostos regulares, que naturalmente desempenham o papel relativamente mais importante nas organizações de massas baseadas em classes, como o Partido Social-Democrata, a solução dos problemas financeiros voltou a ser o financiamento do partido por mecenas, sistema único no passado. Nem o Partido Social-Democrata pôde, em momento algum, dispensá-lo totalmente. No Partido do Centro, um mecenas individual como o Sr. A. Thyssen atualmente reclama para si mesmo o papel social de pelo menos um arcebispo – e com êxito. O mecenato tem uma importância média como fonte financeira na esquerda burguesa, enquanto na direita essa importância é muito maior. A maior importância de todas, porém, pela própria natureza da situação, tem o mecenato nos partidos centrais burgueses, do tipo do Partido Nacional-Liberal ou do antigo Partido Conservador Livre. Por isso, o atual tamanho modesto desses partidos centrais é o critério mais adequado para avaliar a importância do dinheiro em si, isto é, do dinheiro doado individualmente por interessados, em eleições baseadas no sufrágio igual. E nem no caso desses pode-se afirmar que o dinheiro, particularmente indispensável para eles, seja o único fator que determine o número de votos. Na verdade, esses partidos vivem de um casamento misto peculiar entre os poderes financeiros e aquele setor extenso dos literatos, principalmente formado por professores acadêmicos e não acadêmicos, que se apegam emocionalmente às memórias da era de Bismarck. Estes têm em mente como assinantes uma parte da imprensa burguesa que é desproporcionalmente grande em relação ao número de eleitores e cuja atitude também imita, de forma trivializada, a imprensa de anúncios, que não tem ideal nenhum, pois é conveniente aos círculos da administração pública e dos negócios.

Por mais que varie, conforme vimos, a estrutura social interna dos partidos alemães, é tanto neles quanto por toda parte que a burocratização e a gestão financeira racional são fenômenos concomitantes da democratização. Mas isso requer um trabalho muito mais contínuo e intenso para a obtenção de votos do que jamais o conheceram os antigos partidos de notáveis. Aumenta sem parar o número de discursos eleitorais que um candidato precisa fazer hoje em dia, de preferência em todas as localidades pequenas do seu distrito, e de suas visitas e prestações de contas nesses lugares, além da necessidade de correspondência partidária, de clichês para a imprensa do partido e de propaganda de todo tipo. Também os seus meios de luta tornam-se cada vez mais afiados e brutais. Isso foi frequentemente lamentado e imputado aos partidos como a sua peculiaridade. No entanto, não apenas os aparatos de partido, que têm o poder nas suas mãos, como também o aparato do governo participam nisso. A imprensa de Bismarck, financiada pelo assim chamado "Fundo Guelfo"[58], estava à frente de

....
58. De 1868 a 1869, Bismarck utilizou a fortuna reservada da família real de Hanover para influenciar e manipular diversos jornais. Este procedimento tornou-se conhecido como "Fundo Guelfo".

todos, em particular a partir de 1878, no que se refere ao tom e à inescrupulosidade dos meios. Não cessaram as tentativas de criar uma imprensa local completamente dependente do aparato administrativo do governo. A existência e a qualidade daqueles meios de luta não têm nada a ver, portanto, com o grau de parlamentarização, nem com o tipo de diferenciação do sufrágio[F]. É uma consequência das eleições de *massas*, puramente como tais, independentemente do fato de as corporações eleitorais serem o lugar de seleção dos líderes politicamente responsáveis ou que apenas possam fazer política negativa, de interesses e gorjetas, como é o caso no nosso país. Precisamente no último caso, a luta entre os partidos costuma tomar formas particularmente subalternas, porque há interesses puramente materiais e pessoais por trás. Pode-se (e deve--se) combater na luta política, com rigorosas sanções pessoais, ataques à honra pessoal e, sobretudo, à vida particular do adversário, bem como a divulgação leviana de afirmações sensacionalistas não verdadeiras. Mas será impossível mudar a natureza e o caráter da luta como tal enquanto houver corporações eleitorais que decidam sobre interesses materiais. E a pior maneira de fazê-lo seria diminuir a importância e o nível do parlamento. Este é um fato que se deve aceitar sem reservas. Torcer o nariz em um desdém estético ou moralizador é uma atitude completamente estéril na questão da forma futura da política interna. A questão política é simplesmente esta: quais são as consequências que essa democratização progressiva dos meios de luta política e das organizações militantes

....
F. No fim do ano de 1917, a imprensa comprada pela indústria pesada acusou tanto o jornal *Frankfurter Zeitung* quanto um deputado do *Reichstag* de terem sido subornados por dinheiro inglês. Do mesmo modo, o meu nome e o de um colega (nacional-liberal) foram associados a dinheiro de suborno de Lloyd George. E observações desse tipo *foram dignas de crédito nos círculos dos literatos*. Esse fato basta para avaliar a maturidade política dessa camada. O comportamento desses sicofantes mostra, no entanto, que a existência e a natureza da "demagogia" no nosso país, mesmo *sem* parlamentarismo e *sem* democracia, não são inferiores ao nível francês.

tem para as formas de atividades políticas, tanto as extraparlamentares quanto as parlamentares? Pois os desenvolvimentos que acabamos de descrever andam de mãos dadas com a organização, anteriormente exposta, do trabalho parlamentar.

Ambos clamam por uma figura característica, a do *político profissional*, isto é, um homem que, ao menos idealmente, mas na grande maioria dos casos também materialmente, faça da atividade política dentro de um partido o conteúdo da sua existência. Podemos amar ou odiar essa figura, mas na sua forma atual ela é o produto inevitável da racionalização e especialização do trabalho político nos partidos sobre o fundamento das eleições de massas. E também nesse caso é *completamente indiferente* qual grau de influência e responsabilidade, devido à parlamentarização, encontra-se nas mãos dos partidos.

Há dois tipos de políticos profissionais. Primeiro, os que vivem materialmente *"do"* partido e das atividades políticas. Nas condições americanas, esses são os grandes e pequenos "empresários" políticos, os chefões, nas condições do nosso país, os "trabalhadores" políticos, os *funcionários* pagos dos partidos. Em segundo lugar, há os que, em virtude da sua situação financeira, estão em condições de viver *"para"* a política e o fazem devido à sua convicção, isto é, que idealmente baseiam a sua vida na política, como o fez, por exemplo, o social-democrata Paul Singer, que ao mesmo tempo era um mecenas em grande estilo do seu partido. Que fique bem claro, não pretendemos negar o "idealismo" do funcionalismo de partido. Pelo menos na esquerda, foi proveniente do funcionalismo de partido toda uma multidão de caracteres políticos irrepreensíveis, como dificilmente poderiam ser encontrados em outras camadas. *Muito* longe, portanto, da ideia de que o idealismo seja uma função da situação financeira, temos que admitir, não obstante, que a vida "para" a política é mais fácil para o amigo abastado do partido. Precisamente esse fator de independência econômica, tanto para cima quanto para baixo, é altamente desejável na vida dos partidos e cabe esperar que no futuro não falte por completo, em particular aos partidos radicais. No entanto, as atividades partidárias propriamente ditas não podem ser realizadas hoje em dia apenas por essas pessoas: a maior parte do trabalho fora do parlamento repousará sempre sobre os ombros dos funcionários do partido. Até por causa das exigências da vida partidária, esses funcionários nem sempre são os candidatos mais apropriados ao próprio parlamento. Esse não é o caso apenas, numa proporção relativamente grande, na social-democracia. Na maioria dos partidos burgueses, pelo contrário, o secretário do partido, comprometido com o seu cargo, não é de maneira nenhuma sempre o candidato mais adequado. Dentro do parlamento, o funcionalismo de partido, por mais desejável e útil que seja a presença dos seus representantes, não atuaria em um sentido favorável caso tivesse a predominância *exclusiva*. Mas esse tipo de predominância sequer existe dentro do partido mais burocratizado, a social-democracia. Além disso, o funcionalismo de partido relativamente pouco representa um perigo no sentido de colocar o domínio do "espírito de funcionário público" no lugar de verdadeiros líderes natos. Esse perigo reside em um grau muito maior na necessidade de levar em consideração, na procura de votos, organizações modernas de interessados, isto é, na infiltração de funcionários dessas organizações nas listas de candidatos dos partidos, a qual aumentaria consideravelmente se fosse introduzido um sufrágio proporcional na forma de uma eleição geral por listas. Um parlamento composto apenas de funcionários desse tipo seria politicamente estéril. Mas pelo menos o espírito dos funcionários dessas organizações, como, por exemplo, os próprios partidos e os sindicatos, é essencialmente diferente, em virtude do treinamento recebido na *luta* com o público, do espírito do funcionário do Estado, que trabalha pacificamente no seu escritório. Precisamente no caso dos partidos radicais, sobretudo os social-democratas, aquele perigo seria relativamente menor, pois neles a violência da luta atua com força relativa contra o surgimento de uma camada de prebendeiros partidários calcificados, que também ali não é raro. Mesmo assim, também entre eles apenas uma pequena parte dos líderes propriamente ditos foram *funcionários* de partido.

A natureza das exigências hoje dirigidas às organizações políticas traz consigo o fato de que em todos os parlamentos e partidos democratizados *uma* profissão tem importância especial para o recrutamento dos parlamentares: a de *advogado*. Além dos conhecimentos do direito, como tal, e além do preparo para a *luta*, que é muito mais importante e que essa profissão oferece, ao contrário dos cargos de jurista assalariado, há um fator decisivo puramente material: a existência de um *escritório* próprio, indispensável para um político profissional hoje em dia. E enquanto qualquer outro empresário autônomo, devido ao trabalho para a sua empresa, é especificamente "indispensável" para poder atender às exigências crescentes do trabalho político regular e teria que renunciar à sua profissão para se tornar um político profissional, para o advogado é relativamente fácil fazer a mudança da sua profissão rumo à atividade de um político profissional, tanto considerando tecnicamente quanto referente às condições prévias pessoais. E apenas se fomenta o tão criticado – em geral, injustamente – "domínio dos advogados" nas democracias parlamentares quando os parlamentares continuam encontrando salas de trabalho, meios de informação e funcionários de escritório tão insuficientes quanto é o caso ainda hoje nos parlamentos alemães. No entanto, não queremos tratar aqui desses aspectos técnicos da vida parlamentar. A nossa questão é antes a seguinte: em qual direção está se desenvolvendo a *liderança* nos partidos sob a pressão da democratização e da importância crescente dos políticos profissionais e funcionários de partido e de organizações de interessados, e que repercussão isso tem na vida parlamentar?

A visão popular dos nossos literatos tem uma resposta imediata para a questão do efeito da "democratização": o *de-*

magogo chega ao topo, e o demagogo bem-sucedido é o homem que tem menos escrúpulos na escolha dos meios para conquistar as massas. Uma idealização das realidades da vida seria uma ilusão inútil. A afirmação sobre a importância crescente dos demagogos, neste mau sentido, foi acertada em não raras ocasiões, e no sentido *correto* continua sendo acertada. No mau sentido, aplica-se à democracia, no mesmo grau que ao efeito da monarquia, aquela observação que um famoso general dirigiu a um monarca que governava ele próprio algumas décadas atrás: "Sua majestade logo ver-se-á cercado de canalhas." Um exame objetivo da seleção democrática recorrerá sempre à *comparação* com outras organizações humanas e o seu sistema de seleção. É suficiente lançar um olhar na situação de pessoal de organizações burocráticas, inclusive mesmo as melhores oficialidades, para perceber que a disposição dos subordinados a reconhecer que o superior, sobretudo o novo superior rapidamente promovido, "mereça" a sua posição, não constitui a regra, mas sim uma *exceção*. Um ceticismo profundo no que se refere à sabedoria que reina na colocação, tanto nos motivos das instâncias nomeadoras quanto nos meios com os quais nomeados particularmente felizes conseguem o seu cargo, predomina (sem considerar fofocas mesquinhas) na opinião da grande maioria, precisamente das personalidades sérias que atuam dentro dessas organizações. Só que essa crítica, quase sempre inaudível, dá-se longe do alcance do público, que sabe nada dela. Inúmeras experiências, que qualquer um pode fazer por toda parte, ensinam, no entanto, que o grau de *complacência* em relação ao aparato, o grau de "conveniência" que o subordinado oferece ao superior são as qualidades que mais garantem a promoção. Em média, a seleção certamente não é uma seleção de líderes natos. Na ocupação de cargos acadêmicos, o ceticismo dos envolvidos é o mesmo numa parte muito grande dos casos, ainda que nessa área o controle público poderia interferir à base dos certificados apresentados, o que não costuma acontecer de modo algum com o funcionário público. Ao contrário, o *político* que chegou ao poder público, particularmente o líder de partido, está focado na imprensa pela crítica dos inimigos e concorrentes e pode ter certeza de que na luta contra ele os motivos e meios que condicionaram a sua ascensão serão expostos sem respeito algum. Um exame objetivo daria, portanto, o resultado que a seleção dentro da demagogia dos partidos, considerada *grosso modo* e a longo prazo, não se dá de acordo com critérios menos úteis do que aquela que se realiza atrás das portas fechadas da burocracia. Para provar o contrário, precisa-se recorrer a países politicamente novos, como os Estados Unidos. Para os Estados germânicos na Europa, a afirmação certamente não é acertada. Mas se nem sequer um chefe do Estado-Maior completamente inapropriado, no início da Guerra Mundial, conta como um argumento contra o valor da seleção pela monarquia, então também não contam os erros das democracias na seleção dos seus líderes como argumento contra esta última.

No entanto, não pretendemos prosseguir aqui com essas comparações e recriminações politicamente estéreis. O crucialmente importante é que estão preparadas para a liderança política apenas pessoas que foram selecionadas pela *luta* política, pois toda política, na sua essência, é luta. Nesse ponto, o tão mal afamado "ofício da demagogia" é mais eficiente, em média, do que o ambiente burocrático que, porém, oferece um preparo infinitamente superior para a *administração* objetiva. Mas há também, sem dúvida, casos de desequilíbrio saliente. Acontece às vezes que um mero técnico em retórica, sem espírito nem caráter, conquiste grande poder político. Mas essas características já não se aplicam, por exemplo, a August Bebel[59]. Sem dúvida, ele tinha caráter, mas lhe faltava o espírito. A sua época, a dos mártires políticos, e a coincidência de ter sido um dos primeiros, além daquela qualidade pessoal,

---
59. A. Bebel (1840-1913), um dos fundadores e líder do Partido dos Trabalhadores Social-Democratas.

conquistaram-lhe a confiança incondicional das massas, que companheiros partidários intelectualmente muito mais significantes não conseguiram lhe tomar. Eugen Richter, Lieber e Erzberger, todos pertenceram a um tipo qualitativamente semelhante. Foram "demagogos" bem-sucedidos, em oposição a espíritos e temperamentos muito mais fortes que, apesar do grande sucesso dos seus discursos entre as massas, não conseguiram nenhum poder no *partido*. Não é *nenhum* acaso – mas não é a consequência da democratização, e sim a da restrição forçada à "política negativa". A democratização e a demagogia formam um par. Mas essa circunstância é *completamente independente* – isto cabe repetir – do tipo de Constituição que o Estado tem, desde que as massas não possam mais ser tratadas como objeto puramente passivo da administração, e sim tenham algum peso ativo para a sua opinião. Pois também as monarquias modernas, à sua maneira, tomaram o caminho da demagogia. Discursos, telegramas, recursos de agitação de todos os tipos, eles põem em movimento a serviço do seu prestígio, e não se pode afirmar que este tipo de propaganda política tenha provado ser politicamente menos perigoso do que a mais apaixonada demagogia eleitoral imaginável. Muito pelo contrário. E agora, na guerra, até chegamos a conhecer um fenômeno que nos é novo, a demagogia de um almirante. As lutas de sátrapas entre o antigo chanceler do *Reich* e o almirante Von Tirpitz foram levadas aos olhos do público (o que este tolerou, como foi ressaltado com razão no *Reichstag*) pelos seus adeptos, numa campanha de agitação desenfreada, à qual aderiram interesses políticos internos, e tudo isso para fazer de uma questão diplomática e técnico-militar, que apenas podia ser tratada por especialistas com conhecimento íntimo da área, o assunto de uma demagogia sem igual entre as massas realmente "sem juízo" *neste* caso em especial. Em todo caso, não se pode afirmar que a "demagogia" seja característica peculiar de uma forma politicamente democrática do Estado. As lutas de sátrapas e intrigas repugnantes entre os candidatos a ministérios, em janeiro de 1918, também aconteceram na imprensa e nas assembleias públicas. Essa demagogia certamente *não* ficou sem influência. Na Alemanha, temos *demagogia e influência da plebe sem democracia*, ou, antes, *por falta de uma democracia ordenada*.

Porém, neste tópico queremos apenas discutir a consequência que tem a importância efetiva da demagogia para a estrutura das posições de liderança política, isto é, perguntar qual é, em virtude disso, a relação entre a democracia e o parlamentarismo.

A democratização ativa das massas significa que o líder político não é mais proclamado candidato em virtude do reconhecimento da sua experiência no círculo de uma camada de notáveis, e depois se torna líder por destacar-se no parlamento, mas sim conquista a confiança e a fé das massas na sua pessoa e, portanto, no seu poder, por meio da demagogia de *massa*. Em essência, isto significa uma tendência ao *cesarismo* na seleção dos líderes. E, de fato, toda democracia tem essa tendência. Pois o meio especificamente cesarista é o plebiscito. Não é nenhuma "votação" ou "eleição" comum, mas sim a confissão da "fé" na vocação para líder daquela pessoa que requer para si essa aclamação. O líder pode ascender pelo caminho militar, sendo ditador militar como Napoleão I, que deixa a sua posição ser confirmada mediante um plebiscito, ou então pelo caminho civil, mediante a confirmação plebiscitária do direito ao governo de um político não militar, como Napoleão III, aceita pelo Exército. Ambos os caminhos de seleção de um líder estão em conflito tanto com o princípio parlamentar quanto (naturalmente) com o legitimismo da monarquia hereditária. Todo tipo de *eleição* direta *pelo povo* do detentor supremo do poder e, além disso, todo tipo de posição de poder política que se baseie na confiança das massas e não nos parlamentos – inclusive a posição de poder de um herói de guerra popular, como Hindenberg – está no caminho que leva àquelas formas "puras" de aclamação cesarista. Esse

Parlamento e governo na Alemanha reorganizada

é particularmente o caso da posição de poder do presidente dos Estados Unidos, (formalmente) legitimada por nomeação e eleição "democráticas", sendo que neste fato baseia-se a superioridade dele em relação ao parlamento. As esperanças colocadas no sufrágio universal por uma figura tão cesarista como Bismarck e a natureza da sua demagogia antiparlamentar, só que adaptada em estilo e vocabulário às condições legitimistas das suas posição de ministro, indicam o mesmo caminho. Como o legitimismo hereditário das monarquias reage a esses poderes cesaristas, isso é mostrado na maneira pela qual Bismarck saiu do cargo. Toda democracia parlamentar, por sua vez, procura assiduamente eliminar os métodos plebiscitários da eleição de líderes perigosos ao poder parlamentar, como, por exemplo, o fizeram a Constituição francesa atual e o sufrágio francês (abandonando a eleição por listas, devido ao perigo boulangista). Isso foi feito pagando com a falta de autoridade dos poderes supremos entre as massas, falta que é típica da França e distingue-se caracteristicamente da posição de poder do presidente americano. Em monarquias hereditárias democratizadas, por outro lado, o elemento cesarista-plebiscitário costuma ser moderado, mas não falta. A posição do primeiro-ministro atual da Inglaterra *não* se baseia, de fato, na confiança do parlamento e de seus partidos, mas sim na confiança das massas no país e no exército em combate, porém o parlamento conforma-se com essa situação (ainda que contra a sua vontade). Portanto, existe ali o antagonismo entre a seleção plebiscitária e a parlamentar dos líderes. Mas nem por isso a *existência* do parlamento é sem valor. Pois, em relação ao homem de confiança (de fato) cesarista das massas, ela garante 1. a *continuidade* e 2. o *controle* da sua posição de poder, além de 3. a conservação das *garantias jurídicas* civis contra ele, 4. uma forma ordenada para os políticos que queiram conquistar a confiança das massas *provarem* a sua capacidade política dentro do trabalho parlamentar e 5. uma forma pacífica da *eliminação* do ditador cesarista depois de este ter *perdido* a confiança das massas. Mas a circunstância inevitável de que precisamente as grandes decisões da política sejam tomadas por *indivíduos*, também e particularmente na democracia, *essa* circunstância traz consigo o fato de a democracia de massa, desde os tempos de Péricles, sempre pagar pelos seus sucessos positivos com amplas concessões ao princípio cesarista de seleção de líderes. Nos grandes municípios americanos, por exemplo, a corrupção apenas podia ser vencida por ditadores municipais plebiscitários, aos quais a confiança das massas concedeu o direito de compor os seus próprios comitês administrativos. E por toda parte os partidos democráticos de massa, ao enfrentarem grandes tarefas, tiveram que se subordinar, mais ou menos incondicionalmente, a líderes que possuam a confiança das massas.

Já explicamos, no exemplo da Inglaterra, a importância que tem, diante dessa circunstância, o *parlamento* numa democracia de massa. Porém, existem não apenas "socialistas" sinceros que odeiam tanto as atividades parlamentares que escrevem nas suas bandeiras o "socialismo sem parlamento" ou a "democracia sem parlamento". É claro que é impossível "refutar" antipatias emocionais poderosas. Só que se precisa ter bem claro o que estas significariam hoje, em suas consequências práticas, e isso sob as condições da nossa ordem política monárquica. Como seria dentro dessa Constituição, com o poder autoritário dos seus funcionários públicos, uma democracia sem nenhum parlamentarismo? Este tipo de *democratização* meramente *passiva* seria uma forma pura de *domínio do funcionalismo sem controle*, que já conhecemos e que seria chamado de "regime monárquico". Ou então, em combinação com a organização da economia esperada por esses "socialistas", seria uma versão moderna e racional do "Estado litúrgico" da Antiguidade. Associações de interessados legitimadas e (supostamente) controladas pela burocracia estatal seriam ativamente responsáveis pela administração própria dos sindicatos e passivamente responsáveis pelos encargos impostos pelo Estado. Os funcionários públicos seriam controlados, nesse caso, pelos interessados sindicalizados em *ganho* e *lucro*, e não pelo monarca, que nem seria capaz de fazê-lo, nem pelos cidadãos, que não teriam representação alguma.

Examinaremos os pormenores dessa perspectiva futura. A sua realização, mesmo com amplas "estatizações", não significaria, para todo o futuro previsível, uma eliminação do empresário da economia privada. Significaria antes uma organização de grandes e pequenos capitalistas, pequenos produtores sem propriedade e trabalhadores assalariados, com chances de ganho regulamentadas de alguma forma e – o que é o aspecto principal – monopolicamente garantidas a cada categoria. Seria "socialismo" aproximadamente no mesmo sentido que o era o Estado do "Reino Novo" no antigo Egito. Apenas seria "democracia" se tratassem de deixar a vontade das *massas* decidir sobre a natureza da direção dessa economia sindicalizada. É impossível imaginar como isso possa acontecer sem uma representação que proteja o poder das massas e controle constantemente o sindicato, portanto um parlamento democratizado que possa interferir nas condições materiais e pessoais dessa administração. *Sem* representação do povo, do tipo atual, poderíamos esperar da economia sindicalizada o desenvolvimento de uma política do *sustento garantido*, isto é, uma economia estática e a eliminação do interesse econômico na racionalização. Pois por toda parte esse interesse na garantia do sustento futuro foi decisivo para os interessados no ganho, tanto os sem capital quanto os com pouco capital, assim que se tornaram monopolicamente organizados. Quem quiser pode considerar isso o ideal "democrático" ou "socialista" do futuro. Mas precisa-se de todo o diletantismo leviano de um literato para confundir esse tipo de cartelização dos interesses em lucro e salário com o ideal atualmente muito difundido de que, no futuro, o rumo tomado pela produção de bens deveria ser determinado pela *necessidade*, e não, como acontece sempre de novo, pelo interesse de *lucro*. Pois o caminho para a realização desse último ideal evidentemente *não* tem o seu ponto de partida na sindicalização e monopolização dos interesses de *ganho*, mas sim, pelo contrário, na organização dos interesses dos *consumidores*. Neste caso, a organização do futuro não deveria se realizar na forma de cartéis, corporações e sindicatos compulsórios, organizados pelo Estado, mas sim na forma de uma gigantesca *cooperativa* compulsória *de consumo*, organizada pelo Estado, a qual, por sua vez, teria que determinar o rumo da produção de acordo com a necessidade, do mesmo modo que já o tentam fazer algumas poucas cooperativas de consumo (mediante produção própria). Mas também neste caso é impossível imaginar como os interesses "democráticos", isto é, os da maioria dos consumidores, possam ser garantidos se não for mediante um parlamento que também teria que controlar de forma contínua e decisiva a produção de bens.

Mas já basta dessas perspectivas futuras. Pois nenhum democrata exigiu ainda a eliminação realmente total dos parlamentos, por mais que ele antipatize com a sua forma atual. Parece que todos querem que eles continuem existindo como instância que obrigue à *publicidade da administração*, ao estabelecimento de um *orçamento* e, por fim, à discussão e votação de projetos de *lei* – funções nas quais os parlamentos são, de fato, insubstituíveis em toda democracia. A oposição a eles, à medida que é seriamente democrática e não, como quase sempre é o caso, um disfarce desonesto de interesses de poder *burocráticos*, deseja essencialmente duas coisas: 1. que o fator decisivo para a criação de leis não sejam as resoluções do parlamento, mas sim o *plebiscito* obrigatório, e 2. que não exista o *sistema* parlamentar, isto é, que os parlamentos não sejam lugar de seleção dos políticos dirigentes e que a sua confiança ou desconfiança não seja decisiva para a sua permanência no cargo. Como se sabe, esse é o direito vigente na democracia americana. Ali segue em parte da eleição do chefe de Estado e de outros servidores públicos pelo povo, e em parte do assim chamado princípio da "separação de poderes". Mas as experiências da democracia americana ensinam com alguma clareza que essa maneira de eliminar o parlamentarismo também não oferece, em comparação ao sistema parlamentar, nem sequer a menor garantia de uma administração mais objetiva e menos corrupta: acontece exatamente o contrário. Em média, certamente não foram ruins as experiências feitas com a eleição do chefe de Estado pelo povo. Em todo caso, o número de presidentes realmente inapropriados pelo menos não foi maior, nas últimas décadas, do que o número de monarcas inapropriados nas monarquias hereditárias. Com o princípio da eleição de servidores públicos pelo povo, pelo contrário, os próprios americanos, *grosso modo*, apenas estão satisfeitos numa extensão muito limitada. Ele não apenas elimina, quando se imagina generalizado, o que tecnicamente destaca a maquinaria burocrática: a disciplina de serviço, como também deixa de garantir a qualidade de funcionários, particularmente quando aplicado em grande escala num grande Estado moderno. Em oposição ao sistema parlamentar, põe nesse último caso a seleção dos candidatos a cargos nas mãos de panelinhas invisíveis e, em comparação a um partido parlamentar e o seu líder, em alto grau irresponsáveis, que apresentam os candidatos aos eleitores tecnicamente despreparados, o que é um caminho extremamente inadequado para a seleção de funcionários administrativos que precisem de uma qualificação técnica na sua área. Como se sabe, é precisamente para as necessidades administrativas mais modernas, mas também no cargo de juiz, que na América são incomparavelmente melhores os funcionários treinados *nomeados* pelo chefe eleito do Estado, tanto do ponto de vista técnico quanto no que se refere à sua incorruptibilidade. Pois a seleção de funcionários *especializados* e a de *líderes políticos* são *duas coisas diferentes*. Por outro lado, a desconfiança em relação aos parlamentos desprovidos de poder, e *por isso* tão corruptos, levou em alguns Estados americanos à ampliação da *legislação* direta pelo povo.

Tanto como instrumento da eleição quanto da legislação, o *plebiscito* tem limites internos que seguem da sua peculiaridade técnica. Ele apenas responde com "sim" ou "não". Em nenhum dos Estados de massas lhe foi atribuída a função mais importante do parlamento: o estabelecimento do orçamento. Mas também obstruiria seriamente, num Estado de massas, a votação de leis baseadas num acordo entre interesses opostos. Pois as razões mais diversas poderão condicionar um "não" se não houver nenhum meio para conciliar antagonismos de interesses já existentes sobre a base de um acordo. O referendo não conhece o acordo, no qual inevitavelmente se baseia a maioria de todas as leis num Estado de massas com fortes contrastes regionais, sociais, religiosos e outros, na estrutura interna. É impossível imaginar como num Estado de massas com fortes antagonismos de classe possam ser aceitas, mediante o referendo, leis fiscais que não sejam confiscos progressivos de renda e patrimônio e "estatizações". Para um socialista, precisamente essa consequência talvez não pareça assustadora. Só que não há nenhum exemplo de que um aparato estatal, sob a pressão do referendo, tenha *efetivamente* introduzido esse tipo de imposto patrimonial, muitas vezes de alto valor nominal e em parte confiscatório – nem na América, nem nas condições muito favoráveis dos Cantões suíços com a sua população que, em virtude da antiga tradição, tem um pensamento objetivo e uma educação política. E os princípios plebiscitários debilitam o peso próprio dos líderes de partido e a responsabilidade dos funcionários públicos. Uma rejeição dos funcionários dirigentes, mediante um referendo que não aceite as suas propostas, *não* resulta, como o voto de desconfiança em Estados parlamentares, na sua demissão, nem pode ter esta consequência. Pois o voto negativo não deixa transparecer as razões e não impõe à massa que assim votou o dever de substituir, por sua vez, os funcionários rejeitados pelos seus próprios líderes responsáveis, como ocorre no caso de uma maioria partidária no parlamento que vote contra o governo.

Finalmente, por mais que crescesse a gestão econômica própria da burocracia estatal, mais ainda se faria sentir a ausência fatal de um órgão de controle independente, o qual, como o fazem os parlamentos, exigisse dos funcionários onipotentes que dessem satisfação pública e que teria o poder de lhes pedir a prestação de contas. Como instrumento tanto da seleção de funcionários *especializados* quanto da crítica do seu desempenho, os meios específicos da democracia puramente plebiscitária, isto é, as eleições e votações diretas pelo povo, e muito mais ainda o referendo de destituição, são absolutamente inadequados num Estado de massas. E se para as ações dos partidos nas eleições parlamentares não é nada insignificante o dinheiro dos interessados, o poder e o impacto dos aparatos demagógicos apoiados por esse dinheiro chegariam a dimensões colossais nas condições de um Estado de massas governado exclusivamente com eleições e votações populares.

Sem dúvida, a eleição e votação popular obrigatória é o polo oposto à situação muitas vezes lamentada de que a atividade política do cidadão no Estado parlamentar não passa de enfiar numa urna, em anos de eleição, um bilhete de voto fornecido e impresso pelas organizações partidárias. Levantou-se a questão se esse seria um meio de educação política. Sem dúvida, esse é *apenas* o caso sob as condições já expostas da publicidade e do controle da administração, que familiariza os cidadãos com o acompanhamento contínuo da maneira pela qual os seus assuntos são administrados. Porém, o referendo obrigatório pode chamar o cidadão à urna dúzias de vezes, dentro de poucos meses, para votar a respeito de leis. E o plebiscito obrigatório impõe-lhe a votação sobre longas listas de candidatos a cargos que ele não conhece pessoalmente e cuja qualificação *especial* ele não é capaz de avaliar. Certamente, a falta da qualificação especial (que o monarca também não tem), em si, não é um argumento contra a seleção democrática dos funcionários públicos. Pois não é necessário ser sapateiro para saber se o sapato que ele fez aperta ou não. No entanto, na eleição popular dos funcionários especializados não é apenas grande o perigo da perda de interesse, mas também o perigo do engano em relação à pessoa do culpado da má administração, em oposição ao sistema parlamentar, no qual o eleitor recorre aos líderes do *partido* responsável pela nomeação dos funcionários. E precisamente na votação de todas as leis tecnicamente complicadas, o referendo pode facilmente colocar o resultado de interessados astutos, porém ocultos. Nesse aspecto, as condições nos países europeus com funcionalismo especializado desenvolvido são essencialmente diferentes daquelas na América, onde se considera o referendo como sendo o único corretivo contra a corrupção das legislaturas, ali inevitavelmente subalternas.

Tudo isso não diz nada contra a aplicação do plebiscito como "*ultima ratio*" em casos apropriados, apesar da diferença entre as condições na Suíça e aquelas em Estados de massas. Mas em grandes Estados ele não torna supérfluos os parlamentos poderosos. E também nas democracias eleitorais, o parlamento é indispensável como órgão que controla os funcionários e cuida da transparência da administração, como instrumento que afasta funcionários dirigentes inadequados, como instância que estabelece o orçamento e como meio que serve para conseguir acordos entre os partidos. Ele é absolutamente indispensável em monarquias hereditárias, porque o monarca hereditário não pode trabalhar exclusivamente com funcionários eleitos, nem, nomeando ele mesmo os funcionários, pode tomar partido, para não comprometer a sua função específica na política interna, a saber, a de viabilizar uma solução sem conflitos quando for ambígua a atmosfera política ou a situação de poder. Além de líderes "cesaristas", o poder parlamentar é indispensável em monarquias hereditárias pela mera circunstância de que pode haver longos períodos nos quais *faltam* homens de confiança das massas, que sejam razoavelmente aceitos pelo povo. O problema do *sucessor* foi sempre o calcanhar de aquiles de todo domínio puramente cesarista. Sem o perigo de uma catástrofe interna realizam-se a ascensão, eliminação e queda de um líder cesarista ali onde poderosas corporações representativas participam efetivamente do governo, preservando assim a existência ininterrupta da continuidade política e das garantias de ordem civil pelo direito público.

O ponto que incomoda de verdade os democratas antiparlamentares é claramente o caráter, em grande parte *voluntário*, das atividades partidárias e, por isso, também do poder partidário no parlamento. De fato, há nesse sistema, conforme já vimos, tanto participantes "ativos" quanto "passivos" na vida política. A atividade política é uma atividade de *interessados*. (Entendemos por "interessados", nesse caso, *não* aqueles interessados materiais que influenciam, em grau diverso, a política em todas as formas de ordem estatal, mas sim aqueles interessados que ambicionam poder e responsabilidade política, para realizar determinadas ideias políticas.) Precisamente essas atividades de interessados são o essencial. Pois o líder não nasce da "massa" politicamente passiva, mas sim recruta o seu séquito e ganha a massa através da "demagogia". Isso é assim até na ordem estatal mais democrática. E por isso a pergunta inversa é muito mais próxima: será que os partidos, numa democracia de massas plenamente desenvolvida, permitem a ascensão de líderes natos? São capazes pelo menos de aceitar ideias novas? Pois se entregam à burocratização de maneira semelhante à do aparelho estatal. A criação de partidos totalmente novos com o aparato necessário de organização e estruturas de imprensa exige hoje em dia tanto dispêndio de dinheiro e trabalho, e é tão difícil diante da posição de poder firme da imprensa existente, que isso está quase fora de cogitação[G]. Po-

---

G. Somente a plutocracia do enriquecimento na guerra conseguiu fazer isso nas condições muito especiais da guerra.

rém, os partidos existentes estão estereotipados. Os cargos de funcionário neles constituem o "ganha-pão" dos seus ocupantes. O seu repertório de ideias está fixado, em grande parte, nos escritos de propaganda e na imprensa do partido. Interesses materiais dos editores e autores envolvidos opõem-se à desvalorização dessas obras mediante a mudança das ideias. E particularmente o político profissional, que precisa viver do partido, não deseja ver desvalorizada a propriedade "ideal" de pensamento e lemas, que são as suas ferramentas intelectuais. Por isso, a absorção de ideias novas pelos partidos é apenas relativamente rápida ali onde partidos de puro patrocínio de cargos, sem ideal algum, como na América, encaixam na sua "plataforma" para cada eleição aquelas "tábuas" que prometem atrair mais votos. Mais difícil ainda parece ser a ascensão de novos líderes. No topo dos nossos partidos vemos durante muito tempo os mesmos líderes, a maioria deles pessoalmente muito respeitável, mas sem grande capacidade intelectual ou temperamento político excepcionalmente forte. Já falamos do ressentimento corporativo em relação a homens novos: está simplesmente na natureza das coisas. Mas também nesse aspecto a situação é parcialmente diferente em partidos como os americanos. Os detentores de poder, os *bosses*, são estáveis em alto grau ali *dentro* dos partidos. Ambicionam apenas o poder, não a honra e a responsabilidade. E, no interesse da preservação da sua posição de poder, não se expõem às peripécias de uma candidatura própria, situação na qual seriam discutidas publicamente as suas práticas políticas e, portanto, a sua pessoa poderia comprometer as chances do partido. Por isso, não é raro que apresentem "homens novos" como candidatos, ainda que nem sempre de boa vontade. Gostam de fazê-lo quando estes são "confiáveis", no sentido deles. Não gostam disso, mas o fazem quando a necessidade os obriga, pois esses homens, em virtude de serem uma "novidade", isto é, em virtude de algum ato específico notório, são tão atraentes aos eleitores, que a sua candidatura parece necessária, no interesse da vitória eleitoral.

Essa situação, criada pelas condições do plebiscito, é intransferível e dificilmente desejável para o nosso país. Igualmente intransferível é a situação da França e da Itália, caracterizada pelo revezamento, nos cargos supremos, de um número bem limitado, de vez em quando completado por novatos, de políticos com capacidade de ministro, consequência da estrutura dos partidos nesses países. A situação na Inglaterra, pelo contrário, é muito diferente. Vemos que ali, dentro da carreira parlamentar (que não podemos descrever detalhadamente neste lugar) e também dentro dos partidos, rigorosamente organizados devido ao sistema de *caucus*, surgiu e está em ascensão um número suficiente de homens com talento político e líderes natos. Por um lado, a carreira parlamentar oferece as melhores chances à ambição política e à vontade de chegar ao poder e assumir responsabilidade; por outro, os partidos estão obrigados, em virtude do traço "cesarista" da democracia de massa, a submeter-se à liderança de homens com genuíno temperamento e talento político, assim que estes se mostrem capazes de conquistar a confiança das massas. Como se mostra sempre de novo, a chance de que líderes natos cheguem ao topo é uma função das *chances do seu partido de chegar ao poder*. Em todo caso, nem o caráter cesarista e a demagogia de massa, nem a burocratização e estereotipação dos partidos, em si, são um obstáculo rígido que impeça a ascensão de líderes. Precisamente partidos rigorosamente organizados, que realmente queiram se manter no poder, têm que *se submeter* aos homens de confiança das massas, *desde que* sejam líderes natos, enquanto o séquito pouco comprometido do parlamento francês é sabidamente o lar das intrigas parlamentares propriamente ditas. A organização firme dos partidos e, sobretudo, a obrigação do líder das massas de adquirir experiência e de prová-la no trabalho dos comitês parlamentares, por outro lado, oferece um alto grau de garantia que esses homens de confiança cesaristas das massas aceitem as formas jurídicas estabelecidas da vida política e que não sejam selecionados por motivos puramente emocionais, isto é, em virtude das suas qualidades "demagógicas", no sentido negativo da palavra. Precisamente nas condições atuais de seleção de líderes, um parlamento forte e partidos parlamentares responsáveis – e isto se refere à sua função de lugar de seleção e atuação aprovada dos líderes de massas como dirigentes do Estado – são condições fundamentais para uma política constante.

Pois o *perigo* da democracia de massa na política nacional está, em primeiro lugar, na possibilidade de uma preponderância considerável de elementos *emocionais* na política. A "massa" como tal (independentemente de quais camadas sociais a componham no caso concreto) "apenas pensa até depois de amanhã". Como a experiência ensina, ela sempre está exposta à influência atual, puramente emocional e irracional. (Esta é outra característica que compartilha com a moderna monarquia "autocrática", na qual observamos exatamente os mesmos fenômenos.) Quando se trata de decisões responsáveis, a cabeça clara e fria – e política bem-sucedida, precisamente política democrática bem-sucedida, é feita com a cabeça – tanto mais se impõe 1. quanto menor for o número dos participantes nas deliberações e 2. quanto mais claramente cada um deles e os governantes tiverem as respectivas competências. A superioridade do Senado americano em relação à Casa dos Representantes, por exemplo, é essencialmente função do menor número de senadores; os melhores resultados políticos do parlamento inglês são produto da responsabilidade claramente delimitada. Onde essa falhar, também falhará o domínio dos partidos, assim como qualquer outro. E sobre o mesmo fundamento repousa a eficácia, na política nacional, das atividades partidárias realizadas em grupos de interessados políticos *firmemente* organizados. Por outro lado, completamente irracional do ponto de vista da política nacional, está a "massa" *não* organizada, a democracia de rua. Esta é mais poderosa em países com um parlamento impotente ou politicamente desacreditado, e isto significa, sobretudo: quando faltam *partidos racionalmente organizados*. No nosso país, abstraindo-se a ausência da vida cultural no café, típica dos países latinos, e da maior tranquilidade de temperamento, organizações como os sindicatos e também o Partido Social-Democrata constituem um contrapeso muito importante ao atual domínio irracional da rua, típico dos povos puramente plebiscitários. Desde a epidemia de cólera em Hamburgo até hoje[60], sempre tivemos que recorrer a essas organizações em casos de insuficiência do aparato estatal. Não deveríamos esquecê-lo, quando os tempos difíceis acabarem.

Os primeiros anos difíceis após a guerra evidentemente também questionarão no nosso país todos os elementos da disciplina de massa. Sem dúvida, sobretudo os sindicatos enfrentarão dificuldades nunca antes vistas. Pois a nova geração de adolescentes, que atualmente ganha salários de guerra até dez vezes mais altos que em tempos de paz e desfruta de uma liberdade transitória que nunca voltará, desaprendeu todo sentimento de solidariedade e toda utilidade e capacidade de adaptação necessária para a luta econômica ordenada. Um "sindicalismo da imaturidade" surgirá quando essa juventude enfrentar a realidade da ordem normal, de paz. Sem dúvida, veremos uma boa porção de "radicalismo" puramente irracional desse tipo. Dentro do possível estão também tentativas de golpe sindicalistas nos grandes centros urbanos, bem como um crescimento poderoso de emoções políticas ao estilo do "Grupo Liebknecht"[61], em virtude da difícil situação econômica. A questão é se as massas *continuarão* na prevista negação estéril do Estado. Isso depende do fato de as palavras orgulhosas: "O apelo *ao medo* não encontra eco no coração alemão"[62] *também se aplicarem aos ocupantes dos tronos*. E, além disso, depende da circunstância de se explosões desse tipo desencadea-

....
60. A epidemia de cólera em Hamburgo, no ano de 1892.
61. Uma referência ao "Grupo Internacional" de esquerda socialista, de oposição à guerra. O grupo foi constituído em janeiro de 1916 e liderado por Karl Liebknecht e Rosa Luxemburgo.
62. Weber cita parte de um discurso proferido por Bismarck ao *Zollparlament* (Parlamento Aduaneiro).

rão novamente o medo conhecido e habitual dos proprietários, isto é, se o efeito emocional da fúria desorientada das massas terá como consequência a covardia igualmente emocional e igualmente desorientada da burguesia, como esperam os interessados no domínio incontrolado do funcionalismo.

Contra golpes, sabotagem e outros excessos politicamente estéreis, tais como acontecem em todos os países – no nosso, com menor frequência –, qualquer governo, mesmo o mais democrático e mais socialista imaginável, terá que recorrer à lei marcial, se não quiser arriscar consequências como as atuais na Rússia. Não precisamos discutir esse assunto. *Mas* as tradições orgulhosas de povos politicamente maduros e inacessíveis à *covardia*, sempre e por toda parte, afirmaram-se na atitude de manter os nervos sob controle e a cabeça fria e, depois de combater a violência pela violência, de tentar desfazer de maneira puramente objetiva as tensões manifestas naqueles excessos e, antes de tudo, restabelecer imediatamente *as garantias da ordem liberal* e de não se deixar desconcertar por aqueles acontecimentos na maneira de tomar as decisões políticas. No nosso país, podemos esperar com certeza absoluta que os interessados na ordem antiga e no domínio não controlado do funcionalismo explorem qualquer manifestação de golpismo sindicalista, por mais insignificante que seja, para exercer pressão sobre os "nervos", infelizmente ainda fracos, dos filisteus. É uma das experiências mais vergonhosas da era de Michaelis a atitude de *contar com a covardia* da burguesia, que se manifestou na tentativa de explorar de maneira sensacionalista, para fins de política partidária, o comportamento de algumas dúzias de pacifistas fanáticos, sem considerar os efeitos sobre os inimigos, e também sobre os aliados. Depois da guerra repetir-se-ão tentativas semelhantes em escala maior. A reação mostrará se a nação alemã chegou à maturidade política. Teríamos toda razão para nos desesperar diante do nosso futuro político se essas tentativas tiverem êxito, o que, sem dúvida, é infelizmente possível, conforme nos ensina a experiência.

A democratização da vida partidária, tanto da esquerda quanto da direita – pois a demagogia "pan-germânica" e a atual "patriótica" são inigualáveis na sua falta de escrúpulos, mesmo na França –, é no nosso país um *fato* irreversível. A democratização do *sufrágio*, porém, é uma necessidade do momento, forçosa e politicamente inadiável, em particular no Estado hegemônico da Alemanha. Abstraindo-se todos os demais aspectos, o decisivo para a política nacional, nessa área, é 1. que hoje apenas o sufrágio igual pode ser o *resultado* de conflitos em torno do direito de votar e que a esterilidade terrivelmente amarga desses conflitos deve ser afastada da vida política *antes* da volta dos combatentes para a reconstrução do Estado, e 2. que é politicamente impossível desfavorecer os combatentes retornados em relação àquelas camadas que, longe da guerra, puderam manter ou até aumentar o seu prestígio social, a sua propriedade e a sua clientela, enquanto os outros derramavam o seu sangue para defendê-los. Sem dúvida, é "possível" de fato obstruir essa necessidade da política nacional. A vingança seria terrível. *Nunca mais* a nação estará solidária, como em agosto de 1914, contra alguma ameaça de fora. Estaríamos condenados a continuar como povo continental pequeno, conservador, talvez tecnicamente bem administrado, sem a possibilidade de reconhecimento na política internacional – e também sem o menor *direito fundamentado* a uma posição desse tipo.

6. Parlamentarização e federalismo

Em uma ocasião anterior[63], havia sido proposto que a questão do sufrágio nos Estados individuais do *Reich* deveria

---

63. Referência ao artigo de Weber, "Ein Wahlrechtsnotgesetz des *Reich*s. Das Recht der heimkehrenden Krieger" ("Uma lei emergencial de sufrágio para o *Reich*. O direito dos soldados que regressam"), publicado no *Frankfurter Zeitung*, em 28 de março de 1917.

ser regulada de forma que *todos que estiveram na guerra* tenham o direito à *melhor* categoria ou espécie de sufrágio em todos os Estados da federação onde exista um sistema eleitoral por classes. Essa ideia preservou o princípio federalista, pois formalmente significava apenas uma modificação temporária da Constituição do *Reich*, e foi formulada a fim de tornar desnecessário qualquer apelo à Dieta prussiana. Era de esperar que houvesse resistência a essa solução.

No entanto, lemos com surpresa em alguns jornais berlinenses a afirmação de que a *questão do sufrágio prussiano* seria um assunto pertencente à política interna da Prússia, sendo qualquer ocupação de outros membros do *Reich* com essa questão uma "intromissão" ou até mesmo uma tentativa de sua "mediatização"[64]. Deve ser abstraído aqui o fato de o *Reichstag* alemão, que teria de decidir em relação a essa lei, consistir, em sua grande maioria, em deputados *prussianos*, embora reconhecidamente não em deputados da plutocracia prussiana. Para examinar o valor daquelas palavras, basta ter consciência da posição da *Dieta prussiana no Reich alemão*. Sem dúvida, essa está escondida por trás de um denso véu de fórmulas constitucionais. Como se sabe, o imperador e rei da Prússia exerce os direitos que lhe competem no *Reich*, em parte como imperador, sob a responsabilidade do Chanceler do *Reich*, em parte como rei da Prússia, mediante instrução aos delegados prussianos no *Bundesrat*, sob a responsabilidade de um ministério prussiano. Formalmente, o Chanceler do *Reich* é responsável apenas pelo *Reichstag*, enquanto os ministros prus-

---

64. No Sacro Império Romano, "mediatizar" um Estado representava limitar sua soberania ao transferir alguns de seus poderes para outro Estado, mais poderoso, de modo que seu *status* no Império se tornava o de um Estado "mediatizado" em vez de "immediate" (*Reichsunmittelbar*). Este é mais um exemplo do hábito de Weber de transferir a terminologia medieval para a discussão de problemas contemporâneos. Neste caso, no entanto, a afirmação de que o "*Segundo* Império Germânico" seria o sucessor do Sacro Império Romano pode explicar o uso contínuo dessa terminologia.

sianos são responsáveis pela Dieta prussiana. Até aqui, tudo parece em ordem e coincide com a situação jurídica dos outros Estados da federação. E como a Prússia mal dispõe de metade dos votos que lhe caberiam no *Bundesrat*, considerando-se seu tamanho, parece até haver uma abnegação extraordinária. Apenas um exame mais detalhado revela que a Dieta prussiana e certas autoridades puramente prussianas ocupam uma posição especial que é, por princípio, totalmente diferente e privilegiada em relação aos parlamentos e às autoridades de *todos* os demais Estados individuais.

A Prússia, além de ter direito à "presidência da federação", goza de uma posição especial no *Reich*, primeiro em virtude do preceito constitucional (Constituição do *Reich*, Artigo 5, parágrafo 2, Artigo 37) de que seus votos no *Bundesrat* já são suficientes para impedir qualquer mudança na legislação, não apenas referente ao Exército e à Marinha, mas ao conjunto de taxas alfandegárias e impostos de consumo descritos no Artigo 35, também, portanto, referentes à *política comercial* e a todas as medidas administrativas do *Reich* relacionadas a essa área. E a Prússia também poderia impedir mudanças ainda que *todos* os demais governos da federação e o *Reichstag* inteiro fossem unanimemente a favor delas. Em relação às finanças, esse privilégio da Prússia *não* existia na Confederação da Alemanha do Norte, mas uma inovação do tratado de Versalhes, firmado inicialmente com *Baden*. Para a instrução dos votos no *Bundesrat*, que tem esse poder privilegiado, o governo prussiano responde formalmente apenas à Dieta prussiana. Conforme mostra a conhecida emenda fiscal dos conservadores prussianos, a Dieta não tem escrúpulos em fazer uso de seus poderes.

Além disso, a Prússia tem o direito ao voto de desempate. No *Bundesrat* há 61 votos. Os da Alsácia-Lorena, no entanto, recebem instruções do governador, que é nomeado e demitido pelo Imperador e Rei da Prússia, segundo o seu parecer. Por motivos financeiros, um dos microestados (Waldeck) já é administrado e representado pela Prússia. Portanto, todos os três reinos, todos os seis grão-ducados, todas as três cidades hanseáticas e o maior ducado (Braunschweig) em conjunto não estarão em condições de conseguir a maioria se a Prússia, além dos votos da Alsácia-Lorena, tiver do seu lado apenas os demais microestados. Se fosse aceita a sugestão dos conservadores de cobrir futuramente o *deficit* do *Reich* por meio da repartição dos custos entre os Estados da federação, *todos* os Estados menores e alguns dos médios ver-se-iam obrigados a fazer, na prática, a mesma coisa que Waldeck. Além disso, o ministro prussiano das ferrovias dispõe notoriamente de meios de poder para submeter esses governos à sua vontade. Quando não se trata de questões puramente dinásticas ou de interesses muito particulares, em todas as questões positivas da política do *Reich* a Prússia sempre teve e continua a ter uma maioria sólida, já que os microestados foram uma espécie de veículo de votos da Prússia e, por motivos financeiros, no futuro o serão muito mais. *Não* é, portanto, a responsabilidade perante o *Reichstag* alemão, mas sim a responsabilidade perante a *Dieta prussiana* que, segundo a Constituição, determina a atitude do poder decisivo presidencial no *Bundesrat* e, com isso, a política do *Reich*.

Mas não é apenas isso. Como se sabe, não temos, segundo a Constituição, um exército único, mas sim um exército composto de vários contingentes, sob o comando supremo do *Kaiser*. Mas a situação foi alterada por convenções militares firmadas entre o rei da Prússia e os chefes de contingente dos Estados menores da federação, que, em sua grande maioria, transferiram para o rei quase toda a sua soberania militar. A convenção com Baden, por exemplo, transformou o exército deste Estado no XIV Corpo do Exército Real *Prussiano*. Um comandante distrital prussiano está presente em toda a grande cidade de Baden, enquanto Karlsruhe é a sede de um comando geral prussiano. Uma intendência prussiana, escritórios prussianos de abastecimento, administração prussiana de guarnições, de hospitais militares e de outras áreas econômicas dispõem de todas as aquisições econômicas, e, durante a guerra, os industriais e comerciantes de Baden chegaram a sentir o seu poder. Os jovens de Baden são conduzidos à guerra por oficiais nomeados por um decreto prussiano, de acordo com as propostas do gabinete militar prussiano, sem nenhuma participação de uma instância de Baden e com a exclusão até mesmo de seu monarca. O ministro da Guerra prussiano é também o ministro da Guerra de Baden. A situação é semelhante em outros Estados da federação, com exceção de alguns entre os maiores.

Para as disposições tomadas em virtude dessas convenções não há, formalmente, *nenhuma* responsabilidade parlamentar, a não ser que os direitos orçamentais sejam afetados, e, neste caso, o Chanceler do *Reich* pelo menos deve ser um daqueles que as referendem. Pois, de resto, quem as assina é o ministro da Guerra e elas são publicadas no boletim oficial do exército prussiano. Mas o ministro da Guerra não está subordinado ao Chanceler do *Reich*, nem é (formalmente) responsável perante o *Reichstag*, pois ele é um funcionário *prussiano*. Na Prússia, por outro lado, não há nenhum objeto material pelo qual ele possa ser responsabilizado, e nenhum meio para fazê-lo de forma eficaz, uma vez que o *Reichstag*, e não a Dieta prussiana, é o local onde são tomadas as decisões orçamentárias militares.

Mas nem mesmo com essa estranha situação esgotam-se os privilégios da Prússia. O Chanceler do *Reich*, responsável perante o *Reichstag*, tem, enquanto tal, apenas a direção formal do *Bundesrat*. Ele apenas tem ali um voto em virtude de sua condição inevitável de plenipotenciário *prussiano* (segundo o Artigo 15, em conjunto com o Artigo 11). Mas, como tal, ele está rigorosamente comprometido, do ponto de vista formal, com as instruções do governo prussiano e, portanto, *não* é formalmente responsável perante o *Reichstag* por seu voto. Responsável é o governo *prussiano* perante a Dieta *prussiana*, que, dessa maneira, tem a palavra decisiva em toda ação política séria do *Reich*, no momento em que resolver fazer uso de seu poder. Inevitavelmente, o Chanceler do *Reich* precisa ser, ao mesmo tempo, o ministro do Exterior prussiano. Não é inevitável que ele seja também primeiro-ministro da Prússia, o que de fato nem sempre ocorreu. Caso não ocupe esse cargo, ele será politicamente impotente no *Bundesrat* como um mero portador de voto da Prússia e estará *subordinado* ao ministério prussiano. Mas caso seja o primeiro-ministro da Prússia, ele deve levar em consideração a atitude de seus colegas prussianos, mesmo sendo Chanceler do *Reich*, e, sobretudo, a atitude da *Dieta prussiana*.

Diante do *Reichstag*, o Chanceler do *Reich* é responsável apenas como "ministro do *Reich*" por resoluções "do imperador" como tal, isto é, por manifestações da vontade deste, feitas em virtude da Constituição ou de uma lei especial e dependente de sua referenda. Para a legislação do *Reich*, o *Kaiser* é, por princípio, apenas o elemento de promulgação das decisões do *Bundesrat*, sem direito de veto próprio. Porém, inúmeras leis determinam que certas disposições devem ser tomadas "pelo imperador, com o consentimento do *Bundesrat*". Em outros casos, elas declaram o imperador a única instância decisiva, sob a responsabilidade do Chanceler do *Reich*. Segundo a constituição do *Reich*, a política externa é um dos assuntos da alta política que faz parte desses casos. Tratados internacionais, declarações de guerra e acordos de paz podem apenas se realizar com a intervenção de uma decisão do imperador, independentemente até do *Bundesrat* (Artigo 11). Entre os atos da alta política interna, a Constituição exige esse tipo de decisão para a dissolução do *Reichstag* (Artigo 24). Além de ser necessário para as declarações de guerra, a maioria dos tratados e dissoluções do *Reichstag*, o consentimento do *Bundesrat* (por conseguinte, da Prússia), a maioria das decisões da alta política na Alemanha quase sempre se inscreve na peculiar circunstância de que o *Reich* carece de uma instituição para a deliberação preliminar, similar ao Conselho da Coroa prussiano. Pois o *Bundesrat* é uma máquina de votação, e como poderia ter nele algum peso o "conselho" dos estadistas do pequeno Schwarzburg-Rudolstadt? Já que a composição do Conselho da Coroa é um assunto *prussiano*, a responsabilidade posterior do Chanceler do *Reich* perante o *Reichstag*, particularmente por conta de não haver nenhum recurso legal para fazê-la valer, não pode alterar em nada a influência de uma instância puramente prussiana sobre o curso da política. Não está prevista uma discussão solidária entre os chefes dos departamentos do *Reich*. Esses departamentos existem paralelamente, como competências independentes, e entre eles impera a luta crônica dos sátrapas "encarregados". Historiadores no futuro provavelmente encontrarão nos arquivos numerosos e excelentes memorandos de todas as repartições do *Reich* a respeito das questões que surgiram na guerra (Bélgica, Polônia), cada um deles contradizendo os outros. Esses antagonismos são apenas em parte atribuídos a causas objetivas, pois por trás deles oculta-se a luta pessoal entre chefes da administração. Mas quando chega o momento da ação política, todos aqueles memorandos viram maculatura: conforme declarado publicamente, a forma pela qual foi inaugurada, em novembro de 1916, a política para a Polônia foi decidida pelo alto comando do exército, mas a influência da dieta prussiana e seus ministros indiscutivelmente foram corresponsáveis pelo modo como essa política foi então conduzida.

É dispensável continuar essa lista. Abstraímos aqui completamente os amplos poderes *puramente* pessoais do imperador, embora naturalmente a composição do governo prussiano, que leva em consideração a dieta prussiana, reflita-se em todas as suas decisões. Se a composição da dieta prussiana é baseada em um sufrágio diferente daquele do *Reichstag*, o governo em Berlim então é obrigado a abrir em sua política uma *conta dupla*, isto é, a proclamar *Reichstag*[65], por exemplo,

....
65. Em setembro de 1916, o chancelecer do *Reich*, Bethmann Hollweg, afirmou no *Reichstag* que, daquele momento em diante, o lema na vida da Alemanha deveria ser "caminho livre para todos os capazes". No entanto, ele

o lema "caminho livre para todos os capazes", mas propor na Dieta a facilitação da formação de fideicomissos para enobrecer os lucros da guerra. A mácula desse procedimento tortuoso forçado leva, sem dúvida, à *Coroa*. A imperfeição fatal de inúmeros passos dados pelo governo do *Reich* tem, em grande parte, a mesma origem. Independentemente disso, no entanto, daquilo que já foi dito resulta o que se segue: 1. autoridades puramente *prussianas* interferem continuamente em questões vitais, não apenas do *Reich*, mas também de outros Estados e de seus cidadãos. Além disso, 2. o governo *prussiano*, que formalmente é responsável apenas perante a dieta *prussiana*, é juridicamente tão privilegiado – sem falar da sua hegemonia efetiva – que a posição da dieta prussiana em relação ao *Reich* não encontra *nenhum* tipo de analogia com nenhuma outra dieta e não está sujeita a *nenhuma* compensação política, exceto nos casos em que certos Estados individuais da federação, como particularmente a Baviera, tenham se protegido de maneira puramente negativa mediante "direitos de reserva" especiais. Segundo os fatos *políticos*, é, portanto, perfeitamente adequado chamar os Estados que se encontrem nessa situação, particularmente o de Baden, de Estados *submetidos* à Prússia e aos seus órgãos, principalmente à sua Dieta. Se essa situação é aqui exposta de forma aberta, não há nenhuma intenção de dar uma conotação "antiprussiana" a ela. O autor destas linhas não abandonou a cidadania prussiana. O tratado de Versalhes e a Convenção Militar com a Prússia foram concluídos por um estadista de Baden que admiro muito. É com prazer que deixo de mencionar os inconvenientes que resultaram, naquela época, da Convenção Militar. Ninguém deseja revogá-la, pois ela é conveniente para o propósito *objetivo* de manter unida a força defensiva do *Reich*. Fazemos política *objetiva* e não uma política da vaida-

....
permitiu a reintrodução do projeto que criava propriedades com novas taxas, o que beneficiaria somente aqueles cujas fortunas já estavam estabelecidas.

de. Mas se uma panelinha de prussianos privilegiados pelo sufrágio nos enfrenta com a afirmação de que a natureza do sufrágio prussiano "não seria da nossa conta", isso constitui, diante daquela situação, uma provocação tão descarada, que esta mereceria uma resposta bem explícita. Ninguém deseja questionar a hegemonia da Prússia no *Reich*, mas se tivermos de continuar suportando esse estado de coisas, exigimos que o voto prussiano no *Bundesrat*, decisivo em todas as questões da política do *Reich*, seja responsável perante um parlamento do *povo* prussiano, e não perante alguma casta privilegiada, qualquer que seja a sua composição. Nós decididamente rechaçamos a condição de vassalos de castas privilegiadas prussianas.

Como se organiza a Dieta prussiana para tratar de assuntos *internos* da Prússia é, naturalmente, uma questão totalmente prussiana, que diz respeito à composição da *Herrenhaus**. Mas a questão da composição dessa Câmara, em cujas mãos está o *direito de determinar o orçamento* e que, portanto, exerce influência decisiva nas resoluções da alta política da Prússia referentes à *direção do Reich*, é uma questão vital para o *Reich* porque o poder material da Prússia vai muito além de sua posição formal e porque esta já é uma posição altamente privilegiada, decisiva em toda a alta política. É uma questão vital para o *Reich* que diz respeito a todos nós, do mesmo modo que aos eleitores da Dieta prussiana. Se a situação atual continuar, na qual um cavalo está atrelado à frente da carroça e o outro atrás, e um parlamento prussiano *privilegiado* age contra o *Reichstag* e pode empreender a destituição do Chanceler do *Reich*, quem deve pagar por isso, em termos de opinião pública, é indubitavelmente a coroa. Não podemos deixar de considerar esse aspecto.

Certamente deve-se ter bem claro que o problema das relações entre o *Reich* e a Prússia segue existindo, isto é, a ne-

---
* Câmara Alta do Parlamento Prussiano. (N. da R.)

cessidade de estabelecer um equilíbrio entre eles mediante um acordo, mesmo depois da aguardada modificação do sufrágio prussiano, que elimina apenas um antagonismo na estrutura interna. Enquanto a estruturação atual da Alemanha se mantiver, o *Bundesrat* alemão jamais poderá ser construído como, digamos, o Senado dos Estados Unidos, cujos membros são representantes eleitos pelo povo dos Estados individuais e, por isso, votam de acordo com a sua convicção individual e a do seu partido. Os delegados do *Bundesrat*, pelo contrário, são delegados dos governos dos Estados individuais e destes recebem instruções que são "mandatos imperativos" e, portanto, vinculativos. A situação permaneceria a mesma ainda que os governos que dão aquelas instruções fossem completamente parlamentarizados e eficazmente controlados por parlamentos democratizados. Nesse caso, surgiria o problema da relação entre a parlamentarização dos Estados individuais, principalmente a Prússia, e a parlamentarização do governo do *Reich*. Para compreender melhor esse problema, é necessário, primeiro, completar o quadro já dado da relação entre a Prússia e o *Reich*, pois o direito formal exposto até agora não dá uma descrição apurada de toda a situação política.

Se, por um lado, a política do *Reich* é determinada pela Prússia numa extensão muito maior do que a Constituição deixa transparecer, por outro a atitude do governo prussiano também é determinada pela situação no *Reich*. Na Prússia, graças ao caráter plutocrático de seu sistema eleitoral, o Partido Conservador foi, durante décadas, o todo-poderoso. Era absolutamente impossível um funcionário administrativo ter ideias políticas diferentes daquelas que ao Partido Conservador pareciam, no mínimo, inofensivas. A grande maioria de todos os funcionários públicos tinha de ser totalmente conservadora, caso contrário eles não poderiam sequer manter sua posição social. Com exceção de alguns insípidos "liberais tolerados", o mesmo valia para os ministros, que, ao ingressar no ministério, tinham que tratar imediatamente de negar o seu passado. Na Prússia reinava, portanto, o que as belas palavras dos literatos preferem disfarçar: um domínio de partido tão acentuado quanto fosse possível em qualquer outro país parlamentar do mundo. Sempre que estavam em jogo os interesses do poder material ou social dos círculos por trás do partido governante, até mesmo a Coroa encontrava-se completamente impotente e incapaz de impor seus desejos, se fossem contrários àqueles[H].

O medo que a plutocracia burguesa tinha da "democracia", que via materializada no sistema eleitoral do *Reich* e no *Reichstag*, sustentava esses interesses partidários na Prússia. É verdade que, se considerarmos pertencentes à direita a maior parte do Partido do Centro e a ala direita dos Liberais Nacionais, existe também no *Reichstag* uma maioria contrária à esquerda. Mas, ao menos, ela não integra o Partido Conservador e, na prática, a formação de uma maioria com tendência à esquerda aconteceu por conta de inúmeras questões importantes. Se, porém, a maioria da Dieta prussiana houvesse determinado claramente as decisões do voto presidencial no *Bundesrat* e do Chanceler do *Reich* (que sempre é, também, um ministro prussiano e, geralmente, primeiro-ministro) na condução da política do *Reich* – e o teor da Constituição não ex-

....
H. Como prova contrária ao caráter plutocrático do Estado prussiano, é costume citar, ridiculamente, o imposto de renda de Miquel. No entanto, quando esse surgiu, ele era apenas uma expressão clássica da supremacia dos latifundiários *dentro* dessa plutocracia. Pois sua introdução foi paga com o abandono de um imposto estatal seguro e importante, mas que onerava os latifundiários: o imposto territorial, sob a forma da assim chamada "transferência". A introdução do imposto de renda significou uma redução relativamente grande dos impostos sobre os bens gravados com hipotecas e uma carga maior sobre os bens mobiliários. E, além disso, para os interesses rurais não havia ameaça alguma, pois a taxação dos latifundiários estava nas mãos de instâncias que dependiam totalmente deles, política e socialmente. A grande habilidade de Miquel foi se aproveitar desses interesses agrários para introduzir um imposto tecnicamente excelente. Fracassaram todas as reformas nas quais não houve esse tipo de favor para os interesses do partido dominante.

cluiria isso –, o *Reich* teria sido governado unicamente pelo Partido Conservador. No entanto, a maioria na Dieta não pode fazê-lo, *pois se baseia em um sistema eleitoral plutocrático*. Essa circunstância, que debilitou a Dieta prussiana em relação ao *Reichstag* democraticamente eleito, deu a este uma preponderância nas questões da política do *Reich* e tornou efetiva, pelo menos dentro de certos limites, a "responsabilidade" diante do *Reichstag*.

O direito do *Reichstag* de aprovar o orçamento obriga o Chanceler do *Reich*, não apenas como ministro do *Reich*, mas também como portador do voto presidencial e representante do Estado hegemônico, a responder perante o *Reichstag* pela direção da política do *Reich*, sob influência da Prússia, o que significa, na prática, prestar contas. O mesmo vale para os ministros da Guerra, porque também o orçamento militar é um assunto do *Reich*. E vale principalmente para o ministro da Guerra prussiano, que na verdade aparece no *Reichstag* como um órgão do *Reich*. Mas, além do direito de aprovar o orçamento, o *Reichstag* não possui nenhum outro instrumento de poder para firmar a sua posição. E a exploração direta desse direito com o objetivo de eliminar o Chanceler ou o ministro da Guerra de um partido opositor não tem sido comum na Alemanha (fora da Baviera) desde o tempo dos conflitos prussianos e provocaria uma indignação "patriótica", especialmente entre os literatos. Pois já basta a possibilidade de obstruir o trabalho de um líder político que é expressamente da oposição para impossibilitar que um Chanceler do *Reich* ou um ministro da Guerra mantenha-se *por muito tempo* no cargo, por conta do antagonismo explícito da maioria do *Reichstag*, que insiste nessa atitude e nem sequer pode ser eliminada por novas eleições. E seria absolutamente impossível para o *Reichstag* cooperar com o Chanceler do *Reich*, enquanto portador do voto presidencial, se de fato o domínio do Partido Conservador da Prússia se estendesse também à condução da política do *Reich*, com a habitual falta de consideração pelas relações internas prussianas. E por essa mesma razão dificilmente seria possível para um primeiro-ministro prussiano na função de chanceler do *Reich* identificar-se aberta e incondicionalmente, mesmo em sua política prussiana, com o Partido Conservador. Levar em consideração a composição do *Reichstag* tem sido, portanto, essencial para os dirigentes prussianos levarem em conta a composição do *Reichstag* para a forma como conduz sua política e, talvez, até mesmo para o modo de conduzir a política prussiana.

Além disso, existe certa autonomia da política do *Reich* em relação à Prússia pelo fato de o *Reich* dispor de um aparato próprio de funcionários. Os cargos do *Reich* não são preenchidos simplesmente com a incorporação de funcionários prussianos. No entanto, a fraqueza peculiar da burocracia do *Reich* deve-se ao fato de que a maioria de suas instâncias centrais, principalmente aquela que, até agora, foi a politicamente mais importante, o seu Departamento do Interior, não dispõe de um funcionalismo próprio, com poder de coerção, como o tem todo ministério do Interior em Estados individuais. A burocracia do *Reich* encontrou no *Reichstag* o apoio para sua autonomia em relação à Prússia. Em consequência disso, fez-se sentir nela, no que se refere aos partidos, a composição diferente do *Reichstag* e da Dieta prussiana: não foi insignificante o patrocínio do Partido do Centro para a sua composição. No entanto, não queremos discutir aqui todo o problema do aparato administrativo do *Reich*, mas apenas o modo pelo qual ele chega a decisões a respeito de leis e regulamentos administrativos gerais, que são de competência do *Bundesrat*.

Em geral, os projetos para o *Bundesrat* são elaborados nas unidades administrativas do *Reich*. Tenta-se, em seguida, angariar os votos da Prússia por meio de negociações com os ministérios prussianos. Depois de chegar a um consenso – o que nem sempre é fácil –, seja mediante um acordo ou pela adaptação do projeto aos desejos prussianos, costuma-se discutir o esboço já concluído com a Baviera. Todos os demais Estados da federação são geralmente confrontados com o fato consumado da apresentação no *Bundesrat*. Para ganhar os votos da Prússia com maior facilidade, alguns dos mais importantes secretários de Estado do *Reich* eram constantemente nomeados, ao mesmo tempo, ministros prussianos sem pasta. Quando se tratava de decisões importantes da alta política, sujeitas à votação no Ministério de Estado prussiano, isso podia influenciar também a situação da *política interna* da Prússia. Assim, segundo notícias na imprensa – que, até onde eu saiba, não foram contestadas –, a aceitação daquela ordem do gabinete real que prometia o sufrágio igualitário apenas se deu com uma maioria de um voto, e se chegou a esse resultado devido ao fato de que, além do Chanceler do *Reich*, votaram a favor dois secretários de Estado do *Reich*, em sua função colateral de ministros prussianos. Por outro lado, todos os secretários de Estado, de acordo com uma regra fixa até agora, são plenipotenciários prussianos para o *Bundesrat*. Mas o mesmo também se aplica aos ministros de Estado prussianos, incluindo, principalmente, o ministro da Guerra, que politicamente funciona como um órgão do *Reich*, mas juridicamente como funcionário público prussiano e que, sem estar delegado ao *Bundesrat*, não estaria em condições de representar sua pasta no *Reichstag* por direito próprio, como chefe administrativo. É claro que, respondendo ao *Reichstag*, o ministro da Guerra, do mesmo modo que o Chanceler do *Reich*, apenas chega aonde o obriga a ir necessariamente a situação política. Para que possa garantir sua total liberdade, ele dispõe de um conceito indeterminado em sua amplitude, o de "poder de comando" imperial, como uma prerrogativa que o parlamento não pode violar e por trás da qual se esconde tudo que se pretende subtrair do controle parlamentar.

O resultado de tudo isso é que a política interna da Prússia permanece livre da influência do *Reich*, a não ser que considerações de alta política, em casos excepcionais, tornem obrigatória tal influência. Na política hegemônica da Prússia no *Reich* dá-se uma influência recíproca, tanto em sentido pessoal quanto material, entre a direção burocrática do *Reich*, influenciada pelo *Reichstag*, e o governo da Prússia, influenciado pela Dieta. Dependendo da inclinação para um lado ou para o outro, ou seja, se prevalecem as instâncias controladas pelo direção do *Reich*, que se encontram sob a pressão do *Reichstag*, ou os dirigentes prussianos, que estão sob a pressão da Dieta prussiana, as ações do Estado hegemônico em relação à política do *Reich* são determinadas pelos órgãos do *Reich* ou, pelo contrário, a direção do *Reich* orienta-se por ideias de uma "Grande Prússia". Mas a estrutura interna do *Reich* e de seus Estados individuais garante que, em geral, predomine essa última tendência, isto é, que a direção do *Reich* tenha o caráter de uma "Grande Prússia". Quais são os interesses que a forçam a tomar esse rumo?

Com exceção das cidades hanseáticas, os Estados individuais são monarquias com uma burocracia que cresce constantemente em importância e preparo. Antes da fundação do *Reich*, muitos deles já haviam percorrido em grande parte o caminho em direção a um governo e uma administração de caráter parlamentar. E isso com resultados bastante satisfatórios. Em todo caso, levando em conta as condições daquela época, é bastante ridícula a afirmação dos literatos de que esse sistema de governo, o parlamentar, era algo estranho à Alemanha, importado, algo que em nosso país ainda "não tinha provado o seu valor". A fundação do *Reich* mudou isso. Tanto as cortes quanto a burocracia dos Estados individuais foram levadas a ver o *Reich*, sobretudo, como uma *instituição que garantiria* sua própria posição, a tratar seus tronos como prebendas garantidas pelo *Reich* e a considerar a relação com a Prússia como apoio para o domínio irrestrito do funcionalismo também nos demais Estados individuais. Por mais que Bismarck tenha utilizado ocasionalmente o *Reichstag* como último recurso para exercer pressão sobre Estados individuais teimosos, ele se aproveitou, por outro lado, daquela tendência das cortes e do funcionalismo dos Estados individuais para aparecer como o seu protetor. As repercussões dessa tradição chegam até hoje. Pois foi, e continua sendo, um "seguro de prebendas" dinástico-burocrático, que na prática manifesta-se numa ampla garantia da liberdade de controle para a burocracia, o que na Alemanha escondia-se e ainda se esconde por trás do lema da "proteção ao federalismo". Liberdade de controle também e principalmente dentro da administração de cada Estado *individual*. Logo após a fundação do *Reich*, a burocracia dos Estados individuais passou a eliminar, na medida do possível, o controle pelo parlamento de cada Estado em favor de um regime livre de controle "em virtude da prerrogativa do soberano", o que mostra de forma convincente o desenvolvimento político interno desde os anos 70. Com o resultado que, na maioria dos casos, a importância e, junto a ela, o nível intelectual dos parlamentos dos Estados individuais, baixou de maneira semelhante ao do *Reichstag*. Daquele "seguro" recíproco explica-se o comportamento da burocracia dos Estados individuais em relação à situação na Prússia e, vice-versa, o da Prússia em relação à situação nos Estados individuais. Nos Estados individuais começou, nos últimos vinte anos, uma democratização paulatina do sufrágio. Mas a posição da burocracia, sem controle parlamentar, permanece intocada. Essa encontrou o seu apoio espiritual nas condições políticas da Prússia e na influência da Prússia sobre o *Reich*. Principalmente, a burocracia dos Estados individuais podia observar apenas com grande preocupação o desaparecimento do sufrágio diferenciado de três classes de eleitores na Prússia. Pois parecia que ali em Berlim estava à disposição um grande bastão conservador, para casos eventuais de uma ameaça à sua própria liberdade de controle realizado pelos parlamentos dos Estados individuais, cuidando para que nada sério pudesse acontecer à posição de poder da burocracia como tal. A burocracia prussiana, recrutada do Partido Conservador, e junto a ela os interessados em manter os privilégios eleitorais na Prússia, permitiram tranquilamente, por sua vez, que as burocracias dos Estados individuais "brincassem um pouco de democracia", sob a condição de que não fosse tolerada nenhuma tentativa, por parte do *Reich*, de tocar a inacreditável estrutura política interna da Prússia, mas sim que a burocracia dos Estados individuais, com exceção talvez do governo da Baviera, renunciasse a qualquer participação efetiva no poder do *Reich*, isto é, que o *Reich* fosse governado essencialmente no sentido da grande Prússia. Assim determinou-se toda a maneira pela qual se desenvolveriam as atividades do conselho federal, e cabe sempre ter bem claro esse acordo tácito para entender o que significou "federalismo" até agora e quais foram os interesses por trás desse conceito.

    O conselho federal, a representação comum das cortes e dos ministérios, levou, em consequência disso, a uma vida bem pacata, confortável e harmoniosa[66]. Como os protocolos são secretos, foge à crítica o caráter das suas deliberações. Já que, de acordo com a Constituição, as instruções imperativas foram as únicas decisivas, o comentário pessoal dos membros sempre teve que permanecer sem influência e sujeito à opinião do respectivo governo, não tendo, portanto, peso algum. Por isso, o conselho federal nunca foi (bem ao contrário do Parlamento de Frankfurt!) um lugar para a atuação de estadistas ou para o seu aprendizado. Certamente ocorreu que governos deram aos seus plenipotenciários a liberdade de votar em uma ou outra questão segundo o seu parecer. Assim, por exemplo, alguns fizeram isso por ocasião da disputa da sucessão ao trono de Lippe, para evitar a mácula de um comentário constrangedor. Mas em questões propriamente políticas, a Prússia insistiu implacavelmente na sua supremacia garantida pelos votos dos Estados minúsculos. Em outros assuntos importan-

---

66. Weber utiliza, no original, *still life* [natureza-morta], jogo de palavras (não criado por ele) que compara o estado inativo da vida política alemã com esse estilo de pintura.

tes, a votação, por mais que a possibilidade de realizá-la fosse explorada por Bismark como *ultima ratio* contra os governos, era essencialmente formal: negociações e acordos com as cortes e os ministérios, principalmente da Baviera, tinham esclarecido anteriormente a situação. À base desses recursos diplomáticos da política de gabinete, Bismark tinha organizado essencialmente tanto a política externa quanto a interna. A princípio, isso permaneceu assim depois, ainda que às vezes tenha mudado o método, nem sempre para a satisfação dos Estados individuais. Se, mesmo assim, o conselho federal deu às vezes escapadinhas inesperadas, Bismarck sabia obrigá-lo à submissão. O recurso do pedido de demissão (em ocasiões formalmente insignificantes) nunca falhou no caso dele: o conselho federal retirava a sua decisão. Mas também houve ocasiões nas quais, perante certas resoluções do conselho federal, ele passou tacitamente à ordem do dia sem que alguém do círculo do conselho tivesse ousado apelar à Constituição do *Reich*. Após a sua época, nunca se ouviu nada a respeito de conflitos sérios. Dificuldades existentes manifestaram-se, como é natural, antes na paralisação e na estagnação do que em conflitos abertos.

Deve-se ter bem claro que essa vida pacata terá um fim no futuro. Da mesma forma que encontros de monarcas e recursos políticos de gabinete, do tipo que Bismarck podia empregar especialmente em São Petersburgo e Viena, perderam a sua importância, isso também acontecerá na política interna. Já em questões de política financeira e econômica, que nos aguardam na paz, terminará a comodidade do antigo regime. Todas as dietas individuais, e em primeiro lugar a prussiana, farão valer crescentemente, no futuro, o seu direito formal de influenciar a votação no conselho federal e de atuar no sentido de exercer o direito de apresentar moções no conselho federal. Dessa maneira, a Dieta prussiana, em virtude do poder economicamente condicionado e tendencialmente crescente da Prússia sobre os Estados minúsculos do norte da Alemanha, poderia apoderar-se da iniciativa e da liderança na política do *Reich*. Pois a atitude reservada até agora mantida foi precisamente um produto da sua fraqueza que resultou do contraste entre o sufrágio diferenciado e o *Reichstag* democraticamente eleito. Esse supostamente desaparecerá com a democratização do sufrágio prussiano, e o peso político da Prússia se fará sentir de forma muito mais aguda. Sem dúvida, a burocracia de todos os Estados individuais sentir-se-á solidária perante essa consequência (bem como todas as demais) da parlamentarização. E, certamente, a burocracia unida do *Reich*, da Prússia e dos Estados individuais é um poder que, com as cortes por trás dela, pode obstruir o desenvolvimento rumo à parlamentarização. Mas devemos ter bem claro que nesse caso estaria bloqueado o caminho tanto para um desenvolvimento pacífico da política interna quanto para uma colaboração e educação política da nação que apoie a posição de poder externa do *Reich*. Quem não deseja isso, deve fazer de antemão a seguinte pergunta: *como é possível combinar a parlamentarização da Alemanha e um federalismo saudável, isto é, ativo?*

O princípio parece claro: 1. O fluxo da parlamentarização tem que ser dirigido principalmente para os canais do *Reich*. – 2. A influência legítima dos Estados não prussianos da federação sobre a política do *Reich* deve ser fortalecida. Como isso deve ser feito? Encontramos outra vez a barreira mecânica, já mencionada, do Artigo 9, última frase, da Constituição do *Reich*, que formalmente se opõe ao primeiro desses postulados, porém de fato, conforme veremos, quase sempre ao segundo. Na prática, essa disposição significa o seguinte: os plenipotenciários dos Estados individuais no conselho federal, inclusive o Chanceler do *Reich* e os Secretários de Estado, podem ser membros de parlamentos de Estados individuais, particularmente da Dieta prussiana. Além disso, o Chanceler do *Reich precisa* ser, e os Secretários de Estado *devem* ser, segundo uma regra fixa, plenipotenciários prussianos no conselho federal, isso é, estão em todo caso submetidos à influência da Dieta prussiana. Por outro lado, é proibido aos governos nomear como Chanceler do *Reich* ou como plenipotenciário no conselho federal, um membro do *Reichstag* que mantenha o seu mandato. Assim sendo, o Chanceler do *Reich* e os Secretários de Estado que integrem o conselho federal são excluídos do *Reichstag*.

Condição prévia, não da parlamentarização como tal, mas sim de uma parlamentarização saudável no Reich, é a eliminação dessa disposição. Por um lado – o que seria mais conveniente –, ela poderia ser revogada em relação ao Chanceler do *Reich* e aos secretários de Estado (ou pelo menos em relação aos secretários de Estado politicamente mais importantes, principalmente os do Interior e da Tesouraria do *Reich*). Assim seria possível que os líderes de partido como tais assumissem a direção responsável da política do *Reich* e, ao mesmo tempo – e é isto que importa aqui –, colocassem a responsabilidade sobre os ombros do seu *partido* no *Reichstag*. Pois dentro dos partidos manteriam, nesse caso, a sua posição e a sua influência. Apenas através desse caminho pode-se evidentemente pôr um fim à política puramente "negativa" dos partidos no *Reichstag*. Por outro lado, devido à "paridade" dos Estados da federação, pode-se revogar a disposição completamente, de modo que não apenas os plenipotenciários prussianos, mas também os de outros Estados da federação possam ser recrutados do *Reichstag* e mesmo assim permanecerem membros deste. Essa é a sugestão aceita pelo comitê constitucional do *Reichstag* que foi alvo de ataques veementes.

Não se pode levar nada a sério entre esses ataques à objeção formal levantada pelos conservadores, que afirmam que membros do *Reichstag*, que simultaneamente eram plenipotenciários no conselho federal, entrariam em conflito com a sua consciência porque tinham que votar no *Reichstag* segundo a sua própria convicção, mas no conselho federal segundo instruções. Na melhor das hipóteses, esse argumento poderia se aplicar aos conselheiros provinciais na câmara de deputados prussiana, que no seu papel de funcionários públicos, segundo o decreto de Puttkamer, têm que "defender a política do governo". No entanto, entre eles não se sente muito esse tipo de "conflitos de consciência" e, em todo caso, o Partido Conservador não se incomodou com a sua possível existência. Mas principalmente ministros prussianos e secretários do Estado do *Reich* que eram plenipotenciários prussianos no conselho federal faziam, em diversas ocasiões, parte da *câmara de deputados prussiana* e podem fazê-lo ainda hoje. No seu papel de deputados eles não têm apenas o direito como também o dever *de criticar*, "segundo a sua própria convicção", *as instruções* que lhes são dadas, como plenipotenciários no conselho federal, *pelo seu próprio governo*. E nem sequer a esses "conflitos de consciência" o Partido Conservador deu importância. De fato, esse conceito moralista serve apenas para enganar os filisteus. Pois, na verdade, a coisa é assim: um político que, como plenipotenciário do conselho federal, recebe uma instrução que, segundo a sua convicção pessoal, ele não se vê em condições de defender, *tem que renunciar ao seu cargo*. Isso demanda a *honra* e a *responsabilidade política*, que é diferente daquela de um funcionário público. Se não ficar assim, tem-se a impressão de uma pessoa *"agarrada"* ao cargo. Inculcar isso nos funcionários públicos dirigentes, principalmente no Chanceler do *Reich*, seria uma das finalidades políticas da anulação daquela disposição. Mas precisamente por isso a burocracia horroriza-se diante dessa anulação.

No entanto, houve ataques muito mais fortes. No jornal *Bayerische Staatszeitung*, a parlamentarização foi estigmatizada como "centralismo", e uma parte da imprensa bávara e, no seu séquito, certos literatos conservadores profetizaram que "a Baviera viraria as costas ao *Reich*". Primeiramente, essa ameaça é tola, pois não há para a Baviera nenhum caminho viável para sair da união aduaneira e, além disso, é imprudente recordar aos verdadeiros centralistas o fato de que, se a situação fosse séria, teriam imediatamente o jogo na mão (dentro da própria Baviera).

Mas também em relação ao futuro, a luta a favor do Artigo 9, sentença 2, é pouco previdente. Pois a conservação daquela disposição favorecerá mais ainda o centralismo, e isso numa forma muito mais preocupante que aquela da parlamentarização que vem do *Reich*. Vamos entender a situação claramente. Os direitos especiais e também os direitos singulares dos Estados da federação, garantidos na Constituição, não podem ser alterados, segundo o artigo final da Constituição do *Reich*, sem o consentimento dos próprios Estados. Todas as suas demais competências constitucionais, inclusive a extensão atual da sua autonomia interna, apenas podem ser alteradas se não houver catorze contravotos – que são os votos dos três reinos ou de dois reinos e dois grão-ducados –, o que sempre será o caso quando houver a ameaça de medidas coercivas. Os Estados têm, portanto, a garantia de independência suficiente *do Reich*. O que lhes falta é influência suficiente *no Reich* em relação à direção da política nacional. Mas precisamente esta será importante no futuro. Pois sem ela, apesar de toda a conservação dos seus direitos, o *Reich* pode estrangulá-los nas áreas da política econômica e financeira. Mas, sem dúvida, essa influência não diminuirá pelo fato de que a abolição da disposição proibitiva do Artigo 9, sentença 2 permite aos Estados da federação nomear deputados influentes do *Reichstag* para o cargo de plenipotenciário no conselho federal. Certamente não teria diminuído a influência da Baviera no *Reich* se, por exemplo, o barão Von Franckenstein, em sua época, tivesse mantido sua posição no partido do *Reichstag* e, ao mesmo tempo, tivesse sido plenipotenciário da Baviera no *Reichstag*, no lugar de um funcionário público. É precisamente o espectro de uma derrota da Prússia no conselho federal pelos votos dos Estados pequenos – comprando, por exemplo, os Estados de Lippe, Reuss e outros membros semelhantes, os líderes de grandes partidos no *Reichstag* para serem os seus plenipotenciários no conselho federal – o que preveem os adversários literários da abolição (alertando simultaneamente, o que é ridículo, que os "centralistas" possam adotar medidas coercivas contra os Estados não prussianos da federação). Mais adiante voltaremos a falar dessas ideias absurdas. Apenas constataremos aqui que preocupações genuínas estão por trás desse palavrório evidente. Em primeiro lugar, e antes de tudo, o medo da burocracia de perder o seu *monopólio de cargos*. "Se parlamentares fossem nomeados ministros, os funcionários públicos ambiciosos procurariam uma carreira nas grandes indústrias", foi declarado abertamente na Dieta bávara. No entanto, o atual Artigo 9 não impede em nada a nomeação de parlamentares de *Estados individuais* a plenipotenciários no conselho federal, mesmo que eles mantenham os seus mandatos. Ele nem sequer impede que alguém chegue, no fim, ao cargo de ministro ou secretário de Estado (sendo inclusive membro do conselho federal). Isso acontecia e continua acontecendo sempre de novo, tanto no passado quanto no presente. Só que o deputado em questão tinha que deixar o *Reichstag*. E precisamente isso – que a participação do *Reichstag* torne-se uma "carreira", um caminho para conseguir um cargo, que os cargos sejam acessíveis a parlamentares "dotados" e "ambiciosos" – consideram os adversários literários da abolição daquela disposição uma situação altamente desejável. Com um *Reichstag* que ofereça essas chances aos seus membros "ambiciosos" – ou assim eles pensam – será muito "melhor" trabalhar. Realmente, se a solução do problema do parlamentarismo alemão consistisse em *lotar o parlamento com arrivistas e caçadores de cargos*, tudo isso estaria perfeitamente em ordem. Além das atuais pequenas gorjetas de patrocínio, haveria as grandes. Mas na melhor hipótese esse seria um ideal dos burocratas – e nem sequer do tipo agradável. Com esse sistema já sendo praticado, conforme as experiências do passado mostram, e também as mais recentes, não realizamos nenhum progresso. Pois a finalidade política de uma parlamentarização é fazer do parlamento um lugar de seleção de *líderes*. E um líder político não aspira ao cargo e ao seu salário, com direito a uma pensão, nem à liberdade de controle, na medida do possível, no exercício de uma competência de cargo, mas sim ao poder político, e isto significa: *poder* politicamente *responsável*, apoiado na confiança e na solidariedade de um *partido*, à cuja frente ou em cujo meio ele, portanto, precisa desejar permanecer como ministro, até para manter a sua influência sobre ele. Esse último aspecto é pelo menos tão importante quanto todos os demais. Por isso, a abolição da barreira mecânica do Artigo 9, sentença 2, pretende, além de possibilitar a influência legítima dos partidos sobre as atividades do governo (em vez da influência atual, muitas vezes grande, porém irresponsável e, portanto, ilegítima), possibilitar também e pelo menos na mesma proporção a influência contrária, legítima do governo sobre o parlamento (em vez da atual influência ilegítima, realizada mediante o patrocínio à base de gorjetas). A luta *contra a reforma*, porém, está completamente condicionada à vontade de manter baixo o prestígio político do *Reichstag*, para atender aos interesses do prestígio da burocracia. Considerando-se a situação desse ângulo, é claro que é necessário manter aquela barreira entre o conselho federal e o *Reichstag*, pois a expressão estereotipada, arrogante "Os governos aliados jamais vão..." etc. faz parte daquele tesouro de "gestos" a partir do qual infelizmente o domínio do funcionalismo alimenta a sua autoestima tradicional, e esta atitude deixaria de existir se o *Reichstag* e o conselho federal não estivessem mais separados por uma barreira.

Vamos olhar agora um pouco mais de perto o espectro da parlamentarização do conselho federal para entender melhor as suas diversas possibilidades e, em conexão com estas, o significado *positivo* da abolição do Artigo 9, sentença 2. A abolição em si nada mais realiza que tirar do caminho um obstáculo mecânico. Cria *possibilidades* de desenvolvimento, nada mais. Pois continua existindo, para os governos individuais, a possibilidade de não fazerem uso da nova permissão de delegar ao conselho federal membros do *Reichstag*, que mantêm o seu mandato. Não farão isso se para eles não houver nisso nenhuma vantagem política. E não é nada desejável que se proceda nesse caso de uma maneira esquemática, de uma vez por todas. Mesmo no caso de uma realização plena do sistema parlamentar, não será de modo algum desejável, e certamente não acontecerá, que todos os cargos de dirigentes sejam ocupados exclusivamente por membros do parlamento e que funcionários com qualidades de líderes permaneçam excluídos desses cargos[1]. Dizem, porém, que a abolição do Artigo 9, sentença 2, desencadeará o esforço de parlamentarizar o conselho federal, e isso, pensam, colocará em perigo a estrutura federalista do *Reich*. Vejamos se isso é verdade. Suponhamos que em algum momento tenha vencido *absolutamente* a tendência à parlamentarização, tanto nos Estados individuais quanto no *Reich*. E suponhamos, além disso (por mais improvável que seja), que tenha sido realizada também nas suas consequências teóricas, isto é, que de fato *apenas* parlamentares fossem nomeados aos cargos de dirigentes, inclusive aos assentos no conselho federal. Quais formas possíveis de distribuição do poder político teríamos nesse caso, dependendo de permanecer de pé ou não o Artigo 9, sentença 2, da Constituição do *Reich*?

Se naquelas condições continuasse existindo a disposição, a consequência seria que o Chanceler do *Reich* jamais poderia ser simultaneamente membro ou líder de um partido do *Reichstag* e, portanto, jamais poderia ter uma influência garan-

---

1. Do mesmo modo, apenas pode-se concordar com o desejo do deputado Stresemann de que os ministérios *especiais* na Prússia *não* deveriam ser parlamentarizados a princípio. *Mas precisamente até agora*, nesse caso *não* contava a qualificação técnica, mas sim a posição no *partido*.

tida dentro de um partido. Além disso, os secretários de Estado, se quisessem garantir para si esse tipo de influência e também ser membros do *Reichstag*, teriam que permanecer fora do conselho federal. Por outro lado, no caso da parlamentarização plenamente realizada dos Estados individuais, a Prússia delegaria ao conselho federal os homens de confiança dos partidos governantes na Prússia, e os outros Estados individuais, os dos seus partidos governantes. O Chanceler do *Reich* e os secretários de Estado, talvez presentes no conselho federal, seriam políticos de partido prussianos, e os representantes dos outros Estados da federação seriam políticos de partido dos parlamentos destes Estados. Isto é, o Artigo 9 não impediria em nada uma parlamentarização do conselho federal. Só que esta tomaria inevitavelmente o rumo de uma *particularização* do conselho federal. Mas esta particularização não significaria, de modo algum, um fortalecimento da influência positiva dos Estados individuais no conselho federal, nem significaria protegê-los de serem vencidos nas votações por maioria. Pois a posição de poder prussiana na área da economia e da política financeira condenaria os Estados minúsculos, tanto posterior quanto anteriormente, a votarem cegamente a favor da Prússia. Apenas o poder do *Reichstag* ofereceria um contrapeso à maioria no conselho federal, dominada pela Prússia. Conforme já dissemos, o Chanceler do *Reich* não poderia ser membro do *Reichstag*. Mas em relação aos secretários de Estado, que segundo a Constituição não precisam integrar o conselho federal, não haveria nenhum obstáculo que se opusesse à sua participação no *Reichstag*, desde que se mantenham fora do conselho federal, o que parece que o deputado Von Payer tenha pretendido fazer inicialmente. Isso provavelmente aconteceria se o Artigo 9 continuasse existindo. Pois os políticos do *Reichstag* nomeados ao cargo de secretário de Estado já não poderiam renunciar à sua posição dentro dos seus partidos no *Reichstag*, pois precisam ter por trás de si o contrapeso necessário para enfrentar os apoiadores parlamentares do Chanceler do *Reich* e os plenipotenciários do conselho federal nos parlamentos dos Estados individuais, principalmente na Dieta prussiana. Pois, caso contrário, aconteceria com eles o mesmo que aconteceu aos deputados Schiffer e Spahn[67]. O *Reichstag* ocuparia, portanto, os cargos de Secretário de Estado fora do conselho federal com os seus homens de confiança, que seriam solidários diante deste conselho. A pressão dos partidos no *Reichstag* sobre o governo do *Reich* não ficaria mais fraca, mas apenas tomaria o rumo, em virtude da exclusão dos secretários de Estado do conselho federal, de uma relação de *desconfiança*, e qualquer influência legítima dos membros do governo com voto no conselho federal sobre os partidos do *Reichstag* seria eliminada. Os secretários de Estado que, como membros do *Reichstag*, *não* fariam parte do conselho federal, estariam juridicamente subordinados ao Chanceler do *Reich* e seriam apenas os seus "representantes". Mas politicamente seriam homens de confiança do *Reichstag*. E, por isso, o Chanceler do *Reich*, como homem de confiança da Dieta prussiana, querendo ou não, teria que contar, deliberar e pactuar com eles com poderes políticos independentes, pois de outro modo o seu governo perderia o apoio dos respectivos partidos no *Reichstag*. A Constituição do *Reich* não conhece um "ministério do *Reich*" colegial, tanto quanto a linguagem jurídica oficial inglesa conhece o "gabinete". Mas a Constituição do *Reich* não proíbe, de modo algum, a reunião de fato do Chanceler do *Reich* com os Secretários de Estado para deliberações colegiais. E um colégio desse tipo desenvolver-se-ia, sem dúvida, a partir daquela situação e tomaria em suas mãos o poder do governo. Nele, os Secretários de Estado representariam o *Reichstag* e o Chanceler do *Reich*, a Dieta prussiana, e ambos os lados dependeriam de acordos. O conselho federal enfrentaria esse colégio como um poder

---

67. Ambos perderam o apoio de seus partidos quando se tornaram ministros. Eis um exemplo do Artigo 9, sentença 2.

político existente *fora* dele e seria por um lado dominado pela maioria prussiana, e por outro, condenado à insignificância. A influência federalista dos Estados *não* prussianos estaria eliminada.

Pelo contrário, no caso da abolição da proibição do Artigo 9, sentença 2, uma parlamentarização do conselho federal ocorreria provavelmente de forma distinta. Via de regra, o Chanceler do *Reich*, e sempre uma parte dos Secretários do Estado, seriam provenientes do *Reichstag* e manteriam os seus mandatos. Formalmente, fariam parte do conselho federal como plenipotenciários prussianos, politicamente, como homens de confiança do *Reichstag*. Outra parte dos Secretários de Estado, e ocasionalmente talvez até o Chanceler do *Reich*, seriam parlamentares prussianos. Os demais Estados individuais mandariam ao conselho federal representantes dos seus parlamentos, e desde que tivessem uma maioria de votos, talvez até deputados do *Reichstag*, mas de preferência parlamentares próprios que ao mesmo tempo fossem membros do *Reichstag*. Sem dúvida, os parlamentos extraprussianos veriam com ciúme crescente a representação no conselho federal predominantemente nas mãos de seus próprios membros[J].

....

J. Até por isso não há nenhum perigo, no caso de uma parlamentarização completa e da abolição do Artigo 9, sentença 2, de que aquele espectro vencido pela Prússia nas votações possa se tornar real, mediante a delegação de líderes de partidos de alguns Estados minúsculos. Como essa objeção é pouco refletida, é fato que se revela ao considerarmos que o resultado temido, o estabelecimento dos partidos no *Bundesrat*, hoje já *é, de qualquer maneira, possível*. Do mesmo modo que os conservadores ameaçavam, no tempo de Caprivi, delegar o príncipe Bismarck ao *Bundesrat* pelo Estado de Mecklenburg-Strelitz, hoje em dia qualquer governo de um Estado individual pode mandar ao *Bundesrat* qualquer líder de partido de um Estado individual, sem que a Constituição faça alguma objeção – a Baviera, por exemplo, poderia enviar um membro do Partido do Centro bávaro em oposição a um chanceler do *Reich* liberal, ou *Reuß* (linha menor), poderia enviar um social-democrata. No caso da realização de uma parlamentarização do *Bundesrat* segundo diretrizes "particularizantes", com manutenção do Artigo 9, sentença 2, algo semelhante inevitavelmente aconteceria em alguma extensão.

Teríamos, portanto, caso continue em vigor o Artigo 9, sentença 2, a situação na qual se enfrentariam no conselho federal representantes de partidos inimigos vindos dos parlamentos de Estados individuais que ao mesmo tempo teriam que defender os interesses *particularistas* destes. A abolição da barreira do Artigo 9 possibilitaria, pelo contrário, precisamente a moderação daquela particularização pela influência da união do *Reich* sobre o conselho federal. Pois se no conselho federal, em vez de existirem exclusivamente parlamentos de Estados individuais, existissem *também* pelo menos representantes dos partidos do *Reichstag*, a união destes partidos através do *Reich* seria capaz de equilibrar estas diferenças em grande parte *dentro* do âmago do partido.

Em todo caso, está no interesse tanto dos Estados individuais quanto do *Reich* que os representantes dos três grupos de poder – governo imperial e *Reichstag*, governo real prussiano e Dieta prussiana, príncipes da federação e Dietas dos Estados menores – procurem equilibrar as suas forças *dentro* do conselho federal, o que será possível apenas se entrarem nele os funcionários supremos parlamentarizados do *Reich*. Nesse caso, a corrente da parlamentarização é dirigida ao leito da união do *Reich* e, ao mesmo, tempo, está garantida a influência viva dos Estados individuais sobre o andamento das atividades do *Reich*. *Pois não é verdade* que o que se dá ao *Reich* será, por isso, tirado dos Estados individuais. O que importa mais é com que peso os Estados individuais fazem-se valer dentro do *Reich*. E precisamente esse peso apenas pode aumentar através de uma parlamentarização adequadamente dirigida. Num discurso famoso, Bismarck aconselhou a não subestimar o conselho federal e ressaltou que nele, por exemplo, o enviado saxônio não conta como indivíduo, mas sim como resultante e representante de "todas as forças políticas" da Saxônia. No entanto, sob um sistema de domínio do funcionalismo pode-se apenas entender por essas "forças" a corte e a burocracia. Mas precisamente nessa situação, a parlamentarização criaria mudanças. Num conselho federal parlamentarizado, não se passaria, sem mais nem menos, por cima da declaração de um representante, por exemplo, da maioria forte e provavelmente permanente do parlamento bávaro, para continuar na ordem do dia, mas sim, antes de apelar à *ultima ratio* da votação, procurar-se-ia um acordo, porque seria desprezado o partido que procederia com falta de consideração. Mas esse acordo, em virtude da sua própria natureza, seria preparado no âmago dos grandes partidos universalmente divulgados. Já nas décadas passadas, o Partido do Centro conseguiu repetidas vezes, em suas discussões internas, conciliar os interesses do *Reich* e os de Estados individuais, e também em outros partidos aconteceram coisas semelhantes. Precisamente isso seria dificultado se a parlamentarização, pela conservação do Artigo 9, sentença 2, tomasse o rumo do desenvolvimento de uma "Prússia extensa", ficando assim os representantes dos outros governos parlamentarizados obrigados a tomar o rumo particularista, com o lema "o máximo de liberdade *do Reich*", isto é, da "Prússia extensa". Deveríamos considerar bem essa consequência.

É claro que toda essa exposição do *possível* efeito futuro da conservação ou abolição daquela barreira do Artigo 9, sentença 2, opera deliberadamente com o pressuposto ainda não dado que de fato haverá uma parlamentarização completa tanto no *Reich* quanto nos Estados individuais – pressuposto cuja realização é bastante insegura. A intenção é, por agora, apenas a de mostrar que mesmo com a realização plena do sistema parlamentar, no sentido de um governo responsável dos *partidos*, o federalismo da constituição do *Reich* não apenas poderia se impor, mas que apenas nessas condições poderia se impor plenamente. Parece claro que a situação aqui suposta de uma parlamentarização plena e a fundo de todos os Estados individuais e do próprio *Reich* não pode ser alcançada, de modo algum, num único passo. E toda a construção não corresponde à situação atual no sentido de pressupor uma modificação de estrutura interna dos partidos, que na sua condição atual, sem mais nem menos, não seriam capazes de governar. Mas temos que entender claramente que todo passo no caminho da parlamentarização pode levar *ou* rumo a uma solução a favor de uma "Prússia extensa" *ou* rumo à solução autenticamente federalista. E nessa questão, como esperamos ter mostrado, a modesta última sentença do Artigo 9 desempenha um papel bastante importante. Por isso deve-se ter bem claro, já nos primeiros passos, qual das duas soluções será apoiada por eles.

Cabe ainda discutir a questão de se uma parlamentarização do conselho federal implicaria aquela *"mediatização da Prússia"* que constitui um dos argumentos dos adversários de um desenvolvimento da liberdade na Alemanha, alternadamente com o do perigo aos fundamentos federalistas do *Reich*. Já se foram os tempos nos quais se falava de uma "absorção da Prússia pela Alemanha". No entanto, é certo que a transição ao sufrágio igual, se acontecer, apenas se dará sob uma forte pressão por parte do *Reich*. E é correto, além disso, segundo a convicção aqui exposta, se essa pressão não for suficiente, que seria uma necessidade política inevitável a intervenção direta do *Reich* mediante uma lei de emergência sob a forma de uma emenda constitucional temporária. Mas o que está em jogo é algo bem diferente de uma "mediatização da Prússia". Para poder exercer a *liderança* no *Reich*, o governo prussiano tem que criar para si *uma base interna* adequadamente *ampla*, do mesmo modo que todo Estado tem que adaptar a sua estrutura interna às exigências da sua política externa. Essa necessidade da *adaptação ao papel de líder* é o sentido no qual a reforma eleitoral prussiana realmente é preeminentemente uma questão alemã, e não apenas prussiana. Em todos os Estados federais do mundo vale o princípio de que certos elementos estruturais fundamentais dos Estados que são membros são considerados essenciais no interesse da federação e, portanto, assuntos federais, independentemente de uma vasta autonomia e de uma divisão de competências entre a federação e o Estado individual. Este, e *apenas* este, princípio da política federal aplica-se aqui ao Estado hegemônico da Prússia. De resto, é claro que as questões internas da Prússia dizem respeito exclusivamente a esse Estado, e de uma "mediatização" no sentido de uma intromissão de outros Estados da federação em assuntos internos da Prússia nem se pode falar hoje, nem se pôde falar no passado. Problemas surgem apenas quando se trata da relação entre a Prússia e a política do *Reich*. E esses problemas aparecem exclusivamente devido ao fato de que a Prússia, conforme exposto no início deste capítulo, ocupa dentro do *Reich* uma posição *privilegiada* em alto grau, o que pode se recapitular à base das prerrogativas ali enumeradas. Dessa posição privilegiada pode seguir para a Prússia, sob certas circunstâncias, o dever de aceitar certos privilégios odiosos. Assim, até agora, a admissão de secretários de Estado do *Reich* no seu ministério. Talvez o Estado prussiano parlamentarizado do futuro resistirá a isso. Mas mesmo assim continuará a necessidade de um equilíbrio entre o poder hegemônico e o poder do *Reichstag*. Também no futuro o *Reichskanzler* terá que ser um ministro prussiano e a instrução do voto presidencial não poderá orientar-se exclusivamente por constelações de partido prussianas internas, a não ser que haja conflitos graves com o *Reichstag*.

A efetiva situação política é hoje a de que a instrução do voto presidencial está sujeita a uma pressão dupla, por um lado da Prússia, e por outro do *Reichstag*, e que o Chanceler do *Reich* vê-se obrigado a prestar contas aos *dois* lados, e de fato o faz, a respeito dessas instruções, cujo único fórum formalmente é a Dieta prussiana. Em todo caso, a prática constitucional vinculativa interpretou a sua "responsabilidade" perante o *Reichstag* no sentido de que isso tenha que acontecer ali. E politicamente seria totalmente impossível o contrário. No futuro, a situação não pode ser diferente. Se em algum momento uma Dieta prussiana tivesse tentado, sistematicamente e *contra* o *Reichstag*, apoderar-se do controle sobre a instrução dos votos presidiais, *neste caso* teriam surgido condições que teriam obrigado a coroa e o Chanceler do *Reich* a interpretarem a constituição do *Reich* de fato ou explicitamente, passando por uma das instâncias prussianas, no sentido do princípio que: "A instrução do voto presidencial efetua-se sob a responsabilidade *exclusiva* do Chanceler do *Reich* perante o *Reichstag*." Isso não teria sido uma mediatização da Prússia, mas sim um rebaixamento da Prússia, que felizmente nunca foi provocado. Mas, sem dúvida, isso foi em parte consequência daquela tácita garantia mútua e, portanto, do sufrágio diferenciado de três classes e da *ausência* da parlamentarização. Como será a situação no futuro, se supusermos um crescimento do poder parlamentar no *Reich* e *também* na Prússia, além do regime do sufrágio igual tanto aqui quanto ali?

Sobre acordos entre o poder, apoiado no parlamento, dos votos prussianos no conselho federal e o poder do governo do *Reich*, apoiado no *Reichstag*, repousará também futuramente o curso da política do *Reich*, e isso precisamente quando houver uma parlamentarização completa. A questão é o grau de dificuldade com que esse acordo será estabelecido no caso de uma parlamentarização plena. De antemão, é claro que será mais fácil consegui-lo nessa situação do que, por exemplo, se a atual Dieta classista da Prússia tivesse usurpado o controle sobre os votos prussianos: isto teria tido consequências praticamente incalculáveis e as teria ainda mais no futuro. Em todas as circunstâncias, a composição do *Reichstag* e a da Dieta prussiana, no caso da implantação do sufrágio igual – desde que esta de fato aconteça, e não apenas aparentemente –, serão mais semelhantes futuramente. No entanto, é impossível dizer como ocorrerão em detalhes. Uma coisa parece certa: os conflitos entre os partidos dentro da Dieta prussiana seriam inicialmente mais acentuados que no *Reichstag*. Pois, fora da Prússia e de Mecklenburg, quase não há "conservadores" no sentido prussiano da palavra: fora da Rússia falta o contraste radical entre os latifundiários, por um lado, e o operariado e a burguesia, por outro. Faltam também, não totalmente, mas quase, a indústria pesada prussiana e o caráter dos partidos prussianos do centro, fortemente influenciado por esta, bem como a ala da indústria pesada no Partido do Centro. Não existe, além disso, o contraste nacional em relação aos poloneses. E, do mesmo modo, a ala mais radical da social-democracia, fora da Prússia, tem presença forte apenas na Saxônia. Ela está fortemente representada, na Prússia, precisamente na Dieta classista. Nos Estados do Sul da Alemanha, tendências antimonarquistas são infinitamente mais fracas. Portanto, no caso de um sufrágio igual, provavelmente seria mais fácil governar com o *Reichstag* do que com a Dieta prussiana, por mais que devamos esperar e (com um pouco de *paciência*) presenciar que ali a abolição definitiva dos privilégios eleitorais odiados amenizará a severidade dos contrastes. Mas enquanto este não for o caso, o *Reichstag* será provavelmente superior na área da política nacional. E isso mais ainda se, para agradar aos interessados, fosse porventura cometido o erro político de construir a câmara dos pares prussiana como uma espécie de superestrutura que represente os interessados nos privilégios eleitorais, acima de uma câmara dos interessados no sufrágio igual, e atribuir-lhe a mesma importância. Isso reanimaria a severidade dos contrastes sob a forma de tensões entre a primeira e a segunda câmara e alimentaria o radicalismo. Mas a posição da Dieta se tornaria ainda mais fraca se o sufrágio fosse construído formalmente igual, mas de fato privasse partes das camadas baixas do seu voto (mediante um censo que exige longa estadia). Por outro lado, não haveria permanentemente, com o regime do sufrágio igual, contrastes tão acentuados no caráter de um único partido quanto hoje os apresentam a fração nacional-liberal do *Reichstag* e a fração nacional-liberal prussiana.

No caso de uma parlamentarização completa, o acordo necessário a cada ocasião entre o *Reich* e a Prússia seria preparado, como é claro, dentro dos grandes *partidos* que o *Reich* e a Prússia têm em comum e, se for abolida a barreira do Artigo 9, sentença 2, chegariam formalmente à conclusão dentro do conselho federal. Mas sempre, mesmo com a parlamentarização implementada, desempenhariam um papel decisivo duas figuras que pertencem tanto à Prússia quanto ao *Reich*: o *imperador*, que ao mesmo tempo é o rei da Prússia, e o *Chanceler do Reich*, que ao mesmo tempo tem que ser o chefe dos portadores dos votos prussianos e membro do ministério prussiano, sendo via de regra o presidente dele.

Enquanto a estrutura interna da Alemanha não for completamente derrubada e reconstruída de forma unitária – e até agora nada indica isso –, a dinastia será tão indispensável ao *Reich*, por causa do dualismo entre o *Reich* e a Prússia, quanto o é, por razões completamente diversas, no império dualista austro-húngaro. Mesmo um imperador e rei puramente parlamentar terá em suas mãos um enorme poder efetivo como comandante-em-chefe do exército, isto é, do corpo de oficiais, como última instância decisiva na política externa e, por fim, como aquela instância na política interna que decide quando as instâncias do *Reich* e as prussianas não chegam a um acordo. E isso será assim particularmente se ele tornar seu dever a observação rigorosa das formas parlamentares, à maneira do monarca recém-falecido da dinastia Habsburgo, que era o homem mais poderoso do seu império, e se ele souber como este, ou melhor ainda como o rei Eduardo VII, tocar o instrumento do moderno mecanismo estatal sem que se perceba, em todas as ocasiões, o próprio artista entrando em ação. Não precisamos entrar aqui em mais detalhes. – Por outro lado, o que devemos desejar e esperar da parlamentarização é a diminuição das influências puramente *militares* na política, tanto na externa quanto na interna. Muitos dos fracassos políticos mais graves da Alemanha devem-se ao fato de que as instâncias militares influenciaram em grande escala decisões puramente políticas, ainda que a tática e estratégia política, como se sabe, tenha que trabalhar com recursos bem diferentes daqueles da tática e estratégia militar. Na área da política externa, um problema que para nós é de vital importância, a questão polonesa sofreu dessa maneira um prejuízo bastante preocupante^K. E, na política interna, os acontecimentos tristes no *Reichstag* sob o Chanceler Dr. Michaelis eram uma prova de como são mal aconselhadas as instâncias militares que se deixam atrelar à frente da carroça da política de partido, seguindo a antiga ideia de que o "nacional" e o Partido Conservador signifiquem a mesma coisa, ideia que se apresenta ao oficial devido à sua origem. Na área militar, nenhuma instância do mundo pode orgulhar-se de uma confiança tão profunda da nação quanto os comandantes supremos do nosso exército, e isto com razão. Mas que cuidem para que futuramente ninguém precise lhes dizer: "*O que vocês fizeram bem com a espada, depois estragaram patinando desnecessariamente pelo gelo da política.*"[68] É absolutamente necessário que em todos os assuntos políticos as autoridades militares estejam *subordi-*

K. Pois o erro estava inteiramente na exigência dos militares de criar um exército polonês (isto é, um corpo de oficiais) *antes* de ter sido esclarecida completamente, por meio de acordos fixos com uma instância legítima, a postura da Polônia em relação à Alemanha. Também correspondia a conceitos militares a ideia de que a aceitação de uma "troca de homenagens" mediante uma proclamação do monarca podia ser o caminho para se chegar a isso. Foi perfeitamente compreensível a maneira pela qual os poloneses reagiram a erros tão graves.

68. O marechal-de-campo Blüter teria dito em 1815, depois da Batalha de Waterloo: "Que as canetas dos diplomatas não voltem a arruinar aquilo que foi conquistado com tanto esforço pelas espadas dos exércitos." Em dezembro de 1917, Weber empregou essas palavras em um discurso que criticava o "Vaterlandspartei". No entanto, cometeu-se o erro de considerar que ele disse o oposto: "que a caneta restabeleça o que a espada arruinou". Weber cita sua própria resposta à crítica equivocada. Ver Weber "Schwert und Parteikampf", *Heidelberger Tageblatt*, 10 de dezembro de 1917, reeditado em Max Weber, *Gesamtausgabel*, vol. XV, pp. 399-400.

nadas à direção política, para cujas decisões políticas evidentemente contribui, com um peso considerável, a avaliação da situação militar por parte dos primeiros, mas essa nunca pode ser unicamente decisiva. *Esse* princípio era defendido por Bismarck rigorosamente através de lutas pesadas, e com razão.

Também no futuro, o *Chanceler* permanecerá o dirigente *político* do *Reich*, mantendo a sua posição central na interação das forças políticas. E isso, sem dúvida, de maneira semelhante à situação atual, como ministro *individual* preeminente em relação aos secretários dos Estados, *sem* ter colegas formalmente equivalentes. Certamente manterão uma vasta independência o ministro da Guerra, que já hoje não lhe é formalmente subordinado, e, sempre que o Chanceler do *Reich* não for de origem diplomática, o Secretário de Estado do Exterior. Particularmente se a parlamentarização for completamente implementada, não haverá lugar para um *Ministério do Reich*, com caráter de *colégio*. Pelo menos não se cair a barreira do Artigo 9, sentença 2. Este fato, contrário às antigas ideias prediletas dos liberais, deve-se ter bem claro. Pois não é nenhum acaso que por toda parte nos Estados parlamentares o desenvolvimento tenda a uma *elevação* da posição do chefe de gabinete. Assim como, evidentemente, na Inglaterra e na França. Na Rússia, a eliminação da autocracia fez surgir imediatamente, no seu tempo, o primeiro-ministro dirigente. Também na Prússia, como se sabe, o primeiro-ministro controla as exposições dos seus colegas dirigidas ao rei, e a respectiva disposição, suspensa temporariamente sob Caprivi, a pedido do rei, teve que ser restabelecida em seguida. No *Reich*, a posição especial e a preeminência do Chanceler resultam do fato de que a constituição atribui-lhe a direção do conselho federal e da sua posição inevitável no ministério prussiano, que para os secretários de Estado é apenas fortuita e conveniente, porém não indispensável. Um desenvolvimento dos secretários de Estado a poderes politicamente independentes perante o Chanceler do *Reich* seria certamente inevitável no caso da parlamentarização "particularizadora" (no caso da conservação do Artigo 9, sentença 2) porque nessas condições eles se tornariam homens de confiança dos partidos do *Reichstag*, em oposição ao Chanceler do *Reich* e ao conselho federal como portadores do poder dos parlamentos individuais. Nesse caso também haveria, sem dúvida, uma obrigação a pactuar, mas não existiria necessariamente – nem seria mais conveniente – um "colégio" votante. Em todo caso, o desejo de tê-lo baseia-se essencialmente na atual separação mecânica de conselho federal e parlamento e se tornaria obsoleto com a queda dessa barreira. Não há como negar que o surgimento de um colégio de ministros votantes fora do conselho federal seria capaz de superá-lo em importância e que, por isso, é preferível do ponto de vista federalista parlamentarizar o conselho federal para transferir a essa assembleia os acordos entre os diversos poderes sobre os quais o *Reich* repousa.

Seria desejável, sem dúvida, se o procedimento atual, antes de decisões politicamente importantes, que levem a uma luta de sátrapas entre as repartições, cedesse lugar a um sistema de discussão regular, entre colegas, de questões importantes entre o Chanceler do *Reich* e todos os Secretários de Estado[L]. Mas, ante aquelas preocupações federalistas, uma debilitação da responsabilidade geral do Chanceler do *Reich* e da sua posição especial é improvável e dificilmente seria útil. No entanto, precisamente do ponto de vista federalista caberia perguntar se no *Reich* não deveria ser criada uma instância colegial que pudesse *deliberar previamente* decisões importantes da política do *Reich*, com a presença dos represen-

....
L. E, ainda por cima, uma luta com demagogia na imprensa, de uns contra os outros, tal como a presenciamos a partir do início de 1916 e depois, outra vez, em 1917 e no início de 1918. Os acontecimentos daquele tempo revelaram a todo o mundo que "demagogia" do pior tipo, o domínio da plebe do sicofantismo, pode ser encontrada mesmo onde a democracia não existe, ou até precisamente em consequência da ausência de uma democracia ordenada.

tantes dos fatores de poder mais importantes da política interna e dos chefes administrativos tecnicamente informados. Os discursos públicos dos líderes do partido no *Reichstag* são declarações oficiais do partido ao país que apenas acontecem depois de o partido dar a sua opinião. As deliberações decisivas dos partidos e as eventuais negociações entre os partidos realizam-se sem a participação dos representantes dos Estados individuais. Por fim, as deliberações na assembleia geral do conselho federal, uma corporação cuja função são votações, são sem importância e, no fundo, apenas servem para matar o tempo. É desejável que, antes de chegar a decisões importantes, estadistas experientes possam expressar livremente a sua opinião *pessoal*, sem que isso influencie as decisões formais definitivas das instâncias individuais e sem ter que considerar os efeitos públicos no país. Já deparamos com esse problema repetidas vezes e agora nos limitaremos a perguntar: a que organizações já existentes ou a serem criadas poderia ser atrelada uma estrutura desse tipo? E teríamos que considerar apenas uma ou talvez várias paralelamente?

A guerra criou os seguintes novos órgãos consultivos: 1. o Comitê Central (*Hauptausschuß*), que era a Comissão Orçamentária aperfeiçoada do *Reichstag*; 2. o Comitê dos Sete, em seu tempo convocado pelo governo, mas composto de representantes dos grandes partidos; 3. a "Comissão Interpartidária", cujos participantes foram delegados, por ocasião das crises mais recentes, pelos partidos que construíram o caminho para o governo atual: o Partido Nacional Liberal, o Partido do Centro, os Liberais Independentes e os Sociais-Democratas. Já falamos das duas primeiras estruturas. O Comitê Central oficial do *Reichstag*, com seus futuros subcomitês, poderia ser encarregado, em tempos de paz, do *controle* constante *da administração*. Com o progresso da parlamentarização, as discussões interpartidárias entre aqueles partidos que, em dado momento, estejam apoiando o governo poderiam se desenvolver, sem dúvida, como um meio que sirva para manter o governo em contato com os partidos em questão. Elas são necessárias uma vez que o Artigo 9, segunda frase, proíbe que líderes de partido, como tais, sejam membros do governo, e se tornariam dispensáveis assim que eles pudessem fazer parte dele. De resto, a sua futura importância ou falta dela dependerão de circunstâncias ainda imprevisíveis. Entre outras coisas, seriam uma expressão do fato de que, no nosso tempo, os líderes notáveis *não* são encontrados nos partidos. Devemos exigir que, futuramente, ao haver uma mudança de Chanceler do *Reich* ou de um dos secretários de Estado, todos os líderes de partido *sejam pessoalmente ouvidos pelo monarca, e não apenas por seu sucessor ao trono*, e que não haja repetição do papel uma vez desempenhado pelo chefe do gabinete civil[M]. Mas não é possível determinar até que ponto os partidos parlamentares se reunirão em assembleias consultivas, e estas, certamente, não podem adquirir um caráter "oficial". Resta o "Comitê dos Sete", que atualmente está de fato adormecido e, na verdade, deve sua existência apenas à circunstância de que o Chanceler Dr. Michaelis assumiu o cargo *sem* um acordo prévio com os partidos e manifestou-se de forma ambígua, de modo que os partidos exigiram uma espécie de instância de vigilância para sua conduta em relação à questão da paz. Já falamos da forma inadequada que foi dada a esse comitê naquela época. Ele se tornaria completamente desnecessário se os líderes partidários fizessem parte do *Bundesrat*. A questão, portanto, sempre chega ao mesmo ponto, o da "parlamentarização" do *Bundesrat*, no sentido de poderem participar dele, como plenipotenciários, os líderes dos partidos do *Reichstag* que, em dado momento, estejam apoiando o governo, bem como os líderes dos parlamentos dos

---

M. No entanto, se esse funcionário for acusado de ter sistematicamente impedido o livre acesso ao monarca, então a "era Stumm" e o "discurso da prisão" poderiam nos ensinar *quais círculos* se beneficiaram desse "livre acesso" e da influência *irresponsável* sobre o monarca. Apenas *estadistas* responsáveis e *líderes de partido* responsáveis (todos eles!) deveriam ter a atenção do monarca.

grandes Estados. Mas o próprio *Bundesrat* deve tornar possível o surgimento de organismos, apoiados em um ou em vários de seus comitês, que realizem debates preliminares acerca de questões políticas importantes, à maneira de um conselho de Estado do *Reich*, com os chefes militares e administrativos. Seria desejável que isso, caso ocorresse, pudesse se estabelecer como um *Conselho da Coroa*, isto é, na presença do *Kaiser* e, pelo menos, daqueles príncipes da federação que mantiveram a soberania sobre seu contingente de tropas (ou seja, controle sobre a nomeação de oficiais e um ministério de Guerra próprio). Já falamos da competência mínima: deliberação prévia sobre a conveniência da *publicação* das declarações do monarca, particularmente de todas aquelas que afetam a política externa. No "Comitê para Assuntos Exteriores do *Bundesrat*" já está condicionalmente prevista a representação dos Estados médios; a nova estrutura poderia ser vinculada, conforme já foi sugerido, à reestruturação desse comitê. Mas, em todo caso, se fosse eliminado o Artigo 9, segunda frase, a criação da nova estrutura poderia realizar-se sem nenhuma modificação da Constituição. Nas novas normas legais, a única disposição requerida seria a de que, sob pena de punição, a partir desse momento as publicações daquela natureza apenas seriam admissíveis *após* terem sido referendadas e, além disso, que a referenda apenas é realizada, em tais casos, após uma consulta ao Conselho de Estado, a ser formado no *Bundesrat*.

A parlamentarização, em conexão com as entidades consultivas desse tipo, a serem desenvolvidas a partir do *Bundesrat* e organizadas de forma adequada, dá, portanto, ao federalismo tudo de que este precisa: em vez da mera liberdade *do Reich*, ela garante a influência *no Reich*. Um renascimento das antigas tendências unitárias não seria, de modo algum, desejável. Os ideais de Treitschke ficaram para trás há muito tempo. Ao contrário dele, nós consideramos hoje a persistência das dinastias individuais não apenas útil do ponto de vista da política nacional, mas também a desejamos por razões gerais de ordem político-cultural. O fomento, sobretudo, à cultura artística[N] nos numerosos centros históricos da vida cultural alemã, cuja existência a distingue da França, *pode* estar em mãos muito mais hábeis se, como atualmente é o caso, os governantes das numerosas pequenas capitais sejam as dinastias que têm ali suas raízes, em vez de haver em todas elas um prefeito nomeado pela central. No entanto, não se pode negar que, na maioria das cortes principescas alemãs, a educação puramente militar – resultado do desejo dos príncipes, sem valor do ponto de vista da política nacional, de ocupar como general a posição de um inspetor militar – atua contra essa função político-natural. E apenas uma minoria entre eles tem um gosto refinado. Por mais desejável que seja a informação e a educação em moldes militares dos jovens das dinastias, a importância exclusiva que se lhes atribui atualmente nada mais cria além de constrangimento em situações críticas. Príncipes que, com raras exceções (o príncipe Friedrich Carl é uma delas), têm pouco talento como comandantes supremos nominais de exércitos perdem tempo e limitam inutilmente a liberdade de ação do comandante efetivo, tornando-se perigosos quando levam a sério seus direitos formais. Um príncipe com talento e interesse militar genuínos, porém, deveria ocupar um cargo correspondente à sua idade e às suas verdadeiras habilidades. Esperemos que haja futuramente uma mudança quanto a isso, como aquela iniciada na Áustria pelo falecido príncipe herdeiro. Mas, de qualquer forma, existe, ao menos, a possibilidade dessa realização político-cultural, possibilidade esta que, em muitos casos, tornou-se realidade. Com o progresso da parlamentarização, o interesse das dinastias seguiria,

----

N. Para a ciência, pelo contrário, pode-se esperar tão pouco da intervenção dos monarcas quanto do envolvimento do parlamento. Quando houve a intervenção pessoal de monarcas na ocupação de cargos acadêmicos, quase sempre foram beneficiadas apenas pessoas medíocres.

sem dúvida, nesta direção. De resto, tendo em conta a fragmentação do sistema partidário na Alemanha, a existência de uma elite dinástica nos Estados individuais, situada acima das lutas entre os partidos, é valiosa por razões similares – ainda que menos forçosas – às que determinam a relação entre a Prússia e o *Reich*.

Portanto, até quem coloca a nação alemã e o seu futuro no mundo muito acima de todas as questões da forma do Estado não vai querer tocar na existência das dinastias, mesmo que essa fosse uma ideia em pauta. Mas ele certamente terá que exigir que o caminho para uma reestruturação da Alemanha não seja obstruído por reminiscências estéreis e sentimentais dos hábitos governamentais do antigo regime nem pela busca teórica de uma forma especificamente "alemã" de Estado. Sem dúvida, o parlamentarismo alemão terá forma diferente do parlamentarismo presente em qualquer outro país. Mas a vaidade dos intelectuais, cuja principal preocupação é que o Estado alemão *não* se pareça com os outros Estados parlamentares do mundo, o que inclui quase todos os povos germânicos[o], não corresponde à seriedade das nossas tarefas futuras. Pois são estas, e apenas estas, que devem decidir sobre a forma do Estado. A pátria não jaz como múmia nos túmulos de nossos antepassados, mas deve, sim, viver como a terra de *nossos descendentes*.

A forma pela qual o poder parlamentar será realmente distribuído no futuro dependerá da posição em que aparecerão *personalidades políticas com qualidades de liderança* e do papel que desempenharão. É indiscutivelmente necessário ter, sobretudo, paciência e poder esperar até que sejam superadas as inevitáveis dificuldades iniciais. Até agora, simplesmente não houve lugar nos parlamentos para líderes natos. A excla-

---

[o]. Pois se este texto refere-se repetidas vezes à Inglaterra (em vez de a um daqueles outros Estados), é apenas para nem sequer fazer essa concessão ao ódio estúpido da "rua".

mação de júbilo "evidentemente, a nação ainda não está madura para isso" é o prazer estéril e barato, produzido pelo ressentimento dos literatos acadêmicos contra todos os seres humanos que não tenham sido por eles examinados, que alegram-se a cada passo em falso que é dado, e outros serão dados, pelo sistema parlamentar, que volta paulatinamente a funcionar após trinta anos de interrupção. Ainda presenciaremos esse comportamento muitas vezes e sobre isso deveremos responder o seguinte: é *politicamente desonesto* 1. quem recusa aos parlamentos alemães o instrumento de poder para obter o conhecimento dos fatos e de ter acesso ao conhecimento específico necessário, isto é, o *direito de sindicância*, e ainda por cima reclama do "diletantismo" e do trabalho mal desenvolvido por esses mesmos parlamentos, ou quem 2. critica a política puramente "negativa" dos parlamentos, barrando-lhes, porém, o caminho que leva os líderes natos a um poder responsável e a um trabalho positivo, como apoio de seus seguidores parlamentares. E no que se refere à "maturidade" política, os atuais literatos alemães são realmente os últimos que podem avaliá-la. Participaram, aplaudindo, de *quase todos os erros* da política alemã antes da guerra e de toda a falta de visão alimentada durante o conflito por uma demagogia irresponsável. *Onde eles estavam quando foram cometidos os graves erros do antigo regime?* – erros tão evidentemente graves que, como se pode lembrar, os delegados *conservadores* da Prússia dirigiram-se juntos e publicamente ao monarca, pedindo-lhe que conduzisse a política de acordo com as recomendações dos conselheiros nomeados por ele. *Aquele* era o momento adequado: todos podiam ver o que acontecia e onde estavam os erros. Todos estavam de acordo, sem diferenças de opinião entre os partidos. *Onde estavam eles então?* Naquele momento, uma declaração pública de alguns milhares de professores acadêmicos teria sido apropriada e, sem dúvida, impressionante e de acordo com as antigas tradições. Certamente é muito mais fácil para prebendeiros do Estado repreender os partidos do *Reichstag*, como acontece atualmente. Todos esses senhores mantiveram-se calados naquele tempo. Pois que tenham a gentileza de se manterem calados também no futuro: "Não tocarás mais, desça do campanário." Outras camadas da sociedade terão que tomar para si a responsabilidade de cuidar do futuro político da Alemanha. O diploma ou o título de professor de física ou de biologia, ou de qualquer outra disciplina científica, não proporcionam nenhuma qualificação política e muito menos garantem o caráter político. E ali onde intervém o medo pelo prestígio da própria camada social, qual seja, a dos homens diplomados – e é isto que está atrás de todo o clamor contra a "democracia" e o "diletantismo do parlamento" –, essa parcela da sociedade foi e será eternamente cega, guiada por seus instintos em vez de considerações objetivas, e isso será sempre assim, em nosso país, em sua grande maioria.

Se o antigo regime voltar após a guerra – a parlamentarização não vem por si só, ela exige a *boa vontade* de todos –, poderemos enterrar a esperança de que a atitude dos alemães pelo mundo afora possa mudar, atitude essa frequentemente criticada. Pois o orgulho nacional está em função da medida em que os membros de uma nação, pelo menos potencialmente, participem ativamente na política de seu país.

Que o alemão, quando no exterior, desprovido do invólucro (*Gehäuse*) do paternalismo burocrático, perca quase sempre toda a sua orientação e o sentimento de segurança – em consequência de estar acostumado a sentir-se em seu país apenas como objeto e não como representante da ordem que determina sua vida –, precisamente esse fato condiciona aquele comportamento inseguro, tímido, que é a fonte decisiva de sua bastante criticada "xenofilia". E sua "imaturidade" política, na medida em que realmente exista, é resultado do domínio incontrolado do funcionalismo e do hábito dos dominados de se sujeitarem a esse domínio sem participação própria na responsabilidade e, consequentemente, sem interesse nas condições e procedimentos do trabalho dos funcionários públicos. *Apenas um povo politicamente maduro* é um "povo de senhores" (*Herrenvolk*), isto é, um povo que tem nas próprias mãos o controle da administração dos seus interesses e que participa de maneira decisiva, por meio de seus representantes eleitos, na seleção de seus líderes políticos. A nação perdeu essa chance pela maneira como reagiu à grandeza de Bismarck como líder político. Uma vez que o parlamento é arruinado, ele não pode ser restaurado de um dia para o outro, nem mesmo por alguns parágrafos novos na Constituição. Evidentemente, é inimaginável que algum parágrafo que, por exemplo, vincularia a nomeação e a demissão do Chanceler do *Reich* a um voto parlamentar, possa de repente criar "líderes" a partir do nada, líderes cuja exclusão do parlamento, durante décadas, foi resultado da impotência deste. Mas o que pode ser criado são as *condições prévias* de organização indispensáveis para tê-los, e de fato tudo depende agora disso.

Apenas povos de senhores são chamados a intervir no mecanismo de desenvolvimento do mundo. Se povos que não possuem essa qualidade tentam fazê-lo, não apenas se levantará contra eles o instinto de proteção das demais nações, como fracassarão também internamente nessa tentativa. Por um "povo de senhores" não entendemos aquela expressão feia de *parvenu* no rosto de pessoas cujo sentimento de dignidade nacional lhes permita, e também à sua nação, aprender de um desertor inglês, como o senhor H. St. Chamberlain, o que é o "germanismo"[69]. Certamente, uma nação que produzisse *nada mais* que bons funcionários públicos, admiráveis funcionários de escritório, comerciantes honestos, inte-

---

69. Houston Stewart Chamberlain (1855-1927), escritor inglês expatriado e propagandista de um nacionalismo pan-germânico fundamentado em bases raciais. Seu *Die Grundlagen des 19-Jahrhunderts* (*Os fundamentos do século XIX*), de 1889, e suas demais obras foram amplamente discutidos na Alemanha.

lectuais e técnicos competentes e servidores fiéis, mas que de resto suportasse pacientemente o domínio descontrolado do funcionalismo, disfarçado por grandes *slogans* pseudomonarquistas, essa nação não teria *nenhum* povo soberano e faria melhor em cuidar dos seus negócios cotidianos, em vez de ter a vaidade de se preocupar com o destino do mundo. Se a situação anteriore retornar, *que ninguém mais nos fale de "política internacional"*. E literatos que tenham sucumbido ao *palavrório dos conservadores* esperarão em vão que os alemães desenvolvam no exterior um genuíno sentimento de dignidade se dentro de seu país eles continuarem a ser exclusivamente um campo de ação para o domínio puro do funcionalismo, por mais competente que este seja tecnicamente, e até tolerarem que certos cultos e satisfeitos prebendeiros discutam se a nação encontra-se suficientemente "madura" para esta ou aquela forma de governo.

A *"vontade de impotência"* dentro do país, pregada pelos literatos, é incompatível com a "vontade de poder" no mundo, que se manifestou de maneira tão ruidosa. Se a nação se sente madura para assumir a responsabilidade que um povo de setenta milhões tem em relação a seus descendentes é uma questão que será respondida no mesmo sentido e no mesmo momento em que é colocada a questão da reestruturação interna da Alemanha. Se a nação não ousar uma coisa, poderá então rejeitar também a outra, pois politicamente não levaria a nada. *Nesse caso*, esta guerra, que é a luta pela participação de *nossa* nação na responsabilidade pelo futuro do mundo, teria sido então "sem sentido" e um mero massacre, e o seria igualmente qualquer futura guerra alemã. Teríamos que buscar nossas tarefas em outra parte e nos "reorientar" *neste* sentido.

Sem dúvida, o esnobismo típico de muitos literatos (até de literatos bastante inteligentes) considera infinitamente secundários os sérios problemas da reforma parlamentar e partidária, chamando-os de "questões técnicas efêmeras", em comparação a todo tipo de especulações sobre as "ideias de 1914" ou sobre o "verdadeiro socialismo" e assuntos similares, pelos quais eles se interessam. Bem, uma "questão efêmera" que se resolverá em breve é a do fim da guerra. Quem quer que seja o vencedor, a reestruturação da ordem econômica seguirá seu próprio curso. Para isso não será necessária nem a vitória alemã nem uma nova ordem política liberal do *Reich*. Sem dúvida, um político nacional também observará aquelas tendências de desenvolvimento universais que, futuramente, dominarão a organização externa do destino das massas. Mas do mesmo modo que, como político, interessa-lhe o destino político de *seu* povo (em relação ao qual aquelas tendências de desenvolvimento universais são completamente indiferentes), ele contará, para novas estruturações políticas, com as próximas duas ou três gerações, a saber, aquelas que decidem o que será do *seu* povo. Se proceder de outra maneira, ele não será um político, mas um literato. Neste caso, que ele se interesse, então, pelas verdades eternas e que fique com seus livros, mas que não apareça na arena onde se luta para resolver os problemas do presente. Nela, a batalha é para determinar se *nossa* nação pode tomar parte, de modo decisivo, daquele processo universal. A esta tarefa deve se adaptar a estrutura interna da nação, o que inclui a política. A antiga não era apropriada para isso, mas apenas para uma *administração* tecnicamente boa e para um desempenho *militar* excelente. Que este seja suficiente para uma política puramente *defensiva*, mas não para tarefas políticas universais – isto o destino terrível que caiu sobre nós pôde nos ensinar.

O socialismo

Senhores!

Como esta é a primeira vez[1] em que tenho a honra de falar ao corpo de oficiais do Exército Real e Imperial da Áustria-Hungria[2], os senhores devem entender que, para mim, esta é uma situação um pouco constrangedora. Principalmente porque desconheço, por completo, os pré-requisitos, isto é, as condições internas de funcionamento do seu exército, pré-requisitos que, entre outras coisas, são decisivos para qualquer influência que o corpo oficial possa exercer sobre as tropas. Evidentemente, o oficial da reserva e da milícia é sempre um diletante, não apenas porque lhe falta a preparação científico-militar, mas também porque não está em contato constante com todo o sistema nervoso interno do empreendimento militar. Não obstante, tendo passado repetidas vezes, ao longo dos anos, algum tempo no exército alemão nos mais diversos

---

1. *Der Sozialismus* foi publicado como um panfleto em Viena, em 1918, e passou a ser utilizado em palestras em junho do mesmo ano, quando Weber falou aos oficiais do exército austro-húngaro, a convite do órgão austríaco "Feindespropaganda-Abwehrstelle" [Departamento de Defesa contra a Propaganda Inimiga]. Após a Revolução Russa de 1917, havia um temor generalizado, particularmente na Europa central, de que explodissem outras revoluções semelhantes no continente, por isso o tema escolhido por Weber.

2. Weber usa repetidamente a abreviação padrão "k. u. k. Armee" para "königliche und kaiserliche Armee" da Áustria. Aqui, em favor da simplicidade, será empregado "Exército Austríaco".

locais, acredito ter experiência suficiente com o tipo de relacionamento entre oficiais, suboficiais e as tropas para, pelo menos, poder dizer que esta ou aquela forma de exercer influência é *possível*, esta ou aquela forma é difícil ou impossível. Mas é óbvio que não tenho nenhuma ideia sobre essas coisas em relação ao exército austríaco. Se tenho alguma ideia das condições internas desse exército, ela se refere às imensas dificuldades práticas (*sachlichen*) que já devem resultar das condições linguísticas[3]. Oficiais do exército austríaco já tentaram várias vezes me explicar como conseguem, sem realmente conhecer o idioma da tropa, manter com esta aquele contato que é necessário para exercer alguma influência que vá além das instruções de serviço. De minha parte, posso falar apenas com base na visão alemã e, se me permitem, inicio com algumas observações sobre a maneira pela qual essa influência se realizou em nosso exército.

Faço essas observações olhando a situação da perspectiva de um sapo, isto é, de baixo para cima. Em minhas viagens pela Alemanha, temporariamente frequentes, adquiri por princípio o hábito de viajar na terceira classe, desde que não se tratasse de viagens muito longas e eu não tivesse que enfrentar, no meu destino, uma atividade muito cansativa. Dessa maneira encontrei, no decorrer do tempo, centenas de pessoas que retornavam do *front* ou se deslocavam para lá, e isto exatamente na época em que começava em nosso país aquilo que se chamou de trabalho de esclarecimento[4] por intermédio dos oficiais. Nestes momentos, sem procurar algum pretexto para interrogar as pessoas ou induzi-las a falar, cheguei a ouvir por parte delas observações muito variadas a respeito do assunto. Tratava-se quase sempre de pessoas muito confiáveis,

....
3. O Império Austro-Húngaro abrangia diversas nacionalidades e, portanto, diversos idiomas.

4. Aqui, o termo *Aufklärungsarbeit* é um eufemismo para "propaganda política".

para as quais a autoridade do oficial tinha a firmeza de uma rocha, e raramente de pessoas que adotassem uma atitude diferente. A situação era sempre a seguinte: reconhecia-se logo a grande dificuldade de todo trabalho de esclarecimento. Um fato, em particular, era claro: assim que as pessoas, de alguma maneira, suspeitavam de que se tratava de política *partidária*, e de que se pretendia promovê-la, direta ou indiretamente, não importando sua tendência, grande parte delas reagia com desconfiança. Quando estavam em casa, de licença, essas pessoas ficavam em contato com membros do seu partido e, naturalmente, tornava-se difícil manter com eles um genuíno relacionamento de confiança. Havia também outra grande dificuldade. Embora reconhecessem incondicionalmente o saber militar do oficial (nunca observei algo diferente: por mais que se reclamasse ocasionalmente na Alemanha ora do Estado-Maior, ora de alguma outra coisa, nunca se chegou a duvidar, por princípio, da autoridade militar), também havia um sentimento bastante distinto: "Quando somos instruídos por oficiais a respeito da forma como conduzimos nossas vidas privadas e as consequências a partir disso, não se pode esquecer do fato de que o corpo de oficiais pertence a outra camada social, diferente da nossa, e, apesar de qualquer boa vontade, jamais lhes será possível imaginar-se completamente em nossa situação, como se fossem um de nós, que estamos atrás da máquina ou do arado." Essa opinião manifestava-se repetidamente em uma série de observações, por vezes ingênuas, e tive a impressão de que uma forma equivocada de esclarecimento poderia prejudicar a autoridade do oficial, até mesmo em assuntos militares, onde ainda permanece sólida, pois as pessoas não reconhecem necessariamente sua autoridade nas áreas em que afirmam dominar. E há outro erro, cometido não agora, mas frequentemente no passado, em confrontações com o socialismo. Por boas razões abandonou-se há muito tempo uma prática que existia antes nos partidos adversários da social-democracia, a saber, dizer aos trabalhadores, a respeito dos funcionários do partido e do sindicato: "Estas são de fato as pessoas que vivem literalmente do dinheiro dos trabalhadores, muito mais do que os empresários".[5] Pois evidentemente todo trabalhador responde: "É claro que vivem do meu dinheiro. Eu os pago. Justamente por isso são confiáveis, pois dependem de mim e sei que eles têm que defender os meus interesses. Ninguém vai me convencer do contrário. Isso me vale o pouco que pago." Com toda razão, deixou-se de tentar desacreditar daquela maneira a camada de intelectuais, que agora está por toda parte, criando os lemas, os *slogans* e – podemos dizê-lo abertamente – as palavras ocas com que todos os partidos trabalham, sem exceção, até os da esquerda e a social-democracia. Considero particularmente positivo o fato de que a Alemanha estabeleceu um bom relacionamento com os sindicatos[6]. De resto, pode-se pensar o que quiser dos sindicatos. Eles também cometem tolices. Mesmo assim, adotar essa postura em relação a eles foi prudente, em particular do ponto de vista militar, pois eles, afinal, representam algo que também é próprio das corporações militares. Pode-se pensar o que quiser da greve. Quase sempre é uma luta por interesses, por salários, mas também por coisas ideais (*ideelle*), por honra, como a entendem os trabalhadores (e cada um afirma .... o que é que exatamente entende, cada um reclama que ele próprio o sabe). O sentimento de honra, de camaradagem entre companheiros[7] numa fábrica ou no mesmo

....
5. Em 16 de março de 1904, Pauli, representante do Partido Conservador, acusou os sociais-democratas no *Reichstag* de encher os próprios bolsos com *Arbeitergroschen*: "O único interesse dos senhores é viver do dinheiro dos trabalhadores."

6. Weber se refere a um acordo a respeito da legislação que instituiu o reconhecimento formal do poder dos sindicatos pelo governo alemão, no final de 1916.

7. Em alemão, há duas palavras para "camarada". *Genosse* é o termo empregado no mundo do trabalho profissional (particularmente no socialismo) e *Kamerad,* para soldados. A expressão de Weber ("*Kameradschaft der Genossen*") deliberadamente mistura essas duas esferas.

ramo de atividade mantém as pessoas unidas, e este sentimento é algo em que, afinal de contas, também se baseia a união das corporações oficiais, ainda que em outra direção. E já que não existe nenhum meio para livrar o mundo das greves – apenas podemos escolher entre associações desse tipo abertamente reconhecidas e as clandestinas –, considero prudente, também do ponto de vista militar, aceitar esse fato como dado e pactuar com essas pessoas, enquanto se puder conviver com elas e não houver ameaça aos interesses *militares*, como aconteceu, de fato, na Alemanha. Essas são as minhas impressões subjetivas.

    Eu gostaria, agora, de abordar o assunto sobre o qual tenho a honra de falar como convidado e que certamente é do tipo que se deveria expor detalhadamente durante meio ano (este é o período de tempo que se costuma levar para expor um assunto como este a uma audiência acadêmica), a saber, a posição do socialismo e as atitudes a serem tomadas em relação a ele. Inicialmente, quero chamar a atenção para o fato de que existem "socialistas" de índoles diversas. Há pessoas que se intitulam socialistas, mas que nenhum membro de um partido socialista, de qualquer credo, as reconheceria como tais. Todos os *partidos* que têm caráter puramente socialista são hoje partidos *democráticos*. Eu gostaria de apresentar, de maneira sucinta, algumas reflexões sobre esse caráter democrático. O que se entende, atualmente, por democracia? Sem dúvida, essa questão tem grande relevância para o nosso tema, no entanto hoje apenas posso tocar nela brevemente. Democracia pode significar coisas imensamente distintas. Em si, ela simplesmente significa a inexistência de desigualdade formal de direitos políticos entre as diferentes classes da população. Mas como as consequências disso são diversas! Seguindo o tipo antigo de democracia, nos cantões suíços de Uri, Schwyz, Unterwalden, Appenzell e Glasos, reúnem-se até hoje todos os cidadãos – em Appenzell há 12 mil pessoas com direito ao voto; nos outros cantões, entre 3 e 5 mil – num local espaçoso e, após uma discussão, erguem a mão para votar sobre todos os assuntos em questão, desde a eleição do presidente cantonal (*Landamann*) até a deliberação sobre uma nova lei fiscal ou alguma questão administrativa. No entanto, ao examinar as listas de presidentes cantonais eleitos nessa democracia suíça à moda antiga nos últimos cinquenta ou sessenta anos, percebemos que, com surpreendente frequência, eram sempre os mesmos, ou pelo menos que determinadas famílias tinham em suas mãos esses cargos há tempos imemoriais. Ou seja, embora existisse uma democracia de direito, esta era administrada de forma aristocrática. E isso pela simples razão de que nem todo profissional podia assumir o cargo de presidente cantonal, por exemplo, sem arruinar seus negócios. Era preciso estar "disponível" (*abkömmlich*) no sentido econômico da palavra, e isto se aplica somente, via de regra, a um homem com certos recursos financeiros. Ou então é preciso pagar-lhe um salário alto e garantir-lhe uma pensão. A democracia tem de escolher entre ser administrada ou de forma barata, por uma pessoa rica em um cargo honorífico, ou de forma cara, por funcionários profissionais remunerados. Esta última alternativa, o desenvolvimento de um funcionalismo profissional, veio a ser o destino de todas as democracias modernas em que o cargo honorífico não bastava, isto é, nos Estados de grande massa populacional. Essa é a atual situação na América, semelhante, em teoria, à da Suíça. Elege-se, ainda que não seja em grandes assembleias nacionais, mas certamente à base do sufrágio *igual ou igualitário?*, direto ou indireto, grande parte dos funcionários dos Estados e, para a União inteira, o presidente. Este nomeia os outros funcionários da União. A experiência feita com esse sistema é a de que os funcionários *nomeados* pelo presidente eleito são em qualidade de trabalho e, sobretudo, em incorruptibilidade geralmente muito superiores àqueles que saíram das eleições populares porque, evidentemente, os eleitores responsabilizam o presidente e seu partido por garantirem que os funcionários por eles nomeados tenham pelo menos uma parte das qualidades correspondentes às suas expectativas.

Essa democracia americana – que repousa sobre o princípio de que a cada quatro anos, quando é substituído o presidente, mudam também os mais de 300 mil funcionários por ele nomeados, e que, além disso, mudam a cada quatro anos todos os governadores de todos os Estados individuais e, com eles, por sua vez, milhares de funcionários –, essa democracia está chegando ao fim. Foi uma administração de amadores, pois os funcionários chamados pelo partido eram nomeados por um princípio: prestaram serviços ao partido e, como recompensa, serão funcionários. Pouco importava sua qualificação técnica; até pouco tempo atrás, provas, exames ou outra coisa semelhante eram formalmente desconhecidos da democracia americana. Pelo contrário, muitas vezes se defendia a opinião de que o cargo, por assim dizer, devia ser passado de um para outro, em um sistema de revezamento, para que todos participassem igualmente dessa política de clientelismo.

Já falei várias vezes a respeito desse assunto com trabalhadores americanos. Na América, o genuíno trabalhador ianque tem alto nível de salário e de educação. O salário de um trabalhador americano é mais alto do que aquele de muitos professores contratados em universidades americanas. Esses trabalhadores assimilaram os modos da sociedade burguesa, aparecendo de cartola e com suas esposas – que talvez tenham um pouco menos de cortesia e elegância, mas, de resto, comportam-se como *ladies* –, enquanto os imigrantes vindos da Europa juntam-se, em grande número, às camadas inferiores da sociedade. Sempre que estava na companhia de um trabalhador desse tipo, lhe dizia: "Como vocês podem permitir que sejam governados por essas pessoas, que são colocadas nos cargos e, uma vez que devem seu cargo ao partido e têm que pagar determinada parte do salário que recebem ao partido, como taxa, e depois de quatro anos devem abandonar o cargo sem ter direito a uma pensão, evidentemente querem tirar do cargo o máximo possível de dinheiro? Como vocês podem permitir que sejam governados por esse pessoal corrupto que notoriamente rouba de vocês centenas de milhões?", eu recebia ocasionalmente a resposta característica que me permito citar ao pé da letra, em sua forma original e drástica: "Não há problema nenhum, há bastante dinheiro para ser roubado e ainda sobra bastante para outros ganharem – até para nós. Cuspimos nesses '*professionals*', nesses funcionários que desprezamos. Mas se uma classe diplomada e qualificada ocupasse os cargos, como acontece em seu país, seria ela a cuspir em nós."

Para essas pessoas, o ponto decisivo era este: o medo do surgimento de um funcionalismo do tipo que, de fato, já existe na Europa, um estamento (*Stand*) de funcionários formados por universidades e tecnicamente preparados.

Há muito já chegou o tempo, evidentemente, em que a administração não pode mais ser conduzida por amadores, mesmo na América. O funcionalismo especializado se expande com enorme velocidade. Exames profissionais foram introduzidos, tornando-se obrigatórios, inicialmente, para certos funcionários em ocupações mais técnicas, no entanto passou a se alastrar rapidamente. Agora já são aproximadamente 100 mil funcionários a serem nomeados pelo presidente apenas depois da aprovação no exame. Com isso foi dado o primeiro passo, e o mais importante, para a transformação da antiga democracia. Isso também significa que a universidade na América começou a desempenhar um papel completamente diferente daquele que lhe era próprio e que o espírito das universidades alterou-se fundamentalmente. Pois, e isso nem sempre é conhecido fora da América, foram as universidades americanas e as camadas instruídas por elas, e não os fornecedores de material bélico que existem em todos os países, que deram origem à guerra. Quando estive lá, em 1904, os estudantes americanos queriam saber, antes de qualquer coisa, como os duelos de estudantes eram organizados na Alemanha e como se conseguiam as cicatrizes[8]. Consideravam os duelos uma instituição cavalheiresca e também queriam ter este esporte. O grave desta história é que esse espírito influenciou a literatura, particularmente na minha área, e foi precisamente nas melhores obras daquela época que, por fim, encontrei a seguinte conclusão: "Felizmente, a economia mundial se move em uma direção em que chegará o momento no qual será rentável (*'a sound business view'*)[9] no comércio mundial que uns sejam eliminados por outros através da *guerra*; pois então, finalmente, terminará para nós, americanos, a era na qual somos ganhadores indignos de dólares, e o espírito guerreiro e o cavalheiresco voltarão a dominar o mundo." Eles provavelmente imaginavam a guerra moderna como certo momento na batalha de Fontenoy*, quando o arauto dos franceses gritou para os inimigos: "Senhores ingleses, atirem primeiro!" Imaginavam a guerra como uma espécie de esporte cavalheiresco que vol-

....
8. Diversas fraternidades estudantis na Alemanha tinham o hábito de treinar seus membros para duelos com espadas. Parte do treinamento consistia em aceitar com firmeza os golpes dos sabres na face, o que resultava em cicatrizes (*Schmisse*).

9. Ao usar essa frase em inglês, Weber provavelmente se refere a T. Veblen, *The Theory of Business Enterprise* (Nova York, 1904). Ver, por exemplo, a p. 398: "Such an ideal [i.e. a militant, coercive home administration and something in the way of an imperial court life] is not simply a moralist's daydream; it is a sound business proposition, in that it lies on the line of policy along which the business interests are moving in their own behalf" ["Este ideal [isto é, a administração interna coerciva e militante ou algo próprio à vida na corte imperial] não é somente um devaneio de um moralista: é uma sólida proposta comercial, já que se baseia no tipo de política em que os interesses comerciais se movem em proveito próprio"]. Por diversas vezes, Weber cita o livro de Veblen, que pretendia "to show in what manner business methods and business principles, in conjunction with mechanical industry, influence the modern cultural situation" ["demonstrar de que forma os métodos e os princípios comerciais, junto com a indústria mecânica, influenciam o cenário cultural moderno"] (p. 21).

* Na guerra de sucessão austríaca, as tropas francesas derrotaram em Fontenoy (na atual Bélgica), em 11 de maio de 1745, um exército anglo-holandês-austríaco. A frase é atribuída ao coronel inglês lorde Charles Hay. (N. da R.)

taria a colocar no lugar da caça suja ao dinheiro um sentimento nobre, distinto (*vornehm*). Como os senhores podem ver, essa casta julga a América da mesma maneira que, pelo que eu saiba, é julgada por muitas pessoas na Alemanha – e tira suas próprias conclusões. Dessa casta procederam os estadistas mais importantes. Essa guerra terá como resultado para a América o surgimento de um Estado com um grande exército, um corpo de oficiais e uma burocracia. Conversei, naquela ocasião, com oficiais americanos que pouco aprovavam as exigências que a democracia lhes apresentava em seu país. Uma vez, por exemplo, fui visitar a filha de um colega quando a criada havia acabado de sair – ali, os criados tinham um prazo de duas horas para deixar o emprego. Naquele momento, apareceram os dois filhos, que eram cadetes da Marinha, e a mãe disse: "Vocês devem sair para tirar a neve da calçada, de outro modo tenho que pagar uma multa de 100 dólares por dia." Os filhos, recém-chegados de um encontro com oficiais da marinha alemã, consideraram que tal ação não lhes convinha, e a mãe respondeu: "Se vocês não o fizerem, eu terei que fazê-lo."

Para a América, essa guerra terá como consequência o desenvolvimento de uma burocracia e, com isso, chances de carreira para os círculos com formação acadêmica (isso também é um dos motivos daquela atitude). Em resumo, resultará numa europeização da América pelo menos tão rápida quanto a assim chamada americanização da Europa. A democracia moderna, sempre que for a democracia de um grande Estado, torna-se uma democracia burocratizada. E é necessário que seja assim, pois ela substitui os funcionários honorários, nobres ou de outro tipo, por um funcionalismo remunerado. Este processo ocorre por toda parte, até dentro dos partidos. É inevitável, e esse fato é o primeiro com o qual também o socialismo tem que contar: a necessidade de anos de formação específica, especialização profissional cada vez mais acentuada e da direção nas mãos de um funcionalismo assim preparado. É impossível dirigir a economia moderna de outra maneira.

No entanto, essa burocratização universal inevitável é principalmente aquilo que se esconde por trás de um dos *slogans* socialistas mais citados: o da "separação do trabalhador dos meios de trabalho". O que isto significa? O trabalhador – assim dizem – está "separado" dos meios materiais com os quais produz, e nesta separação se baseia a escravidão assalariada na qual ele se encontra. Referem-se ao fato de que na Idade Média o trabalhador era dono dos instrumentos técnicos com os quais produzia, enquanto um trabalhador assalariado moderno evidentemente não o é. E nem pode sê-lo, seja a mina ou a fábrica em questão dirigida por um empresário ou pelo Estado. Referem-se, também, ao fato de que o próprio artesão comprava a matéria-prima que ele processava, enquanto isso hoje não é, nem pode ser, o caso do trabalhador assalariado, e que, consequentemente, o produto, na Idade Média, estava à disposição do artesão individual (e ainda o está nos lugares onde continua existindo o trabalho artesanal) para que este pudesse vendê-lo no mercado e obter seu próprio lucro, enquanto na grande empresa o produto não está à disposição do trabalhador, mas sim do dono dos meios operacionais (*Betriebsmittel*), seja ele, como no primeiro caso, o Estado ou um empresário privado. Tudo isso é realmente verdadeiro, mas é um fato que, de modo algum, é peculiar ao processo de produção econômica. Encontramos a mesma situação, por exemplo, dentro das universidades. Antigamente, o docente e o professor universitário trabalhavam com a biblioteca e os recursos técnicos que eles próprios haviam adquirido ou mandado fazer, e eles – por exemplo, os químicos – produziam com esses meios o necessário para suas atividades científicas (*den wissenschaftlichen Betrieb*). Ao contrário disso, a grande massa dos funcionários dentro das universidades atuais, particularmente os assistentes dos grandes institutos, estão neste sentido exatamente na mesma situação que qualquer trabalhador. Podem ser demitidos a qualquer momento. Seus direitos nas salas do instituto não se distinguem em nada dos direitos dos trabalhadores nas dependências da fábrica. Do mesmo modo que esses últimos, devem respeitar o regulamento existente. Não têm propriedade de materiais, aparelhos, máquinas etc., usados em um instituto de física ou de anatomia ou em uma clínica; pelo contrário, estes são propriedade do Estado, administrados pelo diretor do instituto, que cobra taxas por seu uso, enquanto o assistente tem uma renda que não se distingue essencialmente daquela de um trabalhador especializado. Encontramos exatamente a mesma situação na esfera militar. O cavaleiro do passado era proprietário do seu cavalo e de sua armadura. Tinha de se equipar e se aprovisionar. A constituição militar daquela época baseava-se no princípio de que o cavaleiro era responsável pelo próprio equipamento. Tanto nas cidades da Antiguidade quanto nos exércitos de cavaleiros da Idade Média, todos eram obrigados a trazer consigo sua própria armadura, lança e seu próprio cavalo, além de provisões. O exército moderno surgiu no momento em que se estabeleceu o aprovisionamento pelo príncipe, isto é, quando o soldado e o oficial (que é diferente de outros funcionários, mas que corresponde, nesse sentido, exatamente ao funcionário público) deixaram de ser proprietários dos meios operacionais bélicos. A união do exército moderno baseia-se exatamente nisso. Por essa razão, foi impossível para os soldados russos, durante muito tempo, escapar às trincheiras; existia o aparato formado pelo corpo de oficiais e pelos funcionários da intendência e outros, e cada um no exército sabia que toda a sua existência, inclusive sua alimentação, dependia do funcionamento desse aparato. Todos eles estavam "separados" dos meios operacionais bélicos, do mesmo modo que o trabalhador está separado dos meios de produção. Em posição similar à do cavaleiro, estava o funcionário do período feudal, isto é, o vassalo, investido da autoridade administrativa e judicial. Ele pagava as despesas da administração e da jurisdição do seu próprio bolso e, em compensação, cobrava taxas por esses serviços. Era, portanto, proprietário dos meios operacionais administrativos. O Estado moderno surge quando o príncipe assume a administração e contrata funcionários remunerados, realizando assim a "separação" entre os funcionários e os meios operacionais. Por toda parte temos, portanto, a mesma situação: dentro da fábrica, da administração do Estado, do exército e dos institutos universitários, os meios operacionais se concentram, por intermédio de um aparato humano burocraticamente estruturado, nas mãos daquele que domina (*berrerscht*) esse mesmo aparato humano. Isso está, em parte, tecnicamente condicionado pela natureza dos meios operacionais modernos, como máquinas, canhões etc., mas, em parte, simplesmente pela maior eficiência desse tipo de colaboração entre as pessoas: o desenvolvimento da "disciplina" no exército, nas repartições públicas, nas oficinas e nas empresas. Em todo caso, é um grande engano entender essa separação entre o trabalhador e os meios operacionais como algo exclusivo e peculiar à economia *privada*. Pois o estado fundamental das coisas em nada muda quando é substituída a pessoa responsável por aquele aparato, quando, digamos, o presidente ou um ministro de um Estado o controla, em vez de um empresário. A "separação" dos meios operacionais permanece, de qualquer modo. Enquanto existirem minas, altos-fornos, ferrovias, fábricas e máquinas, eles nunca serão propriedade de um trabalhador individual, ou de vários, no mesmo sentido em que os meios operacionais de uma atividade artesanal na Idade Média eram propriedade do mestre de uma corporação ou de uma cooperativa ou corporação local. Isso é impossível devido à natureza da tecnologia atual.

Em face deste fato, o que significa, então, o termo *socialismo*? Conforme já mencionamos, a palavra tem muitos significados. Mas o que geralmente é considerado o antônimo de socialismo é a ordem econômica privada, isto é, uma situação na qual o suprimento das necessidades econômicas está nas mãos de empresários privados, realizando-se de tal maneira que estes empresários reúnem meios operacionais materiais, funcionários administrativos e mão de obra mediante contratos de compra e contratos salariais. Eles, então, produzem os bens e os vendem no mercado, a seu próprio risco e com a esperança de obter lucro. A teoria socialista criou a expressão "anarquia da produção" para essa ordem econômica privada[10], pois ela deixa ao acaso se o interesse próprio dos empresários individuais na venda de seus produtos, isto é, seu interesse de produzir lucro, funciona de tal modo que garanta o suprimento daqueles que precisam desses bens.

Historicamente, tem estado sujeita a mudanças a questão sobre quais necessidades de uma sociedade deveriam ser atendidas por empresas, isto é, pela economia privada, e quais não deveriam ser supridas de modo privado, mas sim de maneira socialista – no sentido mais amplo da palavra –, isto é, de maneira planificada.

Na Idade Média, por exemplo, repúblicas como a de Gênova tiveram suas grandes guerras coloniais no Chipre comandadas por sociedades em comandita, as chamadas "Maonas". Estas reuniam o dinheiro necessário, contratavam o número adequado de mercenários, conquistavam o país, recebiam proteção da república e, evidentemente, exploravam o país, como terra de plantações ou fonte de impostos, em seu próprio benefício. De forma semelhante, a Companhia das Índias Orientais conquistou a Índia para a Inglaterra, explorando o país em seu interesse. O *condottiere* do fim da Renascença italiana pertencia à mesma categoria. Ainda como o último desses *condottieri*, Wallenstein recrutava seu exército em seu próprio nome e o pagava com seus próprios recursos, e determinada parte do espólio conseguido pelo exército entra-

---
10. Ver "Sobre a situação da democracia constitucional na Rússia", nota 64 (p. 91).

va em seu bolso e, naturalmente, ele costumava estipular que o príncipe ou o rei ou o imperador lhe pagasse determinada quantia como remuneração de seu serviço e para cobrir suas despesas. Ainda no século XVIII, mas de forma menos independente, o coronel era um empresário que tinha que recrutar e vestir os soldados, e ainda que dependesse parcialmente dos arsenais do príncipe, administrava suas atividades a seu próprio risco e a favor de seu próprio lucro. Portanto, era considerada normal a condução de guerras por parte da economia privada, o que hoje nos pareceria monstruoso.

Por outro lado, nenhuma cidade ou corporação medieval teria contemplado a possibilidade de deixar simplesmente nas mãos do livre comércio o suprimento da cidade com cereais ou o suprimento das corporações com matéria-prima importada, indispensável ao trabalho de seus mestres. Pelo contrário, desde a Antiguidade (em grande escala em Roma) e através de toda a Idade Média, isso estava sob responsabilidade da cidade, e não do livre comércio, que era apenas um complemento. A situação era aproximadamente como a atual, dos tempos da economia de guerra, em que há cooperação – a assim chamada "presença do Estado"[11] – entre amplas áreas da economia.

O que caracteriza nossa situação atual é, primeiramente, o fato de que o setor privado da economia, em conjunto com a organização burocrática privada e, portanto, com a separação entre o trabalhador e os meios operacionais (*Betriebsmitteln*), domina uma área, a da produção *industrial*, que em nenhum momento da história apresentou essas duas características ao mesmo tempo e nesse nível. Em segundo lugar, há o fato de que esse processo coincide com a introdução da produção mecânica na fábrica, isto é, com uma concentração local de mão de obra dentro do mesmo espaço, sujeição à má-

---

11. *Durchstaatlichung*: concepção de controle e direção estatal da economia, de modo extensivo e progressivo, porém não socialista, mas sim corporativista.

quina e *disciplina* de trabalho comum na sala das máquinas ou na mina. É particularmente essa disciplina que dá ao tipo atual de "separação" entre o trabalhador e os meios de trabalho (*Arbeitsmittel*) seu caráter específico.

O socialismo moderno nasceu dessas condições de vida, dessa *disciplina* da fábrica. Por toda parte, em todos os tempos e em todos os países do mundo, já houve socialismo dos tipos mais diversos, mas a peculiaridade do socialismo moderno foi possível apenas sobre essa base.

Essa submissão à disciplina de trabalho faz-se sentir de forma tão intensa pelos trabalhadores industriais porque, em oposição, por exemplo, a uma plantação com trabalho escravo ou ao trabalho forçado em um castelo feudal (*Fronhof*)[12], a empresa industrial moderna se baseia em um processo de *seleção* (*Auslese*) extraordinariamente rigoroso. Um fabricante de hoje não contrata um trabalhador qualquer simplesmente porque este pode trabalhar por um salário baixo. Ele instala o homem na máquina por um salário por peça, dizendo: "Agora trabalhe, verei quanto você merece." E se o homem não se mostra capaz de ganhar determinado salário mínimo, lhe dirão: "Sentimos muito, mas você não tem talento para esse trabalho e não podemos empregá-lo." Ele é demitido porque a máquina não é plenamente aproveitada se nela não trabalha um homem que saiba aproveitar toda sua capacidade. Isso, ou algo semelhante, acontece por toda parte. Em oposição ao empreendimento baseado no trabalho escravo da Antiguidade, no qual o dono dependia dos escravos que possuía – a morte de um deles constituía uma perda de capital para ele –, toda empresa industrial moderna se baseia nesse princípio da seleção, e esta seleção, por sua vez, intensifica-se extraordinariamente pela concorrência entre os empresários, que obri-

....
12. Weber cita a propriedade senhorial (*Fronhof*), em que servos eram obrigados a trabalhar para seu senhor feudal, durante uma discussão sobre as diversas formas da disciplina do trabalho em *Economy and Society*, pp. 1.155-6.

ga o empresário individual a manter determinado salário máximo, isto é, a inevitabilidade (*Zwangsläufigkeit*) da renda dos trabalhadores corresponde à inevitabilidade da disciplina.

Se hoje em dia o trabalhador vai até o empresário e lhe diz: "Com estes salários não podemos viver e você poderia nos pagar mais", em nove de dez casos – aqui me refiro a tempos de paz e a ramos da indústria nos quais a concorrência é intensa – o empresário está em condições de provar aos trabalhadores, baseado em sua contabilidade, que isso não é possível, dizendo: "Meu concorrente paga tanto de salário. Se eu pagar a cada um de vocês apenas um tanto a mais, todo lucro que eu poderia pagar aos acionistas desapareceria da minha contabilidade e eu não conseguiria manter as atividades da empresa porque não obteria nenhum crédito do banco." Muitas vezes, esta é a pura verdade. Por fim, há ainda outra circunstância: sob a pressão da concorrência, a rentabilidade depende do fato de eliminar, mediante o uso de novas máquinas que economizam trabalho, o máximo possível de trabalho humano, particularmente do tipo mais bem pago e, portanto, mais oneroso para a empresa, substituindo trabalhadores qualificados por não qualificados ou treinados diretamente na máquina. Isso é inevitável e ocorre constantemente.

Tudo isso é o que o socialismo interpreta como "domínio (*Herrschaft*) das coisas sobre o homem", quer dizer, dos meios sobre o fim (a satisfação das necessidades). Ele observa que, enquanto no passado havia pessoas a quem se podia responsabilizar pelo destino do cliente, do servo ou do escravo, hoje em dia não se pode mais fazê-lo. Por isso, ele não se dirige contra pessoas, mas contra a ordem de produção como tal. Nenhum socialista cientificamente preparado responsabilizaria, em hipótese alguma, um empresário, individualmente, pelo destino do trabalhador. Ele diria, pelo contrário, que este destino deve-se à situação forçada na qual se encontram todas as partes, tanto o empresário quanto o trabalhador.

Em termos positivos, o que seria então o socialismo, em oposição a esse sistema? No sentido mais amplo da palavra, seria aquilo que também costuma ser denominado "economia comunal" (*Gemeinwirtschaft*)[13]. Quer dizer, uma economia na qual, primeiramente, não haveria lucro, isto é, não haveria empresários privados dirigindo a produção por conta própria e a seu próprio risco. Em vez disso, a economia estaria nas mãos de funcionários de uma celetividade nacional (*Volksverband*), que assumiria a direção conforme princípios que examinaremos em breve. Em segundo lugar, não existiria, em consequência disso, a chamada "anarquia da produção", isto é, a concorrência entre os empresários. Fala-se muito agora, particularmente na Alemanha, que, como resultado da guerra, já estamos no meio do desenvolvimento da tal "economia comunal". Em face disso, gostaria de explicar, de forma sucinta, que uma economia organizada de determinado povo pode basear seu tipo de organização em dois princípios fundamentalmente distintos. Primeiro, naquele que hoje em dia se chama de "presença do Estado" e que é familiar, sem dúvida, a todos os senhores que trabalham na indústria bélica. Fundamenta-se na cooperação dos empresários de um setor, unidos entre si, com funcionários do Estado, militares ou civis. Nesse sistema, a obtenção de matéria-prima e de créditos, os preços e a clientela podem, em grande parte, ser regulados de acordo com um plano, e pode haver participação do Estado no lucro e nas decisões desses cartéis. Há pessoas que pensam que, nesse caso, o empresário seria fiscalizado por esses funcionários e a produção seria dominada pelo Estado. Com isso, já teríamos o "verdadeiro" socialismo, o socialismo "propriamente dito", ou pelo menos estaríamos a caminho de tê-lo. Na Alemanha, no entanto, existe um ceticismo considerável a respeito dessa teoria. Deixarei em suspenso como seria a situa-

....
13. O conceito de "economia comunal nacional" (*Gemeinwirtschaft*) é uma reformulação da ideia de Estado corporativista. W. Rathenau e W. von Möllendorf foram os principais expoentes desse programa. Von Möllendorff é o autor de *Deutsche Gemeinwirtschaft* (Berlim, 1916).

ção durante a guerra. Mas qualquer um que saiba fazer contas compreenderá que, em tempos de paz, não se pode prosseguir com a gestão econômica atual se não se quiser ir à falência e que, na paz, esse tipo de presença do Estado, isto é, uma cartelização forçada dos empresários de cada ramo da indústria e a participação do Estado nestes cartéis, em que recebe uma parte do lucro em troca da concessão de amplos direitos de controle, não significaria, de modo algum, a dominação da indústria pelo Estado, mas a dominação do Estado pela indústria. E isto de uma maneira muito desagradável. Nesses cartéis, os representantes do Estado estariam reunidos na mesma mesa com os donos de fábricas (*Fabrikherren*), que seriam muito superiores em conhecimento do ramo, treinamento comercial e na defesa de seus interesses. No parlamento, porém, estariam os representantes dos trabalhadores, e eles exigiriam que os representantes do Estado garantissem, por um lado, altos salários e, por outro, preços baixos, uma vez que – assim diriam os primeiros – teriam o poder de fazê-lo. Mas, para não arruinar suas finanças, o Estado, que participaria nos ganhos e nas perdas de um sindicato desse tipo, estaria evidentemente interessado em preços altos e salários baixos. E os membros privados dos sindicatos, por fim, esperariam do Estado a garantia da rentabilidade de suas empresas. Um Estado desse tipo pareceria, aos olhos do operariado, um Estado classista, no sentido mais próprio da palavra, e duvido que isso seja politicamente desejável. E duvido mais ainda que seja prudente apresentar neste momento aos trabalhadores esse estado de coisas como o "verdadeiro" socialismo, embora seja tentador fazê-lo, pois os trabalhadores logo se dariam conta de que o destino de um operário que trabalha numa mina não muda em nada pelo fato de esta mina ser privada ou estatal. A vida de um trabalhador nas minas de carvão da região de Sarre é exatamente igual à vida de um trabalhador de uma mina privada: se a mina é mal administrada e, portanto, pouco lucrativa, então a situação é crítica também para as pessoas. A diferença é outra, a saber, que não é possível entrar em greve contra o Estado e, portanto, a dependência do trabalhador é essencialmente maior neste tipo de socialismo de Estado. Esta é uma das razões por que a social-democracia rejeita, em geral, essa "presença do Estado" na economia, essa forma de socialismo. É uma comunidade de cartelização. Como antes, o que importa é o lucro – a questão de quanto ganham os empresários, individualmente, reunidos no cartel, aos quais se juntou agora o fisco do Estado, continua decisiva para os rumos da economia. E o embaraçoso seria que, enquanto atualmente o funcionalismo político-estatal e o da economia privada (dos cartéis, bancos e empresas gigantes) existem lado a lado, como entidades separadas, podendo, portanto, o poder político refrear o econômico, os dois grupos de funcionalismo formariam então uma única entidade, com interesses solidários e impossível de ser controlada. Em todo caso, não estaria eliminado o lucro como fio condutor da produção. O Estado, porém, teria de suportar sua parte do ódio dos trabalhadores, que hoje em dia é dirigido contra os empresários.

O fenômeno fundamentalmente oposto a isso, neste último aspecto, apenas poderia ser, por exemplo, uma organização de consumidores, que perguntaria: quais são as *necessidades* a serem satisfeitas dentro da área dessa economia estatal? Os senhores devem saber que muitas associações de consumidores, particularmente na Bélgica, passaram a fundar fábricas próprias. Se imaginarmos esse princípio como um fato generalizado e colocado nas mãos de uma organização estatal, teríamos um tipo de socialismo completamente diferente, um socialismo de consumidores. Até esta data, porém, não temos ainda nenhuma ideia de onde tiraríamos seus dirigentes e não está claro onde haveria interessados em fundá-lo. Pois a experiência demonstrou que os consumidores como tais são capazes de se organizar apenas em um grau muito limitado. Pessoas que tenham determinado interesse lucrativo podem ser facilmente reunidas em uma associação quando lhes é demonstrado que, por meio dela, podem obter lucro ou a garantia de rentabilidade: nisto baseia-se a possibilidade de criar um "socialismo de empresários", do tipo representado pela "presença do Estado". Por outro lado, é extraordinariamente difícil unir pessoas que nada mais têm em comum além do desejo de fazer compras ou abastecer-se, porque a situação do comprador é um obstáculo à socialização. Nem a fome de nossos dias, pelo menos na Alemanha, foi capaz de levar as donas de casa da grande maioria da população (ou apenas o fez com extrema dificuldade) a aceitarem refeições das cozinhas de campanha, que todos consideravam muito bem preparadas e saborosas, em vez de sua própria cozinha, embora a primeira fosse incomparavelmente mais barata.

Após estas observações preliminares, chego afinal àquele tipo de socialismo ao qual estão vinculados, em seus programas, os partidos socialistas de massas como se apresentam atualmente, isto é, os partidos social-democratas. O documento fundamental desse socialismo é o *Manifesto Comunista*, escrito em 1847, publicado e divulgado em janeiro de 1848 por Karl Marx e Friedrich Engels. À sua maneira, esse documento, por mais que rejeitemos algumas de suas teses fundamentais (pelo menos *eu* rejeito), é uma obra científica de primeira categoria. Isso não pode nem deve ser negado, porque ninguém acreditaria nessa negação e porque, de boa consciência, não se pode fazê-la. Mesmo nas teses que hoje rejeitamos, há um erro inspirador que, politicamente, teve amplas consequências, embora nem sempre agradáveis, mas teve para a ciência consequências muito férteis, mais férteis do que são muitas vezes as de uma atitude correta, porém nada inspirada. Sobre o *Manifesto Comunista* cabe dizer, de antemão, que ele se abstém de moralizar, pelo menos em sua intenção, ainda que nem sempre em sua execução. Não ocorre aos autores do *Manifesto Comunista*, segundo suas afirmações (na verdade, eram homens de fortes paixões que nem sempre permaneceram fieis a essas ideias), reclamar da baixeza e da infâmia do mundo. Também não acreditam que é seu dever dizer: "Isto e aquilo foram assim estabelecidos no mundo, mas deveriam ser diferentes, deste e daquele modo." O *Manifesto Comunista*, pelo contrário, é um documento profético. Ele *profetiza* o declínio da economia privada – ou, como se costuma dizer, da organização capitalista da sociedade – e a substituição desta sociedade em um primeiro momento (como fase transitória) por uma ditadura do proletariado. Por trás dessa fase transitória oculta-se, porém, a verdadeira esperança final: o proletariado não *pode*, por si mesmo, libertar-se da servidão sem pôr um fim a *toda* dominação do homem pelo homem. Esta é a verdadeira profecia, a ideia central do manifesto, sem a qual ele jamais teria sido escrito e jamais teria alcançado sua enorme repercussão histórica. Como se realizará essa profecia? Isto está explicado em um dos pontos principais do texto: o proletariado, a massa de trabalhadores, assumirá inicialmente, por meio de seus líderes, o poder político. Mas esta é uma situação transitória que conduzirá, como se diz, a uma "associação de indivíduos", sendo este o último estágio do desenvolvimento histórico.

A ideia de como será essa associação não está presente nem no *Manifesto Comunista* nem nos programas dos partidos socialistas. Recebemos a informação de que não podemos sabê-lo. Somente é possível dizer que a sociedade atual está condenada a desaparecer, que desaparecerá em virtude de uma lei natural e que será substituída, em um primeiro momento, pela ditadura do proletariado. Mas o que se seguirá é ainda imprevisível, exceto a ausência da dominação do homem pelo homem.

Quais são as razões que sustentam a afirmação de que o fim da forma atual da sociedade é natural e inevitável? Pois este se realizará estritamente de acordo com a lei natural: eis o segundo princípio central da profecia solene que conquistou a fé jubilante das massas. Engels usou, certa vez, a seguinte imagem: do mesmo modo que, a seu tempo, o planeta Terra se precipitará sobre o Sol, a sociedade capitalista está condenada à destruição[14]. Quais são as razões apresentadas para isso?

A primeira é esta: uma classe social como a burguesia – sempre entendida, antes de tudo, como empresários e todos os que direta ou indiretamente compartilham com eles os mesmos interesses –, uma classe dominadora desse tipo poderá manter sua dominação apenas se puder garantir à classe subjugada – os trabalhadores assalariados – pelo menos a subsistência. Esse foi o caso, segundo os autores, da escravidão, do trabalho forçado imposto aos servos nas propriedades feudais etc. Naquele tempo, as pessoas tinham, no mínimo, a garantia da sua subsistência e, por isso, a dominação podia se manter. Mas a burguesia moderna não pode se permitir isso. Não pode fazê--lo porque a competição entre os empresários os obriga sempre a oferecer preços cada vez mais baixos e, pela criação de novas máquinas, a despejar na rua os trabalhadores, sem recursos. Precisam ter à disposição uma ampla camada de desempregados – o chamado "exército de reserva industrial" –, da qual eles podem selecionar, a qualquer momento, um número conveniente de trabalhadores para suas empresas, e a progressiva automatização mecânica cria precisamente essa camada. O resultado disso – assim acreditava o *Manifesto Comunista* ainda – é o surgimento de uma classe continuamente crescente de desempregados permanentes, de *"paupers"*[15], que se oferece para trabalhar por um salário abaixo do mínimo necessário, de modo que a camada proletária nem sequer tem garantida, nessa ordem social, a mera subsistência. Onde isso ocorre, a sociedade torna-se insustentável, isto é, em algum momento sofrerá um colapso na forma de uma revolução.

....
14. Weber se refere a Engels, "Socialism: Utopian and Scientific", in K. Marx e F. Engels, *Selected Works* (Moscou, 1962), p. 143.
15. Weber emprega a palavra inglesa.

Esta suposta "teoria da pauperização" já foi declarada incorreta, *nesta* forma, por todos os setores da social-democracia, sem exceção. Na edição comemorativa do *Manifesto Comunista*, Karl Kautsky, seu editor, admitiu explicitamente que o desenvolvimento não havia tomado esse rumo. A tese é mantida numa forma diferente, com nova interpretação, que, aliás, também não deixa de ser controvertida, mas em todo caso desfez-se do caráter patético anterior. Mas, seja como for, em que se baseiam então as chances de *sucesso* da revolução? Ela não pode estar condenada a uma série de fracassos?

Com isso chegamos ao segundo argumento: a competição entre os empresários significa a vitória do mais forte, tratando de capital e de habilidade comercial, mas, sobretudo, de capital. Isso implica um número constantemente decrescente de empresários, já que os mais fracos são eliminados. Quanto menor o número de empresários, mais crescerá, em termos relativos e também absolutos, o número de proletários. Em algum momento, porém, o número de empresários terá encolhido tanto que, para eles, será impossível manter sua dominação, e, então, poderemos, talvez de forma pacífica e educada – digamos, em troca de uma pensão vitalícia –, expropriar os "expropriadores", pois estes perceberão que o chão debaixo de seus pés se tornou muito quente, que deles sobraram tão poucos que não serão capazes de manter sua dominação.

Essa tese é mantida até hoje, ainda que com uma formulação diferente. Mas é evidente que, pelo menos hoje em dia, ela não é correta *de modo geral* e de forma alguma. Em primeiro lugar, não é correta em relação à agricultura, onde, pelo contrário, houve, em muitos casos, um grande crescimento do número de camponeses. Além disso, não é uma tese exatamente incorreta para a indústria, mas mostrou consequências diferentes das esperadas para amplos setores industriais, onde observamos que o simples encolhimento do número de empresários não é o único fenômeno que caracteriza o processo. A eliminação dos fracos, em termos de capital, realiza-se sob a forma de sua sujeição ao capital financeiro e às organizações de cartéis e trustes. Um fenômeno concomitante desses processos muito complexos é o aumento rápido do número de funcionários administrativos, isto é, da *burocracia* da economia privada – pela estatística, este número cresce em muitos casos mais rapidamente que o dos trabalhadores –, e o interesse desses burocratas não tende, de modo algum, para uma ditadura do proletariado. Além disso, está surgindo uma enorme variedade de conexões entre interesses de natureza tão complicada que, no momento, ninguém pode afirmar que estejam diminuindo o número e o poder dos interessados diretos e indiretos na ordem burguesa. Em todo caso, as coisas, por enquanto, não se apresentam de forma que se possa garantir que, futuramente, uma meia dúzia ou talvez algumas centenas ou alguns milhares de magnatas capitalistas, isoladamente, enfrentarão milhões e milhões de proletários.

A terceira tese, por fim, referia-se à previsão dos efeitos das crises. Já que os empresários competem entre si (e depois segue-se uma discussão importante, mas complicada, nas obras clássicas socialistas, de que vou poupá-los neste momento), é inevitável que ocorram épocas de superprodução em alternância com épocas de falências, colapsos e das chamadas "depressões". Esses tempos sucedem-se uns aos outros, em intervalos fixos, com a regularidade de uma lei – algo apenas insinuado por Marx no *Manifesto Comunista*, mas que, depois, tornou-se uma teoria detalhadamente elaborada. De fato, essas crises ocorreram, durante quase um século, com certa periodicidade. Nem os melhores cientistas da nossa área chegaram a um acordo definitivo sobre as razões deste fenômeno, por isso seria absolutamente impossível discuti-lo aqui.

O socialismo clássico baseou suas esperanças nessas crises. Seguindo uma lei natural, elas cresceriam em intensidade e força destrutiva, provocando um predisposição assustadora para a revolução, então se acumulariam, se multiplicariam e, em algum momento, produziriam um clima tal que nem mesmo os círculos não proletários tentariam manter essa ordem econômica.

Hoje em dia, essa esperança foi, em grande parte, abandonada. Pois, apesar de o perigo de crises não ter desaparecido, sua importância relativa diminuiu desde que os empresários trocaram a concorrência brutal pela cartelização, isto é, desde que passaram a eliminar seus concorrentes mediante a regulação dos preços e das vendas, e também desde que os grandes bancos, como, por exemplo, o *Reichsbank* alemão, tomaram atitudes para garantir, mediante a regulamentação da concessão de créditos, que os períodos de excessiva especulação transcorram com intensidade essencialmente menor do que no passado. Portanto, também essa terceira esperança do *Manifesto Comunista* e de seus sucessores – ainda que não possamos dizer que não tenha se confirmado – foi sujeita a fortes mudanças em suas condições prévias.

As esperanças apaixonadas que o *Manifesto Comunista* alimenta em relação ao colapso da sociedade burguesa foram, portanto, substituídas por esperanças muito mais moderadas. Entre estas, primeiramente, figura a teoria de que o socialismo chegará espontaneamente, por meio da evolução, já que a produção econômica está se tornando cada vez mais "socializada". Isto significa dizer que o empresário individual está sendo substituído pela sociedade anônima e seus executivos, e que estão sendo estabelecidas empresas estatais, municipais e de associações com determinado fim, as quais não mais se baseiam, como antes, nos riscos e lucros de um empresário individual ou privado. Isso é certo, ainda que caiba acrescentar que, por trás da sociedade anônima, escondem-se frequentemente um ou vários magnatas financeiros, que controlam a assembleia geral. Qualquer acionista sabe que, pouco tempo antes da assembleia geral, receberá um comunicado de seu banco, pedindo-lhe que lhe transfira o voto relativo a suas ações, caso não queira comparecer e votar pessoalmente, o que não faz nenhum sentido, diante de um capital de milhões de coroas. Sobretudo, porém, esse tipo de sociedade significa, por um lado, um crescimento do *funcionalismo*, dos funcionários especializados nas áreas comercial ou técnica, e, por outro, um crescimento do grupo dos *rentistas*, portanto da camada que apenas recebe dividendos e juros, sem precisar realizar, diferentemente do empresário, nenhum esforço intelectual, mas que, por conta de seu interesse no lucro, se mantém engajado na ordem capitalista. Nas empresas públicas e nas associações com determinado fim, no entanto, reina exclusivamente o *funcionário*, e não o trabalhador, visto que nelas este consegue muito menos com uma greve do que contra os empresários. É a ditadura do funcionalismo, não a do proletariado, que – pelo menos por enquanto – está avançando.

A segunda esperança é a de que, ao substituir a antiga classe de especialistas – o artesão qualificado e aqueles trabalhadores altamente especializados que formavam os antigos sindicatos ingleses, os *Trade-Unions*[16] – por trabalhadores não qualificados e, portanto, ao capacitar qualquer pessoa a operá-la, a máquina causará tamanha união na classe operária que chegará ao fim a antiga divisão entre diversas profissões e se reforçará a consciência desta união, o que beneficiará a luta contra a classe dos proprietários. A resposta a esta ideia não é completamente uniforme. É correto afirmar que a máquina ameaça substituir, em grande parte, particularmente os trabalhadores muito bem pagos e qualificados, pois toda indústria procura, naturalmente, introduzir precisamente aquelas máquinas que substituam os trabalhadores mais difíceis de serem encontrados. Dentro da atual indústria, a camada que mais cresce é a dos chamados operários "semiqualificados", isto é, não se trata dos trabalhadores qualificados, treinados pelo método antigo num curso especial, mas sim daqueles tra-

---
16. Weber utiliza o termo inglês: "die alten englischen Gewerkschaften, die Trade Unions".

balhadores que são colocados diretamente na máquina e treinados ali mesmo. Mas até estes são ainda, muitas vezes, especialistas em um grau considerável. Assim, por exemplo, leva alguns anos até que um tecelão semiqualificado alcance o máximo de qualificação, isto é, até que ele consiga obter o maior rendimento possível da máquina para o empresário e receba, ele mesmo, o salário mais alto possível. Certamente o tempo de treinamento normal para outras categorias de trabalhadores é muito mais curto do que para o exemplo aqui citado. Em todo caso, ainda que esse aumento do número de trabalhadores semiqualificados signifique um recuo sensível da especialização profissional, ele não significa o fim desta. Por outro lado, estão crescendo a especialização profissional e a exigência de uma maior qualificação em todos os níveis da produção que se encontrem *acima* da camada operária, até o capataz e o contramestre, crescendo simultaneamente o número relativo de pessoas que fazem parte desta camada. É verdade que eles também são "escravos assalariados", mas, na maioria dos casos, não recebem um salário por tarefa ou por semana, mas sim salários fixos. E o que acontece, em geral, é que o trabalhador odeia o contramestre, que sempre o observa de perto e o critica muito mais do que o fabricante, e muito mais odeia, por sua vez, o fabricante do que o acionista, embora o acionista seja aquele que realmente obtém sua renda *sem* trabalhar, enquanto o fabricante deve realizar um trabalho intelectual muito árduo, e o contramestre está muito mais próximo do trabalhador. O mesmo ocorre no exército: em geral, o cabo é quem atrai a antipatia mais forte ou, pelo menos, está mais exposto a ela, por aquilo que pude observar. Em todo caso, o desenvolvimento da estrutura geral das camadas está muito longe de ser claramente proletário.

E, por fim, argumenta-se com a estandartização crescente, isto é, com a uniformização da produção. Por toda parte, tudo – e particularmente a guerra é um estímulo enorme neste sentido – tende a uma uniformidade e ao intercambiamento cada vez maior dos produtos e a uma esquematização cada vez mais extensa dos negócios. Apenas na camada superior dos empresários ainda reina – como se diz –, mas também aqui em grau decrescente, o antigo espírito pioneiro do empresariado burguês do passado. Por conseguinte, aumentava constantemente a chance – assim a argumentação prossegue – de dirigir essa produção sem possuir as qualidades específicas de empresário, as quais a sociedade burguesa afirma serem indispensáveis para a empresa. Isto valeria particularmente para cartéis e trustes que colocaram um aparato gigantesco de funcionários no lugar dos empresários individuais. Também essa afirmação é perfeitamente correta. Mas apenas com a mesma reserva de que também essa estandartização fomenta a importância de determinada camada, a saber, a já muitas vezes citada camada dos funcionários, que necessita de determinada *educação* e que, portanto – o que deve ser aqui acrescentado –, possui certo caráter *estamental*. Não é por acaso que vemos surgir por toda parte, como cogumelos da terra, escolas superiores de comércio, escolas de artes e ofícios e escolas técnicas. Um componente desse processo, pelo menos na Alemanha, é o desejo de, a partir dessas escolas, ingressar em uma associação estudantil tradicional, de adquirir cicatrizes no rosto, de ser apto a duelar e, com isso, ter a capacidade de ser oficial de reserva e, mais tarde, ter melhores chances de se casar com a filha do chefe do escritório – isto é, de se integrar às camadas da assim chamada "sociedade". Nada é mais estranho para esta camada do que a solidariedade com o proletariado, pois o que ela aspira é justamente distinguir-se cada vez mais dele. Em grau variável, porém claramente perceptível, algo semelhante vale, também, para muitas camadas inferiores destes funcionários. Todos eles ambicionam qualidades que tenham algo de *estamental*, seja para eles próprios, seja para seus filhos. Não é possível constatar hoje em dia uma *clara* tendência à proletarização.

Mas, seja como for, esses argumentos mostram que a antiga esperança revolucionária de catástrofe, que deu ao *Mani-*

festo Comunista sua força impressionante, cedeu lugar a uma visão evolucionista, à ideia, portanto, de uma transformação gradual da economia antiga, com suas massas de empresários concorrentes, em uma economia regulada, seja por parte de funcionários do Estado, seja por parte de cartéis, com a participação de funcionários públicos. Isto, e não a redução de empresários individuais devido à concorrência e às crises, apresenta-se agora como fase preliminar da sociedade verdadeiramente socialista, na qual não há dominação. Este espírito evolucionista, que espera daquela transformação paulatina o desenvolvimento de uma futura sociedade socialista, havia, antes da guerra, tomado o lugar da antiga teoria da catástrofe, entre os sindicatos e muitos intelectuais socialistas. Daí foram tiradas as consequências conhecidas. Surgiu o assim chamado "revisionismo". Seus próprios líderes estavam conscientes, pelo menos em parte, da gravidade do passo que tirou das massas aquela fé na irrupção repentina de um futuro feliz, fé inspirada por um evangelho que lhes dizia, como acontecera com os cristãos primitivos: "ainda esta noite a salvação pode chegar". Pode-se destronar um credo, como o *Manifesto Comunista* ou a posterior teoria da catástrofe, mas é difícil substituí-lo por outro. No entanto, o desenrolar dos fatos superou essa controvérsia na briga com a antiga ortodoxia, surgida a partir de questões de consciência em relação à fé ortodoxa. A briga confundiu-se com a questão de se e em que medida a social-democracia, como partido, deveria fazer "política prática", no sentido de formar coalizões com partidos burgueses, participar da direção política responsável assumindo cargos ministeriais e tentando, assim, melhorar a atual condição de vida dos trabalhadores, ou se isso seria uma "traição à classe" e uma heresia política, como evidentemente diria um político convencido da teoria da catástrofe. Mas nesse meio-tempo surgiram outras questões fundamentais, e nestas as opiniões são divididas. Suponhamos que, por meio de um processo gradual de evolução, isto é, a cartelização, a estandartização e a burocratização, a economia assuma, em algum momento, uma forma que permita tecnicamente a substituição da atual economia privada, composta de empresas, e da propriedade privada dos meios de produção por um regime regulador que dispense totalmente o empresário. *Quem* seria, então, aquele que assumiria e comandaria essa nova economia? Sobre isto, o *Manifesto Comunista* manteve silêncio, ou melhor, expressou-se de forma muito ambígua.

Como será a "associação" de que fala o *Manifesto*? Que células germinativas desse tipo de associação o socialismo deve particularmente apresentar para o caso de que, de fato, lhe caia nas mãos a chance de conquistar o poder e de governar conforme seu desejo? No *Reich* alemão, e provavelmente por toda parte, o socialismo tem duas categorias de organizações. Em primeiro lugar, o partido político da social-democracia com seus deputados, redatores, funcionários de partido e homens de confiança e as associações locais e centrais que elegem ou contratam estas pessoas. Em segundo lugar, há os sindicatos. Cada uma dessas duas organizações pode adotar *tanto* um caráter revolucionário *quanto* um caráter evolucionista. E em relação ao caráter que elas têm e qual caráter é pretendido e desejado para o futuro, as opiniões se dividem.

Se tomamos como ponto de partida a esperança revolucionária, encontramos duas visões opostas. A primeira foi a do marxismo normal, baseada na antiga tradição do *Manifesto Comunista*. Esta colocava todas as suas expectativas na ditadura *política* do proletariado e acreditava que deveria considerar como veículo deste, na maioria das vezes, a organização *partidária*, inevitavelmente orientada para a disputa *eleitoral*. Imaginava-se que o partido ou um ditador político apoiado nele conquistaria o poder político e, a partir daí, surgiria a nova organização da sociedade.

Os adversários contra os quais essa tendência revolucionária se dirigia eram, em primeiro lugar, aqueles sindicatos que não nada mais eram do que sindicatos no antigo sentido inglês, que não estavam interessados, portanto, nesses planos para o futuro, pois estes pareciam se referir a um futuro muito distante, mas queriam lutar por condições de trabalho que possibilitassem a eles e a seus filhos melhores condições de vida, a saber, altos salários, jornada de trabalho reduzida, proteção ao trabalhador etc. Aquele marxismo político radical se voltava, por um lado, contra esse sindicalismo. Por outro, dirigia-se contra a política de compromissos do socialismo, baseada exclusivamente no parlamento, contra aquilo que se chamou de "millerandismo", desde que Millerand se tornou ministro na França. Esta seria uma política que, segundo os revolucionários, levava os líderes a se interessarem muito mais por assuntos ministeriais e as lideranças em posições inferiores, muito mais pelas chances de obter um cargo de funcionário público do que pela revolução; assim, matava-se o espírito revolucionário. Ao lado dessa tendência "radical" e "ortodoxa", no sentido antigo, apareceu, no decorrer das últimas décadas, uma segunda tendência que se costuma denominar "sindicalismo", de *syndicat*, o termo francês para sindicato. Do mesmo modo que o antigo radicalismo propõe uma interpretação revolucionária da finalidade da organização político-partidária, o sindicalismo propõe uma interpretação revolucionária dos sindicatos. Seu ponto de partida é a ideia de que não deve ser a ditadura política, nem os líderes políticos, nem os funcionários por esses líderes contratados que, quando chegar o grande momento, deverão tomar em suas mãos o poder sobre a economia, mediante a assim chamada *"action directe"*. O sindicalismo fundamenta-se em uma concepção mais rigorosa do caráter classista do movimento, pois é a *classe* operária que deve ser o sujeito da liberação definitiva. Mas todos os políticos que estão perambulando pelas capitais e apenas querem saber como é a situação deste ou daquele ministério e que chances tem esta ou aquela conjuntura parlamentar, todos eles são interessados políticos e não companheiros de classe. Por trás de seus interesses no distrito eleitoral estão sempre os interesses de redatores e funcionários privados que querem lucrar com o número de votos obtidos. Todos esses interesses, vinculados ao moderno sistema eleitoral parlamentar, são rechaçados pelo sindicalismo. Apenas o verdadeiro operariado, que está organizado nos sindicatos, pode criar a nova sociedade. Fora com os políticos profissionais que vivem para a política – e isto significa, na verdade, que vivem *da* política – e não para a criação da nova sociedade econômica. O recurso típico dos sindicalistas é a greve geral e o terror. A greve, por esperarem que uma paralisação repentina de toda a produção levará os atingidos, particularmente os empresários, a renunciar à direção das fábricas e a colocá-la nas mãos de comitês formados pelos sindicatos. O terror, que em parte proclamam abertamente, em parte disfarçadamente e, em parte, rejeitam – e nisto variam as opiniões –, porque a organização, ao carregá-lo para dentro das camadas dominadoras decisivas, pode paralisá-las também politicamente. Este sindicalismo, evidentemente, constitui aquela forma de socialismo que é, de fato, um adversário radical de todo tipo de organização militar, porque qualquer organização militar dá origem a pessoas com interesses nela, mesmo nos níveis mais baixos, até o sargento e o soldado raso, que dependem do funcionamento da máquina militar e estatal, pelo menos para sua alimentação, tendo, portanto, até certo interesse no fracasso da greve geral ou sendo, no mínimo, um obstáculo a ela. Os adversários deste socialismo são, em primeiro lugar, todos os partidos políticos socialistas que atuam no parlamento. Os sindicalistas utilizariam o parlamento, no máximo, como tribuna para dali proclamar constantemente, sob a proteção da imunidade parlamentar, que a greve geral vai chegar e tem de chegar, para instigar as paixões revolucionárias das massas. Até isso os desvia de sua verdadeira tarefa e, portanto, é duvidoso. Mas fazer política seriamente no parlamento não é apenas absurdo, mas, deste ponto de vista, simplesmente condenável. Entre seus adversários estão, evidentemente, também evolucionistas, de todos os tipos. Podem ser eles membros de sindicatos que apenas desejam lutar pela melhoria das condições de trabalho – os sindicalistas, pelo contrário, argumentam que quanto piores os salários e quanto mais longa a jornada de trabalho, em resumo, quanto piores as condições, tanto maior a chance de uma greve geral. Ou podem ser eles os evolucionistas da política partidária, que dizem que o Estado está hoje a caminho do socialismo, por meio da democratização crescente, pela qual os sindicalistas sentem a maior repugnância, preferindo até o czarismo. Para os sindicalistas, trata-se, no mínimo, de um grosseiro autoengano. A questão crítica é a seguinte: onde os sindicalistas esperam encontrar as pessoas adequadas para tomarem em suas mãos a direção da produção? Pois seria um erro grave acreditar que um sindicalista, por mais bem instruído que fosse, e mesmo tendo sido ativo durante anos e conhecendo as condições de *trabalho* em todos os detalhes, devesse conhecer também o *funcionamento* (*Betrieb*) da fábrica, uma vez que toda empresa moderna se baseia completamente no cálculo, no conhecimento da mercadoria e da demanda e na instrução técnica, todas elas coisas que exigem cada vez mais a experiência de especialistas e que os sindicalistas, os trabalhadores autênticos, simplesmente não tiveram a chance de conhecer. Por isso, querendo ou não, eles dependerão também de não trabalhadores, de ideólogos das camadas intelectuais. De fato, chama a atenção que, em contraste total ao lema "a salvação apenas pode vir dos autênticos trabalhadores, unidos na federação sindical, e não dos políticos ou de alguma pessoa de fora", precisamente dentro do movimento sindicalista, que antes da guerra teve seus principais focos na França e na Itália, encontra-se um enorme número de intelectuais acadêmicos. O que eles procuram ali? É o *romanticismo* da greve geral e o *romanticismo* da esperança revolucionária como tal que encantam (*bezaubert*)[17] esses intelectuais. Observando-os, percebemos

....
17. Para Weber, o sindicalismo é um exemplo de modo de pensar e de sentir que se torna atraente porque parece restabelecer no mundo o "encantamento" (*Zauber*) destruído pelo avanço do racionalismo, em um processo

que são românticos emocionalmente incapazes de enfrentar a vida cotidiana e suas exigências, ou pouco inclinados a fazê-lo, e, por isso, ansiosos pelo grande milagre revolucionário e pela oportunidade de, talvez, experimentar eles próprios o poder. É claro que também há homens com qualidades de organização entre eles. A questão é se o operariado se sujeitará à ditadura deles. É verdade que numa guerra, com as transformações fabulosas que ela traz consigo e em virtude do destino que o operariado vive neste momento, particularmente sob o efeito da fome, também a massa dos trabalhadores pode ser contagiada por ideias sindicalistas e, se tem armas à sua disposição, pode tomar o poder sob a liderança de tais intelectuais, se o colapso político e militar de um Estado lhes oferece a oportunidade. Mas não vejo as pessoas adequadas para dirigir a produção em tempos de paz nem entre os próprios membros dos sindicatos nem entre os intelectuais sindicalistas. A grande experiência do momento é a Rússia. A dificuldade é que, hoje em dia, não podemos olhar além das fronteiras, para saber como a direção da produção se realiza ali de fato. Segundo se ouve, a situação transcorre da seguinte maneira: o governo bolchevista, notoriamente composto de intelectuais que, em parte, estudaram aqui em Viena e na Alemanha, e entre os quais há poucos russos, passou agora a reintroduzir o sistema de salário por peça nas fábricas que ainda estão funcionando – segundo notícias social-democratas, 10% da produção durante a paz – com o argumento de não querer prejudicar a produtividade. Mantém os empresários na direção das empresas – porque apenas eles possuem o conhecimento específico – e lhes pagam subvenções consideráveis. Além disso, voltaram a pagar salários de oficiais a oficiais do antigo regime porque precisam de um exército e perceberam que isso não é possível sem oficiais instruídos. Se estes

....
de "Entzauberung der Welt" ["Desencantamento do Mundo"]. Ver, por exemplo, *Max Weber's Science as a Vocation,* Ed. P. Lassman e R. Spiers. Velody (Londres, 1989), p. 30.

oficiais, assim que voltarem a ter em suas mãos a tropa, aceitarão permanentemente a liderança dos intelectuais, isto é algo que me parece duvidoso; no momento, porém, tiveram que aceitá-la. E, por fim, obrigaram também uma parte da burocracia a trabalhar para eles, tirando-lhes a senha de racionamento do pão. Mas, a longo prazo, não é possível dirigir desta maneira um aparato estatal e uma economia e, até agora, a experiência não é muito animadora.

O extraordinário é apenas o fato de que essa organização esteja funcionando há tanto tempo. Isso é possível porque é uma ditadura militar, não dos generais, mas sim dos cabos, e porque os soldados, voltando do *front* e cansados da guerra, uniram-se aos camponeses, ansiosos por terras e acostumados com o comunismo agrário – ou porque os soldados, com suas armas e em ações violentas, tomaram posse dos vilarejos, recolheram contribuições e fuzilaram todos os que se aproximaram deles. Esta é a única experiência realmente grande de uma "ditadura do proletariado" feita até agora, e podemos garantir, com toda sinceridade, que, por parte dos alemães, as discussões em Brest-Litovski foram conduzidas da maneira mais leal possível, na esperança de conseguir uma paz de verdade com essa gente. Isso aconteceu por diversas razões. Aqueles que tinham interesses baseados na existência da sociedade burguesa eram a favor, dizendo: "Pelo amor de Deus, deixem aquela gente fazer sua experiência, que certamente fracassará e servirá de exemplo para desencorajar outras tentativas." Nós outros éramos a favor, dizendo: "Se essa experiência tiver êxito e nós virmos que a cultura é possível nesse terreno, então estaremos convertidos."

Quem impediu tudo isso foi o senhor Trotski, que não queria se limitar a fazer uma experiência em sua própria casa e colocar sua esperança nela, já que, se tivesse êxito, ela seria uma propaganda sem igual, no mundo inteiro, do socialismo. Pelo contrário, em sua vaidade de literato, tipicamente russa, queria mais e esperava, por meio de debates retóricos e do abuso de palavras como "paz" e "autodeterminação", desencadear a guerra civil na Alemanha, mas estava tão mal-informado que não sabia que pelo menos dois terços do exército alemão são recrutados no campo e outro sexto é composto de pequenos burgueses que, com todo prazer, espancariam os trabalhadores ou qualquer outro grupo que quisesse fazer revoluções. Com combatentes pela fé não se pode fazer as pazes, só se pode neutralizá-los, e este era o sentido do ultimato e da paz imposta em Brest. Todo socialista deve reconhecer isso – e não conheço nenhum, seja qual for a sua facção, que não o reconheça, pelo menos para si.

Quem entrar em discussão com socialistas contemporâneos e quiser proceder de maneira *leal* – e esta é a única sensata –, deve, em face da situação atual, fazer-lhes duas perguntas. Primeira: qual é a sua atitude em relação ao evolucionismo, isto é, em relação à ideia – que é um dogma fundamental do marxismo hoje considerado ortodoxo – de que a sociedade e sua ordem econômica se desenvolvem estritamente de acordo com certas leis naturais, ou – por assim dizer – por etapas de crescimento, e que, portanto, uma sociedade socialista não pode surgir nunca e em nenhum lugar antes de a sociedade burguesa alcançar sua plena maturidade? Isto, mesmo na opinião socialista, não ocorre em parte alguma, pois ainda existem pequenos camponeses e pequenos artesãos. Como, enfim, se posicionam os socialistas em relação a este dogma fundamental do evolucionismo? E aí se tornará claro que, pelo menos fora da Rússia, *todos* se baseiam nele, isto é, todos, mesmo os mais radicais entre eles, esperam como única consequência possível de uma revolução o surgimento de uma ordem social *burguesa* e *não* de uma ordem social dirigida por proletários, porque para esta ainda não chegou o tempo em lugar nenhum. Essa ordem social, assim se espera, estará em alguns passos mais próxima, em algumas características, daquela fase final, a partir da qual um dia acontecerá a transição para a ordem socialista do futuro.

Se solicitado a consultar sua consciência, nenhum intelectual socialista honesto pode afirmar outra coisa. Como resultado, há na Rússia uma ampla camada de social-democratas, os assim chamados mencheviques, para os quais essa experiência bolchevique de enxertar uma ordem socialista na sociedade burguesa atual não apenas é um absurdo, senão também um sacrilégio contra o dogma marxista. O terrível ódio mútuo das duas orientações tem sua origem nessa heresia dogmática.

Agora, se a avassaladora maioria dos líderes, ao menos todos os que já conheci, tem como fundamento o evolucionismo, é naturalmente justo perguntar: do ponto de vista deles, o que pretende alcançar, nestas condições, uma revolução, especialmente durante a guerra? Pode trazer a guerra civil e com isso, talvez, a vitória da *Entente*, mas não uma sociedade socialista; além disso, pode e vai levar, dentro do Estado talvez arruinado, a um regime de interesseiros camponeses e pequeno-burgueses, isto é, dos adversários mais radicais de *qualquer tipo* de socialismo. E, principalmente, uma revolução traria consigo uma grande destruição de capital e desorganização, isto é, um retrocesso exatamente no desenvolvimento social reclamado pelo marxismo, o qual, afinal, pressupõe uma saturação progressiva da economia com capital. E cabe considerar que a natureza do *camponês* na Europa Ocidental é diferente daquela do camponês russo, que vive dentro do seu comunismo agrário. Ali, o ponto decisivo é a questão das terras, que aqui não tem importância alguma. Pelo menos o camponês alemão é individualista hoje em dia e afeiçoado à propriedade herdada e ao seu pedaço de chão. Destes, ele dificilmente desistirá. É muito mais provável que se alie ao latifundiário do que ao trabalhador socialista radical, caso se sinta ameaçado.

Do ponto de vista das esperanças socialistas para o futuro, as perspectivas de uma revolução agora, durante a guerra, são as piores imagináveis, mesmo que ela tenha êxito. O que traria consigo, na melhor das hipóteses, seria uma aproximação da organização *política* à forma desejada pela democracia, mas isto a afastaria do socialismo em virtude das consequências *economicamente* reacionárias que necessariamente teria. Também isto não pode ser negado por nenhum socialista honesto.

A segunda questão é a atitude em relação à *paz*. Todos nós sabemos que, hoje em dia, o socialismo radical se confunde, para as massas, com as tendências pacifistas, com o desejo de que se chegue à paz o quanto antes. No entanto, é fato que todo líder da social-democracia radical, isto é, a verdadeiramente revolucionária, quando perguntado, terá de admitir sinceramente que a paz, para ele, o *líder*, não é o decisivo, ou o mais importante. "Se nós temos a escolha", ele terá de dizer, se for franco e sem reserva, "entre uma guerra de mais três anos e depois a revolução, por um lado, e a paz imediata sem revolução, por outro, então somos naturalmente a favor dos três anos de guerra." Que ele ajuste isso com seu fanatismo e sua consciência. A questão é, antes, se a maioria das tropas que têm de permanecer no campo de batalha, inclusive os socialistas, é da mesma opinião que esses líderes que lhes impõem uma coisa dessas. E evidentemente é leal e correto obrigá-los a revelar sua posição. É fato reconhecido que Trotski *não* queria a paz. Isto não é negado por nenhum dos socialistas que conheço. Mas a mesma coisa aplica-se também aos líderes radicais de todos os países. Colocados diante da escolha, também eles *não* desejariam a paz antes de qualquer coisa, mas sim a guerra, desde que esta favorecesse a revolução, isto é, a guerra civil. Escolheriam a guerra no interesse da revolução, *ainda que* esta revolução, segundo sua própria opinião – repito-o, uma vez mais –, *não* possa levar à sociedade socialista, mas, no máximo, e esta é a única esperança, a uma "forma mais elevada de desenvolvimento", do ponto de vista socialista, da sociedade burguesa, a qual, portanto, estará um pouco mais próxima da sociedade socialista que existirá em algum momento futuro – quanto mais próxima é algo que ninguém pode dizer – do que a sociedade atual. Mas, pela razão exposta, precisamente esta esperança é extremamente duvidosa.

Uma discussão com socialistas e revolucionários convictos é sempre uma coisa desagradável. Segundo minha experiência, ninguém nunca os convence. Pode-se apenas obrigá-los a revelar sua posição diante de seus próprios partidários, em relação à questão da paz, por um lado, e, por outro, em relação à questão de qual é o verdadeiro objetivo da revolução, isto é, a questão da evolução gradual, que até hoje é um dogma do marxismo genuíno e apenas foi rejeitada na Rússia por uma seita local, que pensou que a Rússia poderia saltar essas fases de desenvolvimento da Europa Ocidental. Esta é uma maneira perfeitamente leal e também a única eficiente e possível. Pois sou da opinião de que não há nenhuma maneira de eliminar do mundo a convicção e as esperanças socialistas. Todo operariado sempre será em algum sentido socialista. A pergunta é se este socialismo será de um tipo tolerável, do ponto de vista dos interesses do Estado e, no momento, particularmente do ponto de vista dos interesses militares. Até agora, nenhum regime – e o regime proletário, como, por exemplo, a Comuna de Paris ou o dos bolcheviques, não é nenhuma exceção – pôde dispensar a lei marcial quando os fundamentos de sua disciplina estavam ameaçados. Pelo menos o senhor Trotski admitiu isso, com sinceridade louvável. Mas, quanto mais certeza a tropa sentir de que apenas o interesse *objetivo* na manutenção da disciplina, e *não* certos interesses de partidos ou classes, determinam o comportamento das instâncias militares, e que, portanto, apenas acontece na guerra o *objetivamente* inevitável, tanto mais inabalada permanecerá a autoridade militar.

O presidente do Reich[1]

O primeiro presidente do *Reich* foi eleito pela Assembleia Nacional. O futuro presidente do *Reich* precisa necessariamente ser eleito diretamente pelo povo. As razões decisivas para isso são as seguintes:

1. O *Bundesrat*, qualquer que seja o seu nome futuro e quaisquer que sejam as suas novas competências, terá de entrar de alguma forma na nova Constituição do *Reich*, pois é completamente utópico acreditar que os representantes do poder governamental e da autoridade estatal, isto é, os governos designados pelo povo dos Estados individuais, permitam sua exclusão da formulação da vontade do *Reich* e, sobretudo, da administração do *Reich*. Por isso, é absolutamente *indispensável* a criação de um chefe de Estado que, *indubitavelmente, esteja apoiado na vontade do povo inteiro*, sem intervenção de intermediários. A eleição indireta foi abandonada por toda parte, e justamente aqui, para o posto formalmente mais elevado, deveria ser ela mantida? Isso seria considerado, com toda razão, uma zombaria do prin-

---

1. "Der Reichspräsident" foi publicado pela primeira vez no jornal *Berliner Börsenzeitung*, em 25 de fevereiro de 1919, após a eleição de Friedrich Ebert como presidente alemão pela Assembleia Nacional, mas foi revisado, em seguida, por Weber. A versão final foi publicada no jornal *Königsberger Hartungsche Zeitung* em 25 de março de 1919.

cípio da democracia em favor do regateio dos parlamentares e desacreditaria a unidade do *Reich*.

2. Apenas um presidente do *Reich* que tenha por trás de si milhões de votos pode ter autoridade para colocar em marcha o processo de socialização, passo para o qual os parágrafos da lei não representam nada, mas uma administração rigidamente unificada, pelo contrário, significa tudo, pois socialização é administração. Nesse sentido, é totalmente indiferente se, no caso concreto, a socialização tenha o caráter de uma medida financeira inevitável ou, no sentido da social-democracia, o de uma reestruturação da economia[2]. Não é uma tarefa da Constituição do *Reich* determinar a futura ordem econômica. Cabe-lhe apenas abrir caminhos e criar condições para todas as tarefas que a administração possa ter que enfrentar e, portanto, também para essa. Esperemos que a social-democracia não ignore essas necessidades devido a um mundo de ideias equivocadas, pequeno-burguesas e pseudodemocráticas. Que os social-democratas se lembrem de que a tão discutida "ditadura" das massas exige um "ditador", *um homem de confiança das massas, eleito por elas*[3], ao qual se subordinarão enquanto ele for depositário de sua confiança. Uma chefia de Estado cole-

....

2. Weber refere-se aos planos da Comissão de Socialização, estabelecida entre novembro de 1918 e março de 1919. Entre seus membros, estavam Karl Kautsky, Rudolf Hilferding e Joseph Schumpeter. Os planos da Comissão para a nacionalização da indústria pesada eram distintos da concepção de gerenciamento econômico representada por Rathenau e Von Moellendorf, cujos defensores se opunham ao trabalho da Comissão. Embora uma Lei Geral de Socialização tenha sido promulgada, os planos da Comissão não foram adiante.

3. Aqui, a expressão de Weber é ambígua. Ele escreve sobre um "selbstgewählten Vertrauensmann der Massen", que pode significar um "homem de confiança das massas, eleito por si próprio" ou, de forma mais plausível neste contexto, "um homem de confiança das massas, eleito por elas". Esta leitura tem respaldo na parte final do ensaio, onde é bastante improvável que "selbstgewählte Führer" possa significar algo diferente de "líderes eleitos pelo próprio povo".

giada, na qual, evidentemente, todos os maiores Estados da federação, bem como todos os partidos majoritários, exigiriam ser representados, ou uma chefia eleita pelo parlamento, que sofreria da impotência miserável do presidente francês, jamais poderia criar na administração aquela união sem a qual é impossível a reconstrução da nossa economia, seja qual for o seu fundamento. Devemos cuidar para que o presidente do *Reich* sempre tenha perante os olhos "forca e corda" como consequência de qualquer tentativa de interferir nas leis ou de governar autocraticamente. Se necessário, devemos excluir todos os membros das dinastias para evitar uma restauração por meio de um plebiscito, mas devemos colocar a presidência do *Reich* firmemente em seus próprios pés democráticos.

3. Apenas a eleição do presidente do *Reich* pelo povo proporciona a oportunidade e o motivo para a seleção de um líder e, com isso, para uma reorganização dos partidos que supere o atual sistema, completamente obsoleto, da gestão de notáveis. Se este persistir, a democracia política e economicamente progressiva não terá nenhuma chance num futuro previsível. As eleições mostraram que, por toda parte, os antigos políticos profissionais conseguiram, contrariamente à disposição dos eleitores, eliminar os homens que gozam da confiança dessas massas em favor de uma mercadoria política ultrapassada. Como resultado, as melhores cabeças têm se afastado de toda a política. Apenas a eleição popular do funcionário supremo do *Reich* pode criar aqui uma válvula de escape.

4. Essa necessidade é intensificada pelo *efeito do sufrágio proporcional*[4]. Nas próximas eleições, se tornará aparente algo que, nestas, mostrou-se apenas em seu estágio inicial: as as-

....
4. A Constituição da República de Weimar, que entrou em vigor no dia 14 de agosto de 1919, define uma forma complicada de sufrágio proporcional. Weber refere-se à discussão do esboço da Constituição que antecedeu sua promulgação.

sociações profissionais (*Berufsverbände*), formadas por senhorios, portadores de diplomas, assalariados e "uniões" de todos os tipos, obrigarão os partidos a colocar seus secretários remunerados (os das associações) no topo das listas eleitorais com a única intenção de angariar votos. Dessa maneira, o parlamento se transformará em uma corporação em que mandam personalidades para as quais a política nacional é como "Hecuba"[5] e cujas ações estão, de fato, submetidas ao mandato "imperativo" de interesses econômicos – *um parlamento de ignorantes*, incapaz de ser, em algum sentido, o lugar de seleção de líderes políticos. Isso deve ser dito aqui, aberta e indisfarçadamente. Mas junto à circunstância de que o *Bundesrat*, por meio de suas resoluções, compromete em grande parte o Primeiro-Ministro (Chanceler do *Reich*), isso significa uma limitação inevitável da importância puramente política do parlamento como tal, que exige necessariamente um contrapeso apoiado na vontade democrática do povo.

5. O particularismo clama por *um representante do princípio de unidade do Reich*. Não sabemos se o desenvolvimento de partidos puramente regionais progredirá. A disposição não falta. Isso inevitavelmente se refletirá, a longo prazo, na formação de maiorias e na composição dos ministérios do *Reich*. O movimento eleitoral, que surge na nomeação de um presidente do *Reich* eleito pelo povo, põe um limite à proliferação unilateral dessas tendências, pois obriga os partidos a se organizarem uniformemente e se entenderem em todo o *Reich*, do mesmo modo que o próprio presidente do *Reich*, eleito pelo povo, representa um contrapeso ao – infelizmente inevitável – *Bundesrat,* no sentido da unidade do *Reich*, sem que ameace submeter ao seu poder os Estados federados/individuais.

....

5. *Hamlet*, Ato 2, Cena 2: "O que é Hécuba para ele, ou ele para Hécuba, para que chore assim por ela?"

6. No passado, no Estado autoritário, era necessário engajar-se pelo crescimento do poder da maioria parlamentar para, finalmente, elevar a importância e, com esta, o nível do parlamento. Hoje temos uma situação em que quase todos os projetos constitucionais caíram em uma crença ingênua, quase cega, na infalibilidade e onipotência da maioria – não do povo, mas sim dos parlamentares. Caminhamos para o extremo oposto, igualmente nada democrático. Devemos limitar o poder do presidente eleito pelo povo, como de hábito, e cuidar para que ele apenas possa intervir na maquinaria do *Reich* em casos de crises temporariamente insolúveis (mediante o *veto suspensivo*[6] e a convocação de ministérios compostos de funcionários públicos), enquanto, nos demais casos, apenas pela convocação de um *referendo. Mas devemos lhe conceder, por meio da eleição popular, a terra firme sob os pés.* Caso contrário, a cada crise parlamentar – e existindo pelo menos quatro ou cinco partidos, ela não será nenhuma raridade –, balançará todo o edifício do *Reich*.

7. *Apenas um presidente do Reich eleito pelo povo* pode desempenhar em Berlim, *ao lado do chefe do Estado prussiano*, um papel que não é meramente tolerado. Quase toda a nomeação de cargos estará nas mãos dos governos dos Estados individuais, e também, portanto, do Estado prussiano, sobretudo a nomeação de todos os funcionários administrativos que estão em contato diário com o povo e também, provavelmente, pelo menos os cargos militares inferiores. Por isso, um presidente do *Reich* não eleito pelo povo inteiro desempenharia um papel deplorável em relação ao governo prussiano, e assim ressurgiria a supremacia da Prússia em Berlim e, consequentemente, no *Reich*, e de uma forma muito perigosa, por ser particularista.

---

6. Em oposição a um "veto absoluto", um "veto suspensivo" é um poder limitado que permite adiar a execução de uma decisão, mas que não pode ser aplicado novamente se a mesma decisão for apresentada pela segunda vez, com a mesma configuração.

É bastante compreensível que os membros do parlamento façam apenas de má vontade o sacrifício de renunciar ao monopólio da eleição do órgão supremo do *Reich* e passá-lo para outras mãos. Mas há de acontecer, e o movimento para consegui-lo não sossegará nunca. Esperemos que a democracia não coloque nas mãos de seus inimigos essa arma de agitação antiparlamentar. Do mesmo modo que agiram não apenas de maneira mais nobre, mas também mais prudente aqueles monarcas que, no momento apropriado, limitaram o seu próprio poder em favor de representações parlamentares, o parlamento faria bem em reconhecer voluntariamente a Carta Magna da democracia, o direito de eleição direta do líder. Não se arrependerá caso os ministros permaneçam rigorosamente vinculados à confiança do parlamento, pois a grande corrente de vida partidária democrática que se desenvolverá em conexão com essas eleições populares também o beneficiará. *Um presidente do Reich eleito pelo parlamento, sob determinadas constelações e coalizões de partidos, é um homem politicamente morto quando essas constelações se deslocam.* Um presidente eleito pelo povo, como chefe do Executivo, da nomeação de cargos e, eventualmente, como detentor de um veto suspensivo, da autoridade de dissolver o parlamento e de invocar um referendo é o paládio da democracia autêntica, que não significa a entrega impotente a panelinhas, mas sim a subordinação a líderes eleitos pelo próprio povo.

A política como profissão e vocação[1]

A palestra que darei, a seu pedido, necessariamente os decepcionará em vários aspectos. De uma palestra sobre política como vocação, os senhores instintivamente esperam um comentário a respeito de questões atuais do dia. Mas isso acontecerá apenas de modo puramente formal ao fim de minha exposição, em resposta a determinadas questões da significação da ação política no conjunto da conduta humana. Por outro lado, devem ser completamente excluídas da palestra de hoje todas as questões referentes *ao tipo* de política que se *deve* fazer, isto é, ao *conteúdo* que se *deve* dar às suas atividades políticas. Pois isso nada tem a ver com a questão geral do que é política como vocação e o que pode significar. Vamos direto ao assunto!

---

1. O texto *Politik als Beruf* foi publicado como parte da série *Geistige Arbeit als Beruf. Vier Vörtrage vor dem Preistudentischen Bund* (Trabalho intelectual como vocação. Quatro palestras para a União de Estudantes Livres), Munique e Leipzig, 1919. Seguindo as alterações editoriais primeiramente realizadas por Marianne Weber nos *Gesammelten politischen Schriften* e adotada pelos editores da nova obra *Gesamtausgabe,* o décimo parágrafo ("Todo meio de dominação (...) e os meios administrativos materiais") foi deslocado de sua posição claramente equivocada na primeira edição. Também foram corrigidos alguns erros de impressão (como *entlehnte* por *entlohnte*). O ensaio de Weber é baseado em uma palestra proferida em Munique, em janeiro de 1919, mas somente publicado em outubro do mesmo ano. Aqui ele aparece depois de "O presidente do *Reich*", uma vez que este último foi publicado an-

O que entendemos por política (*Politik*)? O conceito é extraordinariamente amplo e compreende todo tipo de atividade autônoma de *liderança* (*leitende*). Falamos da política de divisas dos bancos, da política de desconto do *Reichsbank*, da política de um sindicato durante uma greve, podemos falar da política escolar de uma comunidade urbana ou rural, da política da diretoria de uma associação na condução desta e até, finalmente, da política de uma mulher astuta que tenta dirigir seu marido. É claro que um conceito tão amplo não pode ser o fundamento das considerações desta noite. Queremos apenas entender por política a direção ou a influência da direção de uma associação *política* (*Verband*), que hoje se denomina *Estado*.

O que é então, do ponto de vista sociológico, uma associação "política"? O que é um "Estado"? Este também não se deixa definir sociologicamente pelo conteúdo daquilo que faz. Não há quase nenhuma tarefa que alguma associação política não tenha assumido em algum momento, mas, por outro lado, também não há nenhuma que se possa chamar de eternamente, definitivamente e *exclusivamente* própria daquelas associações que se designam políticas, hoje denominadas Estados, ou que historicamente foram os predecessores do Estado moderno. Em última instância, podemos definir sociologicamente o Estado moderno apenas por um *meio* (*Mittel*) específico que lhe é próprio, assim como a toda associação política: a violência física (*Gewaltsamkeit*). "Todo Estado se fundamenta na força (*Gewalt*)", disse Trotski, um dia, em Brest-Litovski. De fato, isso é correto. Se existissem apenas formações sociais que desconhecessem a violência como meio, *então* o conceito de "Estado" teria desaparecido e, *então*, teria surgido o que, no sentido próprio da palavra, se chamaria de "anar-

....
tes, mas, na concepção, a palestra é evidentemente anterior. No título, o termo *Beruf* foi traduzido por "profissão e vocação" porque o ensaio trata tanto dos negócios e empreendimento (*Betrieb*) da política quanto da vocação do político dedicado.

quia". É claro que a violência não é o instrumento mais comum ou o único empregado pelo Estado – de modo algum queremos afirmar isso –, mas certamente é o meio que lhe é *específico*. Precisamente hoje[2], a relação entre o Estado e a violência é particularmente íntima. No passado, as associações mais diversas – a começar pelos clãs – conheciam a violência física como um meio perfeitamente normal. Hoje, ao contrário, temos de dizer que o Estado é aquela comunidade humana que, dentro de determinado território – o "território" faz parte da definição de Estado –, reivindica para si (com êxito) o *monopólio da violência física legítima*. Pois o específico do presente é que se atribua o direito ao uso da violência física a outras associações ou pessoas individuais apenas no limite permitido pelo *Estado*: este é considerado a única fonte do "direito" ao uso da violência.

Portanto, para nós "política" significaria a tentativa de participar do poder ou de influenciar a distribuição do poder, seja entre Estados, seja dentro de um único Estado, entre os grupos de pessoas que ele abrange.

Isso corresponde, em essência, ao uso da língua. Quando se diz de uma questão que ela é "política", de um ministro ou funcionário que ele é um "funcionário político", de uma decisão que ela é "politicamente" determinada, sempre se quer dizer que interesses na distribuição, na conservação ou na transferência do poder são decisivos para a resposta àquela questão ou condicionam aquela decisão ou determinam a esfera de atividade do funcionário em questão. Quem faz política ambiciona o poder, seja o poder como meio a serviço de ou-

....
2. No momento em que Weber proferia a palestra, a Alemanha se encontrava no meio da chamada "Revolução Alemã", que havia estourado em novembro de 1918 e atingido novo pico de intensidade em janeiro de 1919. Em Munique, onde Weber se dirigia aos estudantes, a "República Soviética da Baviera" havia sido proclamada. Intelectuais como Kurt Eisner e Ernst Toller estavam profundamente envolvidos no processo e incitavam Weber a retomar o tema recorrente do papel desempenhado pelos *littérateurs* na política.

tros objetivos (ideais ou egoístas), seja o poder "por si mesmo", para gozar do sentimento de prestígio que somente ele proporciona.

O Estado, bem como as associações políticas que o precederam historicamente, é uma relação de *dominação* (*Herrschaft*) de seres humanos sobre seres humanos, apoiada no instrumento da violência legítima (isto é, violência considerada legítima). Para que ele continue existindo, os homens dominados precisam *se submeter*, portanto, à autoridade continuamente reivindicada por aqueles que estão dominando no momento. Quando e por que eles fazem isso? Em que justificações internas e em que meios externos está apoiada essa dominação?

Para começar com as justificações internas: há, a princípio, três fundamentos que dão *legitimidade* a uma dominação[3]. Inicialmente, há a autoridade do "passado eterno", do *costume* consagrado pela validez imemorial e pela disposição habitual do homem de respeitá-lo. Esta é a dominação "tradicional", como a praticavam antigamente o patriarca e o príncipe patrimonial. Em seguida, há a autoridade baseada no pessoal e extraordinário *dom da graça* (carisma), a devoção e a confiança estritamente pessoais em revelações, heroísmo ou outras qualidades de liderança em um indivíduo: é a dominação "carismática", exercida pelo profeta ou, na área da política, pelo senhor da guerra eleito ou pelo soberano escolhido por um plebiscito, pelo grande demagogo e pelo líder de um partido político. Por fim, existe a dominação em virtude da "legalidade", em virtude da crença na validade de um *estatuto* legal e da "competência" jurídica objetiva (*sachlich*), fundamentada em regras racionalmente estabelecidas, isto é, em virtude da disposição à obediência no cumprimento de deveres estatutários. Esta é a dominação praticada pelo moderno "servidor do Estado" e por todos aqueles portadores de poder que se asse-

---
3. Weber discute sua classificação das formas de legitimação da dominação em *Economia e sociedade* (ver cap. 3, em particular).

melhem a ele neste sentido. É evidente que, na realidade, motivos extremamente poderosos, fundamentados no medo e na esperança (medo da vingança de poderes mágicos ou do potentado, esperança de obter uma recompensa neste mundo ou no Além), determinam a submissão do governado, além de interesses de natureza diversa. Voltaremos logo a este assunto. Mas quando perguntamos pelas razões da "legitimidade" dessa obediência, encontramos com certeza esses três tipos "puros". Essas noções de legitimidade e sua justificativa interna são de considerável importância para a estrutura da dominação. Os tipos puros raramente podem ser encontrados na realidade, mas hoje não podemos nos ocupar com as variações, transições e combinações extremamente complicadas desses tipos puros: isso faz parte dos problemas da "teoria geral do Estado"[4].

Aqui, estamos interessados, sobretudo, no segundo daqueles tipos: a dominação em virtude da devoção dos seguidores ao "carisma" puramente pessoal do "líder". Pois aqui a ideia da vocação (*Beruf*) está enraizada em sua forma mais elevada. A devoção das pessoas ao carisma do profeta ou do comandante na guerra ou ao do grande demagogo na *ecclesia*[5] ou no parlamento significa que o líder é pessoalmente considerado alguém que, em virtude de um "chamamento" interno, realizará a tarefa de conduzir os homens e que estes não lhe obedecem devido a um costume ou à força de uma lei, mas sim porque nele acreditam. Ele próprio, se não for apenas um arrivista limitado e vaidoso do momento, vive em função de sua causa (*Sache*), "aspira à sua obra"[6]. Mas a devoção

---

4. Weber foi fortemente influenciado pela obra de seu colega, G. Jellinek, particularmente por *Allgemeine Staatslehre* (*Teoria geral do Estado*), Berlim, 1900.

5. "*Ecclesia*" era a reunião de todos os cidadãos livres nas cidades-Estado da Grécia antiga.

6. A frase "trachtet nach seinem Werke" provavelmente refere-se às palavras proferidas pelo Zaratustra de Nietzsche no início de "A oferta do mel":

de seus seguidores, sejam eles discípulos ou seu séquito (*Gefolgschaft*) ou, ainda, partidários militantes, está orientada para a sua pessoa e as suas qualidades. A ideia do líder pode ser encontrada em todos os lugares e em todas as épocas históricas, representada pelas duas figuras mais importantes do passado: de um lado, o mago e o profeta e, de outro, o chefe escolhido para conduzir a guerra, o chefe do grupo e *condottiere*. O que mais nos interessa, no entanto, é próprio do mundo ocidental: a ideia do líder *político* representada, inicialmente, pela figura do "demagogo" livre, que brotou do solo da cidade-Estado, típica do Ocidente, principalmente da cultura mediterrânea, e depois pelo "líder partidário" parlamentar, que surgiu no Estado constitucional, outra instituição típica do Ocidente.

Mas, evidentemente, esses políticos por "vocação", no sentido verdadeiro da palavra, não são em lugar algum as únicas figuras decisivas no mecanismo da luta pelo poder político. Bastante decisiva é antes a natureza dos recursos de que dispõem. Como as forças que dominam politicamente conseguem se manter no poder? Essa pergunta refere-se a todo tipo de dominação e, portanto, também à dominação política em todas as suas formas: tanto à tradicional quanto à legal e à carismática.

Todo empreendimento de dominação que requer administração contínua precisa, por um lado, que na ação humana haja a disposição de obedecer àqueles senhores (*Herren*) que pretendem ser os portadores do poder legítimo e, por outro lado, em virtude dessa obediência, os dominadores precisam dispor daqueles bens materiais que eventualmente possam ser necessários para se impor pela força física. Em outras palavras, são essenciais um quadro administrativo e os meios administrativos materiais.

....
"Há muito tempo que não aspiro já à felicidade; aspiro à minha obra", *Thus spoke Zaratustra,* traduzido por R. J. Hollingdale (Harmondsworth, 1961), p. 251.

O quadro administrativo, que representa fisicamente o empreendimento de dominação política, a exemplo do que acontece com qualquer outro empreendimento, evidentemente não está vinculado à obediência perante o potentado apenas pelas concepções de legitimidade que acabamos de conhecer. Há também dois meios que apelam ao interesse pessoal: remuneração material e honra social. O feudo dos vassalos, as prebendas dos funcionários patrimoniais, o salário dos modernos servidores públicos, a honra cavalheiresca, os privilégios estamentais e a reputação do funcionário do Estado constituem a recompensa, e o medo de perdê-los é a base fundamental e decisiva da solidariedade do quadro administrativo com o detentor do poder. Isso se aplica também à dominação do líder carismático: honras militares e os espólios para os guerreiros; os *"spoils"*, a exploração dos dominados mediante monopólio de cargos, ganhos politicamente condicionados e prêmios que apelam à vaidade para os seguidores da demagogia.

Para a manutenção de qualquer dominação coerciva são necessários certos bens materiais palpáveis, do mesmo modo que para um empreendimento econômico (*Betrieb*). Todas as ordens estatais podem ser classificadas segundo dois princípios básicos. Na primeira categoria, aquele quadro de pessoal – funcionários ou seja lá o que forem –, com cuja obediência o potentado deve poder contar, é ele mesmo o *proprietário* dos meios administrativos, que podem consistir em dinheiro, edifícios, material bélico, lotes de veículos, cavalos etc. Na segunda categoria, o quadro administrativo está "separado" dos meios administrativos, no mesmo sentido que hoje em dia o empregado de escritório ou o proletário, dentro da empresa capitalista, está "separado" dos meios materiais de produção. Isto é, ou o detentor do poder tem a administração sob *direção própria*, por ele organizada, e o trabalho administrativo é realizado seja por servidores ligados a sua pessoa ou funcionários por ele contratados, seja por favoritos pessoais e homens de confiança que não são donos, isto é, proprietários por direito próprio, dos meios operacionais (*Betriebsmittel*), mas sim dirigidos pelo senhor, ou o contrário é o caso. Essa diferença atravessa todas as organizações administrativas do passado.

Chamaremos de associação "*estamentalmente*" estruturada (*ständisch gegliedert*) uma associação política em que os meios administrativos materiais encontram-se inteira ou parcialmente sob posse do quadro administrativo dependente. O vassalo na associação feudal, por exemplo, custeava do próprio bolso a administração e jurisdição do distrito enfeudado, equipava-se e aprovisionava-se para a guerra, e seus subvassalos faziam o mesmo. É claro que isso trazia consequências para a posição de poder do senhor, que se baseava apenas no pacto pessoal de fidelidade e no fato de que o feudo e a honra social do vassalo derivavam a sua "legitimidade" do senhor.

Mas encontramos também por toda parte, desde as formações políticas mais remotas, o controle direto do senhor. Por intermédio daqueles que são pessoalmente dependentes dele – escravos, funcionários domésticos, serviçais, "protegidos" e prebendeiros remunerados em dinheiro ou em espécie, a partir de suas próprias reservas – , o dominador procura ter a administração em suas mãos, pagar os meios necessários do próprio bolso, com o rendimento do seu patrimônio, e criar um exército que dependa exclusivamente de sua própria pessoa, já que o equipa e abastece com produtos de seus celeiros, magazines e arsenais. Enquanto na associação "estamental" o senhor governa com a ajuda de uma "aristocracia" autônoma, *dividindo* com ela a dominação, aqui seu domínio se apoia ou em dependentes domésticos ou em plebeus, isto é, camadas da sociedade desprovidas de propriedades e de honra social própria, que materialmente dependem por completo dele e não dispõem de nenhum poder próprio, capaz de competir com o dominador. Todas as formas de dominação patriarcal e patrimonial, despotismo sultânico e ordem estatal burocrática pertencem a esse tipo, particularmente a última, que na sua forma mais racional é característica também e especialmente do Estado moderno.

Por toda parte, o desenvolvimento do Estado moderno recebe seu primeiro impulso quando o príncipe decide pela expropriação dos detentores "privados" independentes do poder administrativo, que existem ao seu lado, isto é, aqueles proprietários de meios operacionais administrativos, bélicos, financeiros e de bens politicamente aproveitáveis de todos os tipos. Todo o processo é um paralelo perfeito ao desenvolvimento da empresa capitalista (*Betrieb*) mediante a expropriação gradual dos produtores independentes. No final, observamos que, no Estado moderno, o poder que dispõe da totalidade de meios operacionais políticos se concentra, de fato, numa única extremidade, de forma que nenhum funcionário público permanece proprietário pessoal do dinheiro que manipula ou dos edifícios, provisões, instrumentos e máquinas bélicas que controla. Isto é, no "Estado" moderno – e isto é essencial ao seu conceito – está completamente realizada a "separação" entre o quadro administrativo (os servidores públicos e demais funcionários da administração) e os meios operacionais materiais. E nesse ponto entra em cena o desenvolvimento mais moderno de todos, que tenta encaminhar, diante de nossos olhos, a expropriação desse expropriador dos meios políticos e, consequentemente, do próprio poder político. A revolução conseguiu isso, pelo menos na medida em que o lugar das autoridades legalmente estabelecidas foi ocupado por líderes que, por usurpação ou eleição, obtiveram o poder de dispor do quadro de pessoal político e o respectivo aparato de bens materiais e que derivam a sua legitimidade – seja com razão ou não – da vontade dos dominados. É uma questão bem diferente saber se essa revolução, em virtude desse sucesso – pelo menos aparente –, tem motivos para nutrir esperanças de realizar a expropriação também dentro das empresas capitalistas, cuja direção, apesar de amplas analogias, orienta-se essencialmente por leis bem diferentes daquelas da administração política. Hoje não darei a minha opinião a respeito disso. Para a nossa reflexão, apenas registro esta constatação de ordem puramente *conceitual*: o Estado moderno é uma associação institucional de dominação (*Herrschaftsverband*) que, dentro de um território, conseguiu estabelecer o monopólio da violência física legítima como meio de dominação, reunindo nas mãos de seus líderes, para esse fim, os meios materiais efetivos, enquanto expropria todos os funcionários estamentais autônomos, que antes dispunham desses meios por direito próprio, e coloca-se no lugar deles, na pessoa de seus representantes supremos.

No decorrer desse processo de expropriação política, que se deu em todos os países do mundo com diferentes graus de sucesso, surgiram, embora inicialmente a serviço dos príncipes, as primeiras categorias de "políticos profissionais" (*Berufspolitiker*) num *segundo* sentido: o de homens que não queriam ser, eles próprios, os senhores, como os líderes carismáticos, mas que se colocavam *a serviço* de senhores políticos. Nessa luta, eles se colocavam à disposição do príncipe e faziam da gestão de sua política, por um lado, seu ganha-pão e, por outro, um ideal (*ideell*) para suas vidas. Outra vez é *exclusivamente* no Ocidente que encontramos *esse* tipo de políticos profissionais a serviço de poderes outros que não sejam os dos príncipes. No passado, eram para estes o instrumento mais importante de poder e de expropriação política.

Antes de examinar mais detalhadamente a questão, precisamos entender com clareza absoluta, sob todos os aspectos, a situação criada pela existência de "políticos profissionais" desse tipo. Pode-se fazer "política" – tentar influenciar a distribuição de poder entre e dentro de formações políticas – tanto como um político "ocasional" quanto como um político profissional em tempo integral ou parcial, como ocorre na esfera econômica. Todos nós somos políticos "ocasionais" quando damos o nosso voto ou manifestamos a nossa vontade de forma semelhante – por exemplo, aplaudindo ou protestando numa assembleia "política", fazendo um discurso "político" etc. – e, para muitas pessoas, sua relação com a política limita-se a isso. Políticos "em tempo parcial" são, hoje em dia, por exemplo, todos aqueles que desempenham o papel de homens de confiança (*Vertrauensmänner*) ou de membros da diretoria de associações político-partidárias e que, como regra, exercem essa atividade apenas em caso de necessidade, *sem viver* dela e para ela, seja no sentido material, seja no sentido espiritual. O mesmo se aplica aos membros de conselhos de Estado e de outros órgãos consultivos análogos, os quais apenas assumem a sua função quando são convocados. E vale também para amplas camadas dos nossos parlamentares, que apenas fazem política durante o período de sessões do parlamento. No passado, encontramos essas camadas particularmente entre os estamentos. Denominamos aqui "estamentos" os donos, por direito pessoal, de meios operacionais militares ou materiais importantes para a administração ou detentores de poderes senhoriais pessoais (*Herrengewalten*). Grande parte deles estava muito longe de colocar a sua vida integralmente ou pelo menos preferencialmente ou ainda nem sequer ocasionalmente a serviço da política. Usavam antes o seu poder senhorial para a obtenção de rendas, ou até mesmo o lucro, e apenas tornavam-se politicamente ativos, a serviço da associação política, quando os senhores ou os demais membros do estamento o exigiam explicitamente. E em nada era diferente o comportamento de uma parte dos auxiliares, a quem o príncipe recorria na luta pela criação de um empreendimento político próprio, que estaria à sua disposição exclusiva. E também tinham esse caráter os "conselheiros privados" (*Räte von Haus aus*)[7] e, em tempos mais remotos, uma parte considerável dos conselheiros reunidos na "*Curia*"[8] e em outros organismos con-

---

7. Referência aos conselheiros que não residiam na corte e somente participavam das reuniões do conselho do príncipe quando elas ocorriam em suas próprias regiões.

8. A *curia regis* era uma assembleia que se reunia em qualquer local que o rei fixasse sua residência.

sultivos. Mas evidentemente esses auxiliares com dedicação apenas ocasional ou parcial não bastavam ao príncipe. Ele precisava tentar criar um quadro de assistentes dedicados plena e exclusivamente a seu serviço e que fizessem dessa a sua ocupação *principal*. Da origem desses auxiliares dependia em grande parte a estrutura da emergente formação política dinástica, e não apenas ela, mas todo o caráter da cultura em questão. Essa necessidade ainda era muito mais sentida por aquelas associações políticas que, após eliminarem completamente ou limitarem consideravelmente o poder principesco, constituíram-se politicamente como comunidades (supostamente) "livres" – "livres" não no sentido da liberdade em relação à dominação coerciva, mas sim no sentido da ausência de um poder principesco legítimo em virtude da tradição (e quase sempre religiosamente consagrado), como fonte única de toda a autoridade. Historicamente, essas formações tiveram sua origem no Ocidente, e seu embrião foi a cidade enquanto associação política, tal como ela surgiu, inicialmente, no âmbito cultural mediterrâneo. Como eram, em todos esses casos, os políticos "em tempo integral"?

Há duas maneiras de se fazer da política uma profissão ou vocação. Ou se vive "para" a política ou se vive "da" política. O antagonismo não é de modo algum exclusivo. Pelo contrário: geralmente, fazem-se ambas as coisas, pelo menos em termos ideais, mas quase sempre também na prática. Quem vive "para" a política, faz "dela a sua vida", em um sentido *profundo* (*innerlich*): ou aprecia a posse nua e crua do poder que exerce ou alimenta seu equilíbrio interno e sua autoestima a partir da convicção de dar um "sentido" (*Sinn*) à sua vida pela dedicação a uma "causa" (*Sache*). Nesse sentido profundo, toda pessoa séria que vive por uma causa, vive também "desta" causa. A distinção refere-se, portanto, a um lado muito mais concreto da situação: o econômico. "Da" política como profissão vive quem aspira a fazer dela uma fonte de *renda* permanente, o que não se aplica a quem vive "para" a política. Para que alguém possa viver "para" a política neste sentido econômico, devem estar presentes – onde domina a ordem da propriedade privada – certas condições que os senhores podem denominar muito triviais: em circunstâncias normais, o homem tem de ser economicamente independente das receitas que a política pode lhe trazer. Isso significa, simplesmente, que ele tem de ser abastado ou encontrar-se, na esfera privada, numa situação que lhe proporcione rendimentos suficientes. Deve ser essa a situação, pelo menos em condições normais. É verdade que o séquito do príncipe guerreiro se interessa tão pouco pelas condições da economia normal quanto os seguidores do herói revolucionário das ruas. Ambos vivem de espólio, roubo, confiscos, taxas, imposição de meios de pagamento compulsórios, sem valor, o que é tudo igual, em sua essência. Mas esses são, necessariamente, fenômenos excepcionais; na economia cotidiana, apenas o patrimônio próprio garante a independência econômica. E não é só isso: o político precisa ser também economicamente "disponível" (*abkömmlich*), isto é, sua renda não pode depender do fato de que ele, pessoalmente e constantemente, coloque toda a sua força de trabalho e o seu pensamento, ou pelo menos a maior parte destes, a serviço de sua obtenção. Neste sentido, o mais incondicionalmente "disponível" é o rentista, portanto aquele que recebe sua renda sem nenhum trabalho, seja ela proveniente do solo, como no caso dos senhores territoriais do passado, dos latifundiários e da nobreza do presente – na Antiguidade e na Idade Média havia, também, rendas provenientes de escravos e servos –, seja de títulos de valores ou semelhantes fontes modernas de rendimento. Nem o operário *nem* – o que cabe destacar – o empresário (inclusive e *particularmente* o grande empresário moderno) estão, nesse sentido, disponíveis. Pois também e *precisamente* o empresário – o empresário industrial muito mais do que o agrário, em virtude do caráter sazonal da agricultura – está amarrado à sua empresa e *não* disponível. Quase sempre é muito difícil para ele deixar-se substituir, ainda que temporariamente. O mesmo ocorre em relação ao médico: tanto menos disponível quanto mais eminente e ocupado ele for. Já em relação ao advogado, por motivos puramente técnicos inerentes à sua atividade, as dificuldades são menores e, por isso, tem desempenhado como político profissional um papel muito mais importante, muitas vezes até mesmo predominante. Não queremos prosseguir com essa casuística[9], mas sim considerar algumas consequências da situação.

A direção de um Estado ou de um partido por pessoas que, no sentido econômico da palavra, vivam exclusivamente para a política, e não da política, significa necessariamente um recrutamento "plutocrático" das camadas politicamente dirigentes. Mas com isso certamente não se exclui o inverso, ou seja, não dizemos que essa direção plutocrática *não* tenha tratado também de viver "da" política, isto é, não tenha tido o hábito de se aproveitar de sua dominação política em benefício de seus interesses econômicos privados. Não é disso que se trata. Nunca houve uma camada que não o tenha feito de alguma forma. Isso significa, apenas, que os políticos profissionais não estão diretamente compelidos a procurar uma remuneração *pelo* trabalho político que executam, enquanto qualquer pessoa desprovida de recursos seja obrigada a levar esse aspecto em consideração. E, por outro lado, não queremos dizer que políticos sem patrimônio estejam simplesmente, ou mesmo principalmente, preocupados com seu sustento econômico privado por meio da política, e não pensem, ou pelo menos não predominantemente, na "causa". Nada seria menos correto. Para o homem abastado, assim ensina a experiência, a preocupação com a "segurança" econômica da sua existência é – consciente ou inconscientemente – o ponto cardeal de toda a orientação de sua vida. O idealismo político intransigente e incondicional pode ser encontrado, se não exclusiva-

---
9. Weber frequentemente se refere ao esclarecimento que faz de distinções conceituais como "casuística". O cap. I de *Economia e sociedade* serve como exemplo.

mente, ao menos quase sempre, nas camadas que, em virtude da falta de recursos, encontram-se fora dos círculos daqueles interessados em conservar a ordem econômica de determinada sociedade. Isso vale particularmente para todas as épocas excepcionais, isto é, revolucionárias. O que queremos dizer é apenas o seguinte: um recrutamento *não* plutocrático dos interessados em política – dos líderes e de seus seguidores – está vinculado à condição prévia evidente de que o empreendimento (*Betrieb*) político proporcione rendimentos regulares e confiáveis a essas pessoas. A política pode ser conduzida a título "honorário" e, neste caso, como se costuma dizer, por pessoas "independentes", isto é, abastadas, principalmente rentistas; ou sua condução torna-se acessível a pessoas sem patrimônio e, neste caso, deve ser remunerada. O político profissional que vive *da* política pode ser um puro "prebendeiro" ou um "funcionário" assalariado. Ou obtém a sua renda na forma de honorários ou emolumentos pela prestação de determinados serviços – gorjetas e propinas constituem apenas uma variação irregular e formalmente ilegal dessa categoria de renda –, ou recebe um salário fixo em espécie ou em dinheiro, ou a combinação de ambos. Ele pode assumir o caráter de um "empresário", como o *condottiere*, arrendatário ou comprador de cargo no passado ou como o *boss*[10] americano*, que considera suas despesas como um investimento de capital, do qual ele obtém uma renda, tirando proveito de sua influência. Ou pode receber um salário fixo como redator ou secretário de partido, ministro moderno ou funcionário político. No passado, a recompensa típica que príncipes, conquistadores vitoriosos e líderes partidários bem-sucedidos davam a seus seguidores eram os feudos, doações de terras, prebendas de to-

....
10. A palavra inglesa *boss* é usada por Weber aqui e no restante do ensaio em seu sentido norte-americano.

* No século XIX, o substantivo *boss* passou a se referir também, nos Estados Unidos, ao líder que domina a política local por meio do clientelismo e da corrupção. (N. da R.)

dos os tipos e, com o desenvolvimento da economia monetária, particularmente gratificações em dinheiro. Hoje em dia são cargos de todos os tipos em partidos, jornais, cooperativas, caixas de assistência médica e hospitalar, nas municipalidades e nos Estados que os líderes partidários conferem em troca de leais serviços prestados. *Todas* as disputas entre partidos são não apenas lutas por metas objetivas (*sachlich*), mas também e principalmente por patrocínio de cargos. Todas as lutas entre tendências particularistas e centralistas na Alemanha giram também e principalmente em torno dessa questão. Quais poderes – os de Berlim, os de Munique, de Karlsruhe ou de Dresden – têm em suas mãos o controle da distribuição de cargos? Qualquer redução na participação dos cargos é percebida pelos partidos como algo mais grave do que ações dirigidas contra suas metas objetivas. Na França, uma grande onda de troca de prefeitos, devido à política de partido, foi sempre considerada uma revolução maior e causou mais barulho do que uma modificação do programa de governo, que tinha um significado quase puramente verbal. Alguns partidos, particularmente na América, são, desde o desaparecimento dos antigos conflitos sobre a interpretação da Constituição, simples caçadores de cargos, que modificam o seu programa objetivo segundo a chance de atrair votos. Na Espanha, até poucos anos atrás, revezavam-se no poder os dois grandes partidos, por meio de "eleições" forjadas de cima para baixo, em turnos convencionalmente estabelecidos, para abastecer o seu séquito de cargos. Nas colônias espanholas trata-se, tanto nas chamadas "eleições" quanto nas chamadas "revoluções", sempre da manjedoura do Estado, da qual querem se alimentar os vencedores. Na Suíça, os partidos repartem pacificamente entre si os cargos, observando a proporcionalidade, e alguns dos nossos projetos de Constituição "revolucionários" (como o primeiro redigido para Baden) queriam estender esse sistema aos cargos ministeriais, tratando desta maneira o Estado e seus cargos como uma simples instituição de previdência para prebendados. O Partido do Centro, em especial, entusiasmou-se por essa ideia e até incluiu em Baden como item no seu programa a distribuição proporcional de cargos segundo a confissão religiosa, isto é, sem consideração da eficiência. Com o número crescente de cargos em consequência da burocratização geral e da procura crescente deles como forma de previdência especificamente *garantida*, essa tendência se acentua em todos os partidos, tornando-os para seus seguidores cada vez mais um meio para alcançar um objetivo: garantir seu próprio futuro.

Opõe-se a essa tendência, porém, o desenvolvimento do funcionalismo moderno, transformando-se em uma camada de trabalhadores intelectuais altamente qualificados, especializados devido a muitos anos de treinamento preparatório, com uma *honra* corporativa (*ständisch*) altamente desenvolvida, no interesse da integridade. Sem essa última, estaríamos destinados a conviver com o perigo da corrupção terrível e do filistinismo infame, o que seria também uma ameaça ao rendimento puramente técnico do aparato estatal, cuja importância para a economia, particularmente com a socialização crescente, aumentou constantemente e continuará a aumentar. Nos Estados Unidos, a administração diletante por políticos gananciosos que, dependendo do resultado das eleições presidenciais, causava a troca de centenas de milhares de funcionários públicos, alcançando até os carteiros, e que desconhecia a figura do funcionário de carreira, foi abalada há muito tempo pela *Civil Service Reform*. Necessidades puramente técnicas e imperiosas da administração condicionam esse desenvolvimento. Na Europa, o funcionalismo público baseado na divisão do trabalho surgiu paulatinamente, ao longo de um processo que durou meio milênio. As cidades e *signorie*[11] italianas deram o início; entre as monarquias, foram os Estados con-

---

11. Weber discute o termo *signorie* em *Economy and Society*, vol. II, pp. 1.317-22. Em sua opinião, elas constituíam a "primeira força política na Europa ocidental a introduzir uma administração racional executada por funcionários públicos que eram (de forma crescente) *nomeados*".

quistadores normandos. O passo decisivo deu-se nas *finanças* dos príncipes. Nas reformas administrativas do imperador Max[12], podemos observar como era difícil para os funcionários, mesmo sob a pressão da necessidade extrema e do domínio turco, retirar do príncipe suas prerrogativas nessa área, embora fosse a que menos comportava o diletantismo de um soberano, o qual, naquela época, era principalmente um cavaleiro. O desenvolvimento da técnica militar exigiu o oficial de carreira, o refinamento do processo legal impôs o jurista treinado. Nessas três áreas, o funcionalismo especializado triunfou definitivamente no século XVI, nos Estados desenvolvidos. Com isso, iniciava-se, paralelamente à ascensão do absolutismo do príncipe perante os estamentos, a entrega paulatina de sua autocracia aos funcionários especializados, graças aos quais lhe foi possível a vitória sobre esses mesmos estamentos.

Simultaneamente à ascensão do *funcionalismo* especializado, realizou-se também – ainda que em passos bem menos perceptíveis – o desenvolvimento dos "*políticos* dirigentes". É claro que desde sempre houve no mundo inteiro esses conselheiros reais, cuja palavra era decisiva. No Oriente, a necessidade de diminuir, tanto quanto possível, a responsabilidade do sultão pelo êxito do governo criou a figura típica do "grão--vizir". No Ocidente, na era de Carlos V (também época de Maquiavel), a diplomacia, principalmente sob influência dos relatórios dos embaixadores venezianos, que eram lidos com afã apaixonado nos círculos diplomáticos, tornou-se pela primeira vez uma arte conscientemente cultivada. Seus adeptos, a maioria deles de formação humanista, tratavam uns aos outros como uma camada especialmente preparada de iniciados, de forma semelhante aos estadistas humanistas chineses do fim da época dos "Reinos Combatentes[13]". A necessidade de uma

12. Maximiliano I.
13. O período dos Reinos Combatentes situa-se entre 475-221 a.C. As considerações weberianas acerca da natureza do Estado chinês estão reunidas nos ensaios traduzidos sob o título *The Religion of China. Confucianism and Taoism* (Nova York, 1951).

direção formalmente unificada de *toda* a política, inclusive a interna, nas mãos de um estadista dirigente surgiu definitiva e forçosamente apenas como resultado do desenvolvimento constitucional. É claro que até então houvera sempre, aqui e ali, personalidades isoladas na posição de conselheiros ou antes, de fato, na de guias dos príncipes. Mas, inicialmente, a organização das autoridades administrativas tinha tomado outros caminhos, mesmo nos Estados mais avançados. Surgiram autoridades administrativas supremas, de caráter *colegiado*[14]. Teoricamente e, de modo gradualmente decrescente, também na prática reuniam-se sob a presidência do príncipe pessoalmente, que tomava as decisões. O príncipe, que cada vez mais via a si próprio na posição de diletante, tentava libertar-se do peso inevitavelmente crescente da instrução especializada dos funcionários e manter em suas mãos a direção suprema, o que fazia mediante esse sistema colegiado, que levava a pareceres e contrapareceres e a votos motivados da maioria e minoria, mas também cercando-se de homens exclusivamente de sua confiança pessoal – o gabinete –, além das autoridades oficiais supremas. Ele, então, manifestava suas decisões por intermédio do gabinete, em resposta às resoluções do Conselho de Estado (ou como quer que se chamasse a instância suprema). Essa luta latente entre o funcionalismo especializado e a autocracia existia por toda parte. A situação somente se alterou com o surgimento dos parlamentos e as aspirações ao poder de seus líderes. Condições muito diversas levaram, não obstante, a um resultado extremamente idêntico. É verdade que havia certas diferenças. Onde as dinastias mantiveram em suas mãos o poder efetivo, como, particularmente, na Alemanha, os interesses do príncipe estavam agora solidariamente concatenados com aqueles do funcionalismo

---

14. O conceito de "colegiado" é discutido em *Economia e sociedade*, cap. III, seção 8. Um exemplo contemporâneo mencionado por Weber é a força dos "conselhos de trabalhadores e soldados" revolucionários alemães em referendar os decretos oficiais.

contra o parlamento e suas pretensões de poder. Era do interesse dos funcionários que também os cargos dirigentes, isto é, os ministeriais, fossem ocupados por seus pares, tornando-se, portanto, objetos da esperança de promoção do funcionalismo. O monarca, por sua vez, tinha interesse em poder nomear, segundo seu parecer, ministros provenientes do círculo de funcionários que lhe eram devotos. E ambas as partes tinham o interesse de que a direção política enfrentasse o parlamento de forma unida e solidária, isto é, que o sistema colegiado fosse substituído por um chefe de gabinete único. Além disso, já para permanecer formalmente a salvo da luta e dos ataques dos partidos, o monarca precisava de uma pessoa responsável que lhe desse cobertura, isto é, que enfrentasse o parlamento e lhe prestasse contas e que negociasse com os partidos. Com todos esses interesses convergindo para a mesma direção, surgiu um ministro, que era funcionário público (*Beamtenminister*)[15] e que concentrou a direção em suas mãos. O desenvolvimento de um poder parlamentar provocou um impulso ainda maior no sentido de uma direção unificada onde – como na Inglaterra – conseguiu sobrepor-se ao monarca. Ali, o "gabinete", chefiado por um dirigente parlamentar único, o "*leader*", desenvolveu-se como comitê daquele poder que as leis oficiais ignoravam, mas que era o único politicamente decisivo, a saber, o *partido* que, em determinado momento, tinha a maioria no parlamento. Pois os organismos colegiados oficiais, como tais, não eram órgãos do poder realmente dominante (ou seja, do partido) e, por isso, não podiam ser detentores do verdadeiro governo. Para reafirmar sua autoridade interna e conduzir um grande projeto político no exterior, o partido dominante precisava de um órgão eficiente, composto de homens que realmente fossem líderes e discutissem a portas fechadas – e este órgão era o gabinete. Mas perante o público, especialmente o parlamentar, era necessá-

---

15. *Beamtenminister* não é um termo comum. É provável que se refira ao ministro responsável pelo serviço civil.

ria a figura de um líder responsável por todas as decisões – o chefe de gabinete. O sistema inglês foi, então, adotado pelo continente, sob a forma dos ministérios parlamentares, e somente na América e nas democracias por ela influenciadas, em contraste com o sistema inglês, foi estabelecido um sistema completamente heterogêneo, o qual colocava o líder do partido vencedor, eleito por voto direto do povo, à frente do conjunto de funcionários por ele nomeados e somente o vinculava à aprovação do parlamento em questões de orçamento e legislação.

O desenvolvimento da política no sentido de um "empreendimento" (*Betrieb*) que exigia um treinamento na luta pelo poder e nos métodos desta, tal como o desenvolveu o partidarismo moderno, resultou na divisão dos funcionários públicos em duas categorias, não rigorosa, mas claramente distintas: de um lado, os "funcionários de carreira" (*Fachbeamte*), de outro, os "funcionários políticos". Estes, no próprio sentido da palavra, distinguem-se externamente, via de regra, pelo fato de que podem a qualquer momento ser transferidos, demitidos ou "colocados à disposição", como os prefeitos franceses e funcionários semelhantes em outros países, em contraste radical à "independência" dos funcionários com função de juiz. Na Inglaterra, fazem parte da categoria de funcionários políticos aqueles que, segundo uma convenção estabelecida, deixam o cargo quando há uma alteração na maioria do parlamento e, portanto, uma reforma do gabinete. Particularmente, pertencem a esta categoria aqueles funcionários cuja competência abrange a "administração interna" do país, sendo, em geral, o componente "político" desta responsabilidade a tarefa de manter a "ordem" no país, isto é, as condições de dominação existentes. Na Prússia, segundo a portaria de Puttkamer[16],

16. Quando ministro do Interior da Prússia, Puttkamer deu início a uma reforma do serviço civil. Em janeiro de 1882, um decreto real proclamou que os funcionários públicos eram obrigados, por força de seu juramento, a apoiar a política governamental.

esses funcionários tinham o dever, sob pena de admoestação severa, de "defender a política do governo" e eram usados, bem como na França os prefeitos, como aparato oficial para influenciar as eleições. É verdade que no sistema alemão, em contraste com os demais países, a maioria dos funcionários "políticos" apresentava a qualidade de todos os demais funcionários porque também a nomeação para esses cargos estava vinculada a uma formação acadêmica, provas específicas e determinado serviço preparatório. Essa característica específica do funcionalismo especializado moderno falta em nosso país apenas aos chefes do aparato político, os ministros. Já sob o regime antigo era possível tornar-se ministro prussiano da Cultura sem jamais ter, pessoalmente, frequentado uma instituição de ensino superior, enquanto somente era possível ser um *Vortragender Rat*[17] mediante provas prescritas. O *Dezernent*[18] especializado e *Vortragender Rat* – por exemplo, sob Althoff no Ministério da Educação prussiano[19] – estava evidentemente muito mais bem informado sobre os problemas técnicos de sua área do que seu chefe. Na Inglaterra, a situação não era diferente e, como consequência, também lá o funcionário especializado era a figura mais poderosa em relação às necessidades cotidianas. Este fato, em si, não tinha nada de anormal. Pois o ministro era o representante da constelação *política* de poder, tinha de defender os critérios políticos desta e aplicá--los às propostas dos funcionários especializados subordinados ou dar-lhes as diretrizes correspondentes de caráter político.

....
17. O chefe de um setor administrativo do Ministério das Relações Exteriores, que se reportava a um funcionário superior.

18. O chefe de departamento em um ministério.

19. Friedrich Althoff (1839-1908), um acadêmico que se tornou funcionário público, responsável pela política de educação superior na Prússia entre 1882 e 1907. Este período foi marcado por expansão, mas também por interferência ministerial. A atitude de Weber e a forma como lidou com o "sistema Althoff" estão disponíveis em *Max Weber: On Universities. The Power of the State and the Dignity of the Academic Calling in Imperial Germany*, ed. E. Shils (Chicago, 1974).

A situação é muito semelhante em um empreendimento econômico privado: o verdadeiro "soberano", a assembleia de acionistas, tem tão pouca influência sobre a direção da empresa quanto um "povo" governado por funcionários especializados, e as pessoas decisivas para a política da empresa, "o conselho administrativo", dominado pelos bancos, somente dão as diretrizes econômicas e selecionam os funcionários para a administração, sem serem capazes, elas mesmas, de dirigir tecnicamente a empresa (*Betrieb*). Neste sentido, também não há nenhuma inovação fundamental na estrutura atual do Estado revolucionário, que entrega o poder sobre a administração a verdadeiros diletantes, apenas porque estes dispõem de metralhadoras, e gostaria de utilizar os funcionários especializados apenas como executores. Não é aqui que se encontram as dificuldades desse sistema atual, mas elas não nos interessam neste momento.

Perguntaremos, antes, quais são os traços típicos dos políticos profissionais, tanto dos "líderes" quanto de seus seguidores. Essas características alteraram-se ao longo do tempo e também hoje apresentam grandes variações.

Conforme já vimos, os "políticos profissionais" desenvolveram-se, no passado, na luta entre os príncipes e os estamentos, colocando-se a serviço dos primeiros. Veremos brevemente os tipos principais.

Contra os estamentos, o príncipe apoiava-se em camadas politicamente úteis. A estas pertenciam, em primeiro lugar, os clérigos; isto se aplicava às Índias ocidentais e orientais, à China e ao Japão budistas, e à Mongólia lamaísta, bem como às regiões cristãs na Idade Média. Para isso, havia uma razão técnica: eles sabiam escrever. Por toda parte, a importação de brâmanes, sacerdotes budistas e lamas e o emprego de bispos e padres como conselheiros políticos davam-se a fim de obter funcionários administrativos hábeis na escrita e que pudessem ser usados na luta do imperador, príncipe ou *khan* contra a aristocracia. O clérigo, particularmente o celibatário, estava fora da engrenagem dos interesses políticos e econômicos normais e não caía na tentação de ambicionar, para seus descendentes, conquistar poder político próprio, competindo com seu senhor, como o fazia o vassalo. As características de seu próprio estado o "separavam" dos meios operacionais da administração principesca.

A segunda categoria era constituída por literatos com formação humanista. Houve uma época em que se aprendia a discursar em latim e a escrever versos em grego com o objetivo de se tornar conselheiro político e, sobretudo, autor das memórias políticas de um príncipe. Essa foi a época do primeiro florescimento das escolas humanistas e da fundação, pelos reis, das cátedras de "poética". Entre nós, esta época passou rapidamente e, apesar de seu efeito duradouro sobre nosso sistema escolar, não teve politicamente nenhuma consequência profunda. A situação foi diferente no leste asiático. O mandarim chinês é, ou melhor, foi, em sua origem, aproximadamente o mesmo que o humanista da nossa Renascença: um literato que recebeu uma educação humanista, nos monumentos linguísticos do passado remoto. Se lerem os diários de Li Hung-chang, os senhores verão que seu maior orgulho era escrever poesia e ser um bom calígrafo. Essa camada social, que desenvolvera suas convenções apoiando-se na Antiguidade chinesa, determinou todo o destino da China. Nosso destino talvez tivesse sido semelhante se, em seu tempo, os humanistas tivessem tido alguma chance de se impor com igual êxito.

A terceira camada era a nobreza da corte. Os príncipes, depois de conseguirem retirar da nobreza o poder político que esta possuía enquanto estamento, atraíram-na para a corte e lhe atribuíram funções políticas e diplomáticas. A grande transformação em nosso sistema educacional do século XVII foi parcialmente condicionada pelo fato de que os políticos profissionais provenientes da nobreza da corte passaram a ocupar posições perante os príncipes, até então ocupadas pelos literatos humanistas.

A quarta categoria foi um fenômeno especificamente inglês: um patriciado, que abrangia a baixa nobreza e os *rentistas* urbanos, chamado tecnicamente de *"gentry"*[20]. Era uma camada à qual o príncipe recorreu originalmente contra os barões, confiando-lhes cargos do *"self-government"*[21], para depois tornar-se cada vez mais dependente deles. Mantinham em seu poder todos os cargos da administração local por assumi-los gratuitamente, em interesse de seu próprio poder social. Essa camada salvou a Inglaterra da burocratização, que foi o destino de todos os Estados do continente.

Uma quinta camada, peculiar do Ocidente, sobretudo do continente europeu, e de importância decisiva para toda sua estrutura política, foi a dos juristas com formação universitária. Nada revela mais claramente a repercussão poderosa do direito romano, na forma modificada que havia adquirido no Estado burocrático do fim do Império Romano, que o fato de que, por toda parte, eram os juristas formados aqueles que revolucionavam a condução e a organização (*Betrieb*) da política no sentido do desenvolvimento de um Estado racional. Isto também pode ser dito em relação à Inglaterra, ainda que ali as grandes corporações nacionais de juristas houvessem impedido a adoção do direito romano. Em nenhuma região do mundo podemos encontrar algo análogo. Todas as tentativas de desenvolver um pensamento jurídico racional na escola Mimamsa[22], na Índia, e toda a contínua observância do pensamento jurídico antigo no Islã não puderam impedir que a proliferação de formas teológicas de pensamento cobrisse o pensamento jurídico racional. O procedimento processual, sobretudo, não foi plenamente racionalizado. Isto somente foi al-

---
20. Weber utiliza o termo em inglês.
21. Weber utiliza o termo em inglês.
22. Weber refere-se particularmente à escola Mimamsa por tratar-se do exemplo de um método racional para alcançar a santidade. Ela "acknowledged ceremonial good work per se as the holy path", Weber, *The Religion of India* (New York, 1958), p. 52.

cançado graças à adoção, pelos juristas italianos, da antiga jurisprudência romana – produto de uma formação política de caráter singular que começou com a cidade-Estado e chegou a dominar o mundo –, além do *usus modernus* dos pandectistas e canonistas[23] do fim da Idade Média e das teorias do direito natural, nascidas do pensamento jurídico e cristão e, em seguida, secularizadas. Este racionalismo jurídico teve seus grandes representantes no *podestade*[24] italiano, nos juristas reais franceses, que criaram os meios formais pelos quais o poder real pôde minar a dominação dos *seigneurs*, nos canonistas e teólogos do conciliarismo que pensavam em termos do direito natural, nos juristas da corte e juízes dos príncipes continentais, nos professores do direito natural dos Países Baixos e nos monarcômacos[25], nos juristas da coroa e do parlamento ingleses, na *noblesse de robe* dos parlamentos franceses e, por fim, nos advogados do tempo da Revolução. Sem esse racionalismo jurídico, o surgimento do Estado absoluto é tão pouco imaginável quanto o é a Revolução. Ao ler os registros dos parlamentos franceses ou os *cahiers* dos Estados Gerais da França do século XVI até o ano de 1789, os senhores encontrarão por toda parte o espírito dos juristas. E, ao examinar as profissões dos membros da Convenção francesa, encontrarão – apesar de esta ter sido eleita à base do sufrágio igual – um único proletário, pouquíssimos empresários burgueses, mas, em contraste, uma multidão de juristas de todos os tipos, sem

....
23. Para um comentário sobre as "pandectas", ver nota 25 em "O Estado-nação e a política econômica" (p. 24).

24. Na opinião de Weber, a instituição do *podestade* representou um papel muito importante no desenvolvimento do direito na Itália medieval. O termo se refere a um "funcionalismo profissional e aristocrático", eleito por outra comunidade, que lhe concedeu poder jurídico. Ver *Economy and Society*, especialmente pp. 1.273-6.

25. O termo "monarcômaco" ("aquele que combate a monarquia", às vezes traduzido por "assassino de reis") foi dado por William Barclay, em seu *De Regno et regali potestate* (Paris, 1600), a um grupo heterogêneo de pensadores franceses, os quais haviam lutado pelo direito de resistir ao monarca.

os quais seria inimaginável o espírito específico que inspirava esses intelectuais radicais e suas propostas. Desde então, o advogado moderno e a democracia moderna formam um par inseparável, e advogados em nosso sentido, como camada social independente, somente existem no mundo ocidental, onde se desenvolveram, desde a idade Média, a partir do intercessor (*Fürsprech*) do procedimento formalista do processo germânico, sob a influência da racionalização do processo.

A importância dos advogados na política ocidental desde o surgimento dos partidos não é nenhum acaso. Atividades políticas realizadas por partidos significam, simplesmente, política conduzida por interessados – logo veremos o que isso quer dizer. E defender, de forma eficiente, uma causa para uma parte interessada é o ofício do advogado especializado. Nisso ele supera qualquer "funcionário público" – conforme nos ensinou a superioridade da propaganda do inimigo. Sem dúvida, uma causa (*Sache*) apoiada em argumentos logicamente fracos (neste sentido, uma causa "ruim") pode, em suas mãos, ter um desfecho vitorioso, ou seja, ser tecnicamente "bem" conduzida. Mas ele é também a única pessoa capaz de conduzir bem e de forma vitoriosa uma causa apoiada em argumentos logicamente "fortes" (uma causa "boa"). É com demasiada frequência que um funcionário público que atua como político transforma, por meio de um tratamento tecnicamente "ruim", uma causa "boa", nesse tal sentido, em uma causa "ruim" – experiência pela qual tivemos que passar. Pois a política atual é realizada predominantemente em público, por meio da palavra falada e escrita. Ponderar o efeito da palavra é uma das tarefas essenciais do advogado, mas não do funcionário especializado, que não é demagogo nem tem a função de sê-lo, e se, apesar disso, faz a tentativa, costuma ser um péssimo demagogo.

Em relação àquilo que ele realmente é invocado a executar (*Beruf*), o verdadeiro funcionário público – e isto é decisivo para avaliar nosso antigo regime – não deve fazer política, mas sim "administrar", e deve fazê-lo, sobretudo, de forma *imparcial*. Isso se aplica também aos chamados funcionários "políticos" da administração (*Verwaltungsbeamte*), pelo menos oficialmente, na medida em que a "razão do Estado" não esteja em perigo, isto é, os interesses vitais da ordem reinante. O funcionário deveria cumprir sua função *sine ira et studio*, "sem fúria e sem parcialidade". Ou seja, ele não deve fazer precisamente aquilo que os políticos, tanto o líder quanto seus seguidores, sempre e necessariamente devem fazer: *lutar*. Pois parcialidade, luta e paixão – *ira et studium* – são o elemento do político, particularmente do *líder* político. A ação *deste* encontra-se sob um princípio de *responsabilidade* diferente e oposto àquele do funcionário público. A honra do funcionário público consiste na capacidade de cumprir uma ordem que lhe pareça errada, mas na qual a autoridade superior insiste, apesar de suas objeções, e isso de maneira consciensiosa e exata, sob a *responsabilidade* do mandante, como se essa ordem correspondesse à sua própria convicção. Sem essa abnegação e disciplina moral, no sentido mais sublime da palavra, desmoronaria todo o aparato. A honra do líder político, ou seja, do estadista dirigente, consiste, pelo contrário, na exclusiva responsabilidade *pessoal* por aquilo que faz, responsabilidade que nem lhe é possível ou permitido recusar ou delegar. E são precisamente aqueles funcionários públicos natos, de altos princípios morais, que se tornam os maus políticos, irresponsáveis, na acepção política da palavra, e, neste sentido, moralmente inferiores – do tipo que tivemos várias vezes em posições dirigentes. É isso o que chamamos "domínio por parte do funcionalismo", e não sujará a honra do nosso funcionalismo expor o politicamente errado desse sistema, quando considerado do ponto de vista do êxito. Mas voltemos aos tipos de figuras políticas.

Desde o surgimento do Estado constitucional e, mais ainda, desde o estabelecimento da democracia, o "demagogo" tem sido o tipo de político dirigente no Ocidente. Apesar do ressaibo desagradável da palavra, não podemos esquecer que o primeiro a receber tal título não foi Cleonte, mas sim Péricles. Sem cargo algum, ou então encarregado da única função eletiva, a do estratego-chefe – em oposição aos demais cargos que, na democracia antiga, eram ocupados mediante sorteio –, ele dirigia a *ekklesia* soberana do *demos* ateniense. É verdade que a demagogia moderna também se serve do discurso, e até em grande proporção, se considerarmos quantitativamente os discursos que um candidato tem que fazer nas eleições. Mas o emprego da palavra impressa é ainda maior. O publicista político e, principalmente, o *jornalista* são hoje os representantes mais importantes da demagogia.

Nos limites desta palestra, não seria possível sequer traçar um esboço da sociologia do jornalismo político moderno, que, sob todos os aspectos, constitui um capítulo à parte. Mas alguns poucos detalhes são indispensáveis neste contexto. O jornalista, pelo menos no continente e em oposição à situação na Inglaterra (e na Prússia do passado), compartilha com todos os demagogos e também, aliás, com o advogado (e o artista) o destino de carecer de uma classificação social fixa. Ele pertence a uma casta de párias que a "sociedade" costuma julgar em função de seus representantes com nível ético mais baixo. Por isso, são corriqueiras as ideias mais estranhas sobre os jornalistas e o seu trabalho. Nem todos estão cientes de que um trabalho jornalístico realmente *bem-feito* exige, pelo menos, tanta "inteligência" quanto qualquer outro trabalho erudito – principalmente em consequência da necessidade de produzi-lo imediatamente, a mando de alguém, e de conseguir *efeitos* imediatos, sendo, no entanto, totalmente diversas as condições de sua criação. Quase nunca se aprecia o fato de que a responsabilidade é muito maior e de que o *senso* de responsabilidade de todo jornalista honrado não é, em média, nada inferior ao do intelectual – antes, se encontra acima, conforme a guerra demonstrou –, pois é claro que precisamente o trabalho jornalístico *irresponsável* permanece na memória, em função de seu efeito muitas vezes terrível. E ninguém acredita que a discrição do jornalista competente esteja, em média, acima daquela de outras pessoas. Não obstante, é assim. As tentações incomparavelmente maiores que essa profissão traz consigo, bem como as demais condições do trabalho jornalístico no presente, produzem aquelas consequências que levaram o público a considerar a imprensa com um misto de desprezo e... lamentável covardia. Não podemos discutir hoje o que pode ser feito a respeito. O que nos interessa aqui é a questão do destino *político* dos jornalistas profissionais, suas chances de ocupar posições de liderança política. Até agora, essas oportunidades apenas lhes foram favoráveis no Partido Social-Democrata. Mas, dentro deste, os cargos de redator tiveram, em sua grande maioria, o caráter de cargo de funcionário público, e não constituíram uma base para a posição de *líder*.

Nos partidos burgueses, considerados em conjunto, as possibilidades de ascensão ao poder político por esse caminho pioraram, se comparadas às chances da geração passada. É claro que todos os políticos importantes dependiam da influência da imprensa e, portanto, das conexões com esta. Mas constituía uma exceção – e não se devia esperar tal coisa – um *líder* de partido vindo do círculo da imprensa. A razão encontra-se no forte crescimento da "indisponibilidade" do jornalista, principalmente daquele que não tem patrimônio e depende da profissão, indisponibilidade que está condicionada pelo aumento enorme da intensidade e atualidade da atividade jornalística. A necessidade de ganhar a vida escrevendo artigos todos os dias, ou pelo menos todas as semanas, pesa como um grilhão no pé de muitos políticos, e conheço exemplos de líderes natos que, dessa maneira, permaneceram paralisados, tanto externa quanto, sobretudo, internamente, em sua ascensão ao poder. O fato de, no antigo regime, as relações entre a imprensa e os poderes dominantes no Estado e nos partidos terem sido as mais prejudiciais possíveis, em termos da qualidade do jornalismo praticado, é um capítulo à parte. Essa situação era diferente nos países dos nossos inimigos. Mas também ali, e em todos os Estados modernos, ao que parece valia o princípio de que o trabalhador jornalístico tem cada vez menos influência política, enquanto aumenta a do magnata da imprensa capitalista, do tipo do "lorde" Northcliffe.

É verdade que, em nosso país, os grandes conglomerados capitalistas de imprensa, que se apoderaram principalmente dos jornais com "pequenos anúncios" – os diversos "diários gerais" –, foram, via de regra, os típicos criadores da indiferença política. Pois não se ganhava nada com a política independente, particularmente a benevolência, comercialmente útil, dos poderes políticos dominantes. O negócio dos anúncios foi também o caminho pelo qual, durante a guerra, tentava-se influenciar politicamente a imprensa em grande estilo, caminho que, ao que parece, pretende-se continuar seguindo. Ainda que esperemos que a grande imprensa se esquive desse tipo de influência, a situação dos pequenos jornais é muito mais difícil. Em todo caso, a carreira jornalística, por mais atraente que seja em alguns aspectos e qualquer que seja a extensão da influência e do campo de ação (particularmente da responsabilidade política) que possa acarretar, não é – cabe aguardar se não é mais ou ainda não é –, na Alemanha atual, o caminho normal para a ascensão de líderes políticos. Se isso mudaria com o abandono do princípio do anonimato – aprovado por alguns, mas não por todos os jornalistas – é difícil dizer. A "direção" (*Leitung*) de jornais por pessoas com talento literário, especialmente contratadas e que expressamente atuaram sob seu próprio nome – experiência que tivemos na imprensa alemã durante a guerra –, infelizmente mostrou, em alguns casos mais conhecidos, que esse caminho, ao contrário do que parece, *não* garante o aumento do senso de responsabilidade. Em parte, foram – sem diferença entre partidos – precisamente os jornais de pior reputação da imprensa sensacionalista que ambicionaram e conseguiram, por esse caminho, um aumento das vendas. Sem dúvida, os senhores em questão ganharam uma fortuna, tanto os editores quanto os jornalistas sensacionalistas, mas honra... Certamente não. Isso, no entanto, não constitui um argumento contrário ao princípio em si; a questão é muito complicada e aquele fenômeno não tem validade geral. Mas, *até agora,* não tem sido esse o caminho que leva à liderança genuína ou à atuação *responsável* na política. Cabe aguardar como a situação se desenvolverá daqui por diante. Em todo caso, a carreira jornalística continuará sendo um dos caminhos mais importantes para a atividade política profissional. Não é um caminho para qualquer um, e muito menos para caracteres fracos, particularmente para pessoas que apenas conseguem manter seu equilíbrio interno numa situação estamental (*ständisch*) segura. Embora a vida de um jovem cientista pareça às vezes um jogo de azar, há em torno dele firmes convenções estamentais que o impedem de dar maus passos. Mas a vida do jornalista é um jogo de azar em todos os sentidos, e isto sob condições que põem à prova sua segurança interna, como dificilmente alguma outra situação o faz. As experiências amargas na vida profissional talvez nem sequer sejam o pior. São precisamente os jornalistas bem-sucedidos que enfrentam exigências internas, particularmente difíceis. Não é nada fácil frequentar os salões dos poderosos desta terra, falando aparentemente de igual para igual, ouvindo lisonjas de todos os lados porque se é temido, e sabendo o tempo todo que, assim que sair pela porta, o anfitrião talvez tenha de pedir desculpas aos convidados por relacionar-se com os "moleques da imprensa". Como também não é fácil manifestar-se de maneira pronta e convincente sobre qualquer assunto que o "mercado" exija, sobre todos os problemas imagináveis da vida, sem cair nem na banalidade absoluta, tampouco, e principalmente, na indignidade da autoexposição e suas consequências inexoráveis. Não é surpreendente o fato de existirem muitos jornalistas que se afastaram dos caminhos e valores humanos. O que causa espanto é que, apesar de tudo, precisamente esta camada da sociedade abrange um número muito grande de pessoas valiosas e genuinamente humanas, o que dificilmente imaginam os estranhos ao grupo. Enquanto o jornalista, como um tipo de político profissional, já conta com um passado considerável, a figura do *funcionário de partido* é aquela que surgiu com o desenvolvimento das últimas décadas e, em parte, dos últimos anos. Para compreender a posição dessa figura na evolução histórica, temos de examinar o partidarismo e a organização partidária.

Em todas as associações políticas de certa magnitude, ou seja, que ultrapassam em tamanho e tarefas os pequenos cantões rurais e que realizam periodicamente eleições dos detentores de poder, as atividades políticas são necessariamente *atividades de interessados*. Isto é, um número relativamente pequeno de pessoas primariamente interessadas na vida política e, portanto, na participação no poder político, recrutam livremente seus partidários, apresentam a própria candidatura ou a de seus protegidos, reúnem recursos financeiros e vão à caça de votos. É inimaginável como eleições poderiam se realizar, de forma adequada, nas grandes associações políticas sem que houvesse essa organização. Na prática, ela significa a divisão dos cidadãos com direito a voto em elementos politicamente ativos e politicamente passivos. Como essa diferença se baseia na livre e espontânea vontade de cada um, ela não pode ser abolida por nenhuma medida, como o voto obrigatório ou a representação baseada em "estamentos profissionais" ou outras sugestões parecidas, dirigidas, formal ou efetivamente, contra esse estado de coisas e, portanto, contra a dominação dos políticos profissionais. Líderes e seguidores, enquanto elementos ativos de livre recrutamento tanto de militantes quanto, por meio destes, do eleitorado passivo, com o objetivo de eleger o chefe, são elementos necessários para a vida de qualquer partido. Mas a estrutura dos partidos, no entanto, é variável. Os "partidos" das cidades medievais, como o dos guelfos e o dos gibelinos, eram seguidores puramente pessoais. Ao examinar o *Statuto della parte Guelfa*[26], o confisco dos bens dos *nobili* – que, originalmente, significava as famílias que levavam uma vida cavalheiresca e eram, portanto, qualificadas a receber feudos –, sua exclusão de cargos e a supressão de seu direito de voto, ou os comitês interlocais do partido e suas organizações rigorosamente militares, com suas recompensas por denúncias, somos remetidos ao bolchevismo, com seus sovietes, com suas organizações militares e – principalmente na Rússia – de informação, rigorosamente selecionadas, seus confiscos, o desarmamento e a privação dos direitos políticos dos "burgueses", isto é, dos empresários, comerciantes, rentistas, clérigos, descendentes da dinastia imperial, agentes da polícia... E essa analogia é ainda mais surpreendente quando se vê, por um lado, que a organização militar do partido guelfo era um exército puramente cavaleiro, baseado em matrículas, no qual quase todos os cargos dirigentes eram ocupados por nobres, enquanto os sovietes, por sua vez, mantiveram, ou melhor, restabeleceram a figura do empresário muito bem remunerado, os salários por empreitada, o sistema de Taylor, a disciplina militar e na oficina, além de buscar o capital estrangeiro – em outras palavras, para manter em funcionamento o Estado e a economia, tiveram de voltar a aceitar simplesmente *todas* as coisas que tinham combatido como instituições de classe burguesa e, acima de tudo, voltaram a usar os agentes da antiga *okhrana*[27] como instrumento principal de seu poder no Estado. No entanto, o que nos interessa aqui não são as organizações violentas desse tipo, mas sim os políticos profissionais que pretendem chegar ao poder mediante uma propaganda simples e "pacífica" do partido no mercado eleitoral.

Partidos, no sentido que habitualmente damos à palavra, também tiveram início, na Inglaterra, por exemplo, como sim-

26. O *Statuto della parte Guelfa* foi publicado pela primeira vez em 1335.
27. A polícia política da Rússia tzarista. Operava uma rede de agentes secretos, cuja missão era investigar o movimento revolucionário.

ples séquitos da aristocracia. Sempre que um *peer* mudava de partido, qualquer que fosse a razão, todos que dependiam dele mudavam-se também para o partido oposto. Até a *Reforma Bill*, as grandes famílias da nobreza, inclusive o rei, tinham sob seu patrocínio um número muito grande de distritos eleitorais. Semelhantes a esses partidos da nobreza eram os partidos de notáveis, que se desenvolveram por toda parte com o nascimento do poder da burguesia (*Bürgertum*). Os grupos sociais com "educação e propriedade", sob a liderança espiritual das camadas de intelectuais típicas do Ocidente, dividiram-se em partidos que passaram a dirigir, em parte de acordo com interesses de classe, em parte de acordo com a tradição da família e, em parte, de acordo com critérios puramente ideológicos. Clérigos, professores, advogados, médicos, farmacêuticos, agricultores abastados, fabricantes – na Inglaterra, toda aquela camada que se considera *gentlemen* – formaram inicialmente associações ocasionais ou, quando muito, clubes políticos locais. Em tempos agitados, fazia-se ouvir a pequena burguesia e, ocasionalmente, até mesmo o proletariado, quando este conseguia arranjar um líder, o qual, via de regra, não tinha origem em suas fileiras. Nessa fase, não há ainda, no país, partidos organizados de forma inter-regional como associações permanentes. A coesão é assegurada apenas pelos parlamentares; as pessoas decisivas para a nomeação dos candidatos são os notáveis locais. Os programas surgem parcialmente de panfletos dos candidatos, parcialmente com base em congressos de notáveis ou decisões do partido no parlamento. Constitui um cargo acessório ou honorífico, um trabalho ocasional, a direção dos clubes ou, onde estes não existem (o que é a situação normal), todo o conjunto informal das atividades políticas realizado pelos poucos que, em tempos normais, estão permanentemente interessados nelas; apenas o jornalista é um político profissional remunerado, apenas as atividades da imprensa constituem atividades políticas contínuas. Além disso, há apenas as sessões do parlamento. Certamente os parlamentares e os líderes partidários no parlamento sabem para quais figuras notáveis locais devem se dirigir quando uma ação política parece desejável. Mas apenas nas grandes cidades existem permanentemente associações dos partidos com contribuições modestas dos membros, reuniões periódicas e assembleias públicas, quando os deputados prestam contas de suas atividades. Existe vida apenas em época de eleições.

O interesse dos parlamentares na possibilidade de acordos eleitorais inter-regionais e na força combativa de programas unificados, reconhecidos por amplos círculos no país inteiro, e de uma propaganda unificada, em geral, constitui a força motriz de uma união cada vez mais forte dentro dos partidos. Mas mesmo que se estabeleça agora uma rede de associações locais dos partidos também nas cidades médias e, além disso, uma rede de "homens de confiança" (*Vertrauensmänner*) através do país inteiro, com os quais um membro do partido no parlamento, como diretor do escritório central do partido, mantém uma correspondência permanente, continua inalterado o caráter do aparato partidário como associação de notáveis. Ainda faltam funcionários pagos fora do escritório central; são em geral pessoas "respeitadas" que, em virtude da estima de que gozam, dirigem as associações locais. São os "notáveis" extraparlamentares, que exercem a sua influência ao lado do grupo de notáveis políticos, formado pelos deputados no parlamento. Mas o alimento espiritual para a imprensa e as assembleias locais é fornecido em grau crescente pela correspondência do partido, publicada por este. Contribuições regulares dos membros tornam-se indispensáveis, uma parte sendo destinada para as despesas do escritório central. Nessa fase de desenvolvimento encontrava-se ainda há pouco tempo a maioria das organizações partidárias alemãs. Na França, algumas regiões estavam ainda na primeira fase, havendo uma união pouco estável entre os parlamentares, e no resto do país um pequeno número de notáveis locais, com programas estabelecidos pelos próprios candidatos ou por seus patrocinadores, para cada candidatura, ainda que com maior ou menor adesão local às decisões e aos programas dos parlamentares. Esse sistema estava apenas parcialmente superado. O número de pessoas que tinham a política como sua principal ocupação era insignificante e essencialmente composto de deputados eleitos, poucos funcionários do escritório central, jornalistas e – na França – daqueles caçadores de empregos que ocupavam um "cargo político" ou estavam à procura de algum. Considerada formalmente, a política era predominantemente uma segunda profissão. Até mesmo o número de deputados "ministeriáveis" era muito limitado, assim como o de possíveis candidatos às eleições, pois o sistema era dominado pelos notáveis. No entanto, o número de pessoas com interesse indireto, principalmente material, na organização e condução das atividades políticas era muito grande. Todas as medidas adotadas por um ministério e, principalmente, todas as decisões que tomava referentes a questões de caráter pessoal levavam em conta a influência que poderiam ter sobre o resultado das eleições, e era por intermédio do deputado local que se tentava realizar todo tipo de desejo. O ministro, querendo ou não, tinha de ouvir o deputado, se este fizesse parte de sua maioria – e, por isso, era ambição de todo deputado fazer parte dessa maioria. O deputado tinha o patrocínio dos cargos e, em geral, o controle de todos os assuntos relacionados ao seu distrito eleitoral. E, de sua parte, mantinha-se em contato com os notáveis locais, com o objetivo de conseguir a reeleição.

Em contraste radical a essa situação idílica da dominação de círculos de notáveis e, sobretudo, dos parlamentares, encontram-se as formas mais modernas de organização dos partidos. Elas são filhas da democracia, do sufrágio universal, da necessidade de recrutamento e organização das massas, do desenvolvimento da união máxima da direção e da mais rigorosa disciplina. Chegam ao fim o domínio dos notáveis e a direção por parte dos parlamentares. Políticos "profissionais em tempo integral", *fora* dos parlamentos, tomam em suas mãos a empresa (*Betrieb*) política, sejam eles "empresários" – como o *boss* norte-americano e também o *"election agent"* inglês –, sejam eles funcionários com remuneração fixa. Formalmente, acontece uma extensa democratização. Não é mais o grupo parlamentar que estabelece o programa do partido e não são mais os notáveis locais que têm em suas mãos a definição dos candidatos. Agora são as reuniões dos membros organizados do partido que selecionam os candidatos e delegam representantes às assembleias de instância superior, das quais podem existir várias, até o "congresso geral do partido". No entanto, é claro que o poder de fato está nas mãos daqueles que realizam *continuamente* o trabalho dentro da organização ou nas mãos daqueles de quem depende o andamento das atividades, no que se refere às finanças ou aos funcionários – à maneira, por exemplo, dos mecenas ou de dirigentes de poderosas associações de interesses políticos (como o *Tammany Hall*). O fator decisivo é que todo esse aparato de pessoas – a "máquina", como é significativamente denominado nos países anglo-saxônicos –, ou melhor, aqueles que o dirigem, põem os parlamentares em xeque e estão até mesmo em condições de lhes impor, em grande parte, a sua vontade. E isso é particularmente importante para a seleção da *direção* do partido. Torna-se líder aquele a quem a máquina segue, mesmo contra a orientação do parlamento. A criação de máquinas desse tipo significa, em outras palavras, a introdução da democracia *plebiscitária*.

É evidente que os militantes, principalmente os funcionários e os empresários do partido, esperam da vitória do seu líder uma recompensa pessoal, por meio de cargos ou de outros benefícios. Esperam que o reconhecimento venha do líder, e não, ou não exclusivamente, dos parlamentares – e isto é decisivo. Eles esperam principalmente que o efeito demagógico da *personalidade* do líder ganhe para o partido, na campanha eleitoral, votos e mandatos e, com isso, o poder, aumentando assim as chances de seus seguidores de encontrarem para si a recompensa almejada. E, no plano ideal, uma das forças motrizes é a satisfação de trabalhar por uma pessoa, com confiante dedicação pessoal, e não pelo programa abstrato de um partido composto de mediocridades – esse é o elemento "carismático" de toda liderança.

Em graus muito variáveis e em constante luta latente com parlamentares e com dignitários locais, que defendiam a manutenção de sua influência, essa nova forma de organização partidária conseguiu se estabelecer, inicialmente nos partidos burgueses dos Estados Unidos, depois no Partido Social-Democrata, principalmente na Alemanha. Reveses sempre ocorrem quando não há um líder unanimemente reconhecido. E mesmo que exista um, devem ser feitas concessões de todos os tipos à vaidade e aos interesses dos notáveis do partido. Sobretudo, porém, a máquina pode cair sob o domínio dos *funcionários* do partido, responsáveis pelo trabalho rotineiro. Na opinião de alguns círculos da social-democracia, o partido sucumbiu a essa "burocratização". No entanto, "funcionários" obedecem com relativa facilidade a um líder com personalidade forte e demagógica, pois os interesses materiais e ideais desses funcionários estão intimamente ligados ao resultado que esperam de um partido tornado poderoso graças ao líder. Além disso, trabalhar por um líder provoca, por si só, uma satisfação íntima. Muito mais difícil é a ascensão de líderes onde – como na maioria dos partidos burgueses –, além dos funcionários, os "notáveis" têm em suas mãos a influência sobre o partido. Pois estes "fazem", *idealmente* considerando, "sua vida" do cargozinho que ocupam no comitê executivo ou em algum subcomitê. O ressentimento contra o demagogo, que surge como *homo novus*, a convicção da superioridade da "experiência" na política partidária (que, de fato, tem importância considerável) e a preocupação ideológica com o desmoronamento das antigas tradições do partido determinam suas ações. E, dentro do partido, todos os elementos tradicionalistas são a favor deles. Principalmente o eleitor rural, mas também o pequeno-burguês, repara no nome do notável que lhe é familiar há muito tempo e desconfia do homem que não conhece para depois, *se* este provar ser bem-sucedido, agarrar-se a ele com a mais inabalável confiança. Observaremos, em alguns dos principais exemplos, essa luta entre as duas formas estruturais e a ascensão da forma plebiscitária, descrita especialmente por Ostrogorski[28].

Comecemos pela Inglaterra. Ali, a organização partidária era, até 1868, uma associação composta quase exclusivamente de notáveis. Os *Tories* apoiavam-se no campo, por exemplo, no pastor anglicano e, além disso, na maioria das vezes, no mestre-escola e, principalmente, nos latifundiários do *county* em questão; os *Whigs*, quase sempre, apoiavam-se em pessoas como o pregador não conformista (onde este existia), o administrador dos correios, o ferreiro, o alfaiate, o cordoeiro, isto é, aqueles artesãos que podiam exercer influência política, já que era com eles que as pessoas conversavam com mais frequência. Nas cidades, os partidos dividiam-se, em parte, de acordo com suas opiniões econômicas ou religiosas, e, em parte, simplesmente de acordo com a opinião tradicional nas famílias. Mas os notáveis eram sempre o sustentáculo das atividades políticas. Acima deles estavam o Parlamento e os partidos, com o Gabinete e o *"leader"*, que era o presidente do conselho de ministros ou da oposição. Esse líder tinha a seu lado a figura mais importante entre os políticos profissionais da organização partidária: o "líder da bancada" (*Whip**), em cujas mãos estava o patrocínio dos cargos. Aqueles que estavam em busca de posições tinham, portanto, de se dirigir a

....
28. M. Ostrogorski, *Democracy and the Organization of Political Parties* (Londres, 1902).

* Em inglês, no original. *Whip* refere-se, em termos políticos, à liderança da bancada. (N. da R.)

ele, que distribuía os cargos após consulta aos deputados das circunscrições eleitorais. Nestas, começou a se desenvolver paulatinamente uma camada de políticos profissionais mediante o recrutamento de agentes locais que, inicialmente, não eram remunerados e ocupavam quase a mesma posição que os nossos *Vertrauensmänner*. Paralelamente, no entanto, desenvolveu-se para os círculos eleitorais a figura de um empresário capitalista, o "*election agent*"[29], cuja existência era inevitável na moderna legislação da Inglaterra, que garantia a honestidade das eleições. Essa legislação procurava controlar os gastos eleitorais e fazer frente ao poder do dinheiro, obrigando o candidato a declarar quanto a eleição havia lhe custado, pois, em extensão muito maior do que em anos anteriores em nosso país, o candidato não apenas cansava a sua voz, mas tinha, além disso, o prazer de arcar com as despesas. O *election agent* recebia dele uma quantia global, com a qual costumava ter bons lucros. Na distribuição de poder entre o "*leader*" e os notáveis do partido, no parlamento e no país, o primeiro teve na Inglaterra, desde sempre, uma posição muito importante, pela razão forçosa de possibilitar uma política grandiosa e, ao mesmo tempo, contínua. Não obstante, ainda era considerável a influência dos parlamentares e dos notáveis do partido.

A antiga organização partidária apresentava-se, aproximadamente, desta forma: em parte, marcada pela administração de notáveis e, em parte, já uma gestão de funcionários e empresários. Mas a partir de 1868 desenvolveu-se o sistema de *caucus*, primeiro para eleições locais em Birmingham, depois no país inteiro. Um pastor não conformista e Joseph Chamberlain deram origem a esse sistema. O motivo era a democratização do sufrágio. Para ganhar as massas, tornou-se necessário criar um enorme aparato de associações de aparência democrática, formar um comitê eleitoral em cada bair-

---
29. Em inglês, no original, aqui e nas páginas subsequentes.

ro, manter em movimento ininterrupto as atividades e burocratizar rigorosamente tudo, o que significava: contratação de um número cada vez maior de funcionários remunerados e eleição de mediadores principais, com direito de cooptação, como veículos formais da política do partido, por parte dos comitês eleitorais locais, dos quais logo passaram a fazer parte aproximadamente 10% dos eleitores. A força motriz vinha dos círculos locais interessados sobretudo na política municipal – que, por toda parte, é a fonte das chances materiais mais promissoras. Esses grupos foram também os primeiros a reunir os recursos financeiros necessários para a subsistência. Essa nova máquina, já não mais dirigida pelo parlamento, logo teve de lutar contra os antigos detentores do poder, principalmente contra o *whip*, mas, graças ao apoio dos interessados locais, saiu da batalha de modo tão triunfante que o *whip* teve de se sujeitar e pactuar com ela. O resultado foi a centralização de todo o poder nas mãos de poucos e, em última instância, da única pessoa que estava à frente do partido. No Partido Liberal, esse sistema surgiu em conexão com a ascensão de Gladstone ao poder. Foram o fascínio da "grande" demagogia de Gladstone, a firme confiança das massas na essência ética de sua política e, sobretudo, no caráter ético de sua personalidade que tão rapidamente levaram essa máquina à vitória sobre os notáveis. Surgia um elemento cesarista-plebiscitário na política: o ditador do campo de batalha da eleição. Isso se tornou perceptível logo em seguida. Em 1877, o *caucus* entrou pela primeira vez em ação nas eleições nacionais, e o fez com grande êxito: o resultado foi a queda de Disraeli, em meio ao seu grande sucesso. Até 1886, quando foi levantada a questão da *Home Rule*, a máquina já estava tão ligada, no sentido carismático, à figura do líder que todo o aparato, de cima a baixo, não se perguntou se objetivamente compartilhava a opinião de Gladstone, mas simplesmente aceitou sua palavra, dizendo: "O que ele fizer, também faremos", abandonando Chamberlain, seu próprio criador.

Essa máquina exige um aparato considerável de pessoas. Na Inglaterra, deve haver, no mínimo, duas mil pessoas que vivem diretamente da política dos partidos. No entanto, muito mais numerosos são aqueles que participam da política puramente com o objetivo de obter um cargo ou perseguem algum interesse particular na política, especialmente no âmbito da política municipal. Ao lado das oportunidades financeiras, há também para o político eficiente do sistema de *caucus* as chances de satisfazer sua vaidade. Tornar-se um "J.P." ou até um "M.P."* já é, em si, o objetivo supremo da ambição (normal), algo que era oferecido às pessoas de boa educação, portanto, aos *"gentlemen"*[30]. O atrativo máximo, particularmente para grandes patrocinadores financeiros (aproximadamente 50% das finanças dos partidos baseavam-se em contribuições de doadores anônimos) era o título de par.

Qual foi, então, o efeito de todo esse sistema? Hoje os parlamentares ingleses, com exceção de poucos membros do Gabinete (e de alguns excêntricos), geralmente não são nada mais do que um rebanho eleitoral bem disciplinado. Em nosso *Reichstag*, pelo menos, os parlamentares costumavam tratar da correspondência privada em suas cadeiras, na assembleia, para dar a impressão de que trabalhavam pelo bem do país. Na Inglaterra, ninguém exige gestos desse tipo. Lá o membro do parlamento precisa apenas votar e não trair o seu partido. Ele deve comparecer quando chamado pelos *Whips* e tem de fazer o que ordenam o Gabinete ou o líder da oposição. Quando há um líder forte, é amorfa a máquina do sistema de *caucus* país afora e está completamente em suas mãos. Acima do Parlamento encontra-se, portanto, o ditador de fato plebiscitário, que ganha as massas por meio da "máquina" partidária e para quem os parlamentares nada mais são que prebendados políticos que integram o seu séquito.

* J.P.: Juiz de Paz e M.P.: Membro do Parlamento (N. da R.)
30. Em inglês, no original, aqui e nas páginas subsequentes.

Como se realiza, então, a seleção desses líderes? Em primeiro lugar, que aptidões ele deve ter? Um critério importante – além das qualidades da vontade, que são decisivas no mundo inteiro – é evidentemente o poder do discurso demagógico. Seu caráter passou por transformações desde os tempos em que ele se dirigia à razão, como no caso de Cobden, passando por Gladstone, que era um mestre do método aparentemente objetivo de "deixar os fatos falarem por si próprios", até o presente, em que se trabalha, em grande parte, de maneira puramente emocional, como os recursos utilizados pelo Exército da Salvação, a fim de agitar as massas. A situação atual pode muito bem ser chamada de "ditadura baseada na exploração da emotividade das massas"[31]. Mas o sistema de trabalho em comissões, altamente desenvolvido no parlamento inglês, permite – e até obriga – que todo político que pretenda ocupar um cargo na direção política participe desse *trabalho*. Todos os ministros importantes das últimas décadas passaram por essa formação, real e eficaz. A prática de relatar essas deliberações e criticá-las publicamente significa que essa escola envolve um processo genuíno de seleção, o que elimina o mero demagogo.

Essa é a situação na Inglaterra. Lá, o sistema de *caucus*, no entanto, representou apenas uma versão atenuada em comparação à organização partidária nos Estados Unidos, em que o princípio plebiscitário foi desenvolvido precocemente e sob uma forma particularmente pura. A América de Washington, segundo suas ideias, deveria ser uma comunidade administrada por *"gentlemen"*. Também na América, naquela época, um *gentleman* era um proprietário rural ou um homem educado em uma universidade. E assim aconteceu, a princípio. Quando os partidos se formaram, foram os membros da Câmara dos Representantes que inicialmente reivindicaram para si o papel

....
31. Weber provavelmente volta a se referir à obra de Ostrogorski, mas essas palavras, em particular, não são encontradas no texto.

de líderes, a exemplo do que ocorreu na Inglaterra, na época da dominação dos notáveis. A organização partidária era muito flexível, situação que se manteve até 1824. Antes mesmo dos anos 20, a máquina do partido estava surgindo em alguns municípios, que também foram, nesse sentido, o primeiro lugar no qual se deu o desenvolvimento moderno. Mas apenas a eleição de Andrew Jackson para presidente, candidato dos camponeses do oeste, pôs fim às antigas tradições. O fim da direção dos partidos pelos líderes no parlamento ocorreu, formalmente, logo depois de 1840, quando os grandes parlamentares (Calhoun, Webster) despediram-se da vida política porque o parlamento perdera quase todo o poder diante da máquina de partido no resto do país. O fato de a "máquina" plebiscitária se desenvolver tão cedo na América deve-se à circunstância de que ali, e somente ali, o chefe do Executivo, que era, ao mesmo tempo – isto é o que importa –, o chefe do patrocínio de cargos, era um presidente plebiscitariamente eleito e este, em consequência da "separação de poderes", era quase independente do parlamento no exercício de seu cargo. Um verdadeiro espólio de prebendas de cargo era, portanto, o prêmio pela vitória na eleição presidencial. Consequência disso era o *"spoils system"*[32], elevado sistematicamente, por Andrew Jackson, ao *status* de princípio.

O que significa hoje, para a formação dos partidos, esse *spoils system* – a atribuição de todos os cargos federais aos partidários do candidato vitorioso? Significa que partidos sem convicção alguma se enfrentam. São organizações de meros caçadores de cargos, que estabelecem para cada campanha eleitoral, de acordo com a chance de captar votos, seus programas variáveis – variáveis em uma proporção que, apesar de todas as analogias, não se encontra em nenhum outro lugar. Pois os partidos são exclusivamente construídos para a campanha eleitoral mais importante para o patrocínio de cargos:

---
32. Em inglês, no original, aqui e nas páginas subsequentes.

a eleição para a presidência da União e para o cargo de governador de cada Estado. Os programas e os candidatos são estabelecidos nas "*national conventions*" dos partidos, sem intervenção dos parlamentares, isto é, em congressos dos partidos que, de maneira formalmente muito democrática, são constituídos de representantes a partir de assembleias de delegados, os quais, por sua vez, devem o seu mandato às "*primaries*", assembleias primárias dos eleitores do partido. Já nessas *primaries*, os delegados são eleitos em conexão com o nome do candidato ao supremo cargo no Estado; *dentro* dos partidos individuais, a luta mais encarniçada é pela questão da "*nomination*". Nas mãos do presidente estão nada menos que entre 300 e 400 mil nomeações de funcionários públicos, que ele realiza após consultar somente os senadores dos Estados individuais. Os senadores são, portanto, políticos poderosos. A Câmara dos Representantes, pelo contrário, tem relativamente pouco poder político, pois está privada do patrocínio do funcionalismo, e os ministros, meros assistentes de um presidente legitimado pelo povo contra tudo e todos – até contra o parlamento –, podem exercer o seu cargo independentemente da confiança ou desconfiança da Câmara dos Representantes: esta é uma consequência da "separação de poderes".

O *spoils system,* apoiado no princípio da separação de poderes, foi tecnicamente *possível* na América porque ali havia uma civilização ainda jovem (*Kultur*) que suportava uma gestão de meros diletantes. Pois esses 300 a 400 mil militantes partidários, cuja única qualificação eram os bons serviços prestados ao seu partido, criavam uma situação que não podia existir sem males enormes: corrupção e desperdício sem igual, que apenas um país com chances econômicas ainda ilimitadas suportava.

A figura que aparece em cena ao lado desse sistema da máquina partidária plebiscitária é o "*boss*". O que é o *boss*? É um empresário político capitalista que arranja votos por sua própria conta e risco. Ele pode ter estabelecido suas primeiras conexões como advogado, ou taberneiro, ou dono de empreendimentos semelhantes, ou talvez como credor. A partir desse ponto ele estica a sua trama até conseguir "controlar" determinado número de votos. Vencida essa etapa, ele entra em contato com os *bosses* vizinhos, chamando, com a sua dedicação, habilidade e, principalmente, discrição, a atenção daqueles que já avançaram na carreira, e ele, por sua vez, começa a ascender. O *boss* é indispensável à organização do partido, que está centralizada em suas mãos. E é ele, principalmente, que obtém os recursos financeiros. Qual é a origem deles? Em parte, são contribuições de militantes, mas, sobretudo, vêm da taxação sobre os salários daqueles funcionários públicos que conseguiram o seu cargo através do *boss* e de seu partido. Além disso, são propinas e gorjetas. Quem deseja infringir impunemente uma das numerosas leis, precisa da conivência do *boss* e tem de pagar por ela – de outro modo, terá inevitavelmente de enfrentar consequências desagradáveis. Mas não se arranja o capital operacional necessário apenas com isso. O *boss* é indispensável como recebedor direto do dinheiro dos grandes magnatas financeiros, que, de modo algum, entregariam o dinheiro para fins eleitorais a um funcionário de partido remunerado ou a outra pessoa que preste contas em público. O *boss*, com a sua discrição astuta em assuntos de dinheiro, é evidentemente o homem indicado para os círculos capitalistas que financiam a eleição. O *boss* típico é um homem absolutamente objetivo. Não ambiciona honra social; o *"professional"*[33] é desprezado pela alta sociedade. Procura exclusivamente o poder, poder como fonte de dinheiro, mas também o poder por si só. Trabalha nos bastidores, o que o distingue do *"leader"* inglês. Ele próprio não é ouvido em público; sugere aos oradores o que seria conveniente dizer, enquanto se mantém calado. Via de regra, não aceita nenhum cargo, exceto o de senador. Pois uma vez que os sena-

---

33. Em inglês, no original, aqui e nas páginas subsequentes.

dores participam, em virtude da Constituição, no patrocínio de cargos, os *bosses* dirigentes muitas vezes têm, pessoalmente, assento nessa assembleia. A atribuição dos cargos acontece primeiramente e, acima de tudo, de acordo com os serviços prestados ao partido. Mas a atribuição de cargos em troca de dinheiro também era comum; para cada posto existia determinada taxa, isto é, tratava-se de um sistema de venda de cargos, também conhecido em muitas monarquias dos séculos XVII e XVIII, inclusive no Estado do Vaticano.

O *boss* não tem "princípios" políticos fixos. Ele carece de qualquer convicção e está apenas interessado naquilo que possa atrair votos. Não é raro que seja um homem com uma educação sofrível, mas sua vida privada costuma ser irrepreensível e correta. É apenas em sua ética política que ele se adapta, o que é natural ao padrão ético da ação política estabelecida, o que, em nosso país, na época do açambarcamento, muitas pessoas devem ter feito na área da ética econômica. O fato de ser socialmente desprezado como "*professional*", como político profissional, não o preocupa. Que ele próprio não possa nem queira ocupar os grandes cargos da União tem a vantagem de permitir que, às vezes, representantes da *intelligentsia* fora do partido, isto é, notabilidades, tornem-se candidatos – e não sempre os mesmos veteranos notáveis do partido, como em nosso país – desde que o *boss* os considere um atrativo nas eleições. Assim, precisamente a estrutura desses partidos sem convicções políticas, com os seus detentores de poder socialmente desprezados, ajudou homens competentes a chegar à presidência, o que jamais teria ocorrido em nosso país. No entanto, os *bosses* não aceitam nenhum "*outsider*" que possa ameaçar as suas fontes de dinheiro e poder. Mas, na competição pelo favor dos eleitores, os *bosses* viram-se, às vezes, obrigados a aceitar justamente aqueles candidatos que eram considerados adversários da corrupção.

Existe ali, portanto, um empreendimento partidário fortemente capitalista, rigorosamente organizado de cima para baixo, apoiado também por clubes políticos extremamente estáveis, como o *Tammany Hall,* organizados à maneira de ordens religiosas, mas que pretendem exclusivamente obter lucro pela dominação política, principalmente das administrações municipais, que também ali são o objeto mais importante da exploração. Essa estrutura da vida partidária foi possível nos Estados Unidos em consequência da democracia altamente desenvolvida neste "país novo". Mas a combinação dessas circunstâncias condiciona a morte paulatina desse sistema. A América não pode mais ser governada exclusivamente por diletantes. Ainda quinze anos atrás, quando trabalhadores eram questionados sobre a razão de se deixarem governar por políticos que declaravam desprezar, a resposta era: "Preferimos, como funcionários públicos, pessoas em quem podemos cuspir, a ter, como vocês, uma casta de funcionários que cuspa em nós." Esse era o velho ponto de vista da "democracia" americana; os socialistas pensavam diferentemente, já naquela época. A situação torna-se insustentável. A administração de diletantes não é mais suficiente, e a *Civil Service Reform* cria um número cada vez maior de empregos vitalícios, com direito a aposentadoria, fazendo com que funcionários formados na universidade, tão incorruptíveis e competentes quanto os nossos, ocupem esses postos. Cerca de 100 mil cargos já deixaram de ser objeto de espólio a cada eleição, dependendo da comprovação da qualificação e dando direito à pensão. Isso fará com que recue cada vez mais o *spoils system* e, provavelmente, também mudará a maneira de dirigir os partidos – apenas ainda não sabemos como.

Na *Alemanha,* as condições decisivas para a atividade política organizada foram, até agora, essencialmente as seguintes: primeiro, a impotência dos parlamentos, cuja consequência era o fato de que ninguém com qualidades de líder permanecia neles por longo tempo. Suponhamos que alguém quisesse entrar no parlamento – o que ele poderia fazer lá? Quando era aberta uma vaga na chancelaria, podia-se dizer ao chefe administrativo em questão: "Tenho em minha circunscrição eleitoral um homem muito competente, que seria apropriado. O senhor não quer admiti-lo?" Esse pedido era rapidamente atendido, mas isso já era quase tudo que um parlamentar alemão podia conseguir para satisfazer os seus instintos de poder – se tivesse algum. Além disso – e este segundo fator condicionava o primeiro – havia a enorme importância do funcionalismo especializado e treinado na Alemanha. Nisso éramos os primeiros no mundo. Essa importância trazia consigo o fato de que o funcionalismo especializado reclamava para si não apenas as vagas para servidores públicos especializados, mas também os cargos ministeriais. No ano passado, quando a "parlamentarização" foi discutida na Dieta bávara, argumentou-se que pessoas talentosas não mais se tornariam funcionários públicos se os postos ministeriais fossem ocupados por parlamentares. Além disso, na Alemanha, a administração do funcionalismo fugia sistematicamente ao tipo de controle que é exercido na Inglaterra pelas comissões, tornando assim os parlamentos incapazes – abstraindo-se algumas poucas exceções – de treinar, em seu meio, chefes administrativos realmente eficientes.

O terceiro fator era que nós, na Alemanha, em oposição à América, tínhamos partidos com convicções políticas (*gesinnungspolitische Parteien*), os quais afirmavam, pelo menos com *bona fides* subjetiva, que seus membros representavam determinada *Weltanschauung*. Entre esses partidos, os dois mais importantes (por um lado, o Partido do Centro Católico e, por outro, a social-democracia) eram, no entanto, partidos minoritários natos, condição que correspondia à sua própria intenção. Os círculos dirigentes do Partido do Centro no *Reich* nunca fizeram segredo do fato de serem contra o parlamentarismo porque temiam ser minoria e, com isso, enfrentar dificuldades para acomodar os caçadores de cargos, o que até agora era feito mediante o exercício de pressão sobre o governo. A social-democracia era um partido minoritário por princípio e um obstáculo à parlamentarização porque não queria se manchar no contato com a ordem política burguesa estabelecida. O fato de ambos os partidos se excluírem do sistema parlamentar tornou impossível a introdução deste na Alemanha.

Considerando essa situação, o que ocorria com os políticos profissionais na Alemanha? Não tinham poder nem responsabilidade, apenas podiam desempenhar um papel bastante subalterno como notáveis e estavam, em consequência disso, novamente animados por instintos corporativos. Era impossível ascender dentro do círculo desses notáveis, que faziam do seu cargozinho a sua vida, a menos que se fosse semelhante a eles. Eu poderia citar de todos os partidos, sem excluir a social-democracia, muitos nomes que significam tragédias em termos de carreira política porque a pessoa em questão tinha qualidades de líder e, precisamente por essa razão, não foi tolerada pelos notáveis. Esse caminho de desenvolvimento de uma corporação de notáveis foi tomado por todos os nossos partidos. Bebel, por exemplo, ainda foi um líder, em virtude de seu temperamento e da pureza de seu caráter, por mais modesta que tenha sido sua inteligência. O fato de ele ser um mártir, de nunca ter traído a confiança das massas (na opinião delas), fizeram com que estas o apoiassem incondicionalmente, não existindo nenhum poder dentro do partido social-democrático que pudesse desafiá-lo seriamente. Após sua morte, essa situação teve um fim, e começou o domínio do funcionalismo. Ascenderam funcionários dos sindicatos, secretários de partido e jornalistas, e os instintos do funcionalismo público começaram a dominar o partido. Tratava-se de um funcionalismo muito honrado – de honradez rara, pode-se dizer, considerando as condições em outros países, particularmente os funcionários muitas vezes corruptos dos sindicatos na América –, mas no partido se deram as consequências já mencionadas do domínio do funcionalismo.

A partir da década de 1880, os partidos burgueses tornaram-se inteiramente corporações de notáveis. É verdade que, de vez em quando, para fins de propaganda, eles tinham de recorrer à *intelligentsia* fora do partido para poderem dizer: "Temos estes e aqueles a nosso favor." Na medida do possível, tentavam evitar que essas pessoas se envolvessem nas eleições, permitindo que isso acontecesse apenas quando a pessoa em questão insistia.

No parlamento reinava o mesmo espírito. Nossos partidos parlamentares eram, e continuam a ser, corporações. Todos os discursos proferidos no plenário do *Reichstag* são submetidos, antes, à censura do partido, o que é notado pelo caráter incrivelmente tedioso dos pronunciamentos. Apenas tem a palavra aquele que é designado como orador. Um contraste maior em relação ao sistema parlamentar inglês, mas também – por razões completamente opostas – aos hábitos franceses é algo dificilmente imaginável.

Em consequência do enorme colapso que se costuma chamar de revolução, talvez esteja acontecendo, no momento, uma mudança. Talvez, mas não há certeza. Houve tentativas de estabelecer novos tipos de aparelhos partidários. Primeiramente, organizações de amadores, muitas vezes representadas por estudantes das diversas universidades que dizem a um homem ao qual atribuem qualidades de líder: "Realizaremos o trabalho necessário, especifique qual é." Segundo, organizações políticas de caráter comercial. Aconteceu que certas pessoas se aproximaram de homens aos quais atribuíam qualidades de líder e lhes ofereceram arregimentar partidários em troca do pagamento de uma taxa fixa por cada voto. Se os senhores me perguntassem agora qual desses dois aparatos eu considero o mais confiável, do ponto de vista da técnica política, acho que daria preferência ao último. Mas ambos foram bolhas de sabão, que se levantaram rapidamente para desaparecer logo em seguida. As organizações partidárias existentes se reestruturaram e continuaram o seu trabalho. Aqueles fenômenos foram apenas um sintoma do fato de que novas organizações talvez já tivessem se instalado, se para elas tivessem surgido dirigentes. Mas a peculiaridade técnica do sufrágio proporcional foi o suficiente para impossibilitar esse surgimento. Apenas alguns ditadores de rua surgiram e desapareceram em seguida. E apenas os seguidores de um ditador de rua estão organizados com firme disciplina; daí o poder dessas ínfimas minorias.

Suponhamos que a situação se altere. É necessário esclarecer, conforme o que foi dito anteriormente, que a direção dos partidos por líderes plebiscitários provoca a "perda da espiritualidade" (*Entseelung*)[34] de seus seguidores ou, por assim dizer, sua proletarização espiritual. Para serem úteis ao líder, os partidários têm de obedecer-lhe cegamente, ser uma máquina, no sentido americano, que não pode ser perturbada pela vaidade de notáveis e pela pretensão de defender opiniões próprias. A eleição de Lincoln foi possível apenas devido a esse caráter de organização partidária. No caso de Gladstone, conforme já mencionado, ocorreu a mesma coisa no sistema de *caucus*. Esse é o preço que se paga pela direção por líderes. Mas há apenas a escolha entre, de um lado, a democracia com um líder e com a "máquina" e, de outro, a democracia sem um líder, o que significa a dominação dos "políticos profissionais", sem vocação, sem as qualidades internas, carismáticas que fazem de uma pessoa um líder. Neste último caso, estamos diante daquilo que a oposição de um partido costuma chamar dominação de "panelinha". Por enquanto, na Alemanha, temos apenas os políticos profissionais. E, quanto ao futuro, a continuação dessa situação, pelo menos no *Reich*, é favorecida pelo fato de que muito provavelmente o *Bundesrat* renascerá, limitando necessariamente o poder do *Reichstag* e, com isso, a sua importância como espaço de seleção de líde-

....
34. O problema da superação da "desumanização" e da "mecanização capitalista" era um tópico central no debate político contemporâneo. Foi discutido nos colóquios realizados no castelo Lauenstein, em março e outubro de 1917, dos quais Weber tomou parte.

res. Além disso, tem a seu favor o sufrágio proporcional na forma que este apresenta atualmente: um fenômeno típico da democracia sem líder, não apenas por favorecer o regateio dos notáveis pelos cargos, mas também por dar futuramente às associações de interessados a possibilidade de forçar a inclusão de seus funcionários nas listas e de criar, assim, um parlamento apolítico, no qual não há lugar para lideranças genuínas. A única válvula de segurança em relação à ausência de um líder poderia ser o *Reichspräsident*, desde que o presidente fosse eleito de maneira plebiscitária, e não parlamentar. Líderes qualificados por meio de um bom trabalho realizado também poderiam surgir e ser selecionados se, nos grandes municípios (como nos Estados Unidos, onde se pretendeu combater seriamente a corrupção), aparecesse o ditador urbano plebiscitário, o direito de reunir a seu critério os funcionários da sua administração. Isso exigiria que os partidos fossem organizados para eleições desse tipo, porém a hostilidade pequeno-burguesa à ideia de um líder, hostilidade esta que todos os partidos (inclusive e principalmente a social-democracia) demonstram, faz com que permaneça oculta a natureza futura dos partidos e, com isso, o futuro de todas essas possibilidades.

    De modo algum é possível, portanto, dizer hoje qual forma externa será assumida pela atividade política como "profissão" e, menos ainda, por conseguinte, por qual caminho as pessoas politicamente talentosas terão oportunidade de se dedicar a tarefas políticas satisfatórias. Quem, devido a sua situação financeira, for obrigado a viver "da" política, provavelmente terá de escolher sempre entre o jornalismo ou uma posição como funcionário de um partido, sendo ambos típicos caminhos diretos, ou então ser funcionário de uma associação representativa de interesses – sindicato, câmara do comércio, da agricultura, da indústria, do trabalho, associação de empregadores etc., ou do serviço público municipal. Não se pode dizer mais sobre os aspectos externos, além do fato de que o funcionário de partido compartilha com o jornalista o desprezo que se tem pelos "desclassificados". "Escriba assalariado" aqui, "orador assalariado" ali – infelizmente é isso que sempre se ouvirá, mesmo que implicitamente; quem se sentir indefeso diante dessa situação e não souber dar uma resposta adequada nem para si mesmo, faria melhor ao ficar longe dessa carreira, que, em todo caso, além de grandes tentações, é um caminho que pode trazer decepções constantes.

Mas quais são as alegrias íntimas que a política pode oferecer e que tipo de qualidades pessoais pressupõe nas pessoas que a abraçam?

Em primeiro lugar, proporciona um sentimento de poder. Mesmo nas posições formalmente modestas, a consciência de influenciar pessoas, de participar do poder sobre elas, mas, sobretudo, a sensação de ser um daqueles que juntam em suas mãos os fios dos acontecimentos historicamente importantes podem fazer o político profissional sentir-se pairando acima da vida cotidiana. Mas para ele levanta-se a questão sobre quais são as qualidades que lhe dão esperança de fazer jus a esse poder (por mais limitado que seja no caso individual) e, portanto, à responsabilidade que lhe impõem. Com isso, entramos no campo das questões éticas, pois a este pertence a questão acerca do tipo de pessoa que é preciso ser para poder colocar suas mãos nos raios da roda da História.

Pode-se dizer que três qualidades são particularmente decisivas para o político: paixão, senso de responsabilidade e juízo/senso de proporção. Paixão no sentido de *objetividade* (*Sachlichkeit*), de entrega apaixonada a uma "causa" (*Sache*), ao deus ou ao demônio[35] que a comanda. Não no sentido daquela atitude interna que meu falecido amigo Georg Simmel costumava chamar de "excitação estéril"[36], característica de deter-

---

35. Neste exemplo, Weber utiliza o termo *Dämon* com o mesmo sentido da palavra inglesa "demon". Em outras passagens do texto, ele a emprega sem o sentido de "moral evil".

36. O emprego de *Aufgeregtheit* como um termo depreciador para se referir ao fervor revolucionário havia sido prefigurado na sátira incompleta de Goethe, *Die Aufgeregten,* sobre as consequências da Revolução Francesa.

minados intelectuais, principalmente russos (mas nem todos eles!) e que agora, neste carnaval que se enfeita com o nome orgulhoso de "revolução", desempenha um papel tão importante também entre os nossos intelectuais; é o "romantismo do intelectualmente interessante", dirigido ao vazio e sem nenhum senso objetivo (*sachlich*) de responsabilidade. Pois a mera paixão, por mais genuína que seja, não basta. Não faz de ninguém um político, a não ser que, uma vez servindo a uma causa, faça da *responsabilidade* por esta causa a estrela guia da ação. E para isso é necessário – e esta é a qualidade psicológica decisiva do político – *o senso de proporção*, a capacidade de deixar atuar sobre si as realidades, mantendo a concentração e a calma, isto é, a *distância* em relação às coisas e às pessoas. "Falta de distância", puramente como tal, é um dos pecados mortais de todo político e, caso seja cultivada, condenará nossos futuros intelectuais à incapacidade política. Pois o problema é, precisamente, como fazer conviver na mesma alma a paixão ardente e a frieza do senso de proporção. Política faz-se com a cabeça, não com outra parte do corpo, nem com a alma. Mesmo assim, a entrega à política, se não for para ser um frívolo jogo intelectual, mas sim uma genuína ação humana, pode apenas nascer e alimentar-se da paixão. Aquele controle poderoso sobre a alma, porém, que caracteriza o político apaixonado e o distingue dos meros diletantes políticos, "esterilmente excitados", apenas é possível mediante o hábito da distância – em todos os sentidos da palavra. A "força" de uma "personalidade" política significa, antes de tudo, possuir essas qualidades.

É, portanto, um inimigo bem trivial, muito humano, que o político tem de vencer em si mesmo todo dia e toda hora: a simples *vaidade*, inimiga mortal de toda dedicação a uma causa e de toda distância – neste caso, da distância de si mesmo.

A vaidade é uma qualidade muito difundida, e talvez ninguém esteja totalmente livre dela. Nos círculos acadêmicos e intelectuais é uma espécie de doença ocupacional. Mas precisamente entre os intelectuais, por mais antipática que seja a sua manifestação, ela é relativamente inofensiva no sentido de que, via de regra, não atrapalha as atividades científicas. O caso do político é diferente. Este trabalha com a ambição pelo *poder* como meio (*Mittel*) inevitável. O "instinto pelo poder" – como se costuma dizer – faz, de fato, parte de suas qualidades normais. O pecado contra o espírito santo de sua profissão, porém, começa ali onde essa ambição pelo poder *perde sua objetividade* (*unsachlich*) e torna-se motivo para uma autoexaltação puramente pessoal, em vez de se colocar exclusivamente a serviço da "causa". Pois, em última instância, há apenas dois tipos de pecados mortais na área da política: a falta de objetividade e – muitas vezes idêntica à primeira, mas nem sempre – a falta de responsabilidade. A vaidade, a necessidade de aparecer de forma claramente visível em primeiro plano, é o que mais leva o político à tentação de cometer um desses pecados, ou ambos. E isso particularmente porque o demagogo é obrigado a contar com o "efeito" que causa – justamente por isso ele está sempre em perigo, tanto de se tornar um ator quanto de não levar a sério a responsabilidade pelas consequências de seus atos e de se preocupar apenas com a "impressão" que cria. Sua falta de objetividade o faz ambicionar o brilho do poder, em vez do poder verdadeiro, enquanto sua falta de responsabilidade o faz apreciar o poder apenas pelo poder, sem finalidade ligada a ele. Pois embora, ou melhor, *porque* o poder é o instrumento inevitável de toda política, sendo, por isso, a ambição pelo poder uma de suas forças motrizes, não há nenhuma distorção mais funesta da força política do que se orgulhar de seu poder à maneira de um *parvenu* e de admirar vaidosamente a si próprio, na consciência do poder, como, em geral, toda idolatria do poder puramente como tal. O mero "político de força", do tipo que um culto bastante divulgado trata de glorificar também em nosso país, pode até dar a impressão de ser forte, mas suas ações levam ao vazio e ao absurdo. Nisso têm toda razão os críticos da "política de força". O repentino colapso interior de representantes típicos dessa atitude política *(Gesinnung)* já nos ensinou que debilidade e impotência escondem-se por trás daquele gesto ostentoso, porém completamente vazio. Este é produto de um esnobismo extremamente medíocre e superficial em relação ao *sentido* da ação humana, atitude que não tem nenhuma afinidade com o conhecimento da tragicidade na qual está envolvida, na verdade, toda ação, principalmente a ação política.

É a pura verdade e um fato essencial de toda a História – e não cabe explicar aqui e agora as razões disto – que o resultado final da ação política encontra-se, muitas vezes, ou melhor, regularmente, em uma relação totalmente inadequada, até mesmo paradoxal, com o seu sentido original *(Sinn)*. Mas nem por isso esse sentido pode faltar, isto é, o serviço prestado a uma *causa*, se a ação pretende ter força interna. A questão de *como* é a causa, em cujo nome o político ambiciona e usa o poder, é uma questão de fé. Ele pode se colocar a serviço de fins nacionais ou humanitários, sociais e éticos ou culturais, seculares ou religiosos; ele pode se apoiar em uma firme crença no "progresso" – não interessa em que sentido – ou, então, rejeitar friamente este tipo de fé; ele pode pretender servir a uma "ideia" ou desprezar, por princípio, essas pretensões, querendo servir apenas a fins concretos da vida cotidiana – mas sempre tem de *existir* alguma fé. Caso contrário – podemos ter toda certeza disso –, pesará a maldição da nulidade de toda criação mesmo sobre os resultados políticos aparentemente mais fortes.

Ao dizer isso, já entramos na discussão do último problema que nos interessa nesta noite: o *ethos* da política como "causa" *(Sache)*. Que tipo de vocação pode a política constituir, por si mesma e independentemente de seus objetivos, dentro do conjunto da economia ética da conduta de nossa vida? Qual é, por assim dizer, o lugar ético em que ela reside? Neste ponto, sem dúvida, colidem *Weltanschauungen* fundamentais, e, em última instância, cabe *escolher* entre elas. De forma resoluta, atacaremos esse problema, que voltou a ser discutido ultimamente – ainda que, em minha opinião, de maneira inadequada.

Antes de qualquer coisa, temos que libertar o problema de uma adulteração bem trivial. A ética pode desempenhar, em primeiro lugar, um papel moralmente desastroso. Vejamos alguns exemplos. Dificilmente os senhores encontrarão um homem que tenha se afastado de sua mulher para relacionar-se com outra e que não tenha sentido a necessidade de legitimar este fato para si mesmo, alegando que ela não merecia o seu amor, que o havia decepcionado ou alegando qualquer outra "razão". É uma profunda falta de cavalheirismo que, à simples fatalidade de ter deixado de amá-la, o que a mulher precisa aceitar, ele acrescenta uma "legitimidade" inventada, em virtude da qual reclama para si a razão e ainda trata de empurrar para ela, além da infelicidade, também a injustiça. Da mesma forma se comporta o rival amoroso bem-sucedido: o adversário deve ter menos valor, caso contrário não teria sido vencido. Em nada difere, evidentemente, a situação ao fim de uma guerra vitoriosa, quando o vencedor afirma, em indigna prepotência, que venceu porque tinha razão. Ou quando, ao enfrentar os horrores da guerra, alguém sofre um colapso psíquico e, em vez de simplesmente dizer que aquilo havia sido demais para ele, sente a necessidade de justificar para si próprio o cansaço, substituindo o sentimento de desgaste pelo argumento: "eu não podia mais suportar aquilo porque tive de lutar por uma causa eticamente má". E o mesmo se aplica aos derrotados na guerra. Em vez de procurar o "culpado", à maneira das velhas senhoras – apesar de ter sido a estrutura da sociedade que produziu a guerra –, qualquer um com uma atitude viril e direta diria ao inimigo: "Nós perdemos a guerra, vocês a ganharam. Isso pertence ao passado. Vamos falar agora das consequências que cabe tirar da situação, de acordo com os interesses *objetivos* (*sachlichen*) envolvidos e – o que é mais importante – em face da responsabilidade pelo *futuro*, que pesa particularmente sobre o vencedor." Qualquer outra atitude é indigna e custará caro. Uma nação perdoa a violação de seus interesses, mas nunca de sua honra, e muito menos quando isso acontece numa atitude de superioridade padresca. Todo documento novo, revelado depois de décadas, fará renascer o clamor, o ódio e a raiva, embora a guerra, no momento do seu fim, deva ser pelo menos *moralmente* enterrada. Mas isso só é possível mediante a objetividade (*Sachlichkeit*) e o cavalheirismo e, sobretudo, mediante a *dignidade*. Certamente nunca mediante uma "ética" que significa, na verdade, a ausência de dignidade por ambas as partes. Em vez de tratar daquilo que é tarefa do político – o futuro e a responsabilidade por este –, esta abordagem "ética" ocupa-se de questões politicamente estéreis, porque insolúveis, da culpa pelo passado. Fazer *isso* é culpa política, se houver alguma. E, além disso, tende-se a ignorar a adulteração inevitável de todo o problema por interesses bastante materiais: os interesses do vencedor no maior ganho possível (moral e material) e as esperanças do vencido de conseguir vantagens mediante declarações de culpa. Se existe algo que seja "vulgar" (*gemein*)[37], é esse comportamento, que é consequência desse uso da "ética" como meio de "ter sempre razão".

Como é, então, a verdadeira relação entre a *ética* e a *política*? Elas não têm, como já se disse, nada a ver uma com a outra? se diz ocasionalmente? Ou, pelo contrário, é verdade que "a mesma" ética vale para a ação política bem como para qualquer outra? Chegou-se a pensar, algumas vezes, que entre essas duas afirmações existia uma alternativa exclusiva, que ou a primeira ou a segunda era a correta. Mas é verdade, de fato, que ética alguma no mundo pode estabelecer precei-

---

37. Para Nietzsche, assim como para Weber, *gemein* ("vulgar", "baixo", "vil") era a antítese de *vornehm* ("distinto", "nobre"). A objeção de Weber ao uso (in)correto da palavra "ética" para provar que se "tem sempre razão" ecoa o ceticismo nitzschiano sobre a "interpretação moral dos fenômenos".

tos de conteúdo *igual* para relações eróticas, comerciais, familiares ou burocráticas, para as relações com a esposa, a quitandeira, o filho, o concorrente, o amigo e o réu? Será que é realmente indiferente para as exigências éticas feitas à política o fato de esta operar com um meio muito específico, o poder, por trás do qual está a *violência*? Não podemos observar que os ideólogos bolchevistas e espartacistas[38], justamente por aplicarem esse meio da política, chegam aos *mesmos* resultados que qualquer ditador militar? Se não é a pessoa detentora do poder e seu diletantismo, o que é que distingue a dominação dos conselhos de trabalhadores e soldados daquela de um potentado qualquer do antigo regime? Em que se distingue a polêmica da maioria dos representantes da ética supostamente nova, dirigida contra os adversários criticados por eles, da polêmica de outros demagogos quaisquer? Sua nobre intenção, dirão alguns. Muito bem. Mas o assunto de que tratamos aqui é o meio, e a nobreza de suas intenções últimas é também reclamada para si, com toda sinceridade subjetiva, pelos adversários agredidos. "Quem com a espada fere, com a espada será ferido"[39] e, seja onde for, luta é luta. Trata-se, então, da ética do *Sermão da Montanha*? O Sermão da Montanha – quero dizer, a ética absoluta do Evangelho – é algo muito mais sério do que pensam aqueles que hoje em dia tanto gostam de citá-lo. Não se brinca com essa ética. Vale para ela o que já se tem dito sobre a causalidade da ciência: não é um fiacre, que se pode mandar parar à vontade, para embarcar ou desembarcar. Pelo contrário, se quisermos ultrapassar as trivialidades, temos que abraçá-la por inteiro *ou* então ignorá-la, *este* é o seu sentido. Assim é o caso do jovem rico que "foi embora muito triste, porque possuía muitos bens"[40]. O

....

38. Liga de Spartakus, formada entre 1916 e 1917 e liderada por Karl Liebknecht. Era uma associação socialista de esquerda, que se opunha à guerra e adotou o nome de Partido Comunista da Alemanha em dezembro de 1918.
39. Mateus 26:52.
40 Mateus 19:22.

mandamento do Evangelho é incondicional e inequívoco: dê tudo o que você possui – absolutamente *tudo*. O político dirá que se trata de uma exigência socialmente inútil se não for imposta a *todos*, o que significará tributação, expropriação por tributação, confisco – em resumo, coerção e ordem estabelecidas para *todos*. No entanto, o mandamento ético desconsidera *completamente* essa questão; esta é sua essência. Ou então: "Ofereça-lhe a outra face!" Incondicionalmente, sem perguntar por que o outro tem o direito de bater. Uma ética da falta de dignidade – exceto para um santo. É assim mesmo: é preciso ser um santo em *tudo*, ou pelo menos ter a vontade de sê-lo, viver como Jesus, os Apóstolos, São Francisco e seus iguais – *neste caso*, aquela ética faz sentido e é expressão de dignidade. *De outro modo, não*. Pois enquanto a consequência da ética de amor acosmística é "não resistir ao mal com força"[41], para o político vale o contrário: "você *deve* resistir ao mal pela força, pois se não o fizer, será você o *responsável* pelo crescimento do mal". Quem quer agir de acordo com a ética do Evangelho deve se abster da greve, pois a greve é coerção, e deve se associar a um dos sindicatos amarelos*. E, sobretudo, não deve falar de "revolução", pois certamente aquela ética não quer ensinar que precisamente a guerra civil é a única guerra legítima. O pacifista que age de acordo com o Evangelho rejeitará ou jogará fora as armas, atendendo ao dever ético, como nos foi recomendado, na Alemanha, para pôr fim à guerra e, com isso, a todas as guerras. O político dirá que o único meio seguro para desacreditar a guerra para todo o tempo *previsível* teria sido a paz baseada no *status quo*. Neste caso, os povos teriam perguntado: para que serviu a guerra? Teria sido provado o absurdo da guerra – o que agora não é possível. Pois para os vencedores – ou pelo menos para uma

---

41. Mateus 5:39: "Eu, porém, vos digo: Não resistais ao mal. Se alguém te ferir a face direita, oferece-lhe também a outra."

* Sindicato que, ao contrário de sua função original, não defende a classe que representa. (N. da R.)

parte deles – a guerra terá sido politicamente proveitosa. E responsável por este fato é aquele comportamento que tornou qualquer resistência impossível para nós. Quando o período de exaustão tiver passado, *o que estará desacreditado será a paz, não a guerra*: consequência da ética absoluta.

Por fim, há o dever da veracidade. Para a ética absoluta, é um dever incondicional[42]. Chegou-se, portanto, à conclusão de que todos os documentos deveriam ser publicados, principalmente aqueles que incriminam o próprio país e, com base nesta publicação, deveria ser confessada a culpa, unilateral e incondicionalmente, sem levar em conta as consequências. O político entenderá que o resultado disso não trará à luz a verdade, mas, ao contrário, a ocultará, por conta do mau uso dos documentos e pelo desencadeamento de paixões que provocará, e que apenas uma averiguação sistemática e abrangente, por parte de pessoas imparciais, pode ser produtiva, enquanto qualquer outro procedimento pode trazer consequências para a nação que não serão reparadas em décadas. Mas a ética absoluta não se *preocupa* com "consequências".

Esse é o ponto decisivo. Cabe ter bem claro que toda ação eticamente orientada pode obedecer a *duas* máximas fundamentalmente diferentes, irreconciliavelmente opostas: pode orientar-se pela "ética da convicção" (*Gesinnung*) ou pela "ética da responsabilidade". Certamente, a ética da convicção não é idêntica à falta de responsabilidade, nem a ética da responsabilidade é idêntica à falta de convicção. É claro que não queremos afirmar isso. Mas há um contraste abismal entre uma pessoa que age de acordo com a máxima da ética da convic-

---

42. A tentativa de Kant de encontrar a ética no "imperativo categórico" o levou a discutir a obrigação absoluta de dizer a verdade, mesmo em situações em que, ao fazê-lo, vidas humanas podem ser perdidas. Veja, por exemplo, *The Metaphysics of Morals,* Ed. M. Gregor (Cambridge, 1991), pp. 225-7. Kant foi uma das vozes mais influentes na defesa do "anticonsequencialismo" da ética na Alemanha.

ção (em termos religiosos: "O cristão cumpre seu dever e deixa o resultado para Deus")[43] e outra que age de acordo com a máxima da ética da responsabilidade, que diz que a pessoa tem de responder pelas *consequências* (previsíveis) de suas ações. Para um sindicalista adepto da ética da convicção podemos explicar, com os argumentos mais concludentes, que as consequências de seus atos serão o aumento das possibilidades de reação, a opressão crescente de sua classe e o refreamento de sua ascensão – tudo isso não o impressionará nem um pouco. Se consequências ruins forem o resultado de uma ação oriunda de pura convicção, o responsável não será, em sua opinião, o malfeitor, mas sim o mundo, a estupidez das outras pessoas, ou a vontade de Deus que as criou assim. O adepto da ética da responsabilidade, pelo contrário, conta justamente com aqueles defeitos médios das pessoas. Ele não tem, como Fichte acertadamente observou[44], nenhum direito de pressupor a bondade e a perfeição humanas, nem se sente em condições de imputar a terceiros as consequências de seus próprios atos, uma vez que eram previsíveis. Ele dirá: "essas consequências serão atribuídas aos meus atos". O adepto da ética da convicção apenas se sente "responsável" por não deixar se extinguir a chama da convicção pura – a chama, por exemplo, do protesto contra a injustiça da ordem social. Atiçá-la sempre de novo, esta é a finalidade de seus atos, completamente irracionais, se analisados em termos de seu possível sucesso, atos que apenas podem e devem ter valor de exemplo.

....

43. Embora a fonte exata dessas palavras (usadas por Weber em diversas ocasiões) não tenha sido encontrada, os editores da nova edição de *Gesamtausgabe* acreditam que façam alusão a uma passagem das leituras de Lutero sobre o *Gênesis*, "Fac tuum officium, et eventum Deo permitte", *D. Martin Luthers Werke. Kritische Gesamtausgabe,* vol. XLIV (Weimar, 1915), p. 78.

44. Fichte cita tais sentimentos a partir dos *Discourses* de Maquiavel, em "Über Macchiavelli (sic) als Schriftsteller", *Joahann Gottlieb Fichtes nachgelassene Werke,* vol. III (Bonn, 1856), p. 420.

Mas ainda não chegamos ao fim do problema. Nenhuma ética do mundo pode contornar o fato de que, em muitos casos, para alcançar fins "bons", é necessário aceitar meios eticamente duvidosos, ou pelo menos perigosos, e a possibilidade, ou até a probabilidade, de efeitos secundários adversos. E nenhuma ética do mundo pode, tampouco, definir quando e em que extensão o fim eticamente bom pode "justificar" os meios e efeitos secundários eticamente perigosos.

Para a política, o meio decisivo é o uso da violência. O grau da tensão, do ponto de vista ético, que existe entre meios e fins pode ser observado no caso conhecido dos socialistas revolucionários (da facção de Zimmerwald)[45]. Já durante a guerra, como se sabe, eles abraçaram o princípio que poderia ser assim resumido: "se estivéssemos diante da escolha entre mais alguns anos de guerra e depois a revolução ou a paz imediata e nenhuma revolução, escolheríamos mais alguns anos de guerra!" À pergunta subsequente: "O que esta revolução pode trazer?", todo socialista cientificamente preparado responderia que estava fora de questão uma transição para uma economia que poderia ser chamada de "socialista", no sentido que *ele* dava a esse conceito. Antes, renasceria uma economia da burguesia, apenas despida de seus elementos feudais e resíduos dinásticos. Para este resultado modesto, eles, então, aceitariam "mais alguns anos de guerra"! Não parece exagerado pensar que mesmo uma pessoa com firme convicção socialista poderia rejeitar o fim que exija meios desse tipo. Mas as coisas são exatamente assim para os bolcheviques e os espartacistas, como também, em geral, para todo tipo de socialista revolucionário. Mas, evidentemente, é ridículo que a "política de força" do antigo regime seja *moralmente* condenada, por parte

---

45. Em setembro de 1915, um grupo de socialistas radicais organizou uma conferência em Zimmerwald (nas proximidades de Berna) com o objetivo de fundar uma nova (Terceira) Internacional. Apesar das reuniões seguintes, em 1916 e 1917, eles não conseguiram chegar a uma unidade.

desses setores, por ter empregado precisamente o mesmo meio – por mais justa que seja a rejeição dos *fins*.

Neste ponto, no problema da justificação dos meios pelos fins, a ética da convicção parece ter de fracassar. De fato, a lógica apenas lhe permite a *condenação* de *toda* ação que empregue meios moralmente perigosos. Logicamente. Pois no mundo das realidades constatamos repetidamente, por experiência, que o adepto da "ética da convicção" transforma-se, de repente, em um profeta quiliasta, que aqueles que acabam de querer "combater a violência pelo amor", logo em seguida chamam para a luta – a *última* luta que se propõe a aniquilação de *toda* violência –, da mesma forma que nossos militares disseram aos soldados, antes de cada ofensiva, que esta era a última e traria consigo a vitória e, em seguida, a paz. O adepto da ética da convicção não suporta a irracionalidade ética do mundo. Ele é um "racionalista" cósmico-ético. Todos, entre os senhores, que conhecem Dostoievski devem se lembrar da cena com o Grande Inquisidor, que expõe o problema de maneira bem acertada[46]. Não é possível conciliar a ética da convicção e a ética da responsabilidade, nem decretar, de acordo com a ética, que tipo de fim justifica *que tipo* de meio, se se chega a fazer concessões a esse princípio.

Meu colega F. W. Förster[47], que aprecio muito como pessoa por causa da integridade indubitável de suas convicções (mas que rejeito absolutamente como político), pensa em seu livro que pode contornar essa dificuldade pela simples tese segundo a qual do bem somente pode nascer o bem, e do mal só pode resultar o mal. Se assim fosse, toda essa problemática nem existiria. É surpreendente que 2.500 anos depois dos

....
46. F. Dostoyevski, *The Brothers Karamazov*, Livro 5, cap. 5.
47. F. W. Förster (1869-1966) foi o principal porta-voz da Sociedade para a Cultural Ética. Sua obra *Staatsbürgerliche Erziehung* (*Educação para a cidadania*, publicada em 1910 e reeditada sob o título *Politische Ethik und politische Pädagogik*) foi uma expressão popular das ideias desse movimento por reformas sociais.

Upanixades ainda possa surgir uma tese com esse conteúdo. Pois não apenas o curso da história do mundo, mas também todo exame imparcial da experiência cotidiana mostra o contrário. O desenvolvimento de todas as religiões do mundo baseia-se na veracidade deste contrário. Afinal, o problema antiquíssimo da teodiceia é a questão de como explicar que um poder considerado, ao mesmo tempo, onipotente e bondoso possa ter criado um mundo tão irracional de sofrimento imerecido, de injustiça impune e de estupidez incurável. Ou esse poder não é onipotente ou não é benevolente, ou então há princípios de compensação e retribuição totalmente diferentes que regem a vida, princípios que podemos interpretar metafisicamente ou que fogem à nossa interpretação para sempre. Esse problema, a experiência da irracionalidade do mundo, foi a força motriz de todo desenvolvimento religioso. A doutrina indiana do *carma* e o dualismo persa, o pecado original, a predestinação e o conceito de *Deus absconditus*, todos eles surgiram a partir dessa experiência. Mesmo os cristãos primitivos sabiam muito bem que o mundo era governado por demônios e que a pessoa que se envolvesse na política, isto é, empregasse os meios da força e da violência, fazia um pacto com poderes diabólicos, além de saber que para suas ações *não* valia a ideia de que do bem pode nascer apenas o bem, e do mal o mal, mas sim, muitas vezes, o contrário. Quem não vê isso é de fato uma criança nos assuntos da política.

A ética religiosa encontrou diversas estratégias para acomodar-se ao fato de que estamos inseridos em várias esferas de vida, esferas estas que obedecem a leis diferentes. O politeísmo helênico sacrificava tanto a Afrodite quanto a Hera, tanto a Dioniso quanto a Apolo, sabendo que estes brigavam entre si com certa frequência. A ordem de vida hinduísta transformou as diversas profissões em objetos de uma lei ética especial, um *darma*, separando-as definitivamente na forma de castas e colocando-as ao mesmo tempo em uma hierarquia fixa, da qual ninguém que nascera nela poderia escapar, a não ser pela reencarnação na vida seguinte. As diferentes profissões, portanto, foram posicionadas a distâncias variáveis da salvação suprema. Por isso, foi possível ao hinduísmo construir o darma de cada casta, dos ascetas e brâmanes até os ladrões e as prostitutas, de acordo com as leis imanentes, próprias de cada profissão, incluindo as situações da guerra e da política. A incorporação da guerra no conjunto das ordens de vida, vocês encontrarão no *Bhagavad Gita*, na conversa entre Krishna e Arjuna. "Faça o necessário", isto é, o que for um dever de acordo com o darma da casta guerreira e suas regras, o que objetivamente for necessário em relação aos objetivos da guerra. Segundo essa crença, a execução de tal "obra" não prejudica a salvação religiosa, mas, ao contrário, serve para obtê-la. Desde sempre, o céu de Indra era tão garantido ao herói hindu morto em combate quanto Walhalla era ao guerreiro germânico. Mas do mesmo modo que o primeiro teria desprezado o Nirvana, o segundo teria desprezado o paraíso cristão, com seus coros de anjos. Essa especialização da ética permitiu à ética indiana um tratamento imperturbado da arte real da política, que seguiu apenas as leis próprias desta, até intensificando-as radicalmente. Na literatura indiana, o verdadeiramente radical "maquiavelismo", no sentido popular desta palavra, pode ser encontrado em sua forma clássica no *Arthashastra* de Kautilya (escrito muito antes da era cristã, supostamente no tempo de Chandragupta). Em comparação a ele, *O Príncipe*, de Maquiavel, é inofensivo. Na ética católica, com a qual o professor Förster geralmente simpatiza, os *consilia evangelica* são notoriamente uma ética especial para os dotados do carisma da vida santa. Ali, ao lado do monge, que não pode derramar sangue nem buscar vantagens materiais, estão o cavaleiro e o cidadão piedosos, sendo ao primeiro permitido verter sangue e ao segundo, enriquecer. A gradação da ética e sua incorporação ao organismo de uma doutrina de salvação são menos consequentes do que na Índia, o que podia e devia ser assim, de acordo com os pressupostos da fé cristã. A corrupção do mundo pelo pecado original permitiu, com relativa facilidade, a inserção da violência na ética, como corretivo contra o pecado e os hereges que ameaçavam as almas. Mas as exigências do Sermão da Montanha, baseadas exclusivamente na ética da convicção e alheias ao mundo, e a exigência absoluta por um direito natural religioso, fundamentado no Sermão, mantiveram seu poder revolucionário e entraram em cena com força elementar em quase todos os períodos de convulsão social. Criaram particularmente as seitas radicalmente pacifistas, das quais uma realizou na Pensilvânia a experiência de um Estado não violento nas relações exteriores. O resultado da experiência, no entanto, foi trágico, porque os Quakers não puderam pegar em armas quando eclodiu a Guerra da Independência, embora esta defendesse os mesmos ideais por eles cultivados. O protestantismo normal, pelo contrário, legitimou absolutamente o Estado (portanto, o recurso da violência) como instituição divina e, particularmente, o Estado autoritário legítimo. Lutero livrou o indivíduo da responsabilidade ética pela guerra e a empurrou para as autoridades, dizendo que não constituía culpa alguma obedecer a elas em assuntos alheios à fé. O calvinismo, por sua vez, reconheceu, por princípio, o uso da força como meio para defender a fé, isto é, a guerra religiosa, que, no islamismo, foi um elemento vital desde o início. Vimos que *não* é, de modo algum, a falta moderna de fé, nascida do culto aos heróis durante a Renascença, que levanta o problema da ética política. Todas as religiões lutaram com esse problema, com os resultados mais diversos e, considerando aquilo que foi dito, a situação não poderia ter sido diferente. O meio específico da *violência legítima*, puramente como tal, em mãos de associações humanas, é o que determina o caráter peculiar de todos os problemas éticos da política.

Quem pactua com esse instrumento, seja qual for seu objetivo – e todo político faz isso –, está à mercê de suas consequências específicas. Isso se aplica em grau muito elevado ao defensor de uma convicção, seja ele um religioso ou um revolucionário. Simplesmente tomemos como exemplo a época atual. Quem quiser estabelecer na Terra a justiça absoluta *pela força*, precisará de seguidores, de um "aparato" humano. A essas pessoas, será preciso prometer os prêmios morais e materiais – recompensas celestiais ou terrestres –, caso contrário o aparato não funcionará. É psicológica, nas condições da moderna luta de classes, a satisfação do ódio e da sede de vingança e, principalmente, do *ressentimento* e da necessidade pseudoética de sentir-se sempre com a razão, isto é, da necessidade de denegrir e difamar os adversários. Os prêmios materiais são a aventura, a vitória, o espólio, o poder e as prebendas. O êxito do líder depende totalmente do funcionamento desse seu aparato. Por isso, depende também dos motivos *deste* – e não dos seus próprios. Depende, portanto, da possibilidade de poder oferecer esses prêmios *permanentemente* aos partidários de que necessita: à Guarda Vermelha, aos espiões e aos agitadores. O que, com essas condições de atuação, ele consegue de fato, não está em suas mãos, mas lhe é imposto pelos motivos, em termos éticos, predominantemente vis (*gemein*) que provocam as ações de seus partidários. Ele pode controlá-los apenas enquanto existir em pelo menos uma parte do séquito – jamais será na maioria – a fé em sua pessoa e sua causa. Mas não é apenas essa fé, mesmo sendo subjetivamente sincera, na maioria das vezes meramente a "legitimação" ética do desejo de vingança, de poder, espólio ou prebendas – não podemos nos deixar iludir, pois a interpretação materialista da história também não é um fiacre em que se possa entrar à vontade e não se detém diante de revolucionários! –, mas também, e principalmente, segue ao momento emocional da revolução a *vida cotidiana*, tradicional, o herói da fé desaparece e, particularmente, a própria fé se desvanece ou – o que é ainda mais eficaz – torna-se parte da retórica convencional usada pelos ignorantes e técnicos da política. Esse desenvolvimento é particularmente rápido nas lutas religiosas, pois estas costumam ser conduzidas ou inspiradas por *líderes* autênticos, profetas da revolução. Nesse caso, como em todo aparato subordinado a um líder, uma das condições de seu sucesso é o esvaziamento e a objetivação (*Versachlichung*), em suma, a proletarização espiritual no interesse da "disciplina". Por isso, os seguidores de um homem que luta por suas convicções costumam se transformar muito rapidamente em uma camada ordinária de prebendeiros, assim que seu líder chega ao poder.

Quem quiser fazer política, e muito mais aquele que quiser ser político profissional, deverá ter consciência desses paradoxos éticos e de sua responsabilidade por aquilo em que *ele próprio* poderá se transformar sob pressão desses mesmos paradoxos. Ele se envolve, repito, com poderes diabólicos que estão à espreita, atrás de toda a violência. Os grandes virtuosos do amor e da bondade acosmísticas, tenham eles sua origem em Nazaré, em Assis ou nos palácios reais da Índia, não empregavam o instrumento político da violência. Seu reino "não era deste mundo" e, mesmo assim, eles atuavam e continuam atuando neste mundo, sendo as figuras do Platão Karataiv[48] e dos santos de Dostoievski suas representações mais adequadas. Quem procura salvar sua alma e as almas dos outros, não tenta fazê-lo por meio da política, que tem tarefas bem diferentes, que podem ser resolvidas apenas pela força. O gênio – ou demônio – da política vive em uma relação de tensão interior com o deus do amor, e até mesmo com o Deus cristão em sua versão eclesiástica, situação que a qualquer momento pode se tornar um conflito insolúvel. Isso os homens já sabiam, mesmo nos tempos do domínio da Igreja. O interdito pesava repetidas vezes sobre Florença – e isso significava, naquela época, um poder muito maior sobre os homens e a salvação de suas almas do que a "fria aprovação" (nas palavras de Fichte) do juízo ético de Kant[49] – , mas os ci-

---
48. Personagem de *Guerra e paz*, de Tolstoi.
49. 'Das System der Sittenlehre nach den Principien der Wissenschaftslehre", *Johann Gottlieb Fichtes sämmtliche Weerke*, vol. IV (Berlim, 1845), p. 167.

dadãos continuava a lutar contra o Estado Pontifício. É com referência a situações desse tipo que Maquiavel, em algum belo trecho das *Histórias florentinas* – se não me engano[50] –, permite que um de seus heróis elogie os cidadãos que preferiam a grandeza de sua cidade natal à salvação de sua alma.

Se, em vez de "cidade natal" ou "pátria", o que, atualmente, talvez nem seja um valor inequívoco para todos, os senhores disserem "o futuro do socialismo" ou mesmo "a pacificação internacional", então teremos o problema na forma como ele se apresenta hoje. Pois tudo isso, quando ambicionado pela ação *política*, que trabalha com meios violentos e segue pelo caminho da ética da responsabilidade, põe em perigo a "salvação da alma". Mas se, em uma guerra religiosa, essa salvação for buscada exclusivamente à base da ética da convicção, a ação política poderá sofrer danos e ser desacreditada durante gerações, por faltar responsabilidade pelas *consequências*. Neste caso, quem atua não tem consciência dos poderes diabólicos que entram no jogo. Eles são inexoráveis e têm consequências para suas ações e também para ele próprio, internamente, aos quais ele está abandonado se não os percebe. "O diabo, esse é velho, então tornai-vos velhos para o compreenderdes."[51] Este verso não se refere à idade cronológica. Nunca aceitei ser vencido em uma discussão por uma simples data que conste na certidão de nascimento, e o mero fato de alguém ter 20 anos e eu mais de 50 também não pode me levar a achar que isto em si constitua um mérito que me mereça respeito. Não é a idade que importa, mas a perspicácia treinada para enxergar as realidades da vida, a capacidade de suportá-las e de estar, interiormente, à sua altura.

É verdade que a política se faz com a cabeça, mas certamente não *apenas* com a cabeça. Nisso, os adeptos da ética

---

50. Referência à obra *Florentine Histories*, de Maquiavel, Livro 3, cap. 7, p. 114: "so much more did those citizens esteem their fatherland than their souls" (traduzido para o inglês por L. F. Banfield e H. C. Mansfield, Princeton, 1988).

51. Goethe, *Faust*, Parte II, versos 6.817-18.

da convicção têm toda razão. Se uma pessoa *deve* atuar de acordo com a ética da convicção ou da responsabilidade, e *quando* deve optar por uma ou por outra, estas são questões sobre as quais não se pode tomar decisões por ninguém. Cabe dizer apenas uma coisa: se nestes tempos de excitação que, como vocês acreditam, *nada* é estéril – mas excitação não é sempre e nem mesmo genuinamente uma paixão –, se neste momento, *de repente*, os políticos com convicções proliferassem em massa, proclamando: "O mundo é estúpido e vil (*gemein*), não eu; a responsabilidade pelas consequências não é minha, mas dos outros, para os quais eu trabalho e cuja estupidez e maldade vou exterminar", então digo, francamente, que, em primeiro lugar, eu examinaria o *peso espiritual* que se encontra por trás dessa ética da convicção. Tenho a impressão de que, em nove de cada dez casos, trata-se de cabeças de vento, que não sentem realmente o que estão assumindo, mas apenas se encantam com sensações românticas. Do ponto de vista humano, isso não me interessa muito e não me comove nem um pouco. Por outro lado, é imensamente comovente quando um homem *maduro* (seja jovem, seja velho), que sente realmente e com toda alma essa responsabilidade e atua de acordo com a ética da responsabilidade, chega a dizer em algum momento: "Aqui estou! De outra maneira, não posso!"[52] Isso é algo genuinamente humano e que comove. Pois essa situação é necessariamente *possível*, em algum momento, para *cada um* de nós, desde que não estejamos internamente mortos. Nesse aspecto, a ética da convicção e a da responsabilidade não são antagonismos absolutos. Elas se complementam e, somente em conjunto, constituem o verdadeiro homem, aquele que *pode* ter a "vocação para a política".

E agora, prezado auditório, voltaremos daqui a *dez anos* a falar sobre esse assunto. Se, até lá, o que infelizmente devo temer por uma série de motivos, já tiver começado há muito

---
52. Lutero teria feito essa afirmação na Dieta de Worms, em 1521.

tempo a reação, e, de tudo aquilo que muitos dos senhores – e eu também, confesso-o abertamente – desejaram e esperaram, pouco se cumpriu (talvez não exatamente nada, mas pouco, o que é muito provável, e isto não me destruirá, apesar de ser um fardo pesado sabê-lo), então eu gostaria de ver o que "aconteceu", no sentido espiritual da palavra, com aqueles entre os senhores que agora estão se sentindo genuínos "políticos por convicção" e participando do êxtase (*Rausch*)[53] que essa revolução significa. Seria bom se àquela situação se aplicasse o que diz o 102.º soneto de Shakespeare:

> *Nosso amor era novo, inda na primavera,*
> *Quando com os meus lais costumava saudá-lo,*
> *Qual canta Rouxinol, do verão no começo,*
> *Sua flauta poupando ao avançar os dias.*[54]

Mas a situação não é essa. Diante de nós não está o florescimento do verão, mas uma noite polar, de gélida escuridão e dureza, qualquer que seja o grupo que esteja aparentemente vencendo neste momento. Pois onde não há nada, não apenas o *Kaiser*, mas também o proletário perde seus direitos. E quando essa noite lentamente se dissipar, quem estará vivo entre aqueles cuja primavera aparentemente floresce, agora, com tanta exuberância? E o que terá acontecido interiormente a todos os senhores? Amargura ou grandiloquência/ignorância, simples aceitação indiferente do mundo e da profissão (*Beruf*)? Ou terão escolhido a terceira opção, nada rara: a renúncia mística ao mundo por parte daqueles que têm o dom para fazê-lo ou – uma variante frequente e perniciosa – daqueles que se obrigam a essa renúncia, por seguirem mo-

---

53. Ao criticar o "êxtase" (*Rausch*) do entusiasmo revolucionário, Weber atinge a pronta recepção dada aos aspectos "dionisíacos" do pensamento de Nietzsche por parte de muitos intelectuais alemães da época.

54. Shakespeare, W., *Obra completa*. Trad. Oscar Mendes. Rio de Janeiro: Nova Aguilar, 1989, p. 856, vol. III. (N. da R.)

dismos. Em cada um desses casos, eu chegarei à seguinte conclusão: essas pessoas *não* estavam à altura de seus próprios atos, *nem* à altura do mundo como ele realmente é, tampouco de sua vida cotidiana. Objetivamente e efetivamente, não tinham, no sentido mais profundo da palavra, a vocação para a política que acreditavam ter. Teriam feito melhor se cultivassem a simples fraternidade de homem para homem e, de resto, se realizassem seu trabalho diário de forma objetiva (*sachlich*).

Fazer política significa perfurar lenta e energicamente tábuas duras, com uma combinação de paixão e senso de proporção. É certo afirmar – e toda experiência histórica confirma – que não se teria alcançado o possível se, neste mundo, não se tentasse atingir o impossível. Mas quem pode fazê-lo tem de ser um líder, e não apenas isso, mas também – em um sentido muito simples da palavra – um herói. E aqueles que não são nem uma coisa nem outra devem se armar com aquela firmeza do coração que lhes permita suportar o fracasso de todas as esperanças. E isso deve ser feito agora, caso contrário eles não serão capazes de realizar nem sequer o que é possível hoje. Apenas quem souber, com certeza, que não se desesperará se o mundo, do seu ponto de vista, for estúpido ou malvado demais para aquilo que pretende lhe oferecer, quem conseguir dizer, apesar de tudo isso, "mesmo assim!", apenas essa pessoa terá a "vocação" para a política.

Glossário

Apresentamos, aqui, um glossário das palavras-chave utilizadas nos textos traduzidos. Na maioria dos casos, a atenção do leitor é direcionada para o glossário pela inclusão do termo em alemão, entre parênteses, logo após sua tradução, ao menos em sua primeira ocorrência. A inclusão de determinados termos seguiu diversas razões. Alguns possuem uma grande variedade de significados e, por isso, devem ser traduzidos de forma diferente em cada contexto (por exemplo, *Politik, Sache, sachlich*); alguns não apresentam em inglês uma equivalência exata (como *Bürger, Bildung, Machtstaati*) e outros, em muitos casos, foram simplesmente incorporados à língua inglesa; alguns possuem uma abrangência semântica diferente de sua equivalência em inglês (como *Kultur*); alguns estão estreitamente ligados ao pensamento de certos escritores (exemplos: *Ressentiment, vornehm*); outros são termos institucionais, os quais, frequentemente, são mantidos em seu idioma original em trabalhos sobre a história ou a política alemã (*Reichstag, Bundesrat*); alguns são termos técnicos para os quais Weber oferece suas próprias definições (*Herrschaft, Verband*). Nos casos em que o glossário traz definições do próprio Weber, estas foram traduzidas do volume I de *Wirtschaft und Gesellschaft* (WG); o leitor também é remetido à passagem correspondente na tradução de Roth e Wittich de *Economy and Society* (ES).

Uma das peculiaridades da linguagem de Weber é o uso de uma terminologia aparentemente anacrônica, cuja origem remonta à Idade Média ou à antiga Germânia (*Pfründe, Gefolgschaft*), para se referir a fenômenos modernos. O efeito, e presumidamente o propósito, é chamar a atenção para as continuidades presentes nas organizações sociais e políticas que, de outra forma, poderiam passar despercebidas graças à introdução de um novo vocabulário para descrever os "novos" fenômenos. De maneira geral, a tradução tenta expressar cada termo alemão por meio de uma forma equivalente e fixa (por exemplo, *Mittel* por "meios" ou, ocasionalmente, "instrumentos"), mesmo quando um termo mais concreto aparentemente soaria mais natural em determinado contexto. Dessa forma, *Machtmittel* é traduzido por "meios de poder" e não "arma" porque Weber, que tinha *Waffe* à sua disposição, claramente preferiu uma palavra composta de dois termos importantes e, com isso, estabeleceu conexões semânticas entre diferentes áreas de atividade (por exemplo: *Betriebsmittel* ou *Arbeitsmittel*). Da mesma forma, *Beamter* foi traduzido por "funcionário" em todos os contextos (inclusive naqueles, por exemplo, em que o equivalente em inglês a ser usado seria "funcionário público"*), uma vez que a intenção de Weber é apontar semelhanças funcionais em diferentes formas de organização (administração governamental, exército, administração não governamental). A palavra *Stand* foi traduzida em quase todas as situações por "estamento", apesar da relativa falta de familiaridade, em inglês, tanto com a palavra quanto com o conceito, já que simplesmente empregar algo como "classe social"** deslocaria os escritos de Weber para um discurso totalmente diferente. O objetivo geral da tradução foi, assim, permanecer o mais próximo possível da linguagem, às vezes um tanto singular, dos alemães e do próprio Weber, na expectativa de ofe-

....
* "Civil servant", no original. (N. da T.)
** "Status group", no original. (N. da T.)

recer ao leitor não falante do idioma alemão uma ponte *para o interior* das tradições de pensamento, valores e sensações em que Weber e seu público leitor estavam imersos, em vez de qualquer tentativa de desenraizar e transplantar o pensamento weberiano de seu ambiente cultural nativo para as expressões idiomáticas da anglofonia.

Abgeordnetenhaus: Câmara de Deputados, Assembleia Nacional.
Abgeordneter: representante (em um parlamento), deputado.
abkömmlich: disponível, livre. A palavra significa, literalmente, "passível de ser dispensado", no sentido de que uma pessoa pode ser facilmente dispensada de seu trabalho para, então, tornar-se "disponível" para outras atividades, como a política.
Amtsgeheimnis: segredo profissional.
Arbeitsmittel: meios de trabalho.
Aufklärung: esclarecimento.
Auslese: seleção. Para comentário adicional, ver nota 5, p. 4.
Ausnahmegesetz: lei de exceção.

Beamtenherrschaft: governo/domínio de funcionários.
Beamtenschaft: corpo de funcionários.
Beamtentum: burocracia.
Beamter: funcionário.
beherrschen: dominar, governar.
die Beherrschten: a camada dominada/governada da população.
Beruf: ocupação, profissão, vocação. Neste último sentido, mais "particular", atividades seculares, tais como a política, tornam-se herdeiras do *páthos* originalmente vinculado à voz interior do chamado religioso.
Berufstand: categoria profissional (ver *Stand*).
berufsständische Vertretung: representação das categorias profissionais (ver nota 10, p. 114).

Berufsverband: associação profissional.
Betrieb: empresa, empreendimento, atividade, operação, condução, organização, firma, negócio. Weber define o termo da seguinte forma (WG, 28; ES, 52): "Continuous purposive action of a specific kind will be called *enterprise*" [A contínua ação intencional de determinado tipo será chamada de empresa]. A necessidade de traduzir esse termo fundamental de maneiras diversas surge do fato de que ele pode significar a condução de uma atividade, como *der Betrieb der Politik* [a condução da política] ou um conjunto de atividades ou práticas (*der wissenschaftliche Betrieb,* "o trabalho científico") ou, ainda, uma instituição ou organização em que tais atividades são desenvolvidas (*ein kapitalistischer Betrieb,* "uma empresa capitalista"). O termo é frequentemente utilizado por Weber para se referir simultaneamente a uma atividade e ao contexto correspondente, como quando ele descreve a política partidária como *Interessentenbetrieb*, o que, em linhas gerais, significa "uma forma de organização política conduzida por e, ao menos em parte, para o benefício dos partidos interessados". A generalidade de *Betrieb* oferece a Weber um denominador comum para uma variedade de atividades e formas de organização.
Betriebsmittel: meios de produção.
Bevollmächtigter: plenipotenciário, delegado (de um Estado individual no *Bundesrat*).
bezaubern: encantar.
Bildung: educação. O termo alemão é mais imponente do que seu equivalente inglês. Tem raiz em "formação", a partir da qual se expandiu para expressar o desenvolvimento de uma personalidade completa e de espírito e sensibilidade refinados.
Bund: união, federação, Federação (com referência aos Estados federados do Império Alemão).
Bundesrat: O "Conselho Federal" (com poderes executivos) na Alemanha durante o Segundo Império Alemão, com-

posto dos chefes de Estado (ou seus "plenipotenciários" autorizados) dos Estados individuais, os quais constituíam ao menos uma estrutura federal.

Bürger: cidadão, membro da classe média, burguês. No entanto, o leitor falante de inglês deve estar atento para o fato de que, longe de possuir a conotação pejorativa do materialismo autocentrado (para o qual a palavra importada *Bourgeois* era normalmente reservada), *Bürgertum* e *Bürgerlichkeit* representavam para muitos alemães (e certamente para Weber) uma tradição honrosa de virtudes morais, civis e cultas, que não constituíam meramente a expressão de interesses de uma classe.

bürgerlich: adjetivo relacionado a *Bürger*, por conseguinte civil, de classe média, burguês.

Bürgertum: o coletivo de *Bürger*, a classe média, a burguesia.

Charisma: carisma. A caracterísitica pessoal que dá origem a um dos "três tipos *puros* de dominação legítima" de Weber. Sua definição é a seguinte (WG, 140; ES, 241): "By 'charisma' is to be understood the quality of a personality, held out of the ordinary (and originally thought to have magical sources, both in the case of prophets and men who are wise in healing or in law, the leaders of the hunt or heroes in war), on account of which the person is evaluated as being gifted with supernatural or superhuman or at least specifically out of the ordinary powers not accessible to everybody, and hence as a '*leader*'" ["Por 'carisma' entende-se a característica de uma personalidade, considerada fora da normalidade (e originalmente tida como portadora de recursos mágicos, tanto no caso de profetas e sábios na arte da cura ou na lei quanto os líderes da caça ou heróis na guerra), pela qual a pessoa é considerada dotada de poderes sobrenaturais ou sobre-humanos ou, ao menos, fora do comum e não acessíveis a qualquer um, tornando-a, portanto, um '*líder*'"]. Weber insiste que esta avaliação é especificamente aquela dos *seguidores* da pessoa e não implica necessariamente o usuário do termo na mesma avaliação.

Couleurwesen: associações ou fraternidades estudantes, frequentemente políticas (ver nota 27, p. 148).

Dämon: pode se referir tanto a um demônio ou a um espírito maligno, como a palavra inglesa "demon" [demônio], quanto ao "daímon" no centro da personalidade de um indivíduo.

Deutschtum: o povo alemão, a raça alemã ou o caráter alemão (a "germanidade").

Dienstwissen: informação profissional ou conhecimento especializado, acesso àquilo que é restrito a grupos específicos de funcionários.

Dreiklassenwahlrecht: Sufrágio das Três Classes (ver nota 6, p. 106).

Durchstaatlichung: tomada de uma indústria pela administração estatal (ver nota 11, p. 357).

Enquête: inquérito, investigação, sondagem.
Entzauberung: encantamento.
Erwerb: ganho, lucro.
Erwerbskapitalismus: capitalismo de lucro.

Fabrikherr: proprietário da fábrica, patrão.
Fachbeamter: funcionário especializado/treinado.
Führer: líder. Na terminologia weberiana, *Führer* não parece ser claramente distinto de *Leiter* e não carrega a conotação negativa que adquiriria mais tarde.
Führsprech: intercessor (nos procedimentos judiciais alemães primitivos).

Gebilde: formação.

Gefolgschaft: séquito, seguidores. Um dos termos utilizados por Weber que, agora, se refere apenas a um período histórico anterior e que, portanto, tem um ranço arcaico quando ampliado, como no caso de Weber, aos fenômenos modernos. Neste caso, o referencial histórico da palavra é séquito militar germânico, unido ao líder por um voto de lealdade pessoal, por isso, se aproxima do termo inglês *"liegemen"* [vassalos], enquanto seu referencial moderno no uso por Weber são os seguidores de um líder, particularmente o líder de um partido político moderno. O efeito de distanciamento ou de estranhamento da expressão alemã em um contexto moderno deve ser levado em consideração, uma vez que a ideia não é adequadamente expressa em "seguidores", mas haveria um exagero se utilizássemos "vassalos".

Gehäuse: moradia, invólucro, couraça. Para comentários detalhados a respeito desta metáfora recorrente, ver nota 57, p. 87, e nota 11, p. 115.

Geheimrat: "Conselheiro Privado/Secreto", título dado aos mais altos funcionários públicos até 1918.

gemein: comum, na maioria das vezes com o sentido pejorativo de "ordinário"; a antítese de *vornehm* (ver nota 37, p. 448).

Gemeinschaft: comunidade.

Gemeinwirtschaft: economia comunal (ver nota 13, p. 360).

Geist: mente, mentalidade, espírito.

Gesellschaft: sociedade.

Gesinnung: fortes convicções, princípios, sentimentos (como em *monarchische Gesinnung*, "sentimentos monárquicos"), caráter moral, dignidade (como em *edle Gesinnung*, "nobreza de espírito").

Gesinnungsethik: ética da convicção.

gesinnungspolitische Partei: partido de princípio político.

Gewalt: força, poder.

Gewaltsamkeit: violência.

Gewinn: lucro.
Grundherr: proprietário de terras (que, frequentemente, também exercia autoridade policial).
Gutsherr: proprietário da senhoria.

Herr: qualquer pessoa que pratique o *Herrschaft* ou um "(relação de) poder" (ver abaixo). Portanto, há variações, de acordo com o contexto: "senhor", "mestre", proprietário da fábrica/patrão (*Fabrikherr*), chefe da casa (*Hausherr*), senhor da guerra (*Kriegsherr*).
Herrengewalt(-en): poder(es) de comando, prerrogativa(s).
Herrenvolk: povo de senhores (ver nota 41, p. 165).
Herrschaft: poder. Weber define o termo da seguinte forma (WG, 28; ES, 53): "By *rule* is to be understood the chance of having na order with a specific content obeyed by specifiable persons." [Por "poder" entende-se a probabilidade de que uma ordem com determinado conteúdo seja obedecida por um grupo de determinadas pessoas.] Dar a *Herrschaft* o significado de "dominação", como ocorreu nas primeiras traduções, é empregar um termo carregado de emoção e apagar a distinção que Weber estabeleceu entre o exercício do *Herrschaft*, que é validado pelo consentimento, e o mero exercício do *Macht* (veja abaixo), que não precisa ser legitimado.
Herrschaftsverband: uma "associação para o poder", assim definida por Weber (WG, 29; ES, 51): "An association shall be called an *association of rule* inasmuch as its members are, as such, subject to relations of rule by virtue of an order accepted as valid." [Uma associação deve ser chamada de *associação para o poder*, visto que seus membros são, como tais, sujeitos às relações de poder em virtude de uma ordem aceita como válida.]
herrschen: governar ou (metaforicamente) dominar.
Herrscher: governante.

Hörigkeit: servidão.
Honoratioren: notáveis.

ideell: ideal (em relação tanto a ideias quanto a ideais).
Innenpolitik: política interna.
innerlich: interior, íntimo.
Innerlichkeit: interioridade. O valor de "interioridade", significando a capacidade para intensa preocupação emocional, mental e pessoal com alguma coisa, foi por muito tempo considerado como uma característica central da cultura *bürgerlich* alemã.
Instanz: autoridade, instituição. Na terminologia jurídica, o equivalente em inglês é "instance" [instância], mas o uso da palavra em alemão é mais amplo.
Interessent: parte interessada, pessoa com interesse particular/especial.
Interessentenverband: grupo de interesse, *lobby*.

Jurist: engloba grande variedade de significados, incluindo "jurista", "especialista legal", "escritor na área de Direito", "professor de Direito", "aluno de Direito" ou simplesmente alguém especializado na área jurídica. Em termos gerais de sua aplicação, o equivalente mais próximo em inglês é, provavelmente, "*lawyer*" [advogado], mas não se deve esquecer que os dois sistemas legais são diferentes entre si: um utiliza o método dedutivo para determinar o que é lícito, enquanto o outro faz uso do método indutivo.

Kleinadel: pequena nobreza.
Kleinbürgertum: pequena burguesia.
kollegial: colegiado. Embora a palavra inglesa seja bastante rara, referindo-se, principalmente, à participação dos bispos católicos romanos na direção da Igreja, ela, entretanto, transmite o sentido correto de um governo corresponsável (ver nota 14, p. 407). A definição do termo proposta por Weber, bastante diferente, está em WG. 158-67 (ou em ES, 271-83).

Kontrolle: controle, escrutínio, supervisão.
Körperschaft: corporação, organismo, entidade, grupo.
Kronrat: Conselho da Coroa.
Kultur: cultura, civilização. Em contraste com a língua inglesa, a palavra alemã abrange não apenas "alta" e "baixa" cultura, mas também a maior parte daquilo que constitui a vida diária do povo, como em *friedliche Kulturarbeit* (ver nota 8, p. 8).
Kulturpolitik: política cultural, tanto no sentido mais amplo quanto no mais estrito de *Kultur*. Weber repetidamente contrapõe *Kulturpolitik* ao termo *Staatspolitik*.
kulturpolitisch: traduzida, por falta de um conceito equivalente em inglês, por "político-cultural".
Kulturstand: nível de desenvolvimento cultural.
Kulturvolk: povo cultural (isto é, aquele que contribui para o avanço da cultura).

Landamman: presidente cantonal (na Suíça).
Landrat: conselheiro municipal (na Prússia); um tipo de magistrado e administrador.
Landtag: Dieta. O parlamento em cada Estado federado (*Lander*) do *Reich* alemão.
Leiter: líder, liderança, dirigente, chefe.
Leitung: liderança, direção, chefia.
leiturgisch: litúrgico (ver nota 32, p. 203).
Literat: homem das letras, *littérateur*, literato. Ocasionalmente, Weber utiliza o termo em seu sentido descritivo e neutro (de *literatus* ou "pessoa letrada") para se referir às classes instruídas, cujas habilidades as tornaram inestimáveis como administradores e conselheiros. No contexto contemporâneo, porém, Weber emprega criticamente o termo para se referir aos escritores, frequentemente em cargos acadêmicos, que procuram influenciar a vida política com suas obras, embora, na opinião de Weber, não possuíssem o co-

nhecimento necessário para fazê-lo e não se responsabilizassem politicamente pelo efeito de seus escritos.
loyal: de boa-fé, justo.

Macht: força. É dessa forma definida por Weber (WG, 28; ES, 53): "*Power* means every chance of imposing one's own Will within a social relation, even against resistance, regardless of what this chance is based on." [*Força* significa qualquer oportunidade de impor a vontade própria de alguém em uma relação social, ainda que haja resistência, sem considerar em que bases essa oportunidade se fundamenta.]
Machtmittel: meios ou instrumentos de força.
Machtstaat: nesses ensaios, Weber utiliza o termo para se referir a um Estado que esteja disputando o poder no cenário internacional.
majorisieren: vencer por votos.
maßgebend: determinante, crucial, o .... que importa.
mediatisieren: mediatizar (ver nota 64, p. 296).
Misere: "misère", miséria. O termo se refere a condições políticas deploráveis.
Mittel: meios, instrumento, aparato, recurso, modo.

Nationalstaat: Estado Nacional.
Notstandsgesetz: lei de emergência.

Obrigkeitsstaat: Estado autoritário; um Estado totalmente concentrado em seu monarca ou na classe governante.

Parlamentarier: membro do parlamento, parlamentar.
Parlamentarisierung: a introdução do governo parlamentar.
Parteiwesen: sistema partidário (para Karina: partidarismo).
Phrase: palavreado, retórica vazia, chavão.
Pfründe: prebendas. O termo significa, originalmente, o privilégio/auxílio por meio de um pagamento garantido, em dinheiro ou em espécie, ao portador de um cargo clerical. Ele

foi, no entanto, adaptado por Weber às circunstâncias modernas, referindo-se aos benefícios (salário, pensão) garantidos aos funcionários públicos (*Beamte*), que eram (e são) extraordinariamente bem sustentados na Alemanha. Para a distinção feita por Weber entre "feudalismo de feudo" e "feudalismo de prebenda" ver WG, 151-3 (ES, 259-61).

Polentum: a população polonesa, "polonidade".

Politik: política, políticas (arte e ciência de governar e, em um sentido mais específico, medidas práticas ou plano de ação).

politischer Verband: associação política. Assim Weber define essa subcategoria de *Herrschaftsverband* (WG, 29; ES, 54): "An association of rule shall be called a *political* association only inasmuch as its existence and the validity of its ordinances within a definable geographical *territory* are continuously guaranteed by the application and threat of *physical* compulsion on the part of the administrative staff." [Uma associação para o poder será chamada de uma associação *política* somente na medida em que sua existência e a validade de suas ordens em um *território* geográfico definido são continuamente garantidas pela ameaça e aplicação da força física por parte do quadro administrativo.]

Präsidialstimme: voto presidencial.

Rechtsordnung: ordenamento jurídico, lei e ordem.

Rechtsstaat: Estado de direito.

regieren: governar.

Regierung: governo.

Reichstag: parlamento nacional alemão, eleito (no período em que Weber escrevia) por sufrágio universal masculino. Não dispunha de Poder Executivo, que estava a cargo do *Bundesrat*; o líder do governo, o *Reichskanzler*, era uma indicação direta do *Kaiser*.

Rentier: rentista. O termo (agora livremente empregado por economistas ingleses) refere-se a uma pessoa que vive de rendas ou pensão (*Renten* ou *Rente* em alemão).

Ressentiment: mantido no idioma original para indicar a relação com a obra de Nietzsche, onde o termo (emprestado de Paul Bourget) refere-se aos sentimentos vingativos típicos, de natureza mais fraca, na direção daqueles que são considerados "líderes natos" (ver nota 8, p. 174).

Sache: assunto, questão, fato, também causa (como em *der Kampf für eine Sache*, "a luta por uma causa") e argumentação (mantida por um advogado ou político), uma área de competência ou responsabilidade.

sachlich: significa "relativo a 'Sache'", portanto sua tradução varia conforme o contexto: objetivo, sóbrio, técnico, prático, real, material.

Sachlichkeit: substantivo relacionado ao adjetivo *sachlich*, traduzido pela mesma variedade de termos equivalentes, mas de forma ampliada por Weber, a fim de incluir o oximoro *leidenschaftliche Sachlichkeit* ("objetividade apaixonada" ou "interesse apaixonado por uma questão").

Sammlungspolitik: política nacional de alianças (ver nota 67, p. 93).

Schicht: estrato.

Schicksal: destino.

Selbstherrschaft: autocracia.

Selbstverwaltung: autoadministração, autogoverno (geralmente no contexto do governo local).

Septennat: a partir de 1874, estimativa de gastos para a força de paz do exército durante um septênio, para a qual o governo alemão necessitava buscar a aprovação do *Reichstag*.

Sinn: significado e propósito, sentido visado. Weber enfatizava a distinção entre subjetivamente "visado" (*gemeint*) e objetivamente "válido" (*gültig*) (WG, I; ES, 4): "By 'meaning' (*Sinn*) is to be understood here either A) the sense that is actually subjectively *meant* a) by an agent in a given historical instance or b) on average and approximately intended by agents in a given mass of instances, or B) in a conceptually constructed *pure* type the sense intended by the agent or by the agent considered as a type. Not any kind of objectively 'correct' or metaphysically divined 'true' sense." [Por "sentido" (*Sinn*) deve-se entender A) o sentido que é, na realidade, subjetivamente *visado* a) por um agente, em um caso historicamente dado, ou b) em média e aproximadamente, em uma quantidade dada de casos, pelos agentes, ou B) em um tipo puro conceitualmente construído, o sentido visado pelo agente ou pelo agente concebido como típico. De forma alguma um sentido objetivamente 'justo' ou um sentido 'verdadeiro', metafisicamente fundado.'"]

Spießbürger: filisteu.

Staat: Estado. O Estado é definido por Weber como uma categoria particular de "associação política" (WG, 29; ES, 54): "An *institutionalised* political *organisation* is to be called a *state*, if and only inasmuch as its governing staff successfully claims the monopoly of legitimate physical compulsion for the execution of its ordinances." [Uma *organização* política *institucionalizada* será chamada de *Estado* se e somente na medida em que seus dirigentes assumirem, com sucesso, o monopólio da legítima coerção física para a execução de suas ordens.] Este monopólio também deve aplicar-se a um território geograficamente definido.

Staatsbürger: cidadão (do Estado).

Staatsgewalt: poder do Estado.

Staatsordnung: ordem política, ordem estatal, a forma como o Estado é ordenado.

Staatspolitik: política nacional, política de Estado. Ver comentários em *staatspolitisch*.

staatspolitisch: político-nacional, relacionado à política nacional. A escolha de "nacional" em vez de "estatal" como equivalente a *Staats-* não é a ideal, mas foi feita para evitar confusões. O termo, na verdade, significa "relativo a questões políticas do Estado como um todo ou como tal", em oposição, digamos, à *kulturpolitisch*. No caso da Alemanha imperial, há, também, um contraste implícito aos interesses e às questões políticas dos *Lander* (Estados) individuais, que compõem a federação.

Staatsrat: Conselho de Estado.

Staatsspitze: chefe de Estado.

Staatsvolk: nação, particularmente o grupo nacional dominante (ou os grupos nacionais dominantes), que carrega o Estado.

Stand: estamento. O termo pode se referir aos "estamentos" da sociedade medieval ou, na sociedade moderna, a um grupo social definido por características específicas, *exceto* critérios sociais ou econômicos, os quais estabelecem o pertencimento a uma *classe*. Assim é a definição weberiana de *Stand* (WG, 180; ES, 306): "By 'estate' is to be understood a number of persons who, within an association, effectively lay claim to a) a special esteem as an estate, possibly also b) special monopolies of that estate." [Por "estamento" compreende-se um número de pessoas que, em uma associação, reivindicam, de forma eficaz, a) uma estima especial enquanto um estamento, e possivelmente também b) privilégios especiais desse estamento.] Apesar da distinção estabelecida por Weber entre os termos "estamento" e "classe", há situações em que o tradutor não tem alternativa possível para este último, como em *mittelständlerische Experimente* ("experiências da classe média").

standesgemäß: conforme seu estamento ou posição social.

Standsherr: príncipe mediatizado, membro da mais alta aristocracia.

Ständestaat: Estado estruturado em estamentos (ver nota 18, p. 123).

ständisch: adjetivo ou advérbio derivado de *Stand,* portanto relacionado a uma profissão ou a estamento(s), como em *ständisch gegliederte Gemeinschaft,* ou "comunidade estruturada em estamentos", estamental.

Stellenjäger: carreirista.

Stichentscheid: voto decisivo, voto de Minerva.

tüchtig: capaz, vigoroso, competente (ver nota 5, p. 172).

verantwortlich: responsável.

Verantwortungsethik: ética da responsabilidade.

Verband: associação. Esta é uma das categorias de Weber possíveis de assumir diversas formas específicas. Ele a define assim (WG, 26; ES, 48): "By *association* is to be understood a social relation regulating its external relations by restriction or closure, where the observation of its order is guaranteed by the conduct of particular persons which is specifically directed towards ensuring that this happens, these persons being a *leader* (*Leiter*) and, possibly, an *administrative* staff, which may also normally have the power to deputise for the leader." [Por *associação* entende-se uma relação social, cujas relações externas são reguladas por restrição ou conclusão, onde a manutenção de sua ordem é garantida pela conduta de determinadas pessoas, especificamente dedicadas a esse propósito: um *líder* (*Leiter*) e, possivelmente, um *quadro administrativo*, que em geral tem, também, o poder de substituir o líder.]

verdrängen: suplantar, tomar o lugar de; um dos termos darwinianos adotados por Weber (ver nota 5, p. 5).

Verelendung: pauperização.

Verfassung: Constituição (política), organização ou sistema (como direito de posse de terra).

Vergesellschaftung: nacionalização.

Verhältniswahlrecht: representação proporcional.

Versachlichung: objetivação.

Vertrauensmann: representante, porta-voz. A tradução literal do termo é "pessoa em quem se confia", para a qual não há uma equivalência em inglês. Em alguns contextos, aproxima-se da figura inglesa do agente ou representante polí-

tico local; em outros, o *Vertrauensmann* é um porta-voz ou negociador.
vertreten: representar, sustentar (uma argumentação).
Verwaltung: administração, governo.
Verwaltungsöffentlichkeit: transparência da administração.
Volksabstimmung: referendo.
Volkstaat: Estado democrático.
Volksverband: associação popular.
Volksvertretung: representação/assembleia popular, parlamento.
Volkswirtschaft: economia nacional.
vornehm: distinto, bem-educado, cavalheiro. Este é um termo central nas obras de Nietzsche e refere-se às características daqueles que constituem uma elite natural; a antítese de *gemein*.

Wahlmänner: delegados, eleitores (em um segundo ou subsequente nível eleitoral).
Wahlrecht: sufrágio, direito de voto.
Weltpolitik: (participação na) política internacional.
Werbung: recrutamento.
Willensbildung: formação da vontade. No inglês moderno, pode-se falar em termos de "processo de tomada de decisão", porém "vontade" é um termo importante para Weber, então optamos por uma tradução literal.
Wissenschaft: ciência, conhecimento. Trata-se de um conceito mais amplo do que o termo "ciência" em inglês moderno, o qual, na maioria das vezes, refere-se às ciências naturais ou físicas, portanto deve ser traduzido de acordo com os diferentes contextos.

Zensuswahlrecht: sufrágio censitário.
Züchtung: cultivo.
Zwangsläufigkeit: inevitabilidade, coercividade.
Zwangsverband: associação coercitiva.
Zweckverband: associação com interesses em comum (ver nota 13, p. 117).

Índice remissivo

abkömmlich, *ver* dispensável, disponível
acadêmico: diplomas de funcionários alemães, 154; e trabalho industrial, 109-10; em oposição aos capitalistas, 223-4; *intelligentsia* na Rússia, 43; liberdade, "chamada", 150; nomeação, 277; qualificações e caráter político, 337-8; vaidade de, 444-5
administração: publicidade da, 284 como valor fundamental, 203; controle de, por um monarca, 163; dos partidos políticos, 197-8; dos *zemstvos*, 53; e "representações profissionais", 193-4; e a *intelligentsia*, 125; e as massas, 161-2, 279; e capitalismo, 188-90; e controle parlamentar, 162, 212, 232, 266, 333, 437-8; e democracia de massas, 162; e o Estado revolucionário, 411; e o socialismo, 384; e "segredo oficial", 249; em oposição à política, 163; escrutínio público de, 226-49, 288, 340; líderes de, 212; o Estado moderno, 186, 355; por amadores, 349, 350; posse e controle dos meios de, 395-8;
advogados: "disponíveis" para a política, 243, 402, 423; e formação da lei, 190; e racionalismo jurídico, 413-4; "domínio dos", 276; importância nas democracias, 141-2, 415; influência política de, 142; superioridade de funcionários, 415
agrário, comunismo: problema na Prússia oriental, 3-17; reforma, como questão central na Rússia, 64-8, 76; russo, 53, 70, 71, 378-80;
alemães, Alemanha: "austrianização de/da", 113; busca por uma forma

especificamente alemã de Estado, 337; caráter de (*Deutschtum*), 6-7, 152-8, 159, 170-1, 338-42; ideia "alemã" de Estado, 170; e burocracia, 199; "ideias alemãs de 1914", 200; "o espírito alemão", 177, 207; um povo plebeu, 154-5; unificação, 34
Althoff, F. X, 410
América: chefões na, 274; corrupção política na, 285; democracia na, 156, 409, 437; e capitalismo, 88; e "*benevolent feudalism*", 87; e referendo, 288; "Europeização" de, 352; funcionalismo na, 348; ideia de Washington sobre, 432; partidos políticos na, 192, 194-5, 196, 404, 432, 437; patronagem de funcionário, 290; política externa, formação de, 263; presidente, poder do, 281; *spoil*, sistema de, 433-4; universidades, 350; Weber na, XII
Ammon, O., 15n, 16n
aristocracia: alemã, 141-57; autônoma, 396; "operária", 35; e liderança política, 139, 140; na Inglaterra, e origem dos partidos políticos, 422-3
Associação Nacional-Social, X, 45
Auslese, *ver* seleção
Áustria: diferença entre condutas austríaca e alemã, 154; parlamento corrupto, 120

"austrianização" da Alemanha: 113
autocracia: alemã, 207-66; russa, 50-95
autoridade e governo, 392
Avdakov, N. S., 44
Axelrod, P. B., 60

Bachofen, J., 23n
Baviera, 302-16
Beamtentum, *ver* funcionalismo
Bebel, A., 61, 278, 439
Bennigsen, R. von, IX, 83, 84n, 177, 179, 180, 216, 219
Bentham, J., 19n
Bernstein, E., 104
Beruf, *ver* profissão, vocação
Berufspolitiker, *ver* político, profissional
Berufsstand, *ver* categoria profissional, estamento
Bethmann-Hollweg, T. von, 257 265n, 301n
Betrieb, *ver* empresa
Birmingham, 429
Bismarck, Conde O. von: direito de voto, 103-5; e a fronteira oriental, 16; e "vontade de impotência", 238; e o *Reichstag*, 206-26; intelecto do, 153; legado do, 173-86, 238-342; natureza *tzarista* do, 30, 31, 103, 221, 280; renúncia do, 206
bolchevique: governo, 377, 380; ideólogos, 449
Boyen, H. von, 152
Bryce, J., XXII, XXIII, 57

Bülow, príncipe B. von, 214, 255, 258
Bulygin, A. G., 41, 44, 51, 120
Bundesrat: e a Prússia, 296-304; e o *Reichstag*, 296-335; ingresso, 215-8, 233
Burckhardt, J., XIX, 97
Bürger, ver burguês, cidadão
Bürgerlich, 37n, *ver* também burguês
burguês (*bürgerlich*): classes, 31-3; democracia constitucional na Rússia, 59-75; intelectual (Weber), 29, 31; individualismo, 59; intelectuais (russos), 53, 86; *intelligentsia* (russa), 43-4, 46, 94; ordem social e revolução, 379-82; partidos, 104, 269-74, 372; 418-41; reformadores, 50; virtudes
burocracia: do Estado e do capitalismo privado, 116-7, 134; do *Reich*, 306-23; e democracia, 162, 165; e partidos políticos, 195-202, 272-6; e socialismo, 367, 378; governo da, 136, 191, 211-2, 282-3; inevitabilidade de, 200-4; russa, 45, 72-3, 83
Busch, M., 174

Calhoun, J. C., 433
camponeses: e socialismo, 379; na Alemanha oriental, 5-20; na revolução russa, 378; russos, 47-54, 60, 64-81, 99
capitalismo: diversas formas de, 114-6; e avaliação, 189-90; e modernização econômica, 187; eliminação progressiva do, 201; na Rússia, 39-95
Caprivi, conde L. von, 16n, 331
carisma, 392-3, 456; *ver também* líder(es)
Carlyle, T., 92, 231
carreiristas e "parlamentarização", 161-2, 216, 318
caucus, XXII, 196, 291, 429-41
causa (*Sache*), comprometimento com uma causa política, 393, 400-3, 443-59
cesarismo: e democracia, 162, 165, 280-2, 288-92, 430; e governo parlamentar na Inglaterra, 224; em estados de massa, 223
Chamberlain, H. S., 340
Chamberlain, J., 196, 429, 430
cidadão (*Staatsbürger*), 132, 136, 165, 287
ciência (*Wissenschaft*): atividade (*Betrieb*) científica, 353; conquista da vida pela, 89
Cleonte, 417
competição: econômica, 19-20, 236, 358-9, 360-1, 365, 366-71; entre Estados, 238-9; por votos, 436
comunidade (*Gemmeinschaft*): aldeia, 50; e socialismo, 361-2, 365; "orgânica", 117; política, 28
comunismo agrário, 53, 69-77, 378-80
condottiere: 187, 356, 394, 403

conflito: constitucional prussiano, 180, 306; de deuses irreconciliáveis, 455-6, 459; de interesses econômicos, 143-8; político, 162-3, 192-3, 213-4, 221-7, 235
constituição: Guilhermina, 179-342; russa, 38-95; Weimar, 383-8
convicção, ética da (*Gesinnungsethik*), XXIX-XXXI, 451-63
couraça (*Gehause*), da arregimentação burocrática, 339
Cromwell, O., 89
cultura (*Kulture*): avanço do ocidente, 89; da nação, 164, 172; defesa da, 22, 26; determinação do futuro, 98; e política nacional, 139-40, 335-6; falta de cultura na Rússia, 99; individualista ocidental, 77; nacional e linguagem, 105
czar, 41, 47, 51, 55, 56, 72, 74, 78-81, 85, 95, 209

Dante, 20n
Darwin, C., XV; vocabulário darwiniano, 4-5n, 20n, 22n, 108n, 172n
Delbrück, H. von, 18n
demagogia: de Gladstone, 430; e Bismarck, 103, 181, 182, 183, 265; e democratização, 295; e o monarca moderno, 209; literatos e, 338
demagogo(s): e carisma, 393; e democracia, 276-7, 279, 416-7; e liderança política, 160, 226, 231, 232, 244, 289, 291-2, 394, 427, 432, 445, 449; funcionários como, 415; política demagógicas na Rússia, 94; posição social ambígua do(s), 417; seguidores de, 395
democracia: "afinidade eletiva" com desenvolvimento econômico, 88,; ausência de líderes, 441; das ruas, 292; "dos números", 132 direta, 162 e Cesarismo, 280, 281-2, 291; e demagogia, 289, 417; e o advogado moderno, 141, 276, 415; e o *Machtstaat*, 98; forma negativa de, 137; liderança com uma "máquina", 441; na Alemanha, falta de, 280; na América, 156, 284, 349, 409, 437; na Rússia, 38-90; natureza da moderna, 347-8; perigo das massas, 292; plebiscitária, 287, 426; "sem o parlamento", 282-4; significado de "democracia social", 184; temor de, 138, 305
democratização: cultural, 139-40; e demagogia, 279; e socialismo evolutivo, 376; e "parlamentarização", 161, 246, 262, 266; e partidos políticos, 272, 273, 276, 426, 429-30; passiva, 282; social, na Alemanha, 155-6, 165-6

demônio: comandando uma
  causa (*Sache*), 443; da
  política, 459
destino: burocratização como,
  203-4; da nação, 27-8, 100; da
  vida econômica, 116, 359-62
Dilthey, W. von, IX, XVI
direito: civil, 179; governo
  (*Rechtsstaat*), 79; lei de
  excessão, 182; natural, 414;
  racionalidade do, 189-91;
  romano, 413
direitos: concepção de direitos
  humanos, 52-3, 58, 64, 86,
  204; de representação, 122,
  123; de voto, 105, 106, 112,
  118, 132, 136-7, 138, 295;
  individualismo do ocidente, 58;
  políticos, 130, 136, 165, 347
disciplina: da burocracia, 198,
  285, 355, 416; da produção
  industrial, 358-9, 422; e
  revolução, 382, 459; partido,
  266, 425-6
dispensável (*abkömmlich*),
  disponível economicamente
  para o trabalho político, 141,
  348, 400-2
disponível (*abkömmlich*) para
  objetivos políticos, 141-2; 243;
  401-2
Disraeli, B., 430
distanciamento (*Distanz*),
  interior, 157, 444
distinto (*vornehm*): ideal de
  conduta, 138-43, 352; sem a
  forma alemã de conduta, 153,
  156
ditadura: das massas, 384; do
  proletariado, 364, 367, 373,
  377, 378; em relação às
  massas, 432; militar, 79,
  163-4, 378
Dolgorukov, príncipe P., 75, 81
Dostoievski, F. M., 454, 459
duma, 38-84
Durnovo, I. N. 84

economia política, 19, 20, 21-2;
  e ideais, 24; é uma ciência
  política, 22
Eisner, K., 391n
empresa (*Betrieb*): capitalismo
  moderno, 188; conduta
  racional da, 115
empresário: moderno, 142, 143,
  204-6, 276, 283, 358-60,
  369-73, 401-3; político, 429,
  434
Engels, F., XXI, 363, 365
epígono, político, 32
Erzberger, M., 219, 237, 279
espartacistas, 449, 453
espírito (*Geist*): alemão, 158,
  177, 207, 247; apolítico, 31;
  da liberdade, 12; do
  comunismo agrário, 70;
  prussiano, 152-3
Estado autoritário
  (*Obrigkeitsstaat*): alemão,
  231-2, 387; burocrático e
  Partido Central, 245-6, 270-1;
  carreira no funcionalismo
  público no, 221-2, 224;
  democracia e parlamento,
  224; e Alemanha pós-guerra,

136-7; e comparação democrática, 165; e política negativa, 212; e protestantismo, 457; governo na Rússia, 78-9
Estado: alemão ("forma de") 337, ("ideia do") 170; autoritário (*Obrigkeitsstaat*), 212, 222, 224, 231-2, 245-6; burocrático, 189, 190; cidadão de (*Staatsbürger*), 132, 136, 191; constitucional, 59, 79 (*Rechtsstaat*); "litúrgico", 282; massa, 164-5, 170, 187, 235, 286, 287; moderno, 132, 135, 158, 186, 355, 390-402; nação, 19, 22, 23, 28; prussiano, 29, 148; "razão de", 22-3; socialismo 71, 361-2
Estatamento (*Stand*), 39-48, 107, 117-9, 130, 156, 165, 350, 371, 394-415; profissional (*berufsständisch*), 118, 129-32, 193
ética apolítica de fraternidade, 245
ética política, 436, 457
ética: da fraternidade, 129, 245436; e política, 54, 106, 417, 436, 443-63; economia e, 114-7; *ver também* convicção, responsabilidade
exército: alemão (força em tempos de paz) 180-1, (posição constitucional do) 298, (recrutamento do) 379; e condução da guerra, 241; e revolução na Rússia, 377, 422; e separação dos meios de guerra, 188-9, 354, 355; e sindicalismo, 375; espírito de um exército de massa, 184, 187; modernamente burocratizado, 136, 187; organização burocrática do, 199; prussiano, 148; russo, disciplina em, 77

Fabiana (Sociedade), 46
facção de Zimmerwald, 453
federalismo, do Estado alemão, 248, 295-342
feudalism, "benevolent", 87
Fichte, J. G., 452, 459
força (*Macht*): Alemanha como uma grande, 97-102; desejo de, 225, 245, 290, 341; e responsabilidade política, 217, 235, 289, 318, 338; e violência, 455; econômica, 26, 28, 362; lutas, 21-2, 26-7, 33, 194, 198, 206, 210, 213, 394, 409, 439; nacional, 22, 23, 28, 29, 31, 34; natureza diabólica da, 97; parlamentar, 162, 281, 288, 327, 408
Förster, F. W., 454, 456
França: política na, 198, 230, 256, 281, 291, 291, 331, 374, 385, 404, 410, 414, 424, 425; prestígio da, 140; uma nação de rentistas, 110
Francisco, São, 450
fraternidades estudantis, 148-9, 153, 247
Führer, ver líder
funcionalismo: controle parlamentar do, 227-37, 288,

438; desenvolvimento do, 405; e democracia, 348, 350; e socialização econômica, 369; governo do, 187, 204, 209, 210, 214, 226-30, 235, 238-9, 241, 294, 318, 341

gabinete, inglês, 253, 409; e a Constituição do *Reich*, 321
Gapon, G. A., 62n
Gehäuse, *ver* couraça, invólucro, moradia
Georg, S., 158n
Gerlach, E. L. von, 176
Gierke, O. von, IX
Gladstone, W. E., 430, 432, 441
Gneisenau, N. von, 152
Goethe, J. W., 12n, 17n, 88n, 101n, 443n, 460n
Golukhovski, G. A. 256
Gundolf, F., 158n

Hegel, G. W. F., 90n
Herrschaft, *ver* poder
Herzen, A., 61, 157
Hilferding, R., 384n
Hindenburg, P. von, 280

ideias, "(alemãs) de 1914", 200, 341-2
ideólogos, 45, 55, 116, 135, 146, 248, 271, 376, 449
Immermann, K., 32n
individualismo: inglês, 64; político burguês ocidental, 58, 59, 87-8, 153, 204
indústria: e o estado, 355-62
Inglaterra: aristocracia, 146-7, 153; desenvolvimento jurídico na, 190; Estado e capitalismo, 111; política de isolamento, 256 ; política na, 159, 163, 196, 223, 224, 230, 231, 236, 244, 282, 291, 331, 409, 422-3, 428-33; protegida da burocratização, 413
intelectuais: burguesia russa, 53, 71; cafeteria, 159; partido, 346; proletários, 86; romantismo político, 444; socialistas, 371, 377
intelligentsia: alemã, 125; prussiana, 30-1; russa, 39, 43-6, 51, 62, 71, 86, 94
invólucro (*Gehäuse*), do trabalho econômico, 115-6
Itália: democracia na, 139, 160; sindicalismo na, 376

Jackson, A., 433
Jaffé, E., XI
Jaspers, K., XII
Jellinek, G., XI, XII, 58n, 59n, 393n
Jesus, 450
João, São, 91n
jornalismo, político moderno, 417-9
Junker, 5-6, 13, 29-31, 147-8
juristas, 24, 413-4; cânone, 414, coroa britânica, 414; corporação de, 413; e partidos, 269, 275-6; governo de, 243

Kaiser, 181, 248, 200-1, 207, 234-8, 242, 260-5, 462

Kant, I., 451n, 459
Kautsky, K., 366, 384n
Keller, G., 98
Kerensky, A. F., 208n
Kjellen, R., 200n
Knies, K., XI
Krüger, telegrama, 249, 253
Kühlmann, R. von, 225n
Kulturkampf, 10-1, 182-4, 246

Lange, F. A., 15n, 16n
Lassalle, F., 104
Lavrov, P. L., 61
legitimação, justificação interior, 392-4
Lênin, V. I., 60, 61
Leroy-Beaulieu, A., 58n
Liberais Independentes (*Deutsch-Freisinnige Partei*), 175n, 197
liberalismo, russo, 33, 39, 55, 65, 67-8
Liberdade: acadêmica, 150-3; do Estado, 137; na Alemanha, 162-6; perda da, 88-94, 204
líderes: carisma dos, 392-3, 395, 398; cesaristas, 280, 288; e funcionários públicos, 204-16, 222-6; naturais, 289, 291; políticos, 128, 137, 139, 160, 219-26, 289, 291-2, 306, 318-9, 331, 333-40, 404, 416-28; revolucionários, 381; seleção de líderes políticos, 133, 226-49, 266-86, 292, 318, 432-43, 458-63
Liebknecht, K., 293n, 449n
Lincoln, A., 441

literatos, 106, 107, 108, 109, 110, 113, 114-5; infantilismo político dos, 122, 127, 134, 138-43, 164, 168-77, 186-7, 192-3, 194, 200, 201-2, 203, 203-4, 206, 207, 208, 210, 216, 219, 220, 221, 224, 225, 239, 243, 247, 248, 253, 258, 261, 263, 276, 283, 309, 317, 338, 341; retórica dos, 138, 152, 153, 157, 305; vaidade dos, 158
Lukacs, G., XII
Lutero, M., 88n, 452n, 457, 461n
Luxemburgo, R., 293n

Macht, ver força
Machtstaat, Alemanha como um, 97-100
Malthus, T., 20n
Maquiavel, N., 456, 460
máquina: partido, 427, 430-4, 441; sem vida, 202-3
Martov, L., 60
Marx, K., XV, XVI, XX-I, 39, 91n, 202n, 363, 367
marxismo, 28n, 86, 373, 374, 379-82
massa: demagogia, 280, 289, 291; democracia, 282, 289, 291, 292, 292; Estado, 162, 164, 165, 170, 187, 196, 235, 286-9, 348
Mateus, São, 54n, 283n, 449n, 450n
matriarcado, 23
maturidade, política, 27, 29, 31, 33, 34, 107, 108, 229, 294, 338

Michaelis, G., 172n, 294, 330, 334
militar: burocratização, 188, 354; e política, 172, 180, 231, 241, 279, 298-9, 306, 329-31, 335-6; e revolução, 375-8, 382; líderes, 222, 280; solidariedade, 346-7
Mill, J. S., 101-2
Millerand, A., 374
Miquel, J. von, 93n, 147, 219, 305n
Mittelstand, 50, 112, 147
Moellendorf, W. von, 114n, 384n
Möller, T., 219, 220n
Moltke, H. von, 152
monarca, monarquia: e parlamento, 207-14, 288; e política externa, 249-65; governo, 210-25, 241; legitimação do(a), 221; moderno(a), 139, 163, 279, 280-1, 285, 287-8;
monarcômaco: 414
moradia (*Gehäuse*), para a nova servidão, 87, 202

nação: alemã (deveres históricos da) 167, 170-1, (maturidade política da) 341, (unificação da) 30, 32, 33, 34; como um *Machtstaat*, 97, 100; cultura da, 164; "de senhores" (*Herrenvolk*), 154, 165, 340; destino e líderes políticos, 239; educação política da, 35-6, 185, 221, 232; Estado. 19, 22, 23, 28; interesses da nação se sobrepõem à democracia, 171; sentido político, 28; unidade da, 133; vontade da, 89
Napoleão I, 280
Napoleão III, 160, 280
Naumann, F., X, 45n
Neumann, F. J. von, 4
Nietzsche, F., XV, XVI, XXVIII, XXXII, XXXV, 36n, 157, 174n, 224n, 393n, 448n, 462n
notáveis, partido; 269-72, 423-42

Ostrogorski, M., XXII, XXIII, XXVII, 428, 432

pacifismo, XIX, 100, 204
parlamentarismo: e grandes empreendimentos, 247; na Alemanha (e democracia) 266-95, (e federalismo) 295-342, (problema do) 216, 224, 248, 261, 266, (temor de) 110, 177; na Rússia, 55
Partido Central, 132, 153, 173-83, 195-6, 214-9, 240-6, 265-71Partido Conservador, 153, 196, 214, 235, 241-2, 258, 266, 298, 304-30
Partido Democrático Constitucional, 40-74
Partido Nacional Liberal, 132, 177-82, 219, 247, 271, 305, 328, 333
Partido Social-Democrata, 145, 195, 196, 244-5, 270, 271, 275, 293, 328, 345-6, 372-3, 384, 418, 427

patrimonial, burocracia, 200; governo, 190, 392, 395, 396
Plehve, W. K. von, 38, 42-3, 45, 48n, 49, 62, 71, 77, 78
Plenge, J., 200n
Pobedonostsev, K. P., 71
poder (*Herrschaft*): da burocracia, 136; de funcionários, 186-226, 230, 416, 439; de políticos profissionais, 441; Estado, como uma relação de, 392, 398; legitimação do, 392-3; no Estado moderno, 186; socialismo e fim do poder do homem sobre o homem, 364; socialismo e o "poder das coisas sobre o homem", 359
política negativa, 212-3, 222, 226, 234, 238-9, 240, 244-6, 273, 279, 314, 338 político: características decisivas do, 443, 444, 445-6; distinto do empreendedor e do funcionário público, 204-5; e demagogia, 209; e o destino de sua nação, 172-3, 342; e o governo monárquico, 207-11; e os militares, 241; e senso de responsabilidade do, 260, 263, 450; liderança no *Reichstag*, 217-8; nato, 209; pacto com os meios de violência, 457-8; profissional, 242, 274, 290, 398, 400, 403; sem vocação, 441; similar ao empreendedor, 206
política: atividade (*Betrieb*), 274, 289, 403; da razão, 159; das "ruas", 160; democrática, 292; e violência, 449-57; emocional, 159; "espírito" alemão da, 108; essência da, 221, 278, 389, 391, 389, 442-7; ideológica, 83; "negativa", 212-3, 222, 226, 234, 238-9, 240, 244-6, 273, 279, 314, 338; paradoxos éticos da, 446, 459-62; política internacional, 165, 341; profissão, 389, 442; um empreendimento não ético, 106; viver da, 243, 375, 400, 402, 403, 442; viver para, 242, 243, 274, 375, 400, 402; voto como a última razão da política partidária moderna, 127
prebendas (*Pfründe*): de cargos, 112, 122, 176, 195, 199, 210, 214, 225, 235, 247, 248, 309, 403-4, 433, 458; patrimonial, presidente: americano, 195, 223, 281, 349, 433-4; do *Reich*, 383-8, 442
prebendeiros, 338-9, 341, 396, 404-5,431; camadas de, 109, 149, 276, 459
profissão (*Beruf*): do advogado, 141, 276; na política, 389-463
profissional: categorias profissionais (*Berufsstände*), 193; cooperativas, 134, 197; corporações, 113-4, 122, 124-5, 126, 129, 142, 193-4
Prússia: e o *Reichstag*, 296-339; hegemonia da, 29, 136, 159,

249, 295-9, 303, 304;
problema agrário na, 3-12,
30-1; sufrágio na, 138, 160,
266
Puttkamer, R. von, 196, 217n,
315, 409

raça: alemã, 8, 16-21, 98; como
um fator explicativo, 154;
eslava, 11
racional: condução de
atividade, 115, 189-190;
Estado, 397, 413; leis, 189,
190; ordenamento da vida,
89-90; organização
burocrática de governo,
199-204, 282; pensamento
jurídico, 413
racionalização (da economia):
108, 111-2, 283, (da política)
196, 274, 292, (jurídica), 415
Rathenau, W., 114n, 118, 200n,
360, 384
Realpolitik, 56, 77, 153, 253, 259
Reichstag: descrédito pelo, 266;
direito de inquérito, 236; e
controle da administração,
228; e o *Bundestag*, 215, 217-
8, 248, 296, 300, 307-37; e
política negativa, 226;
impotente, 213; politicamente
sem líderes, 238; Prússia e o
federalismo, 295-337
rentista(s): 109, 143, 147, 401,
413, 422; camadas de, 109,
369; França, uma nação de,
111; mentalidade, 110
responsabilidade, ética da

(*Verantwortungsethik*),
XXIX-XXXI, 451-63
ressentimento, 110, 146, 174,
177, 211, 220, 221, 243, 290,
458
revolução: na Rússia, o
"espírito" da, 70; problema
ético da, 449-54; profetas da,
459; socialista, 358-82
Richter, E., 126, 197, 218-9, 279
Rickert, H.,197
romantismo "populista", 39, 86
romantismo, revolucionário, 71,
376
Rússia: autocracia incapaz de
solucionar seus problemas,
92-3; camponeses, 47-54; 60,
64-80, 99; desenvolvimento
do capitalismo na, 58-9, 88-9;
Estado devedor, 111; fazendo
parte do desenvolvimento
europeu, 91; instituições
características da, 47;
Mittelstand in, 50; movimento
socialista na, 59-61; não estar
"madura" para a reforma
constitucional, 85;
peculiaridades da situação
russa, 70; "república" de
literatos, 208; revolução na (a
grande experiência), 377, 380

Sache, ver causa
Scharnhorst, G. von, 152
Schiller, F., 95n, 154n
Schmoller, G. von, 17n, 18n
Schulze-Gävernitz, G. von, 62
Schumpeter, J., 384n

seleção (*Auslese*), 4-5n; cultural e econômica, 14, 15, 22, 358; de líderes políticos, 217, 220-1, 224, 226, 231, 243, 278-340, 426, 432; democrática, 277; negativa, 220
servidão, moradia para a nova, XXI, 87, 203
Shakespeare, W., 462
Shipov, A. N., 41, 42, 43, 49, 75
Simmel, G., XII, 202n, 443
sindicalismo, 245, 245, 293, 374-7
Singer, P. 145, 274
socialismo: "do futuro", 200; e disciplina fabril, 359; e governo burocrático, 282-3; economia do, 359-64; "verdadeiro", 342; revolucionário, 453; russo, 59-61, 71, 77; "sem parlamento", 282; transição para, 364-82
Soloviov, V. S., 54
Sombart, W., XI, XII, 89n, 200n
Stahl, F. J., 176
Ständestaat, 123, 129-30
Starover (Potresov, A.), 60, 61
Stein, K. Freiherr von, 152n
Struve, P., 39, 46, 52, 55, 58, 64, 65, 67, 70, 74, 78, 93
Suíça, suíço, 97-100, 235, 348, 404
Svyatopolk-Mirskii, P. D., 40, 41

Tirpitz, A. von, 279
Toller, E., 391n
Tolstói, L. N., 54, 100, 101
Tönnies, F., 117n

trade-unions: alemão, 122-3, 127-8, 183, 192, 275, 293, 370, 373-6; inglês, 369; russo, 60-1
Treitschke, H. von, IX, 179, 335
Trepov, D. F., 84
Troeltsch, E., XI, XII, 58n, 59n, 200n
Trotski, L., 378, 381, 382, 390

uprava, 40, 42, 43, 45, 84

Veblen, T., 87n, 351n
violência (*Gewältsamkeit*): e o Estado, 390-2, 398; os meios decisivos da política, 449, 453, 454, 455; problema ético da, 454-61
virtudes: burguesas (*Bürgertugenden*), 98; plebeias, 147
vocação (*Beruf*): do advogado, 141; dos literatos, 158, 200; origens da ideia da, 393; para liderança política, 27, 31, 34; para política, 394, 400, 446, 461-3

Waldeck, F. L. B., 177
Washington, G., 432
Webster, D., 433
Windhorst, L., 181
Witte, S. J., 42, 78, 79, 80-2, 83, 84-5

Zemstvo, 38-49, 53, 62-3, 76-86

Impressão e acabamento:

Orgrafic
Gráfica e Editora
tel.: 25226368